La Sculpture
du Vivant

Du même auteur

OUVRAGES

Qu'est-ce que mourir ?
(en collaboration avec Danièle Hervieu-Léger
et Emmanuell Hirsch)
Le Pommier/Cité des sciences et de l'industrie, 2003

Le Corps, le sens
(en collaboration avec Françoise Héritier,
Jean-Luc Nancy, André Green, Claude Régy)
Seuil, 2007

Quand l'art rencontre la science
(en collaboration avec Yvan Brohard)
La Martinière/Inserm, 2007

Les Couleurs de l'oubli
(en collaboration avec François Arnold)
Les éditions de l'Atelier, 2008

Dans la lumière et les ombres.
Darwin et le bouleversement du monde
*Fayard/Seuil, 2008
et « Points Sciences », 2011*

ÉMISSION DE RADIO

Sur les épaules de Darwin
(Chaque samedi de 11 h 05 à 12 h, depuis septembre 2010)
France Inter

Jean Claude Ameisen

La Sculpture du Vivant

Le Suicide cellulaire

ou

la Mort créatrice

Éditions du Seuil

ISBN : 978-2-02-057374-0

(ISBN 2-02-036856-0, 1re publication)

© Éditions du Seuil, septembre 1999 et janvier 2003
pour la présente édition mise à jour.

On y voit la vie et la mort – la synthèse du monde – qui dans l'espace profond se regardent et s'enlacent…

Federico GARCIA LORCA,
J'aimerais laisser dans ce livre…

Une invitation au voyage

Avant le commencement

Un ciel, la nuit. La Voie lactée scintille au loin. La Terre tourne sur elle-même, poursuivant sa course à travers l'espace, parcourant une parcelle infime d'un univers sans fin. Un cosmos parsemé de planètes, d'étoiles, de soleils et de galaxies, qui se déploie, jour après jour, depuis environ quinze milliards d'années. De ses origines nous ne savons rien. Ni de son devenir.

Mais nous savons qu'il est habité. Depuis quatre milliards d'années, la Terre emporte à travers l'espace et le temps le foisonnement changeant des innombrables engendrements du vivant. Et chacune des incarnations de ce que Charles Darwin a nommé la diversité « sans fin des formes les plus belles et les plus merveilleuses » a été composée et recomposée, depuis l'origine, à partir des mêmes éléments, invisibles à l'œil nu.

Microcosmos

« Chaque créature vivante doit être considérée comme un microcosme – un petit univers, constitué d'une multitude d'organismes qui se reproduisent, inimaginablement petits, et aussi nombreux que les étoiles dans le ciel », écrivait Charles Darwin.

« Nous sommes tous, au-delà de nos différences superficielles, […] un paysage pointilliste composé de minuscules êtres vivants », poursuivait la biologiste Lynn Margulis plus d'un siècle plus tard, quand se révéla le degré de parenté, jusque-là insoupçonné, qui nous unit à l'ensemble du monde vivant.

Durant toute notre existence, nous portons en nous le sentiment de notre unicité, de notre irréductible individualité. Pourtant nous savons aussi que, comme l'ensemble des êtres vivants qui nous entourent, les oiseaux, les fleurs, les papillons, les arbres, les colonies de bactéries et les colonies de levures, nous sommes, chacun, composés de cellules : les plus petites entités vivantes, microscopiques, capables de puiser leurs ressources dans l'environnement et de se reproduire. Et chacun d'entre nous ne représente que l'une des innombrables variations que les cellules ont réalisées sur le thème de la diversité et de la complexité.

Au mystère de l'origine du cosmos qui nous entoure répond le mystère de l'origine du vivant. Et le mystère de notre venue au monde.

Nous avons tous une histoire, qui commence très longtemps avant l'instant de notre naissance et s'étend le long de la chaîne ininterrompue de nos ancêtres à travers des centaines de millions, des milliards d'années. Les étendues de temps que parcourt la succession d'engendrements qui constitue notre généalogie n'ont rien de commun avec celles de notre vie courante, ni de l'histoire de nos civilisations. À cette échelle, les montagnes surgissent, s'érodent et s'aplanissent, les déserts fleurissent, les continents se fracturent, se séparent et s'éloignent. À cette échelle, s'estompent les notions qui nous sont familières.

Un aperçu du paysage

Imaginons un instant que nous puissions entreprendre un voyage à travers le temps et remonter le cours du passé vers nos origines les plus anciennes. Que nous puissions plonger dans des mondes à jamais révolus.

L'homme disparaîtrait le premier, puis les grands singes, puis les oiseaux et les mammifères. Des espèces dont nous ne connaissons aujourd'hui que des fossiles apparaîtraient puis s'effaceraient brutalement au long de quelques dizaines ou centaines de millions d'années. Nous verrions des comètes s'écraser brutalement sur la Terre, des mers de glace se répandre, puis fondre. Après une plongée de huit cents millions à un milliard d'années, tous les animaux et les plantes multicellulaires se sont évanouis. L'univers vivant n'est plus composé que d'une myriade d'êtres constitués d'une seule cellule. Des cellules qui ressemblent à celles de notre corps – les ancêtres des cellules des animaux. Et des cellules capables d'effectuer la photosynthèse, qui libèrent l'oxygène et produisent de l'énergie à partir de la lumière – les ancêtres des cellules des plantes. Encore un milliard d'années, et nous entrons dans une période où ces cellules, dans leur forme actuelle, ne sont pas encore nées. Pendant deux milliards d'années, nous allons remonter le temps dans un univers peuplé d'une infinie variété de bactéries, la forme la plus simple des cellules vivantes. L'oxygène, libéré par l'activité de photosynthèse de certaines bactéries – les cyanobactéries –, va devenir de plus en plus rare dans l'atmosphère. Puis la vie se déroule en l'absence d'oxygène. Les bactéries puisent leur énergie à partir de l'azote, du soufre, de l'hydrogène... La couche fragile de l'atmosphère qui entoure la Terre est traversée en permanence par une nuée de météorites et par les rayons ultraviolets émis par le Soleil. Les bactéries occupent les profondeurs des sols et des mers. Sont-elles alors les seuls êtres vivants qui peuplent notre planète ? Il est probable qu'elles côtoient d'autres cellules primitives aujourd'hui disparues. Il est possible que certaines de ces cellules aient donné naissance à la fois aux bactéries, aux cellules animales et aux cellules végétales. Mais il se peut aussi que l'ensemble du royaume du vivant qui nous entoure ait eu pour seul ancêtre le monde des bactéries.

Nous venons de parcourir près de quatre milliards d'années. Nous découvrons l'aube première de nos origines, un univers dont nous ne savons rien. Il n'y a sans doute encore aucune cellule. Le vivant, en train de naître, émerge de la matière.

Remontons encore quelques centaines de millions d'années, et la vie s'efface. Notre planète est une boule en fusion...

L'arbre de vie

Au cours de cette plongée à travers le temps, nous avons vu s'évanouir la plupart des incarnations du vivant qui nous entourent, pour nous retrouver parmi nos ancêtres les plus lointains, les organismes unicellulaires. Mais certaines de ces espèces ancestrales ne se sont jamais éteintes. Les bactéries sont toujours présentes parmi nous, et leur nombre dépasse le nombre des animaux et des plantes qui peuplent aujourd'hui notre planète. Les organismes unicellulaires règnent sur la Terre depuis des temps immémoriaux. Ils l'ont colonisée, façonnée, modifiée. Ils ont empli l'air de l'oxygène qui nous permet de respirer.

Imaginons notre arbre généalogique – l'arbre du vivant – comme un buisson touffu dont les branches, innombrables, s'élèvent vers le présent. L'évolution de la vie est faite de survenues aléatoires, accidentelles, de petites modifications. D'une branche naît, soudain, un rameau nouveau, puis un nouveau buisson. Il y a deux milliards d'années émergent les rameaux des premières cellules animales et des premières cellules de plantes, qui donneront naissance à leur tour à de vastes buissons, d'où émergeront, beaucoup plus tard, les buissons des animaux et des plantes multicellulaires. Mais de ce buisson touffu, d'où sont nés tant de nouveaux buissons, des pans entiers sont restés perdus dans le passé. Plus de quatre-vingt-dix-neuf pour cent des espèces apparues depuis quatre milliards d'années se sont probablement à jamais éteintes. Le monde chatoyant qui nous entoure est un monde de rescapés. La longue course du vivant à travers le temps a été une traversée sur la mer houleuse de la contingence. Si cette histoire s'était répétée plusieurs fois, elle se serait sans doute déroulée de plusieurs manières différentes. L'histoire du vivant est une succession, imprévisible, d'accidents étranges, terribles ou merveilleux.

Mais aux méandres erratiques de la contingence, faisant émerger et disparaître en permanence la diversité, se surimpose depuis l'origine une constante, une ligne d'horizon, d'où naît et renaît sans cesse la pérennité du vivant : le dédoublement d'une cellule, qui devient deux cellules, qui à leur tour…

Et depuis huit cents millions à un milliard d'années, depuis la naissance des premiers animaux et des premières plantes dont le corps est composé de plusieurs cellules, se répète un événement à la fois familier et mystérieux. Une cellule unique – une cellule œuf fécondée, née de la fusion de deux cellules – donne naissance à un univers entier, un corps d'oiseau, un arbre, un être humain, un papillon, une fleur, qui grandit, vit un temps, puis s'efface et disparaît, après avoir contribué, à son tour, à la naissance de cellules-œufs d'où surgissent de nouveaux univers. À la question de ce que nous sommes avant notre début, la réponse est à la fois simple et étrange : une potentialité, déjà présente mais encore fragmentée, éparpillée dans deux cellules séparées, lointaines, appartenant à deux nébuleuses distinctes, qui, un jour, par hasard se rejoignent pour se fondre en une cellule nouvelle. Et de cette succession d'explosions fugaces, à travers l'espace et le temps, nous sommes, avec l'ensemble des animaux et des plantes qui nous entourent, les seuls témoins et les seuls survivants.

Un mystère au cœur du vivant

Un univers singulier et éphémère

Nous naissons, vivons et mourons dans un monde habité par nos ancêtres. L'immense majorité des êtres vivants qui peuplent notre planète sont des êtres composés d'une seule cellule. Se reproduisant en se dédoublant, ils nous paraissent avoir été dotés dès l'origine d'une double promesse d'invariance et d'immortalité. S'il leur arrive de changer ou de mourir, ces événements semblent le fruit du hasard et non d'une nécessité.

Mais en ce qui nous concerne, nous savons tous que notre temps est compté. Individus complexes, composés d'une multitude de cellules, nous ne nous reproduisons pas en

nous dédoublant, mais en créant, à deux, un nouvel être, à
la fois semblable et différent de nous. En dissociant irréductiblement l'individu de sa descendance, l'évolution nous
a ancrés dans la diversité et dans la mort. De la conception
à la naissance, de l'enfance à l'âge adulte, et de la vieillesse
à la mort, se construit puis se défait notre univers singulier
et éphémère.

Depuis l'aube de l'humanité, le sacré, les arts et les cultures ont prêté un sens à cette fracture et une pérennité à ce
destin tronqué. Pour le religieux, notre finitude, qu'elle soit
épreuve, apprentissage, expiation ou rachat d'une faute originelle, ne traduit que l'incapacité des incarnations tempo-
relles de nos âmes immortelles à survivre dans ce monde.
Pour le biologiste, la part de chacun d'entre nous qui croise
au plus près des rives de l'éternité, ce sont les cellules et
leurs gènes qui abandonnent nos corps pour en construire
d'autres, voyageant de génération en génération à travers
le temps. Mais pour le médecin, la part d'avenir qu'il essaie
de préserver est tout entière la vie fugace de l'individu. La
mort en est la fin, l'anéantissement, l'ennemie.

Quelle est la nature des relations qu'entretient la vie avec
la mort ?

Il y a plus de deux siècles, le médecin Xavier Bichat
définissait la vie comme « *l'ensemble des fonctions qui
résistent à la mort* », et, plus près de nous, le philosophe
Vladimir Jankélévitch écrivait : « *Quant à la mort, elle
n'implique aucune positivité d'aucune sorte : le vivant est
aux prises avec la stérile et mortelle antithèse, et se défend
désespérément contre le non-être ; la mort est le pur,
l'absolu empêchement de se réaliser.* »

Cet antagonisme absolu, cette opposition radicale, cette
antinomie, traduisent-ils et résument-ils, à eux seuls,
l'ensemble des relations qu'entretiennent la vie et la mort ?

Parce que nous sommes, chacun, un microcosme, une
nébuleuse vivante, un peuple hétérogène de dizaines de
milliers de milliards de cellules, dont les interactions composent notre corps et engendrent notre esprit, toute interrogation sur notre vie et notre mort nous ramène à une
interrogation sur la vie et la mort des cellules qui nous

composent. On a longtemps pensé que la disparition de nos cellules – comme notre propre disparition, en tant qu'individu – ne pouvait résulter que d'accidents et de destructions, d'une incapacité fondamentale à résister à l'usure, au passage du temps et aux agressions permanentes de l'environnement.

Mais nous savons aujourd'hui que la réalité est de nature plus complexe. Une vision radicalement nouvelle de la mort s'est révélée, comme un mystère au cœur du vivant.

La sculpture de la complexité

Aujourd'hui, nous savons que toutes nos cellules possèdent le pouvoir, à tout moment, de s'autodétruire en quelques heures. C'est à partir d'informations contenues dans leurs gènes – dans nos gènes – que nos cellules fabriquent en permanence les « exécuteurs » capables de précipiter leur fin, et les « protecteurs » capables de les neutraliser. Et la survie de chacune de nos cellules dépend, jour après jour, de sa capacité à percevoir dans l'environnement de notre corps les signaux émis par d'autres cellules, qui, seuls, lui permettent de réprimer le déclenchement de son autodestruction.

Ces notions nouvelles ont commencé de transformer la notion même de vie. D'une manière troublante, contre-intuitive, paradoxale, un événement perçu jusqu'ici comme positif – la vie – semble résulter de la négation d'un événement négatif – l'autodestruction. Et un événement perçu jusque-là comme individuel, la vie, semble nécessiter la présence continuelle des autres – ne pouvoir être conçue que comme une aventure collective.

Pour chacune de nos cellules, vivre, c'est avoir réussi à empêcher, pour un temps, le suicide. Nous sommes des sociétés cellulaires dont chacune des composantes vit « en sursis », et dont aucune ne peut survivre seule. Le destin de chacune de nos cellules dépend en permanence de la qualité des liens provisoires qu'elle est capable de tisser avec son environnement. Et c'est sur cette interdépendance dépourvue d'alternative qu'est scellée notre existence et fondée notre pérennité.

Mais si la présence de la collectivité est nécessaire à la survie de chaque cellule, elle n'est pas suffisante. C'est la disparition prématurée d'un grand nombre de nos cellules qui permet à nos corps, en permanence, de se recomposer.

Cette vision a bouleversé en profondeur notre représentation du fonctionnement normal de nos corps, a conduit à une réinterprétation des causes de la plupart de nos maladies, et a ouvert des perspectives nouvelles pour leur traitement. Elle a commencé de transformer notre manière d'appréhender le vieillissement, et à une tout autre échelle, certains aspects de la longue histoire de l'évolution du vivant qui nous a donné naissance. À l'image ancienne de la mort comme une faucheuse surgissant du dehors pour détruire, s'est peu à peu surimposée une image radicalement nouvelle, celle d'un sculpteur, au cœur du vivant, à l'œuvre, jour après jour, dans l'émergence de sa forme et de sa complexité.

Les royaumes du suicide cellulaire

Dès les premiers jours qui suivent notre conception – au moment même où débute notre existence – le suicide cellulaire joue un rôle essentiel dans notre corps en train de se construire, sculptant les métamorphoses successives de notre forme en devenir. Dans les dialogues qui s'établissent entre les différentes familles de cellules en train de naître, le langage détermine la vie ou la mort. Dans les ébauches de notre cerveau et de notre système immunitaire – l'organe qui nous protégera des microbes – la mort cellulaire est partie intégrante d'un processus étrange d'apprentissage et d'auto-organisation dont l'aboutissement n'est pas la sculpture d'une forme mais celle de notre mémoire et de notre identité. Et, longtemps après notre naissance, durant toute notre existence, nos cellules continuent à produire, à partir des informations contenues dans nos gènes, les armes qui leur permettent à tout moment de s'engager sur le chemin de l'autodestruction. Les royaumes du suicide cellulaire n'ont pas de frontière. Notre corps d'enfant puis d'adulte est pareil à un fleuve, sans cesse renouvelé.

Le sentiment que nous avons de notre pérennité correspond pour partie à une illusion. Chaque jour, plusieurs dizaines de milliards de nos cellules s'autodétruisent, et sont remplacées par des cellules nouvelles. Nous sommes, à tout moment, pour partie en train de mourir et pour partie en train de renaître. Et les territoires qui – un temps – persistent en nous sont aussi fragiles que ceux qui disparaissent et renaissent chaque jour.

C'est cette fragilité même, cette précarité, ce sursis permanent, qui est la véritable source de notre puissance et de notre complexité, permettant, à chaque instant, à nos corps de se sculpter, de se reconstruire, de se recomposer et de s'adapter à un environnement perpétuellement changeant.

Mais transparaît aussi, comme une image en miroir de notre complexité, une vulnérabilité nouvelle, jusque-là insoupçonnée. À la splendeur du royaume du suicide cellulaire se surimpose une face sombre, cachée, qui nous menace. Cancers, sida, maladies dégénératives du cerveau, crises cardiaques, hépatites, accidents vasculaires cérébraux… la plupart de nos maladies se révèlent liées à des dérèglements du suicide cellulaire. Il n'est plus un domaine de la biologie ou de la médecine qui n'ait été réinterprété à l'aide de cette nouvelle grille de lecture – de cette nouvelle pierre de Rosette ; et la promesse d'une révolution thérapeutique est en train de se dessiner.

À la recherche des origines du pouvoir de s'autodétruire

Progressivement, la puissance même de ces nouveaux concepts, et la richesse de leurs implications, ont favorisé le déploiement d'un langage scientifique riche de métaphores, de résonances anthropomorphiques et empreint de notions finalistes, qu'illustrent les termes de « suicide cellulaire », de « mort programmée », d'« altruisme cellulaire », de « décision de vivre ou de mourir »… traduisant à la fois la fascination exercée par ces phénomènes et une profonde difficulté à en appréhender la réelle nature. « Rien n'a de sens en biologie », a écrit le biologiste Dobzhansky, « si ce n'est à la lumière de l'évolution ». Si nous voulons

véritablement appréhender la « raison d'être » d'une propriété apparemment mystérieuse de nos cellules ou de nos
corps, il vaut mieux le plus souvent non pas s'interroger
sur la nature de son « rôle » apparent – de son « utilité »,
de sa « fonction », ce à quoi elle nous semble « servir »
aujourd'hui – mais partir à la recherche de ses origines –
de la manière dont elle a pu initialement apparaître.

Cette potentialité paradoxale de déclencher leur mort prématurée, de « mourir avant l'heure », comment se fait-il que
nos cellules la possèdent ?

Quand, au cours de l'évolution du vivant, a émergé pour
la première fois la potentialité de s'autodétruire, et dans
quel corps, dans quelles cellules ? Y a-t-il eu une période
d'« avant le suicide cellulaire », durant laquelle la mort n'a
pu surgir que de l'extérieur, d'accidents et des agressions
aléatoires de l'environnement ? Et une période d'« après la
naissance du suicide cellulaire », à partir de laquelle la
capacité de s'autodétruire, la capacité de déclencher la mort
de l'intérieur, est soudain devenue une propriété intrinsèque
du vivant ? Et si tel est le cas, où se situe cette frontière ?

C'est une question difficile parce que le passé véritable
de l'évolution du vivant nous est à jamais fermé. Mais, dans
l'immense et merveilleux foisonnement des espèces qui
nous entourent persistent encore aujourd'hui des reflets
imprécis des métamorphoses successives des ancêtres qui
leur ont donné naissance. Le suicide cellulaire est à l'œuvre
dans la sculpture des corps des animaux et des plantes, dont
les premiers ancêtres sont apparus il y a environ un milliard
d'années. Mais il sculpte aussi la complexité des innombrables formes de sociétés – invisibles à l'œil nu – que
bâtissent les êtres vivants les plus simples – les bactéries –
dont les premiers ancêtres sont nés il y a environ quatre
milliards d'années. Le pouvoir de s'autodétruire semble être
profondément ancré au cœur du vivant. Et il est probable
que ses origines sont sans rapport aucun avec l'« utilité »,
le « rôle » et la « fonction » qu'il nous semble exercer,
aujourd'hui, dans nos corps.

Il se pourrait que le pouvoir de s'autodétruire ait été, dès
l'origine, une conséquence inéluctable du pouvoir d'auto-

organisation qui caractérise la vie. Vivre, se construire et se reproduire en permanence, c'est utiliser des outils qui risquent de provoquer l'autodestruction, tout en étant aussi capable de les réprimer. Et les outils qui participent à la vie possèdent peut-être depuis l'origine le pouvoir de causer l'autodestruction.

Mais il y a sans doute eu, dans l'évolution de la mort, une autre dimension. Toute cellule est un mélange d'êtres vivants hétérogènes, une cohabitation contingente de différences, dont la pérennisation n'a sans doute eu le plus souvent pour alternative que la mort. Et c'est probablement au rythme de ces combats, donnant soudain naissance à des symbioses – à des épisodes de fusion des altérités en de nouvelles identités – que se sont diversifiés et propagés les enchevêtrements successifs des exécuteurs et des protecteurs qui aujourd'hui contrôlent le suicide cellulaire.

La sculpture de notre longévité

Ces relations anciennes qu'entretient la vie avec la mort « avant l'heure », se pourrait-il qu'elles soient aussi à l'œuvre dans la sculpture de notre longévité ?

Qu'est-ce que le vieillissement ? Quand débute-t-il ? Et de quoi meurt-on quand on meurt de vieillesse ? Cette ultime frontière entre la santé et la maladie est-elle uniquement due à une usure inévitable et à une accumulation progressive d'erreurs au cours du temps ? Ou notre mort, comme la mort des cellules qui nous composent, pourrait-elle procéder d'une forme d'autodestruction ?

Les frontières apparemment infranchissables de la longévité « naturelle » maximale ont commencé à révéler, dans certaines espèces animales, leur extraordinaire degré de plasticité. Ces frontières semblent avoir été sculptées de manière contingente par les confrontations successives, de génération en génération, entre les individus et leur environnement. Elles apparaissent comme des points d'équilibre, des formes de compromis entre des conflits que se livrent, à l'intérieur même des corps, des phénomènes « protecteurs » qui favorisent la pérennité des individus, et

des phénomènes « exécuteurs » qui abrègent leur durée de
vie, mais favorisent leur capacité à engendrer une descendance. Et il semble que certains des mécanismes qui participent au contrôle de l'autodestruction de nos cellules
pourraient aussi jouer un rôle dans le contrôle de notre
vieillissement et de notre longévité. Aujourd'hui, nous
savons que la capacité de vieillir, et de mourir de vieillesse,
est présente dans certains organismes unicellulaires ; et
l'origine du vieillissement est sans doute aussi ancienne que
celle du suicide cellulaire. Si toute incarnation du vivant
affronte l'usure et les agressions de l'environnement dans
un combat perdu d'avance, il se pourrait que la pérennité
de la vie ait procédé, paradoxalement, d'une capacité de
chaque corps, de chaque cellule, à utiliser une partie des
ressources qu'ils possèdent pour construire, au prix de sa
disparition prématurée, des incarnations nouvelles. Le vieillissement progressif de chaque cellule, à mesure qu'elle
enfante des cellules un temps plus jeunes et plus fécondes ;
l'autodestruction brutale d'une partie des cellules au profit
de la survie du reste de la collectivité ; le vieillissement
d'un corps au profit de sa capacité d'engendrer des corps
nouveaux, un temps plus jeunes et plus féconds, tous ces
phénomènes de mort « avant l'heure », donnant naissance
à des mondes nouveaux, ressemblent à autant de variations
sur un même thème.

Comment pouvons-nous essayer de comprendre le comportement de nos cellules et de nos corps – et tenter de les
modifier – si nous n'appréhendons pas que ce qui nous fait
vieillir et disparaître est peut-être ce qui, en d'autres avant
nous, nous a permis de naître ?

Il faut « penser le sens de la mort non pas pour la rendre
inoffensive, ni la justifier, ni promettre la vie éternelle, mais
essayer de montrer le sens qu'elle confère à l'aventure
humaine », disait Emmanuel Lévinas. Pour le biologiste, il
s'agit, à un autre niveau, d'essayer d'appréhender jusqu'à
quel point une forme aveugle, contingente et de plus en
plus complexe de jeu avec la mort – avec sa propre fin – a
pu être un déterminant essentiel du long voyage qu'a
accompli à ce jour la vie à travers le temps, et de sa mer-

veilleuse capacité à donner naissance à la nouveauté, et à ce phénomène mystérieux, auquel nous donnons le nom de jeunesse. Nous naissons, vivons et mourons selon les règles d'un jeu qui s'est perpétué, modifié, raffiné depuis des millions, des centaines de millions, des milliards d'années, le jeu de la vie avec la mort. Nous sommes prisonniers de ces règles ancestrales. Mais nous avons, pour la première fois, peut-être, la possibilité de changer le déroulement de la partie. Le pouvoir de nous réinventer. Et c'est en acceptant de regarder la mort en face, au lieu de l'occulter, en tentant de comprendre et d'apprivoiser les mécanismes qui la régissent, au lieu de simplement tenter de leur résister, que nous pourrons probablement un jour acquérir le pouvoir de nous reconstruire et de nous pérenniser et de franchir les frontières « naturelles » de notre jeunesse et de notre longévité.

Terra incognita

Ces territoires dont nous venons d'entrevoir les contours, nous allons maintenant entreprendre le voyage qui nous permettra d'aller à leur rencontre, de les aborder et de les explorer.

Comme tout changement radical de perspective, comme tout dévoilement d'un pan inconnu de notre univers, notre parcours nous révélera des paysages d'une grande beauté. Il nous permettra d'appréhender combien la science, dont le langage et les réalisations nous apparaissent souvent si éloignés des émotions de notre vie, peut parfois entrer en résonance avec nos interrogations les plus intimes et les plus anciennes.

Certaines des routes sur lesquelles nous allons nous engager ont commencé à être explorées depuis plus d'un siècle, mais la plupart depuis le début des années 1990. Les équipées à la recherche de ces terres inconnues se déroulèrent longtemps dans l'indifférence et l'obscurité, pour se poursuivre, soudain, il y a peu, en pleine lumière.

La longue quête du mystère de la mort au cœur du vivant fut – et demeure – une aventure scientifique et une aventure

humaine. Comme toute aventure scientifique, elle fut faite
d'une succession d'avancées brusques, de pauses et de
retours en arrière, d'intuitions, de théories, de découvertes
et d'erreurs d'interprétation. Et, comme toute aventure
humaine, mais plus encore peut-être parce que l'objet en a
été l'étude de la nature étrange des relations entre la vie et
la mort, elle a été profondément influencée par des émotions, des métaphores, des références philosophiques, cultu-
relles et métaphysiques. Nous découvrirons à quel point
cette part affective peut jouer un rôle essentiel dans la naissance, le rejet ou l'acceptation d'idées nouvelles, et dans
l'indifférence ou la fascination pour leurs implications. Certains des moments rares et bouleversants où un rideau soudain se déchire, nous essaierons de les ressentir ; mais aussi
les pauses et les distances nécessaires, qui seules permettent
les changements de perspective, et nous font distinguer, à
l'ombre des territoires révélés en pleine lumière, les frontières des royaumes encore inconnus et les contours des
interrogations à venir.

Les véritables splendeurs de la science ne sont pas dans
les réponses – éphémères – qu'elle procure, mais dans le
questionnement permanent qu'elle fait naître. Et nous gar-
derons à l'esprit que les paysages que nous découvrons
aujourd'hui se révéleront demain, peut-être, très différents
de ce que nous avons imaginé.

Un mot encore. Il nous arrivera, durant notre parcours,
d'entrevoir, dans les innombrables sociétés cellulaires qui
composent le vivant, des reflets de certaines des règles qui
régissent nos civilisations humaines.

Fondée sur des modalités de combats et d'interdépendance qui se traduisent en termes de vie et de mort, bâtie
sur la précarité, le sursis et la disparition « avant l'heure »,
l'évolution du vivant, depuis quatre milliards d'années,
constitue un merveilleux modèle de construction de la complexité. Mais elle nous dévoile aussi le prix de sa splendide
efficacité : une indifférence aveugle et absolue au devenir,
à la liberté et à la souffrance de chacune de ses composantes. C'est dans la tentation de prendre exemple – dans la
recherche fascinée d'une forme de « loi naturelle » propre

à fonder ou à justifier le fonctionnement de nos sociétés – que naissent les dérives, les pièges et les dangers de la sociobiologie. S'il est une contribution que les sciences du vivant doivent apporter à l'élaboration de nos sociétés, c'est de stimuler la réflexion éthique, non de s'y substituer ; et de nous révéler le récit tumultueux de nos origines, non pour nous y enfermer, mais pour nous permettre d'inventer, de choisir et de bâtir librement notre avenir dans le respect de l'altérité et de la dignité de chaque être humain.

Nous pouvons maintenant commencer. Pour vivre pleinement notre voyage, il nous faut abandonner toute idée préconçue. Faire appel, tour à tour, en nous, à la lucidité de l'adulte et à la naïveté de l'enfant. Et laisser libre cours à la fois à notre désir de comprendre et à notre capacité d'émerveillement.

PREMIÈRE PARTIE

La mort au cœur du vivant

1

La sculpture de l'embryon

Naissance d'un univers

Au moment où commence véritablement notre existence, nous sommes chacun, tout entier, contenus dans une seule cellule. Et de cette cellule unique naît, soudain, un univers en expansion.

Cette cellule originelle est déjà, à l'instant où elle se forme, l'ancêtre d'un corps d'enfant, d'un corps d'adulte à venir, d'un cœur, de poumons, de reins, de bras et de jambes, de muscles et d'os, d'un cerveau qui déchiffrera et recomposera en nous le monde environnant, forgeant notre mémoire et notre identité, décidant de nos actes et faisant naître nos pensées, nos désirs et nos rêves, et d'un sexe qui nous permettra, à notre tour, de contribuer à la conception d'un enfant. Plus mystérieuse encore que la construction de chacun de ces organes est l'émergence de ce que nous appelons un individu : l'intégration de cette diversité dans un ensemble dont les potentialités sont sans commune mesure avec la somme des potentialités de chacun de ses éléments.

« Croissez et multipliez » : un peuple de doubles

De la fusion, dans le corps de notre mère, d'un spermatozoïde et d'un ovule résulte notre conception, la naissance d'une cellule nouvelle, hybride, la cellule-œuf fécondée. La cellule-œuf se déplace en tournant sur elle-même, se divisant une première fois, plus de vingt-quatre heures après la fécondation, pour donner naissance à deux cellules. Puis chaque cellule va se diviser à son tour en deux cellules. Les descendants successifs de la cellule-œuf, dont le nombre augmente sans cesse, demeurent au contact les uns des autres, formant une petite sphère protégée par une fine pellicule translucide. Une semaine après la fécondation, le petit amas de cellules s'immobilise, continuant à donner naissance à de nouveaux descendants.

Ces toutes premières étapes ont produit des cellules apparemment identiques, un peuple de doubles. Mais à cette phase d'expansion spectaculaire et répétitive est venu s'ajouter un autre phénomène : la création de la diversité.

Les engendrements de la diversité

D'une cellule de bactérie naîtra une colonie de bactéries, d'une cellule d'amibe, une colonie d'amibes, toutes semblables à la cellule-mère ; mais d'une cellule-œuf de souris naîtra une souris, et d'une cellule-œuf humaine naîtra un être humain.

Le développement d'un individu à partir d'une seule cellule est une des manifestations les plus fascinantes et les plus mystérieuses des potentialités du vivant. Nous pouvons reconnaître et retrouver, dans notre corps d'adulte, l'architecture et les traits de l'enfant que nous avons été. Mais notre passé le plus lointain nous est à jamais étranger. La construction d'un embryon ne résulte pas d'un phénomène simple d'agrandissement, de croissance et d'expansion, mais d'une série de métamorphoses profondes et irréversibles. Et ces bouleversements successifs ne s'opèrent pas uniquement au niveau du corps de l'embryon, mais, plus radicalement encore, au niveau des cellules qui le composent. Les cellules se transforment et deviennent autres.

Un des mécanismes fondamentaux qui permettent la construction d'un embryon à partir des descendants d'une cellule-œuf unique est la diversification – la différenciation – des cellules-filles. Des cellules initialement identiques vont d'abord se transformer en deux, puis en quatre grandes familles de cellules distinctes, dotées de propriétés nouvelles. Puis, comme les arborescences d'un buisson en train de grandir, les premières branches donneront progressivement naissance à des branches nouvelles, qui donneront naissance, à leur tour, à de nouveaux rameaux, aboutissant à l'apparition de près de deux cents familles de cellules différentes, caractérisées chacune par des formes et des potentialités d'une extraordinaire variété : les cellules nerveuses étoilées qui conduisent le courant électrique et dont les extrémités joignent les extrémités de leurs voisines, tissant la multitude des réseaux nerveux qui parcourent notre corps et composent notre cerveau ; les cellules de la rétine, en forme de cônes ou de bâtonnets, qui répondent à la lumière ; les cellules musculaires en fuseaux, qui se contractent ou se détendent en fonction des influx nerveux qu'elles reçoivent ; les cellules cylindriques de la paroi de nos intestins, qui absorbent nos aliments ; et tant d'autres encore…

Un des exemples les plus spectaculaires de la capacité de ces phénomènes de différenciation à faire naître l'« altérité » est la transformation, quelques jours après la fécondation, d'une partie des descendants de la cellule-œuf en une première famille nouvelle, les cellules nourricières ou « trophoblastes » – un nom dérivé des mots grecs *blastos,* « bourgeon », et *trophos*, « nourricier ». Ces cellules naissent, sous la fine pellicule translucide qui les entoure, à la surface de la petite sphère qui roule sur elle-même vers la cavité de l'utérus. Puis la pellicule se rompt, la sphère s'en échappe comme d'un cocon et les trophoblastes se fixent alors à la paroi de l'utérus, assurant l'ancrage définitif du futur embryon dans le corps de sa mère. Les trophoblastes traversent la paroi, rejoignent les vaisseaux sanguins de la mère, fusionnent avec eux et forment de nouveaux vaisseaux qui détournent le sang maternel, irriguant l'embryon, lui apportant nourriture et oxygène. Les trophoblastes jouent un rôle essentiel dans la survie et le développement de l'embryon, mais ils ne partagent pas son destin. Ils participent à la construction du placenta qui le nourrit et le protège, et qui sera expulsé au moment de l'accouchement, puis disparaîtra. Descendants de la cellule-œuf, formant un pont entre la mère et l'enfant, les trophoblastes sont devenus irréductiblement « autres » au point de ne plus faire véritablement partie ni du corps de l'enfant ni du corps de la mère.

Des lettres, des mots, des phrases et des livres :
la bibliothèque de nos gènes

> « L'univers (que d'autres appellent la Bibliothèque). »
>
> Jorge Luis Borges,
> *La Bibliothèque de Babel.*

L'extraordinaire diversité des formes, des activités, des fonctions et des potentialités des cellules qui composent notre corps est déterminée par les interactions entre les outils – les protéines – que nos cellules fabriquent continuellement à partir des informations contenues dans nos gènes. Les gènes sont comme de longues suites de lettres qui s'agencent en mots, s'enchaînent en phrases et forment des livres. La bibliothèque de nos gènes est constituée de trente à quarante mille livres, tous différents, et chacun présent en double exemplaire, l'un provenant de notre père, l'autre de notre mère, deux variations sur un même thème, comme deux éditions différentes, annotées et révisées, d'un même livre. Le langage dans lequel sont écrits les livres de nos gènes est commun à l'ensemble de l'univers du vivant, des bactéries aux oiseaux, des fleurs aux poissons, et des souris à l'homme. Seule change, dans chacune des espèces, la nature du texte. Le vocabulaire de ce langage universel comporte soixante-quatre mots, chacun formé d'une suite de trois lettres, à partir d'un alphabet d'une simplicité extrême qui se réduit à quatre lettres. Cet alphabet a une nature concrète : chaque lettre est une molécule. La bibliothèque des livres de nos gènes se déploie ainsi le long d'un enchaînement de plusieurs milliards de lettres, qui constituent un immense filament d'ADN (l'acide désoxyribonucléique). Ce filament de plus d'un mètre de long, replié et enroulé sur lui-même comme une pelote, est condensé dans nos chromosomes et contenu tout entier dans une sphère microscopique – le noyau – entourée d'une enveloppe qui la sépare du cytoplasme – le corps – de chacune de nos cellules.

Mais les gènes ne peuvent quitter le noyau et les protéines sont fabriquées dans le cytoplasme. Les cellules construisent les protéines à partir d'une copie mobile et éphémère d'un gène, d'une copie d'un livre – une chaîne d'ARN (l'acide ribonucléique) – qui voyage du noyau vers le cytoplasme. Et chaque protéine est elle-même l'équivalent d'une traduction de ce livre dans un autre langage, une longue suite de lettres – de molécules – les acides aminés, dont il existe vingt exemplaires différents – assemblées une à une à partir des informations contenues dans la copie d'un gène.

Mais il ne s'agit pas là d'un simple jeu de reflets. Une protéine est plus qu'une traduction dans un autre langage d'un des livres de la bibliothèque des gènes. Les gènes, qui persistent dans nos cellules durant toute notre existence, contiennent – constituent – des informations. Les véritables outils – les véritables acteurs – de la vie cellulaire sont les protéines, qui sont plus ou moins rapidement détruites et disparaissent si elles ne sont pas renouvelées. Dès qu'elles ont été assemblées par la cellule, les protéines se replient sur elles-mêmes, adoptant dans l'espace des formes complexes. C'est de leur forme que dépend leur capacité de se fixer à d'autres protéines et d'interagir avec elles. Et c'est de la nature de ces interactions que dépend leur activité – leur effet. Certaines protéines composent les charpentes qui déterminent l'architecture de la cellule. D'autres ont des activités d'enzymes, participant à la copie des informations contenues dans les gènes et à la fabrication de nouvelles protéines ; transportant, modifiant ou découpant en petits morceaux des sucres, des graisses et d'autres protéines ; produisant et stockant l'énergie ; participant aux cascades de transformations permettant à la cellule de se nourrir, de respirer et d'éliminer ses déchets. D'autres encore constituent un relais entre l'intérieur et l'extérieur, donnant à la cellule la capacité de répondre à son environnement et de le transformer, de capter les nutriments, de percevoir les signaux émis par les cellules voisines et d'en émettre elle-même, modifiant ainsi le comportement de la collectivité qui l'entoure.

Mais tenter d'attribuer à une protéine donnée une activité univoque – une propriété intrinsèque – correspond à une illusion. Son activité, son effet, et sa pérennité, dépendent de son environnement, de la collectivité des autres protéines qui l'entourent, du ballet préexistant dans lequel elle va s'intégrer. Et c'est l'ensemble – la collectivité – des protéines que produit une cellule qui détermine, à un moment donné, ses caractéristiques, ses potentialités particulières et son appartenance à l'une des deux cents familles cellulaires qui nous composent.

Le morcellement de la bibliothèque originelle

Chacune de nos cellules contient exactement la même bibliothèque de gènes que la cellule-œuf qui nous a donné naissance : la somme d'une moitié, prise au hasard, des livres de la bibliothèque de notre père et d'une moitié, prise au hasard, des livres de la bibliothèque de notre mère. Et à chaque dédoublement cellulaire, la totalité de ces informations génétiques initialement présentes dans la cellule-œuf a été fidèlement recopiée et propagée dans toutes les cellules-filles. Chacune des toutes premières cellules-filles nées de la cellule-œuf est capable, pendant une période limitée, et à condition de se séparer de ses sœurs, de donner, à elle seule, naissance à un embryon. C'est ce pouvoir transitoire qui est à l'origine de la naissance des vrais jumeaux. Et c'est la prolongation artificielle de ce pouvoir qui a permis, pour la première fois, à la fin de l'année 1998, de maintenir en laboratoire des cellules d'embryons humains – les premières cellules-filles nées de la cellule-œuf, les cellules souches embryonnaires – qui se dédoublent en permanence et demeurent capables, en réponse à des signaux précis, de s'engager sur le chemin de la différenciation qui fait naître l'une ou l'autre des deux cents familles de cellules qui composent nos corps.

Mais un embryon ne peut se construire qu'à la condition de faire perdre rapidement à chacune des cellules qui le composent le pouvoir de donner naissance, à elle seule, à un nouvel embryon. Et, agglomérées les unes aux autres, les cellules nées de la cellule-œuf vont devenir les composants hétérogènes d'une société.

La différence entre deux cellules qui appartiennent à deux familles distinctes de notre corps, comme une cellule du cerveau et une cellule du foie, une cellule du poumon et une cellule de la peau, est due au fait que chaque famille de cellules consulte des informations génétiques différentes et fabrique donc des protéines différentes. Aucune cellule ne peut lire et utiliser la totalité des informations génétiques contenues dans la bibliothèque des gènes commune à toutes les cellules de notre corps. Dans chaque cellule, la bibliothèque originelle est toujours présente, mais la plupart des livres sont devenus inaccessibles. Ainsi, le développement d'un embryon dépend de la capacité des descendants de la cellule-œuf à subdiviser la bibliothèque originelle en plusieurs sous-bibliothèques distinctes et à ne permettre à chaque famille cellulaire de ne lire qu'une partie des livres qu'elle contient.

Mais comment, dans les descendants de la cellule-œuf, s'opèrent les modifications initiales qui donneront naissance à la diversité ?

La bibliothèque et le lecteur

De manière étrangement circulaire et apparemment paradoxale, c'est le corps même de la cellule, le cytoplasme, qui exerce le pouvoir d'autoriser ou d'interdire à la cellule de consulter les informations – les gènes – que contient son noyau. Ce sont certaines protéines que fabrique une cellule (à partir des informations contenues dans ses gènes) qui voyagent à leur tour vers le noyau et y verrouillent ou y déverrouillent des gènes. C'est la nature des protéines que fabrique une cellule qui détermine l'accessibilité de la bibliothèque des livres de ses gènes. Ainsi, le devenir d'une cellule dépend de son passé – de son histoire. Et dans la cellule-œuf et ses tout premiers descendants, ce sont des protéines d'origine maternelle – des protéines que contenait déjà l'ovule de la mère avant la fécondation – qui contrôlent l'accessibilité de la nouvelle bibliothèque qui vient de naître de la fusion de l'ovule avec un spermatozoïde.

Lorsqu'il pénètre dans l'ovule, le spermatozoïde n'apporte en mariage que sa moitié de gènes. Son corps cellulaire se dissout et disparaît. L'ovule apporte – en plus de sa moitié de gènes – son corps cellulaire (qui formera le corps de la cellule-œuf) ainsi que les protéines et les ARN (les copies mobiles et éphémères de certains de ses gènes) qu'il contient. La fécondation déclenche dans le corps cellulaire de l'ovule l'activité et la fabrication de ces protéines d'origine maternelle. Et durant une période initiale – dont la durée est variable dans les différentes espèces animales – c'est le passé de la mère qui guide les toutes premières étapes du développement de l'enfant à venir.

Ce sont des protéines d'origine maternelle qui déclenchent le dédoublement initial de la cellule-œuf et de la bibliothèque de ses gènes. Et durant ce premier dédoublement – et dans de nombreuses espèces durant les dédoublements qui vont suivre – la bibliothèque des gènes ne sera pas lue et demeurera inaccessible. Puis l'univers de l'embryon émerge peu à peu de l'univers de sa mère. Des protéines de l'ovule commencent à déverrouiller certains gènes, à les lire, permettant la fabrication des protéines correspondantes. Pendant un temps, l'univers de l'enfant et l'univers de la mère se côtoient et s'entremêlent. Puis les protéines d'origine maternelle disparaissent et l'embryon commence à prendre en charge son destin.

Mais revenons à notre question initiale. Comment, dans les premiers descendants de la cellule-œuf – dont la bibliothèque des gènes est identique –, les protéines maternelles ont-elles brisé la symétrie et fait émerger la diversité ?

La brisure de la symétrie

La différenciation à venir peut préexister dans l'ovule, avant même la fécondation, sous forme d'une asymétrie. Dans certaines espèces animales, des protéines de nature différente ont été réparties à des pôles opposés du corps cellulaire de l'ovule. Après la fécondation, la cellule-œuf se transforme en deux cellules, chacune étant composée d'une moitié – différente – du corps de la cellule-œuf. Les deux premières cellules-filles contiendront donc des protéines différentes qui conféreront à chacune des cellules des propriétés distinctes.

Dans d'autres espèces animales, ce n'est pas dans le corps de la mère – dans l'ovule non encore fécondé – que la différenciation à venir est déjà préfigurée. L'asymétrie naît de la fécondation. À la surface de l'ovule, à l'endroit où le spermatozoïde vient de pénétrer, s'agglomèrent soudain certaines protéines maternelles, brisant la régularité de leur répartition dans l'ensemble de la cellule.

Dans d'autres espèces encore, l'asymétrie naît plus tard au cours du développement de l'embryon. Une fois que l'ovule a été fécondé, la cellule-œuf commence à se dédoubler, donnant naissance à des cellules-filles identiques, qui à leur tour se dédoublent. Mais ces cellules-filles identiques n'occupent pas dans la petite sphère de cellules agglomérées les unes aux autres la même position dans l'espace : certaines sont situées, par hasard, en haut, au milieu ou en bas. Chacune des cellules-filles, identiques, fabrique et libère les mêmes protéines, dont certaines agissent sur les cellules voisines comme des signaux. La pesanteur fait descendre ces signaux. Il y en a peu autour des cellules du sommet et beaucoup autour des cellules de la base. Une quantité faible de signal entraîne le verrouillage de certains gènes ; une quantité plus forte entraîne le verrouillage d'autres gènes. Dans l'amas composé de cellules initialement identiques, ce sont la pesanteur et le hasard qui ont brisé la symétrie et fait naître la diversité.

« E pluribus unum » : la construction d'un individu

Les molécules – les signaux – émises et reçues par les premières cellules devenues différentes amplifient les asymétries initiales. Les dialogues échangés par les cellules accentuent la différenciation cellulaire, entraînant le morcellement progressif de la bibliothèque originelle en près de deux cents configurations différentes, faisant apparaître les deux cents familles cellulaires qui composent notre corps. D'une cellule de notre peau, de notre cœur, de notre foie, de notre cerveau, ne pourra pas, durant toute notre existence, naître en nous un embryon. Seuls le corps cellulaire – le cytoplasme – d'un ovule et les protéines qu'il contient semblent posséder le pouvoir mystérieux de permettre la construction d'un individu.

C'est cette potentialité qui a permis récemment de produire des clones de brebis – « Dolly », « Polly » –, de souris – « Cumulina » –, puis de chats et de lapins... en remplaçant, par une opération de microchirurgie, le noyau d'un ovule par le noyau d'une cellule d'un animal adulte, créant, artificiellement, en l'absence de fécondation, une cellule-œuf étrange, qui contient l'ensemble des informations génétiques de l'animal adulte, faisant naître un jumeau, à distance, dans l'espace et le temps.

Mais qu'une cellule-œuf surgisse d'une fécondation ou de l'un de ces clonages qui nous fascinent et nous effraient, une fois qu'un ovule s'est transformé en cellule-œuf et a commencé à donner naissance à ses premières cellules-filles, surviendra la brisure de symétrie – le morcellement de la bibliothèque des gènes et la différenciation cellulaire –, l'émergence d'une société hétérogène.

Et nous ne pouvons nous construire, et nous pérenniser, en tant qu'individus, que parce que nos cellules deviennent autres. De la diversité naît la complémentarité ; de la complémentarité, l'interdépendance et de l'interdépendance, la complexité. Des familles cellulaires différentes se regroupent dans des régions distinctes, qui se côtoient, découpant la société cellulaire en de grands territoires. Émerge l'ébauche d'un corps constitué de régions, de pôles, de frontières – un haut et un bas, un avant et un arrière, une droite et une gauche. Des cellules se déplacent, voyagent d'un territoire à l'autre, acquièrent au contact d'autres cellules des propriétés nouvelles.

La cellule-œuf a donné naissance à un univers multiple et complexe qui se régionalise, se segmente et s'organise en modules qui s'emboîtent les uns dans les autres et s'intègrent pour former un individu. La potentialité de construire un corps dépend désormais des interactions de plus en plus nombreuses entre les différentes familles cellulaires issues de cette cellule originelle. Les tissus et les organes s'auto-organisent à partir de leurs ébauches. La société cellulaire est devenue l'architecte de sa propre construction.

Ainsi, la métamorphose d'une cellule-œuf en embryon implique trois grands phénomènes complémentaires : la division ou le dédoublement cellulaires, qui donnent naissance à la multitude ; la différenciation cellulaire, qui crée l'asymétrie, la diversité, la régionalisation et la complémentarité ; et la migration – le déplacement des cellules à travers le corps – qui permet de répartir et de recomposer dans l'espace cette diversité. Mais à ces trois phénomènes s'en ajoute un autre, étrange, et apparemment paradoxal.

Construction et déconstruction d'un univers : la mort cellulaire et l'embryon

> « Nous naissons avec les morts,
> Regarde […] »
>
> T.S. Eliot, *Four Quartets*.

Les premières heures, les premiers jours et les premières semaines de notre vie se déroulent à l'abri des agressions du monde extérieur, dans le sanctuaire du corps de notre mère. Pourtant, en l'absence de toute maladie, de tout accident et de tout vieillissement, surviennent des événements mystérieux : dans cet univers en expansion, des pans entiers s'effondrent et disparaissent à mesure qu'ils se construisent. Les cellules qui composent les tissus et les organes de l'embryon sont le siège de phénomènes de mort massifs.

Quelle en est la cause ? Pourquoi des centaines de millions de cellules qui viennent de naître sont-elles brutalement éliminées ? Et comment l'embryon peut-il survivre à ces épisodes répétitifs de destruction massive ?

C'est il y a près de cent cinquante ans, lorsque l'usage des microscopes a commencé à se répandre, que s'est imposée la théorie proposée par le botaniste Matthias Schleiden et par le zoologiste Theodor Schwann selon laquelle tous les corps vivants sont constitués de cellules, et l'idée que chaque cellule ne peut avoir pour origine qu'une autre cellule (« *omnis cellula e cellula* », selon les termes du biologiste Rudolf Wirchow). Et c'est dès cette période que fut observée pour la première fois l'existence de phénomènes de mort cellulaire au cours du développement de l'embryon. Parce que le développement apparaissait, à l'évidence, comme un phénomène d'expansion, de construction, résultant de l'addition de couches successives de cellules permettant de former des tissus et des organes nouveaux, les épisodes de mort cellulaire apparurent comme un défi au bon sens et à toute tentative de représentation rationnelle des modalités de construction d'un corps. Considérés comme inexplicables, déroutants ou anecdotiques, ces phénomènes furent décrits, puis oubliés, puis décrits de nouveau, et de nouveau oubliés.

Pendant près d'un siècle, l'existence même de la mort cellulaire dans le corps des embryons fut l'objet de débats. Certains considérèrent qu'il s'agissait d'une illusion : ils proposèrent que les cellules qu'on cessait de distinguer – qui semblaient soudain disparaître – à un endroit du corps, avaient migré ailleurs ; ou bien qu'elles étaient toujours présentes, au même endroit, mais qu'elles étaient devenues transparentes, invisibles. Pour d'autres, la dissolution des tissus n'était qu'un « creuset » permettant à des cellules de donner naissance à de nouvelles cellules. Certains acceptèrent l'existence des phénomènes de mort, mais les attribuèrent à des accidents résultant de défauts aléatoires de fabrication, d'erreurs inévitables dues à l'énorme production des cellules nécessaires à la construction d'un embryon. D'autres encore se contentèrent de les décrire, sans proposer d'interprétation.

Il y eut une exception, une circonstance particulière où la découverte de phénomènes de mort cellulaire ne causa pas de perplexité. L'existence d'épisodes brutaux de disparition de certains organes et tissus au cours de la métamorphose d'une larve en adulte était connue et acceptée comme une étape intermédiaire normale du développement de certains animaux, insectes et batraciens. À la fin du XIXᵉ siècle, de grands biologistes tels qu'Elie Metchnikoff et August Weismann décrivirent en détail la mort cellulaire au cours de cette étape de transformations. Mais comme la plupart de leurs contemporains, ils n'y consacrèrent que peu de temps, et abandonnèrent rapidement ces études pour d'autres centres d'intérêt.

Près d'un siècle plus tard, en 1966, l'embryologiste John Saunders commençait une très belle synthèse sur ses travaux et les connaissances de son époque, intitulée *La Mort dans les systèmes embryonnaires*, par ces mots : « C'est avec inconfort que l'on se confronte à l'idée que la mort cellulaire fait partie du développement de l'embryon ; car pourquoi un embryon se projetant vers un devenir chaque jour plus incertain devrait-il dilapider dans la mort les ressources d'énergie et d'information qu'il a laborieusement acquises à partir d'un état initialement moins ordonné ? Et pourtant […] »

Et pourtant, il était progressivement apparu que les épisodes massifs de mort cellulaire étaient universels, survenant dans tous les embryons de toutes les espèces vivantes ; et qu'ils se produisaient, dans tous les embryons d'une même espèce, aux mêmes endroits et aux mêmes moments.

Durant la première moitié du XXᵉ siècle, commença alors à être envisagée l'idée paradoxale que la mort cellulaire pourrait représenter une composante à part entière du développement. De nombreuses questions allaient être posées quant à la raison d'être de la mort, son rôle, sa cause, et la nature des mécanismes qui la contrôlent. Et la réponse allait apparaître peu à peu : la déconstruction du corps, à mesure qu'il se construit, est une des composantes essentielles de l'élaboration de la complexité.

À la recherche d'un rôle : la mort comme sculpteur

Le vide et le plein

Le premier rôle reconnu à la mort cellulaire fut celui d'un outil permettant à l'embryon d'élaborer sa forme en devenir, par un procédé d'élimination qui s'apparente à la sculpture.

La construction d'un embryon fait appel à la fois à des phénomènes d'ajout et de retrait, de modelage et de taille. C'est la mort cellulaire qui, par vagues successives, sculpte nos bras et nos jambes à partir de leurs ébauches, à mesure qu'elles grandissent, de leur base vers leur extrémité. À l'intérieur de nos avant-bras, elle crée l'espace qui sépare nos os, le radius et le cubitus. Puis elle sculpte les extrémités de nos membres : notre main naît tout d'abord sous la forme d'une moufle, d'une palme, contenant cinq branches de cartilage qui se projettent à partir du poignet et préfigurent nos doigts. La mort fait alors brutalement disparaître les tissus qui joignaient la portion supérieure de ces branches, individualisant nos doigts et transformant la moufle en gant.

Ces modalités de sculpture ont donné naissance au cours de l'évolution à des variations subtiles. Ainsi, l'absence ou l'atténuation des phénomènes de mort cellulaire dans les tissus qui joignent les doigts aboutit, chez les oiseaux aquatiques ou les castors, à la formation de pattes palmées qui leur permettent de nager, et chez les chauves-souris, à de larges et minces palmes qui leur permettent de voler.

Le fait que la mort cellulaire sépare les doigts des embryons d'oiseaux terrestres mais non pas ceux d'oiseaux aquatiques, et les doigts d'embryons de souris mais non pas ceux de chauves-souris, suggérait que certaines, au moins, des modalités de sculpture du corps de l'embryon dépendaient étroitement de l'espèce à laquelle il appartenait. La mort cellulaire était-elle liée à la nature des informations contenues dans des gènes propres à chacune de ces espèces ? Cette question allait rester encore longtemps sans réponse.

Si la sculpture de la forme extérieure représentait la manifestation la plus évidente de la mort cellulaire, il allait progressivement apparaître qu'elle n'en était pas la seule, ni la plus importante. À chaque étape du développement, la mort cellulaire sculpte aussi la forme intérieure de l'embryon. Quelques jours après la fécondation, au stade où nous ne sommes encore constitués que d'une petite boule d'environ une centaine de cellules – entourée de la couche superficielle des trophoblastes qui vont s'ancrer dans le corps de notre mère –, la mort fait brutalement disparaître certaines des cellules qui occupent le centre, créant soudain un espace vide à l'intérieur de la sphère. Cette cavité permet la migration, le voyage de la périphérie vers le centre, de cellules qui vont se transformer à distance de leurs voisines, donnant naissance à de nouvelles familles cellulaires, organisant dans l'espace l'architecture première du corps de l'embryon à venir. À l'intérieur, assemblées autour de la cavité centrale, sont les cellules qui donneront naissance à notre tube digestif, notre foie et nos poumons. La couche de cellules qui les entoure est l'ancêtre de nos muscles, de nos os, de nos cartilages, de nos vaisseaux sanguins, de notre cœur, de nos organes génitaux et urinaires. À la périphérie, sont les cellules dont naîtront notre peau et l'ensemble de notre système nerveux – notre cerveau et nos nerfs.

Plus tard, au plus profond de l'embryon, la mort cellulaire construit les organes, creusant les conduits de notre tube digestif et ceux de notre cœur où circulera notre sang. La mort cellulaire permet le repliement des organes sur eux-mêmes, dans un espace soudain devenu disponible, et le déploiement des tissus qui enveloppent et protègent ces organes. Elle remodèle en permanence les os et les cartilages. Elle sculpte, à mesure qu'il grandit, la forme changeante de l'embryon.

La mort cellulaire et l'élimination
des formes intermédiaires

L'embryon se développe sous forme de modules qui s'élaborent de manière indépendante, puis se rejoignent et s'emboîtent. Sculpteur qui donne la forme à la matière, la mort joue aussi un rôle d'architecte. Il en est ainsi au cours de l'élaboration de la voûte de notre palais ou de la construction de certaines régions de notre cerveau, qui se rejoignent en formant une arche. Les parois qui constitueront ces organes sont construites séparément, de part et d'autre de leur futur point de jonction, et se rapprochent peu à peu l'une de l'autre. Les architectes du Moyen Âge, pour édifier une arche de pierre, plaçaient des soutènements de bois qu'ils retiraient une fois que les montants de l'arche s'étaient rejoints. Dans l'embryon se produisent des phénomènes similaires : un tissu de soutien relie les deux parois qui se rapprochent, puis, une fois la voûte achevée, la mort fait disparaître le soutènement.

La mort permet à des populations cellulaires différentes de venir se rejoindre et cohabiter dans un même organe. Éliminant les premiers habitants, elle donne la possibilité à de nouveaux venus de coloniser le territoire soudain disponible et d'acquérir, au contact de leurs nouveaux voisins, des propriétés nouvelles.

Ces phénomènes d'élimination des formes transitoires de l'embryon se manifestent de manière particulièrement spectaculaire et brutale dans certaines espèces animales. Il en est ainsi chez les insectes et les batraciens au cours de la métamorphose, l'étape de transformation de la larve en adulte. Dans certaines espèces d'insectes, ce sont la plupart des muscles et des nerfs de la larve qui meurent soudain au moment de la métamorphose, libérant de leur gangue des bourgeons cellulaires qui sommeillaient. Ces bourgeons vont alors donner naissance aux organes de l'adulte, tels que les ailes ou les pattes. Chez les batraciens, la disparition brutale des branchies et de la queue du têtard transforme la larve aquatique, respirant à l'aide de ses branchies et nageant comme un poisson, en une grenouille bondissant sur le sol et respirant à l'air libre à l'aide de ses poumons.

La mort cellulaire et la généalogie du vivant

> « Nous vivons dans l'oubli de nos métamorphoses. »
> Paul Eluard, *Le Dur Désir de durer*.

Aussi exceptionnels que nous ayons l'impression d'être, chacun d'entre nous, chaque être humain, ne représente que l'une des innombrables variations que les sociétés cellulaires ont composées sur le thème de la complexité depuis la naissance du vivant.

De la longue histoire des métamorphoses de nos ancêtres, nous avons conservé de nombreux vestiges. Il en est ainsi de certaines parties de notre cerveau, telles que le « cerveau reptilien », qui constitue l'assise sur laquelle se développe l'enveloppe, le cortex cérébral, la région la plus sophistiquée de notre cerveau. Certains tissus nerveux d'origine ancestrale vont disparaître au cours de notre développement, après avoir permis à notre cerveau de se construire.

De nombreux autres tissus et organes apparaissent puis sont détruits au cours de notre développement, constituant une trace, un témoignage, fugace, de nos origines. Il en est ainsi, par exemple, de la queue de l'embryon humain, vestige transitoire de la queue de nos ancêtres singes, ou du pronéphros, le tissu qui constitue les reins des poissons et des batraciens et qui, en nous, disparaît après avoir donné naissance au métanéphros, le tissu qui formera nos reins.

Malgré leur extraordinaire diversité, les êtres vivants partagent tous un petit nombre d'ancêtres lointains. Il y a huit cents millions à un milliard d'années sont apparus les premiers animaux composés de plusieurs cellules, dont les descendants se sont diversifiés le long des branches de l'arbre généalogique du vivant, et dont certains nous ont donné naissance.

« La communauté des structures embryonnaires, a écrit Darwin, révèle l'origine commune » de l'ensemble des animaux qui peuplent aujourd'hui notre planète. Certaines étapes essentielles de notre développement à partir d'une cellule-œuf représentent des variations à partir de certaines des étapes essentielles de notre généalogie. Nous sommes à la fois les prisonniers de notre passé et les descendants de ceux qui s'en sont un jour, par hasard, évadés pour donner naissance à une espèce nouvelle. Retravaillées, déformées, métamorphosées, ces contingences sont ancrées dans notre histoire. Nous portons en nous à la fois le vestige de nos ancêtres et le témoignage du travail, des variations aléatoires, qui ont été effectués sur ce passé.

Pour un astronome, regarder le ciel, ce n'est pas seulement plonger dans l'espace, mais aussi plonger dans le passé. Parce que la lumière qui provient d'une étoile distante a pu mettre des millions d'années à nous atteindre, nous ne contemplons pas l'étoile telle qu'elle est aujourd'hui, mais telle qu'elle était il y a plusieurs millions d'années. Elle peut, aujourd'hui, avoir disparu. Un biologiste qui observe un embryon en train de se développer ressent l'émotion du miracle d'un univers en train de se construire, mais, dans le même temps, il distingue, comme un astronome qui contemple une étoile aujourd'hui disparue, une trace, fugace, brouillée, lointaine, de l'histoire des métamorphoses qui nous ont fait naître.

Si la mort cellulaire joue un rôle essentiel dans les étapes qui nous permettent, en neuf mois, de nous développer en tant qu'individus, elle a aussi, sans doute, joué un rôle essentiel dans les étapes qui ont permis, au cours de la longue évolution du vivant, les métamorphoses successives des espèces qui nous ont donné naissance. Les pattes palmées des oiseaux aquatiques, des castors, des loutres ou des chauves-souris témoignent des nombreuses modifications, survenues au cours du temps, dans les phénomènes de mort cellulaire qui séparent les doigts. Réalisant d'innombrables variations sur un même thème, ces modifications illustrent la capacité fondamentale du vivant à faire surgir, à tout moment, par hasard, la nouveauté. De telles variations sont encore visibles aujourd'hui. Certains

oiseaux terrestres ou certaines souris donnent parfois naissance à des enfants à pattes palmées.

Ainsi, la mort permet de construire, mais aussi d'effacer.
Et l'embryon fait disparaître à la fois une partie des structures architecturales qu'il a utilisées pour élaborer sa forme,
et une partie des traces de la longue généalogie qui a donné
naissance à l'espèce à laquelle il appartient.

La mort cellulaire et la sculpture de l'altérité

> « Je est un autre. »
> Arthur Rimbaud.

Dans des embryons humains, que rien ne permet encore
de distinguer l'un de l'autre, la mort cellulaire va sculpter,
à partir d'organes initialement identiques, un corps
d'homme ou de femme. Les ébauches des organes génitaux
des deux sexes sont initialement toutes deux présentes. Les
embryons masculins possèdent un chromosome sexuel X,
provenant de leur mère, et un chromosome sexuel Y, provenant de leur père. La présence du chromosome Y, déterminant le sexe masculin, entraîne la mort des cellules du
canal de Müller, l'ébauche des organes génitaux féminins.
Seul le canal de Wolff, l'ébauche des organes génitaux
masculins, va alors se développer. Dans les embryons de
sexe féminin, qui ne possèdent pas de chromosome Y mais
deux chromosomes X (l'un provenant de la mère, l'autre
du père), ce sont les cellules du canal de Wolff qui meurent.
Seul persiste et se développe le canal de Müller, conduisant
à l'élaboration des organes génitaux féminins. Ainsi la mort
cellulaire sculpte notre sexe. Et resurgit, mystérieuse, l'idée
que la mort dépend de la nature des informations contenues
dans nos gènes.

Le travail de la mort dans la construction de la féminité
et de la masculinité ne se limite pas à la sculpture des
organes génitaux. La mort sculpte aussi le système nerveux
et le cerveau de l'embryon en fonction de son sexe. Ainsi,
au cours du développement d'un embryon de rat femelle,
meurent les cellules nerveuses qui, chez un mâle, donnent

naissance aux nerfs qui contrôlent le fonctionnement du pénis. Ainsi, au cours du développement d'un embryon de canari femelle, meurent les neurones du cerveau qui, chez un mâle adulte, permettront l'élaboration du chant nuptial.

Le concept de mort cellulaire programmée

Parce qu'ils jouent un rôle central dans la construction de l'embryon, les phénomènes de mort cellulaire ont commencé, à partir du milieu du XXᵉ siècle, à être considérés comme partie intégrante du plan de construction, du « programme » de développement normal de l'embryon, au même titre que les phénomènes de dédoublement, de différenciation et de migration cellulaires.

En 1963, Richard Lockshin, dans la thèse de doctorat de biologie qu'il présente à l'université Harvard sur ses travaux décrivant la métamorphose du ver à soie, utilise pour la première fois le terme de « mort cellulaire programmée ».

Mais la notion de « programme » en biologie est une notion ambiguë.

Étymologiquement, le terme de programme signifie « préécrit ». Il suggère l'existence d'une prédétermination rigide et favorise implicitement une confusion entre la nature des informations contenues – préécrites – dans nos gènes et les nombreuses manières différentes dont nos cellules et notre corps peuvent consulter et utiliser ces informations. Ambiguïté que le biologiste et philosophe Henri Atlan a soulignée, à la fin des années 1970, de la manière suivante : « Il s'agit d'un programme qui a besoin [des produits] de sa lecture et de son exécution […] pour [pouvoir] être lu et exécuté. »

Qu'en est-il de la mort cellulaire « programmée » ? Où, et de quelle manière, dans quel langage et sur quel support, est déterminé le destin des cellules qui composent le corps en train de se construire ? Comment, dans l'espace et le temps, durant les innombrables étapes du développement, est réglée la chorégraphie de la vie et de la mort qui sculpte l'embryon en devenir ?

2

Le suicide cellulaire
Un mystère au cœur du vivant

De l'ambiguïté de la notion de programme

> « La mort et la vie sont au pouvoir du langage. »
>
> *Proverbes* 18. 21.

À la fin des années 1950, l'étude de la métamorphose des insectes et des batraciens avait révélé que la mort cellulaire pouvait être déclenchée par des signaux – des hormones – émis à distance et voyageant à travers le corps. La métamorphose d'une chenille en papillon s'accompagne de la mort de la plupart des cellules qui composent ses muscles, et des cellules nerveuses qui contrôlent leur activité. C'est la modification simultanée de deux hormones (une diminution de la production de l'ecdysone et une augmentation de la production de l'hormone d'éclosion) qui déclenche brutalement, à distance, la mort des cellules musculaires et nerveuses. Lors de la métamorphose du têtard en grenouille, c'est l'hormone thyroïdienne qui déclenche la plupart des phénomènes de mort cellulaire entraînant en particulier la disparition des branchies et de la queue. Qu'on modifie artificiellement ces signaux, et les cellules survivent, entraînant la persistance des tissus et des organes qu'elles composent.

Ainsi apparaît l'idée que ce qui est « programmé » au cours du développement n'est pas la prédétermination du destin individuel de chaque cellule, mais la propension d'une population cellulaire à mourir, à un endroit et à un moment précis, en réponse à un signal donné.

L'embryologiste Saunders n'étudie pas la métamorphose des insectes ou des grenouilles, mais le développement des pattes et des ailes dans les embryons d'oiseau. En 1966, il décrit le moment où une « horloge de mort » se met à compter le temps qui reste à vivre aux cellules qui vont mourir au cours de la formation de l'aile du poulet. Mais il montre que si l'on prélève ces cellules – un peu avant le moment où elles vont commencer à mourir – et qu'on les greffe dans une autre région de l'aile, qui va persister, alors ces cellules survivront.

Les cellules qui vont mourir ne disparaissent pas en raison d'une incapacité fondamentale à survivre. Si l'horloge de la mort cellulaire indique le moment de la mort à venir, la sentence de mort, elle, est révocable. Elle dépend de l'environnement dans lequel se trouvent les cellules. Elle dépend des signaux qu'échangent les cellules. Elle dépend du dialogue entre les cellules à travers le corps en train de se construire. Elle dépend du langage cellulaire.

Mais comment le dialogue entre les cellules, le langage des signaux qui parcourent le corps, détermine-t-il la vie et la mort ? Et, une fois la sentence de mort prononcée, comment est-elle réalisée ?

À la recherche de l'exécuteur

> « Il est difficile de comprendre ce qui provoque la mort des cellules au cours du développement de l'embryon [...]. La cause [en est] obscure. »
>
> A. Glücksmann,
> *Cell Deaths in Normal Vertebrate Ontogeny.*

Les armes du corps

Jusqu'à la fin des années 1960, la mort cellulaire fut conçue comme une exécution accomplie par le corps, comme un combat entre le corps et les cellules condamnées à mort, conduisant à une destruction, une paralysie, une stérilité ou un vieillissement accéléré.

Certains postulèrent qu'il existait, dans l'embryon, des cellules tueuses chargées d'exécuter la sentence. L'idée était que des signaux qui déclenchaient la mort désignaient la cellule condamnée comme une cible à des cellules tueuses chargées de la détruire. Cette hypothèse était fondée sur des observations indiquant que les cellules qui disparaissaient au cours du développement de l'embryon étaient souvent entourées, et englouties, par des cellules sentinelles du système immunitaire, les macrophages. Ainsi, la mort semblait résulter d'un meurtre, d'une exécution de la cellule par des tueurs, par des combattants professionnels du corps.

D'autres proposèrent que la mort de la cellule résultait, non de l'intervention de cellules tueuses, mais d'une exécution directement réalisée par les signaux que la cellule recevait. L'idée était que ces signaux provoquaient une forme de paralysie qui rendait la cellule incapable de fonctionner, de se nourrir, de respirer, de se déplacer. Les signaux de mort agissaient comme les flèches imprégnées de curare que des tribus indiennes d'Amazonie utilisent pour chasser ou combattre : la mort cellulaire résultait d'une forme d'empoisonnement.

Pour d'autres encore, tel Glücksmann, c'est une interruption des signaux permettant le dédoublement ou la différenciation qui faisait perdre à la cellule sa jeunesse et sa fécondité, la faisant brutalement basculer dans une forme de vieillissement prématuré. Devenue soudain « incapable de se dédoubler et de se spécialiser, la cellule vieillit et meurt ».

Un renversement de perspective

Il existe des substances chimiques – l'actinomycine D, la cycloheximide – qui entraînent une forme de paralysie des cellules. Elles agissent en verrouillant artificiellement la totalité des livres de la bibliothèque de ses gènes, empêchant la cellule de consulter les informations qu'ils contiennent, et de fabriquer de nouvelles protéines, de nouveaux outils. La cellule devient incapable de se dédoubler et de se différencier. Elle ne peut plus répondre aux signaux de son environnement qu'en utilisant les outils qu'elle a fabriqués auparavant, tant qu'ils n'ont pas disparu. Ses potentialités, présentes et futures, sont restreintes par son passé. Elle est devenue prisonnière de son histoire.

Dans des larves d'insectes ou de têtards qui devaient bientôt subir la métamorphose, des cellules qui allaient recevoir dans quelques heures les signaux qui déclencheraient leur mort programmée furent traitées par ces substances chimiques paralysantes. Et au lieu de mourir, les cellules survécurent plusieurs jours. Ainsi, la paralysie causée par ces substances chimiques, non seulement n'entraînait pas la mort des cellules, mais, au contraire, suspendait l'exécution de la condamnation prononcée par le corps.

Cette découverte – réalisée à la fin des années 1960 de manière indépendante par le biologiste américain Lockshin (dans des larves d'insectes) et par le biologiste tchèque Tata (dans des têtards) – suggérait que l'exécution de la mort programmée nécessitait la fabrication, par la cellule elle-même, en réponse à un signal de mort, des armes qui allaient la faire disparaître. Soudain apparaissait une possibilité étrange : la mort cellulaire programmée n'impliquait ni bourreau, ni combat, ni paralysie, ni vieillissement ; elle ne résultait ni d'un meurtre, ni d'un empoisonnement. L'exécuteur était présent au cœur de la cellule. Le signal de mort avait pour seul effet de conduire la cellule à se tuer elle-même.

Quelques années plus tôt avait été proposée l'idée que la mort pourrait venir de l'intérieur, sous la forme d'une explosion de « sacs de suicide » – de petits compartiments où la cellule conserve les enzymes dangereuses qui lui servent à digérer des aliments et des protéines. Mais de tels phénomènes étaient rarement observés et les mécanismes capables de les déclencher apparaissaient obscurs.

Les expériences de Tata et de Lockshin suggéraient en revanche un modèle d'une bouleversante simplicité : les armes permettant l'exécution de la mort cellulaire étaient enfouies, au plus profond de la cellule, sous forme d'informations contenues dans ses gènes.

La mort cellulaire programmée pouvait soudain être conçue comme une des manifestations les plus extrêmes de la différenciation cellulaire : en réponse à certains signaux, la cellule consulte le (ou les) gène(s) encore inconnu(s) qui lui permet(tent) de fabriquer l'exécuteur de sa mort – l'arme qu'elle va utiliser pour s'autodétruire.

Le concept de suicide cellulaire

Les preuves étaient encore indirectes et fragiles. Mais cette interprétation avait un caractère fascinant. Pour la première fois, se dessinait une vision radicalement nouvelle de la mort cellulaire. Si la sentence de mort dépendait de l'environnement de la cellule, la mise en route de l'exécution, la décision ultime de vivre ou de mourir ne dépendait que de la cellule elle-même. Et la notion même de « programme » – la notion de mort cellulaire programmée – se modifiait : la mort semblait préécrite au cœur même de la cellule, comme une potentialité prête à se réaliser.

Apparut alors un concept nouveau, celui de « suicide » cellulaire. Étymologiquement exact – « suicide » signifie « se tuer » – ce concept allait bouleverser, par ses connotations anthropomorphiques, les recherches sur la mort cellulaire. Parce que la cellule interprète et intègre les signaux qu'elle reçoit de son environnement, et y répond, le résultat – le déclenchement ou non de son suicide – s'apparente à une « décision ». Le terme de « décision » peut avoir une signification scientifiquement neutre. Il traduit alors simplement l'idée que la réponse d'une cellule aux modifications de son environnement n'est pas univoque. Sa réponse dépend à la fois de la nature des signaux, du moment où elle les perçoit et de l'état dans lequel elle se trouve. Sa réponse dépend à la fois de son présent et de son histoire, des signaux qu'elle a reçus dans le passé et de la manière dont elle les a interprétés. L'ensemble de ces données sera intégré par la cellule et aboutira à une alternative : le déclenchement du suicide, ou la survie. Une cellule ne peut à la fois vivre et mourir : à un moment donné, en un lieu donné, dans la cellule, une décision est prise, un choix est fait. Le terme de « décision » peut décrire, d'une manière similaire, la réponse d'un automate complexe aux modifications de son environnement.

Mais ce concept et ce terme ont aussi, à l'évidence, une connotation anthropomorphique et philosophique implicite. Décider, c'est choisir, c'est être capable de peser le pour et le contre. Décider de mourir, c'est refuser, à un moment donné, la possibilité de survivre. Quelles qu'aient été les précautions qu'ait pu prendre la petite communauté scientifique qui explorait la mort cellulaire programmée, des termes et des concepts tels que « le choix de vivre ou de mourir », ou « la décision du suicide », ne pouvaient pas être – et n'ont pas été – des termes et des concepts émotionnellement neutres.

Ils nous renvoient à ce que nous associons le plus profondément à l'idée de nature humaine : le libre arbitre, et le pouvoir ultime de décider de mettre fin à notre existence.

« L'acte philosophique authentique est le suicide ; c'est là le commencement réel de toute philosophie », écrivait Novalis à la fin du XVIIIe siècle. Et cent cinquante ans plus tard, Albert Camus reprenait, dans les premières lignes du *Mythe de Sisyphe* : « Il n'y a qu'un problème philosophique vraiment sérieux, c'est le suicide. Juger que la vie vaut ou ne vaut pas la peine d'être vécue, c'est répondre à la question fondamentale de la philosophie. Le reste vient ensuite. Ce sont des jeux ; [...] il faut d'abord répondre. »

À la fin des années 1960, la communauté de scientifiques qui travaille sur la mort cellulaire programmée est encore toute petite, marginalisée, à l'écart des grands courants de la biologie. Elle perçoit, opérant au cœur du vivant, au cœur des cellules de l'embryon, un phénomène étrange qui renvoie aux interrogations humaines les plus intimes et les plus profondes. Elle essaie d'appréhender un mystère qui a des connotations philosophiques, et même, pour certains, mystiques, religieuses. Mais c'est, pour des scientifiques, un sentiment secret, troublant, difficile à exprimer. Entre le rêve et l'exaltation, entre l'impression de fascination et le sentiment de révélation, se dessinent les frontières des territoires de la science au-delà desquelles il peut être dangereux de s'aventurer.

La décision de vivre ou de mourir :
Ulysse, Orphée, et le chant des Sirènes

> « Je veux tout vous dire, pour que bien avertis, nous allions à la mort ou tâchions d'éviter la Parque et le trépas. »
>
> Homère, l'*Odyssée*.

Les dramaturges et les aèdes de la Grèce antique ont traité des grands mystères de la vie sous une forme claire, limpide et crue comme la lumière qui découpe les rivages et les collines de leurs îles.

Dans certains textes de la mythologie grecque, la décision de vivre ou de mourir ne résulte pas d'une plongée dans un abîme philosophique ou mystique, mais d'une succession d'étapes, d'une cascade de signaux et de réponses à des signaux, où interviennent la séduction, l'intelligence et la ruse.

Il est un passage de l'*Odyssée* où la magicienne Circé indique à Ulysse qui va la quitter le périple qu'il doit avec ses compagnons accomplir pour regagner Ithaque, et les dangers qui le menacent : « Il vous faudra d'abord passer près des Sirènes. Elles charment tous les mortels qui les approchent. Mais bien fou qui relâche pour entendre leurs chants. » Leur chant conduit à la mort. Et Circé donne deux conseils à Ulysse : « Pétris de la cire à la douceur de miel, et de tes compagnons bouche les deux oreilles : que pas un d'eux n'entende ! Toi [...] écoute, si tu veux, mais pieds et mains liés, [...] fais-toi fixer au mât, et si tu les priais de desserrer les nœuds, que tes gens aussitôt donnent un tour de plus. » Ainsi, Ulysse put connaître le chant qui provoque la mort, et survivre.

Les biologistes découvrirent deux moyens pour empêcher des cellules de l'embryon de s'autodétruire en réponse à un signal de mort. Le premier était d'utiliser certaines substances chimiques – certains médicaments – qui empêchent la cellule de percevoir le signal. Comme les marins d'Ulysse aux oreilles bouchées par la cire, la cellule devenait sourde au chant qui conduit à la mort. Un deuxième moyen, nous l'avons vu, était d'utiliser des substances chimiques qui paralysent la cellule, l'empêchant, en réponse au signal qu'elle avait perçu, de fabriquer les armes qui lui permettent de s'autodétruire. Pareille à Ulysse attaché au mât de son navire, la cellule devenait alors incapable de répondre au chant qu'elle percevait.

Ces deux moyens, ces deux tours, ces deux ruses utilisés par les biologistes pour empêcher un signal de déclencher le suicide sont – comme la cire et les liens – de nature artificielle. Mais les signaux qui permettent, au cours du développement, à une cellule de ne pas s'autodétruire, sont des signaux naturels émis par le corps de l'embryon.

Il y a, dans la mythologie grecque, un autre récit qui nous parle du chant des Sirènes. Il s'agit de l'expédition des Argonautes, qui conduit Jason vers la Toison d'or. Le poète Orphée est à bord du navire qui approche du territoire des Sirènes. Soudain se fait entendre le chant qui conduit à la mort. Mais Orphée commence alors à jouer de sa lyre. Au chant des Sirènes se mêle le chant d'Orphée, et le chant des Sirènes perd le pouvoir de donner la mort. Le chant d'Orphée est un chant de vie qui se mêle au chant de mort et s'y surimpose.

C'est de cette manière, au cours du développement de l'embryon, que s'exerce le contrôle, par les signaux du corps, de la vie et de la mort des cellules qui le composent. Quand, dans des conditions qui devraient conduire à sa mort, une cellule perçoit un signal de survie, elle réprime le déclenchement de son suicide.

Ainsi se dessinent, de manière métaphorique, dans deux légendes vieilles de près de trois mille ans – l'*Odyssée* et le récit de l'expédition des Argonautes –, certaines des composantes essentielles du suicide cellulaire.

Le destin individuel des cellules n'est pas prédéterminé. Dans le dialogue toujours plus riche qui s'établit entre les différentes populations cellulaires, à mesure que se construit l'embryon, c'est du langage – des signaux – qu'échangent les cellules que dépend leur survie ou leur mort. Dans un environnement donné, à un instant donné,

une cellule programmée pour mourir va s'autodétruire
« sauf si… ». Sauf si elle perçoit un signal de survie qui
seul lui permettra de réprimer le déclenchement de son
suicide.

Il y a quelque chose de troublant à retrouver, enfouies
dans les mythes les plus anciens, des représentations qui
reflètent certaines des règles du fonctionnement du vivant
qui déterminent notre existence. Et peut-être ces correspondances traduisent-elles le caractère limité des configurations mentales auxquelles l'esprit humain est capable de
faire appel, depuis l'aube de l'humanité, pour appréhender
la variété, la richesse et la complexité toujours croissante
des informations qu'il recueille sur son environnement et
sur lui-même. Il existe de nombreuses représentations
mythiques, philosophiques, religieuses, du suicide, mais
cette histoire du chant des Sirènes présente, à mon sens, un
intérêt particulier : elle nous révèle qu'on peut intégrer la
notion de suicide dans un cadre conceptuel qui concilie
l'anthropomorphisme avec une représentation simple et
mécanistique des phénomènes qui conduisent à son déclenchement ou à son blocage. Elle projette une vision de la
« décision » de mourir ou de vivre qui ne fait pas appel à
une introspection dont la profondeur et la durée seraient à
la hauteur des enjeux, mais qui résulte d'une succession
d'actes élémentaires.

Revenons encore un instant au chant des Sirènes. Homère
ne nous dit rien de la manière dont les marins répondaient
à ce chant, de la manière dont le chant les conduisait à la
mort. Il ne nous dit rien de leurs derniers instants.

À la fin des années 1960, les biologistes sont dans la
même situation que les lecteurs de l'*Odyssée* : ils savent
que la mort est déterminée par des « chants », des signaux,
et qu'elle résulte d'un phénomène d'autodestruction. Mais
la nature des armes du suicide, la manière dont la cellule
s'autodétruit, demeurent inconnues. Des mystères que seule
l'imagination permet d'essayer de percevoir.

Quelques années après la naissance, révolutionnaire mais
abstraite, du concept de « suicide » cellulaire, la découverte
de la manière dont se déroule la mort cellulaire programmée

va lui conférer une propriété nouvelle : un caractère concret, une forme de signature visible, identifiable ; en d'autres termes, un visage. Et la découverte de ce visage permettra de comprendre soudain pourquoi les épisodes massifs de mort cellulaire peuvent se produire et se répéter durant le développement de l'embryon sans transformer en champs de ruines les organes et les tissus qui en sont le siège.

L'apoptose ou la révélation du visage du suicide cellulaire

> « Ces feuilles qui tombent comme nos ans, ces fleurs qui fanent comme nos heures [...] ont des rapports secrets avec nos destinées. »
>
> Chateaubriand, *Mémoires d'outre-tombe*.

Les blessures et certaines maladies offraient depuis long-temps une image spectaculaire et catastrophique de la mort cellulaire, qui avait été appelée « nécrose » (du nom qui désigne, en grec ancien, un cadavre). Les cellules atteintes gonflent puis éclatent, libérant à l'extérieur les enzymes qu'elles contiennent, et qui sont, normalement, soigneuse-ment réparties dans des compartiments protégés et cloisonnés. Ces enzymes attaquent la membrane des cellules voisines, les faisant éclater à leur tour, provoquant des lésions qui se propagent alentour en vagues successives. Ces lésions brutales entraînent une inflammation intense, qui conduit à des phénomènes anarchiques de réparation, de cicatrisation. La prolifération de cellules de soutien (les fibroblastes) comble les trous laissés béants par les cellules disparues. Et l'architecture du tissu ou de l'organe atteint est profon-dément et durablement, parfois définitivement, dénaturée.

La nécrose, qui résulte d'accidents ou de maladies, était la seule forme de mort cellulaire connue et clairement identi-fiée. Pourtant, il apparaissait évident que la mort cellulaire programmée qui survenait au cours du développement de l'embryon ne pouvait procéder du même phénomène : les dis-paritions massives des cellules n'entraînaient aucune lésion.

John Kerr est anatomopathologiste : un biologiste dont la spécialité est l'observation des cellules dans les tissus et les organes. D'abord seul, puis avec Andrew Wyllie, il analyse et décrit minutieusement en 1972 le visage de la mort cellulaire programmée. Il leur paraît tellement différent de celui de la nécrose qu'ils lui cherchent un nom. Un collègue, helléniste, leur propose le terme d'« apoptose ». « Apoptose » est un nom qui signifiait « chute » en grec ancien et qui était utilisé pour décrire la chute des feuilles des arbres en automne, la chute des pétales des fleurs qui se fanent, une métaphore pour une mort à la fois naturelle, inéluctable et programmée.

Contrairement au caractère anarchique et cataclysmique de la nécrose, l'apoptose se déroule d'une manière étrangement discrète et stéréotypée. Alors que la nécrose donne l'image d'un phénomène d'explosion, l'apoptose ressemble à un phénomène d'implosion. La cellule qui déclenche son suicide commence tout d'abord par couper tout contact avec son environnement. Comme un animal en train de mourir, la cellule se détache et s'écarte des cellules voisines. Puis elle se morcelle de manière ordonnée : elle condense, puis fragmente son noyau, découpant en petits morceaux l'ensemble de la bibliothèque de ses gènes. Dans le même temps, le corps cellulaire se condense, lui aussi, puis se fragmente en petits ballonnets, les « corps apoptotiques ». La membrane externe de la cellule se modifie, prend un aspect bouillonnant, mais reste intacte, empêchant la libération à l'extérieur des enzymes qu'elle contient, évitant toute destruction environnante. Cette mort rapide, solitaire et sans fracas, n'entraîne habituellement ni lésion, ni inflammation, ni cicatrisation. Les cellules environnantes comblent l'espace laissé libre par les morts. Bientôt, il ne reste plus aucune trace du travail rapide et discret de l'autodestruction.

Révélations et redécouvertes

> « La nouveauté d'aujourd'hui a des racines
> anciennes, et la destinée des racines est d'être enter-
> rées. »
>
> Peter et Stephanie Clarke, *19th Century*
> *Research on Naturally Occurring Cell*
> *Death and Related Phenomena.*

Comme souvent au cours de l'histoire des sciences, la découverte de l'apoptose était, pour partie, une redécouverte. Son visage avait été déjà décrit, puis oublié, puis décrit de nouveau, et encore oublié de nombreuses fois.

En 1855, Flemming avait minutieusement détaillé, sous le nom de « chromatolyse », ces phénomènes de fragmentation du noyau et du corps de cellules en train de mourir. Il avait publié des dessins qui dépeignaient avec précision le visage de la mort auquel sera, cent dix-sept ans plus tard, donné le nom d'« apoptose ». D'autres descriptions, plus ou moins précises, seront rapportées entre la fin du XIXᵉ siècle et le début du XXᵉ. En 1951, la synthèse de l'embryologiste Glücksmann sur la mort cellulaire au cours du développement présente une description de son aspect et des différentes étapes de son déroulement, qui comporte la plupart des caractéristiques de l'apoptose. En 1955, l'hématologiste Marcel Bessis montre, dans le film *La Mort d'une cellule*, et décrit dans l'article qui l'accompagne, un phénomène de mort des cellules du sang, qu'il appelle « mort par fragmentation ». Ces observations devaient rester longtemps méconnues et le sont encore aujourd'hui de nombreux biologistes qui explorent la mort cellulaire.

Il y a à cette méconnaissance au moins deux raisons. La première est que nous vivons une période où la quantité de connaissances « nouvelles » produites en permanence favorise un phénomène d'oubli à mesure. L'histoire des sciences commence hier, et avant-hier, déjà, n'existe plus. Mais il y a une deuxième raison, majeure. Une découverte scientifique n'est reconnue, le plus souvent, comme telle, que lorsqu'elle permet la cristallisation d'un problème perçu comme important.

« Une découverte scientifique est prématurée, a écrit le biologiste Gunther Stent, lorsque ses implications ne peuvent pas être reliées, par une série de raisonnements logiques, à l'état des connaissances acceptées [à une époque donnée]. » Pour le philosophe des sciences Thomas Kuhn, « une découverte commence par la perception [qu'un fait naturel] constitue une anomalie ». Mais, « quand commencent les anomalies ? » s'interrogèrent Alan Lightman et Owen Gingerich, dans un article montrant que les « anomalies scientifiques », « les observations difficiles à expliquer » pouvaient parfois être méconnues pendant très longtemps en raison d'une tendance naturelle à « ignorer un problème tant que personne n'a la moindre idée de la manière de le résoudre ». Dans un très bel essai intitulé *Scotome : Oubli et négligence en science*, le médecin neurologue et écrivain Oliver Sacks fait revivre des histoires étranges de découvertes, suivies de longues périodes d'oubli. Réfléchissant au caractère souvent « bizarre, complexe, contradictoire et irrationnel » de la démarche scientifique, Sacks cite le psychologue Wolfgang Köhler, qui écrivit au début du XXᵉ siècle : « Chaque science a une sorte de grenier dans lequel sont presque automatiquement poussées toutes les choses qui ne peuvent pas être utilisées sur le moment, qui ne correspondent pas [aux connaissances contemporaines]… Nous mettons continuellement de côté, sans les utiliser, des richesses, bloquant [ainsi] le progrès scientifique. »

Pendant plus de cent ans, de la fin du XIXᵉ siècle à la fin des années 1960, les concepts de « mort programmée » et de « suicide cellulaire » ne sont pas encore nés. Parce que la signification, le rôle et les implications de la mort cellulaire au cours du développement de l'embryon n'étaient pas perçus, les descriptions de son visage tombaient rapidement dans l'oubli. Ces descriptions représentaient des réponses « prématurées » à des questions qui n'avaient pas encore été posées. Revenons au début des années 1970. C'est la fascination exercée chez certains par les concepts de mort programmée et de suicide cellulaire qui allait conduire Kerr et Wyllie à (re)chercher le visage de la mort, à le (re)découvrir et à le (re)nommer.

Mais il ne s'agissait pas seulement d'une redécouverte. Ce que Kerr et Wyllie proposaient, c'est que la mort cellulaire jouait un rôle fondamental, non seulement au cours de la période de développement embryonnaire, mais aussi tout au long de notre existence. Et ils donnaient au concept de « programme » une dimension nouvelle. La mort cellulaire n'était pas seulement « programmée », au niveau de chaque cellule, sous la forme d'informations lui permettant de fabriquer des armes en réponse à ces interactions. Elle était aussi « programmée » au niveau des modalités précises de sa réalisation : le suicide cellulaire résultait du déroulement d'une séquence stéréotypée d'événements coordonnés, aboutissant à la sculpture du visage de l'apoptose.

Entre la vie et la mort : le sourire du Chat du Cheshire

Il est un passage dans *Alice au pays des merveilles* de Lewis Carroll, où Alice rencontre le Chat du Cheshire. Puis le Chat disparaît, mais d'une manière étrange : « Il s'effaça assez lentement, commençant par le bout de sa queue et terminant par le sourire, qui demeura pendant un temps, après que le reste eut disparu. J'ai souvent vu un chat sans sourire, pensa Alice, mais un sourire sans chat !... »

Ce départ sous la forme d'un effacement progressif de soi ressemble à la manière dont se déroule l'apoptose. La cellule se détache de ses voisines, implose puis se dissout, sur place, progressivement. Mais l'analogie entre le suicide cellulaire et le départ du Chat du Cheshire ne s'arrête pas là. Comme demeure un temps dans le paysage le sourire du Chat, il persiste, alors qu'elle disparaît, quelque chose de la cellule qui s'efface. Ce sont des molécules – des signaux – qu'elle libère dans son environnement et d'autres qu'elle fait apparaître à sa surface. Ce sont des phrases qu'elle prononce en mourant.

Alors qu'elle est en train de mourir, la cellule qui s'auto-détruit s'adresse aux cellules qui l'entourent. Elle parle, simultanément, dans deux langages : le langage des cellules vivantes, que les biologistes avaient commencé de décrypter depuis longtemps, et un langage qui leur était resté jusque-là totalement inconnu, dont ils ne soupçonnaient pas l'existence : le langage des mourants. C'est parce que la mort cellulaire est un suicide – un phénomène actif d'autodestruction – et non le résultat d'un meurtre brutal ou d'une paralysie, qu'elle peut s'accompagner d'un discours, de l'émission précise de signaux et de messages, et ne se déroule pas dans un silence total ou dans un brouhaha indistinct, un fracas.

Les signaux qu'émettent les cellules mourantes dans le langage des vivants peuvent modifier les propriétés des cellules voisines ; ils peuvent favoriser le suicide ou au contraire déclencher les dédoublements ; ils peuvent favoriser la différenciation, faisant naître alentour des cellules aux potentialités nouvelles. Ils font partie des signaux échangés en permanence par toutes les cellules du corps. Ils ont la même signification, les mêmes effets, qu'ils soient émis par une cellule vivante ou par une cellule en train de mourir. Leur effet ne dépend pas de la source qui les produit.

Mais il est d'autres messages, très particuliers, qu'a-dresse toute cellule en train de s'autodétruire. Ces messages sont émis dans le langage des mourants, et portent la signature de la mort. Ces messages s'apparentent à une demande de sépulture. Dans l'embryon en train de se construire, le développement ne met pas uniquement en place les éléments permettant de prononcer une sentence de mort et de l'exécuter ; il permet aussi l'établissement de rites funéraires complexes. Et les dernières paroles des cellules mourantes représentent une des composantes essentielles de ces rites funéraires.

Rites funéraires et sépultures

Le devenir des morts est une des préoccupations ancestrales de toutes les cultures et sociétés humaines. Nous nous attachons au devenir des âmes, au souvenir, à la pérennité immatérielle de la mémoire des disparus. Mais aussi au devenir des corps. Avec des variations innombrables, toutes les cultures, toutes les religions ont codifié et ritualisé depuis l'aube de l'humanité la prise en charge des mourants et des morts. Les corps ont été rituellement consommés, momifiés, embaumés, brûlés, exposés dans des cimetières sacrés à ciel ouvert, scellés dans d'immenses pyramides ou enfermés dans des cercueils enfouis dans des caveaux ou sous la terre… Nous interrompons le travail de la mort sur les corps, nous détruisons nous-mêmes les corps, ou nous les éloignons, nous les cachons, rendant invisible le travail de la mort. Mais dans le reste du monde vivant, que deviennent les morts ?

Dans les forêts et les prairies, au fond des rivières et des lacs, nous ne découvrons que très rarement un corps sans vie, un cadavre. Nous savons instantanément reconnaître la survenue d'une catastrophe écologique brutale, d'un incendie ou d'un empoisonnement de l'eau, à la présence soudaine, anormale et surprenante, de cadavres d'animaux. Pourtant, en dehors de ces périodes exceptionnelles, un grand nombre de mammifères, petits et grands, d'oiseaux, de poissons, des multitudes d'insectes meurent chaque jour, et nous n'en trouvons aucune trace. Il y a une raison essentielle à cette absence de cadavres : le monde vivant élimine les morts. Le monde vivant se nourrit des morts. Chaque espèce a ses prédateurs, qui se mettent à plusieurs pour dévorer les mourants et les morts.

Dans l'univers clos de l'embryon en train de se construire, il n'y a pas de prédateur étranger. L'embryon est seul, protégé, à l'abri du monde extérieur. Mais il n'y a pas, dans l'embryon, de cadavres cellulaires. Il n'y a que des cellules mourantes. L'embryon est son propre prédateur.

Les fossoyeurs et la sépulture des mourants, ce sont les cellules vivantes de son corps.

Les rites funéraires qui ont lieu dans l'embryon ont un caractère à la fois brutal et extrêmement sophistiqué. L'apoptose est, nous l'avons vu, un acte d'autodestruction, d'effacement ordonné de soi. Mais il comporte aussi un appel aux fossoyeurs. La cellule qui a commencé de s'auto-détruire s'écarte des cellules voisines. Elle fait apparaître aussi, dans le même temps, à sa surface, avant de commencer à se fragmenter en petits morceaux, plusieurs signaux que n'expriment pas les cellules vivantes et qui constituent une signature de la mort à venir. Certains de ces signaux sont des sucres, d'autres des protéines, d'autres des acides gras, des lipides. Des cellules voisines, qui portent à leur surface des récepteurs capables de reconnaître cette signature, se déplacent vers la cellule qui a commencé à s'auto-détruire, s'y ancrent, l'absorbent comme une proie, et la font disparaître.

Les fossoyeurs – les cellules qui dans l'organisme sont capables de répondre à l'appel des cellules mourantes et de les engloutir – sont nombreuses : des cellules sentinelles de notre système immunitaire, dont les macrophages, mais aussi la plupart des cellules qui peuplent nos organes et nos tissus. C'est cette activité de fossoyeurs des macrophages qui avait suggéré l'idée première que la mort cellulaire résultait d'un meurtre : les macrophages qui entouraient et engloutissaient les mourants avaient été pris pour des cellules tueuses, exécutant la sentence de mort.

L'existence de ces rites funéraires, dont la nature complexe allait être révélée à partir de la fin des années 1980, permet à la mort cellulaire de ne causer aucune lésion. Il n'y a pas de lésion parce qu'il n'y a pas de cadavre cellulaire. La plupart des cellules qui s'engagent dans la voie du suicide vont disparaître, encore vivantes, en moins d'une heure.

Le point de non-retour

> « Quand nous aurons réduit à rien le tumulte de vivre. »
>
> Shakespeare, *Hamlet*.

Une cellule vient de s'engager sur la voie de l'autodestruction. Elle va commencer à se fragmenter, à s'effacer. Elle exprime à sa surface la signature des morts. Elle est toujours vivante. La rapidité avec laquelle elle va disparaître dépend de deux variables indépendantes : le temps qu'elle va prendre pour accomplir elle-même son exécution et la rapidité avec laquelle une cellule voisine capable de reconnaître, à sa surface, la signature des morts, va la rejoindre pour l'engloutir. L'apoptose, le visage du suicide cellulaire, est fugace. Le biologiste ne peut le distinguer que durant l'intervalle de temps que le corps met lui-même à le reconnaître. Nous ne voyons que les cellules mortes que le corps n'a pas encore eu le temps d'identifier et de faire disparaître. Plus tard, nous ne pouvons plus percevoir que des fragments encore intacts du noyau des cellules mortes, à l'intérieur des cellules qui viennent de les engloutir. Plus tard encore, il n'y a plus rien à voir. Alors, seule l'absence, si elle n'a pas encore été comblée, peut parfois traduire la mort. Et c'est cette fugacité qui, pendant longtemps, a fait méconnaître l'importance et la fréquence des phénomènes de suicide cellulaire dans notre corps.

Durant les premières étapes du suicide cellulaire, l'absence de libération anarchique dans l'environnement du contenu de la cellule est due au contrôle actif exercé par la cellule en train de se tuer sur les modalités de sa destruction. Mais à mesure qu'elle fragmente son noyau et la bibliothèque de ses gènes et découpe son corps en petits ballonnets apoptotiques, la cellule qui se détruit activement va cesser peu à peu de vivre. Ayant perdu toute maîtrise sur son destin, elle finira par devenir un cadavre. Et ce cadavre commencera à se décomposer, retournant à la poussière, libérant dans l'environnement les éléments toxiques que la cellule, tant qu'elle était encore vivante, maintenait activement à l'intérieur d'elle-même. Imaginons ce que deviendrait un cerveau en train de se construire, à l'intérieur duquel se décomposeraient des centaines de milliers, des millions de cadavres cellulaires. C'est l'affichage public de l'acte d'autodestruction en train de s'accomplir, c'est la demande faite par les cellules mourantes à la collectivité environnante de les faire disparaître, qui permet à la mort cellulaire de sculpter le corps de l'embryon sans le détruire.

Nous commençons maintenant à percevoir le mélange étrange de sophistication et de brutalité qui règne à l'intérieur de l'embryon. L'embryon est un univers en expansion, un univers à la fois merveilleux et inquiétant, qui grandit, se sculpte, se construit et se dévore. Les aliments qu'il faut aux cellules pour se dédoubler, pour devenir deux, puis quatre, puis huit, pour faire naître d'une cellule originelle unique des milliards de cellules, l'embryon les tire du sang de sa mère chez les mammifères. Mais il se nourrit aussi des cellules qu'il a fait naître à mesure qu'elles s'autodétruisent. Son corps est un univers en expansion, où s'engouffrent les cellules qui se suicident. L'embryon se dévore à mesure qu'il se construit, se nourrissant d'une partie des cellules qu'il fait naître et que le chant des signaux qui parcourent son corps a condamnées à disparaître.

L'existence de ces rites funéraires a une autre implication, importante, qui a été longtemps négligée. Une interrogation récurrente dans la communauté des chercheurs qui étudient la mort cellulaire porte sur le moment exact où une cellule qui a commencé à répondre à un signal d'autodestruction s'est irréversiblement engagée vers la mort. Quand peut-elle encore rebrousser chemin, et quand est-elle véritablement parvenue à un point de non-retour ? À quel moment peut-on décréter avec certitude, avant l'heure de la mort, que le seul devenir possible de la cellule est sa disparition ? Quand peut-on encore intervenir pour interrompre le travail de la mort et permettre à la cellule de survivre ? C'est une question à la fois fascinante et complexe. Elle a des résonances profondes avec certaines des

interrogations sur notre propre existence, qui ont été longtemps, et demeurent encore, débattues par la médecine et
l'éthique : quand peut-on déterminer, avec certitude, qu'un
être humain, encore vivant, est déjà mort ? Quand est-il
licite d'interrompre une réanimation, un traitement ? Quand
est-il licite de prélever un organe sur un corps pour le greffer
à un autre ?

Cette frontière est floue et mouvante pour un être
humain ; elle est, aujourd'hui, définie par la notion de
« mort cérébrale », qui correspond de fait à la détection
répétée de l'interruption présumée « irréversible » de l'activité électrique qui parcourt sans cesse notre cerveau. Et
cette frontière est aussi floue et mouvante pour les cellules
qui nous composent. Mais il existe, dans ces deux cas, un
même critère, qui détermine l'irréversibilité de l'engagement vers la mort : le comportement de la collectivité qui
entoure le mourant. Lorsqu'un médecin « décide » qu'un
vivant est déjà mort et qu'un prélèvement d'organe peut
avoir lieu ; lorsque l'on met un corps dans un cercueil et
qu'on le porte en terre, alors, la mort, soudain devient une
certitude. De même, le comportement d'une cellule voisine
qui reconnaît la signature de la mort à la surface d'une
cellule qui s'est engagée dans la voie du suicide rend sa fin
irréversible. Quand bien même cette cellule pourrait encore
interrompre l'exécution de son suicide et survivre, la mort
viendra désormais de l'extérieur.

L'affichage public du déclenchement du suicide fait perdre à la cellule la maîtrise de son destin. L'irréversibilité
de la mort cellulaire programmée a deux composantes :
l'une est interne, l'autre externe. Mais le plus souvent, une
cellule qui commence à s'autodétruire ne fera que s'engager
sur le chemin. Le corps enterre les mourants avant qu'ils
aient cessé de vivre. Il faut qu'une cellule ait commencé à
s'autodétruire pour que les cellules fossoyeuses puissent
intervenir. Mais les cellules fossoyeuses rendent irréversible
la décision de déclencher le suicide, faisant disparaître la
cellule avant qu'elle ait fini de se déconstruire.

Les frontières mouvantes entre la vie et la mort

Durant l'année 2002 allait se révéler un nouveau degré de complexité, jusque-là insoupçonné. Il semble en effet que chaque cellule vivante affiche, en permanence, à sa surface, un signal. Ce signal de vie aurait pour effet de permettre à chaque cellule vivante d'empêcher, à tout instant, qu'une cellule fossoyeuse ne s'ancre à elle, à la recherche de la signature des morts. Et il semble que chaque cellule qui s'engage sur la voie qui mène à l'autodestruction, avant même d'afficher la signature des morts, commencerait par cesser d'afficher la signature des vivants. Cette cellule est, soudain, pour la collectivité qui l'entoure, dans un état nouveau : pas encore visible comme mourante, mais déjà plus tout à fait visible comme vivante. Alors que cette cellule est en suspens entre la vie et la mort, les cellules fossoyeuses vont pouvoir s'accoler à elle, guettant les premiers signaux qui leur permettront d'intervenir. Peuvent-elles déjà commencer, dès ce stade, à la faire disparaître ? La cellule encore vivante peut-elle être engloutie avant même d'avoir affiché à sa surface la signature des morts ? On ne le sait pas encore. Mais une nouvelle frontière, mouvante, vient d'apparaître entre le royaume de la vie et le royaume de la mort. Pour une cellule, basculer vers la mort, c'est peut-être tout simplement cesser, pour la première fois, d'affirmer son appartenance à la communauté des vivants.

De l'ambiguïté de la notion de « suicide »

> « Il n'est pas possible de faire de la science sans utiliser un langage empli de métaphores [...] mais le prix à payer est une éternelle vigilance. »
>
> Richard Lewontin, *The Triple Helix.*

Ainsi, du début à la fin, de la perception des premiers signaux qui conduiront à la décision de déclencher l'autodestruction jusqu'à l'ingestion des mourants par les cellules environnantes, le destin d'une cellule qui va mourir est scellé par une cascade de dialogues, par un va-et-vient constant entre la cellule et la collectivité qui l'entoure et lui a donné naissance.

Cette vision nouvelle du « suicide » cellulaire, que nous venons de découvrir, est plus complexe qu'il n'était apparu au premier abord. Mais la notion même de suicide est profondément ambiguë, qui confond dans un même terme et un même concept l'acte de se tuer soi-même et la décision d'accomplir cet acte. Et cette ambiguïté ne tient pas seulement aux résonances anthropomorphiques du terme. La notion de suicide suggère, implicitement, l'existence d'une autonomie – d'une forme de libre arbitre – dans la prise de décision et dans l'exécution de cette décision. Pourtant, cette notion peut correspondre à une illusion.

Dans de nombreuses cultures humaines, il est des situations qui associent le suicide et la contrainte, impliquant, à des degrés divers, la participation à leur propre exécution de ceux auxquels il n'est pas laissé d'autre choix que de mourir.

Dans la Grèce et la Rome antiques, permettre à un homme de mettre lui-même, « librement », fin à ses jours n'était que l'alternative à son exécution par la collectivité qui l'avait condamné. Socrate buvant la ciguë en est resté l'exemple le plus célèbre.

Il est d'autres civilisations où la codification et la ritualisation du suicide l'ont intégré de façon encore plus étroite au fonctionnement de la société. Il en est ainsi, au Japon, du cérémonial du « seppuku ». Dans l'empire du Soleil-Levant, la décision de vivre ou de mourir ne dépendait pas de celui qui allait se tuer, mais de son suzerain, qui représentait la collectivité. Une fois que l'autorisation (ou l'ordre) en avait été donnée, le cérémonial s'effectuait en deux temps. L'homme qui avait « décidé » de se suicider se préparait, s'accroupissait et déclenchait lui-même son exécution. Puis un aide qui se tenait à ses côtés mettait fin aux souffrances du mourant en lui donnant le coup de grâce. Mais, quoi qu'il arrive, une fois la « décision » du suicide prise, la collectivité l'a rendue irréversible. Que celui qui va mourir perde soudain courage, hésite, ou renonce, et son aide l'exécutera.

Interrompons ici cette métaphore. Une cellule n'est pas un être humain, et la société qui compose notre corps n'est pas une société humaine. Mais cette analogie avait pour objet de nous rappeler que le caractère actif de la participation d'un individu, quel qu'il soit, au fonctionnement de la collectivité à laquelle il appartient, ne procède pas obligatoirement d'un choix, de l'exercice d'un libre arbitre. Elle peut, au contraire, simplement traduire la nature contraignante des règles qui régissent une collectivité.

La mort et la sculpture de la complexité

Ainsi, la vie et la mort de chaque cellule dépend, en permanence, de la nature de ses relations – de ses dialogues – avec la collectivité qui l'entoure.

Que le déroulement du développement d'un embryon – d'une suite complexe d'étapes irréversibles aboutissant à la construction d'un corps – ne dépende pas d'une prédétermination précise du destin individuel de chacune de ses composantes, mais de la nature de leurs interactions à venir, peut sembler un mode de fonctionnement étrange et contre-intuitif. Au mieux, un luxe inutile ; au pire, un risque considérable de survenue d'erreurs potentiellement catastrophiques.

C'est l'étude de la manière dont se construisent nos deux organes les plus complexes et les plus sophistiqués, notre cerveau et notre système immunitaire, qui devait révéler la puissance insoupçonnée que confère à nos corps le contrôle exercé par les signaux sur la mort cellulaire programmée. Dans ces deux organes, la mort est au cœur d'un processus d'apprentissage et d'auto-organisation dont l'aboutissement n'est plus la construction d'une architecture ni la sculpture d'une forme, mais l'élaboration des supports de notre mémoire, de notre identité et de notre complexité.

3

De la sculpture de la forme à la sculpture de l'identité
Voyage au cœur de la complexité

De la mémoire et de l'identité

Notre cerveau est le grand coordonnateur de nos actions, de nos comportements, de notre conscience, de notre pensée, de nos espoirs, de nos craintes et de nos rêves. Notre système immunitaire, quant à lui, nous protège contre les microbes et les maladies infectieuses qu'ils provoquent. À première vue, ces deux organes n'ont pas grand-chose en commun. Pourtant, le cerveau et le système immunitaire possèdent tous deux, à des niveaux et de manière très différents, une même propriété, à la fois essentielle et mystérieuse : assurer la pérennité de notre identité singulière, nous adapter à notre environnement et construire, en nous, une mémoire qui transformera la suite innombrable des événements aléatoires, contingents, que nous vivons, en une histoire – notre histoire – nous permettant de déchiffrer le présent et de nous projeter dans l'avenir à la lumière d'un passé sans cesse recomposé. Ces notions d'identité, d'adaptation et de mémoire impliquent la capacité de percevoir des modifications de notre environnement intérieur et extérieur comme des informations, de les distinguer les unes des autres, de les intégrer, d'y répondre, et de pouvoir, dans le futur, les reconnaître.

La notion d'identité présuppose la capacité de distinguer entre des informations qui sont émises par notre corps – le « soi » – et des informations dont l'origine nous est étrangère – le « non-soi ». La notion de mémoire présuppose la capacité de distinguer entre des informations nouvelles, auxquelles nous n'avons jamais été confrontés auparavant, et des informations que nous avons déjà rencontrées. Se souvenir, c'est reconnaître ; et reconnaître, c'est répondre différemment la deuxième fois de la première. Mais ces deux notions d'identité et de mémoire se surimposent et se recouvrent. Nous nous modifions perpétuellement, comme se modifie en permanence l'environnement dans lequel nous sommes plongés.

« Les circuits qui nous permettent sans étonnement de reconnaître aujourd'hui notre visage dans le miroir ont changé de façon subtile afin de s'adapter aux modifications que le passage du temps a causées », a écrit le neurologue Antonio Damasio. Il n'y a pas d'identité s'il n'y a pas en nous une trace, une empreinte, de notre passé, qui permette de comparer ce que nous sommes devenus à ce que nous avons été. Il n'y a pas d'identité sans mémoire.

Discriminer entre ce qui est soi et non-soi, et se forger une mémoire, constituent, à des degrés divers, des propriétés ancestrales et fondamentales des êtres vivants, sans doute partagées par la totalité des espèces qui ont peuplé et peuplent encore aujourd'hui notre planète. Mais le formidable degré de sophistication apporté par le système immunitaire et par le cerveau représente une acquisition relativement récente au cours de l'évolution du vivant.

Au niveau de notre corps – de notre cerveau et de notre système immunitaire – les notions d'identité et de mémoire ne correspondent pas à des entités abstraites, à des idées, à des reflets idéaux projetés dans la caverne que décrit Platon. Elles ont une nature matérielle, concrète. Elles ont, dans chacun de ces deux organes, un support cellulaire. Elles s'élaborent, s'inscrivent et s'incarnent dans des réseaux de cellules qui communiquent entre elles.

Pour comprendre comment émergent, de ces réseaux, des propriétés complexes que ne possède, à elle seule, aucune des cellules qui les composent, nous allons tout d'abord partir à la rencontre de notre système immunitaire et explorer son fonctionnement, dans notre corps adulte. Nous reviendrons ensuite à notre passé, à l'embryon en train de se construire, pour voir comment la mort cellulaire permet à notre système immunitaire de naître et de remplir son activité de gardien de notre intégrité et de notre identité. Alors seulement, plus riches de ce que nous aurons appris, nous partirons à la découverte du rôle de la mort dans la construction de notre cerveau.

Le système immunitaire et la reconnaissance du non-soi

Anatomie du système immunitaire au combat

Notre système immunitaire est composé de dizaines de milliards de cellules, appartenant à plus d'une dizaine de familles cellulaires différentes voyageant à travers notre corps, pénétrant nos tissus et nos organes, y établissant leur résidence ou les abandonnant pour voyager encore, parcourant nos vaisseaux sanguins et nos vaisseaux lymphatiques reliant les milliers de petits ganglions qui parsèment notre corps.

Notre système immunitaire est une armée en alerte. Il nous défend et nous protège en permanence contre un univers invisible et perpétuellement changeant, les innombrables microbes – bactéries, virus et parasites – qui nous entourent, habitent les eaux et les sols, les animaux et les plantes, et dont certains habitent nos corps en permanence. Nous hébergeons en nous plus de microbes que notre corps ne contient de cellules. Certains, comme la plupart des bactéries de notre tube digestif, nous sont utiles, nous aidant à digérer nos aliments. Mais que ces bactéries franchissent les frontières de leur territoire et elles portent la destruction en nous. En l'absence de système immunitaire, nous sommes à court terme condamnés à une mort certaine. Tout microbe qui pénètre alors en nous – y compris le moins dangereux – puise dans les ressources de notre corps, s'y nourrit et s'y reproduit, se multipliant sans frein et nous faisant disparaître.

La puissance de notre système immunitaire – qui nous protège – représente aussi une source de danger permanent pour notre intégrité. Les combats violents qu'il engage tout au long de notre existence contre les microbes se déroulent au sein même de notre corps. Et comme toute armée qui livre bataille dans une ville qu'elle défend, le système immunitaire a le pouvoir de transformer en champ de ruines les territoires qu'il protège.

Notre survie dépend d'un équilibre complexe, d'un compromis, entre deux contraintes contradictoires : répondre à toute agression de la manière la plus efficace possible, tout en focalisant et en maîtrisant au mieux cette réponse. Et ce compromis résulte d'une décomposition de l'engagement au combat du système immunitaire en plusieurs étapes successives. La première correspond à une réponse rapide mais de puissance modérée ; la deuxième à une phase d'identification précise de l'agent infectieux, suivie par le développement d'une attaque massive et localisée ; enfin, une fois l'agent infectieux repoussé, une mémoire de la rencontre est conservée, qui permettra, en cas de confrontation ultérieure, le déclenchement encore plus rapide de la phase d'attaque massive.

Cette décomposition en plusieurs étapes successives résulte de l'intervention séquentielle de deux grandes familles cellulaires distinctes : les cellules « sentinelles » et les lymphocytes. Les cellules « sentinelles » (les macrophages, les cellules dendritiques), qui résident de manière permanente dans l'ensemble des tissus et des organes de notre corps, représentent notre première ligne de défense. Elles engagent le combat, capturent et détruisent une partie des microbes, contiennent leur progression, gagnent les ganglions les plus proches et émettent des signaux qui appellent, attirent et guident vers elles les lymphocytes.

Les lymphocytes qui parcourent en permanence notre corps rencontrent ces cellules « sentinelles » dans les ganglions, leur répondent, puis gagnent les lieux de l'invasion, se dédoublent et se transforment en combattants, recrutant eux-mêmes à leur tour d'autres combattants. Une fois l'ennemi vaincu, quelques-uns de ces lymphocytes se différencieront en cellules « mémoire » qui continueront, pendant plusieurs années ou dizaines d'années, à parcourir et à surveiller notre corps. Les cellules « mémoire » sont devenues capables de déclencher beaucoup plus rapidement l'attaque si elles sont confrontées dans l'avenir au même microbe. La première rencontre, la première reconnaissance, le premier combat, a entraîné le déverrouillage de gènes – et la fabrication de protéines – dont l'effet est de diminuer le délai de mise en route de la réponse. La « mémoire » immunitaire, c'est le raccourcissement de la durée qui sépare la rencontre de l'agent infectieux du déclenchement de l'attaque.

La fragmentation du système immunitaire

Il existe deux grandes familles de lymphocytes. L'une d'elles se différencie au cours du développement de l'embryon dans une petite glande située près du cœur, le thymus. C'est la famille des lymphocytes T (pour *thymus*) qui joue un rôle essentiel dans la reconnaissance du non-soi et le déclenchement et la coordination des combats contre les microbes. Nous possédons en nous plusieurs centaines de millions de lymphocytes T, tous différents les uns des autres, dont chacun porte à sa surface plusieurs milliers d'exemplaires d'une structure particulière, unique, qui lui permet d'explorer son environnement – un récepteur – différent de tous les autres récepteurs portés par les autres lymphocytes T. Ce sont ces récepteurs qui lui permettent de percevoir, d'identifier les microbes qui nous envahissent, et d'y répondre.

L'extraordinaire efficacité de notre système immunitaire est due à l'extraordinaire diversité de ses mécanismes de reconnaissance. Elle ne résulte pas d'une capacité globale, « magique » de chaque lymphocyte à explorer, à lui seul, l'immense univers des virus, des bactéries et des parasites, mais de la coexistence de plusieurs centaines de millions de lymphocytes, portant chacun un récepteur différent de tous les autres et dont chacun possède la capacité de distinguer et d'identifier une seule et infime parcelle de cet univers. La puissance des mécanismes de reconnaissance et de mémoire du système immunitaire résulte de son morcellement, de sa fragmentation, en un peuple d'une foisonnante diversité.

Abandonnons un instant l'échelle de grandeur microscopique qui nous permet de distinguer nos cellules et les microbes, pour nous enfoncer encore plus dans l'univers de l'infiniment petit : celui des informations qui permettent aux récepteurs des lymphocytes T d'identifier les microbes. Ces informations sont de petits fragments de protéines. Chaque récepteur d'un lymphocyte est une structure creuse, ouverte dans l'espace, qui présente une forme particulière, qui lui est propre. Imaginons qu'il s'agit de la forme d'un vase, d'un bol, d'un sac ou d'une poche. Lorsque le récepteur accueille ou capture une structure qui le comble entièrement, cette capture entraîne une modification de sa forme. Cette modification de la forme du récepteur – qui correspond à sa configuration « rempli » ou « comblé » – transmet un signal à l'intérieur du corps cellulaire du lymphocyte, provoquant sa réponse. Parmi les centaines de millions de récepteurs différents que portent les lymphocytes qui nous parcourent, l'un d'eux sera capable de répondre à l'un des fragments de l'une des protéines qui composent le virus de la grippe ; un autre à un fragment de protéine du virus de la poliomyélite ; un troisième à un fragment de protéine du bacille de la tuberculose ; un autre encore à un fragment de protéine du parasite qui cause la malaria… À l'infinie richesse de l'univers des virus, des bactéries et des parasites qui nous entourent, répond, comme une image en miroir, l'infinie diversité des récepteurs de nos lymphocytes. Mais les lymphocytes T sont incapables, à eux seuls, de nous défendre.

Un dialogue cellulaire

Aucun lymphocyte T n'est capable d'attaquer, à lui seul, un virus, une bactérie, un parasite. Il faut tout d'abord que ces micro-organismes aient été capturés par les cellules sentinelles.

Les cellules sentinelles fragmentent, découpent sans cesse une petite partie de toutes les protéines qu'elles contiennent. Les petits fragments se fixent sur des présentoirs que les cellules sentinelles fabriquent en permanence et exposent à leur surface. Chacune de nos cellules sentinelles possède les mêmes présentoirs, capables de fixer et d'exposer une très grande variété de fragments de protéines différentes. En l'absence d'infection, les seules protéines que contiennent les cellules sentinelles et dont elles exposent les fragments à la surface de leurs présentoirs sont les protéines fabriquées par notre corps à partir des informations contenues dans nos gènes. Et c'est la somme de ces assemblages entre nos présentoirs et un fragment de chacune de nos protéines, qui, pour notre système immunitaire, constitue le soi, notre identité.

Mais dès qu'un microbe envahit un des territoires de notre corps, les cellules sentinelles qu'il pénètre ou qui le capturent commencent à découper une partie des protéines qui le composent et à exposer, à leur surface, sur leurs présentoirs, des fragments de ces protéines étrangères à notre corps.

Un assemblage hétérogène

L'information que peut distinguer le récepteur d'un lymphocyte T et qui lui permettra de déclencher sa réponse est de nature hétérogène, composite : c'est un mélange, un assemblage, constitué pour partie du présentoir de la cellule sentinelle et pour partie d'un fragment de protéine de microbe qu'il contient.

Cet assemblage est fait d'une portion de non-soi (un fragment de protéine provenant d'un virus, d'une bactérie, d'un parasite) enchâssée dans une portion de soi (le présentoir). Ainsi, l'intrusion, la présence de l'agresseur, est révélée, déchiffrée, identifiée, dans le contexte du soi. Et c'est la capture, par le récepteur d'un lymphocyte T, de cette combinaison de non-soi et de soi qui est indispensable à sa transformation en combattant.

De la « reconnaissance »
de ce qui n'a encore jamais été rencontré

La vision que nous envoie notre système immunitaire au combat – l'extraordinaire sélectivité avec laquelle un lymphocyte particulier, et non pas un autre, attaquera, dès leur première rencontre, un représentant particulier de l'univers des microbes et non pas un autre – suggère implicitement l'existence d'une forme de « re-connaissance », de « mémoire », de cet univers extérieur auquel il est soudain pour la première fois confronté, par l'intermédiaire des cellules sentinelles.

Pourtant, quelle que soit la région du monde où nous naissons, quelle que soit la nature des microbes qui y résident, l'existence d'un lymphocyte capable d'attaquer la plupart des innombrables incarnations possibles, changeantes et nouvelles de l'univers des virus, des bactéries et des parasites, préexiste dans notre corps à toute rencontre préalable avec cet univers.

En d'autre termes, les combats du système immunitaire ne semblent pas résulter véritablement d'un phénomène de « re-connaissance », mais plutôt d'une forme de « pré-connaissance », de « pré-science ». Mais comment pourrait-il y avoir, en nous, une mémoire de ce qui n'a jamais existé ? À quoi pourrait bien correspondre une capacité de « pré-connaissance », de « pré-science » d'un assemblage particulier de non-soi et de soi à venir, encore virtuel, et qui ne se matérialisera peut-être jamais ? Quelle pourrait être la nature des informations génétiques à partir desquelles notre corps fabriquerait un à un les innombrables récepteurs des lymphocytes capables d'interagir avec un univers que nous n'avons encore jamais rencontré ?

Ce phénomène mystérieux, cette apparente « pré-science », paradoxale, du système immunitaire, correspond de fait à une illusion.

Les propriétés remarquables de notre système immunitaire résultent bien d'un phénomène d'apprentissage, de re-connaissance et de mémoire. Mais il ne s'agit pas d'un apprentissage du non-soi – de l'univers infini des protéines étrangères à notre corps, fait de protéines existantes et d'autres encore à venir, et qui échappe à toute tentative de déclinaison et d'énumération exhaustive.

L'apprentissage qu'a subi notre système immunitaire pendant notre développement embryonnaire, et la mémoire, l'empreinte qu'il en conserve, sont un apprentissage et une mémoire du soi, de la nature de notre identité. C'est au travers d'un jeu fascinant avec le hasard et la mort que se construit en nous une armée de cellules qui paraît dotée du pouvoir étrange de prévoir l'avenir, et qui nous protégera durant toute notre existence contre la plupart des innombrables incarnations, perpétuellement changeantes, des virus, des bactéries et des parasites qui nous entourent et nous habitent.

La mort cellulaire et la sculpture du système immunitaire

Le problème de la création de la diversité

Au moment où notre système immunitaire commence à se construire, nous sommes enfouis dans le sanctuaire du corps de notre mère, à l'abri des agressions extérieures et de l'univers des microbes. Nos futurs lymphocytes T, à mesure qu'ils naissent, gagnent la petite glande située près du cœur – le thymus – dans laquelle ils vont séjourner trois jours. C'est durant ces trois jours que chaque lymphocyte T va élaborer un récepteur, unique, différent de tous les autres. La construction du récepteur est un phénomène complexe. Il est formé de deux protéines distinctes, constituées chacune de deux sous-unités différentes. Considérons – pour simplifier – qu'il résulte de l'assemblage de quatre protéines et que chacune de ces protéines est produite à partir des informations contenues dans un gène différent. La construction d'un récepteur nécessiterait donc la lecture par chaque lymphocyte des informations contenues dans quatre gènes différents.

Une des méthodes théoriquement les plus simples qui
nous permettrait de fabriquer des centaines de millions de
protéines différentes pour construire l'ensemble de nos
récepteurs, serait de disposer de centaines de millions
d'informations génétiques différentes, c'est-à-dire de centaines de millions de gènes. Mais l'ensemble de la bibliothèque de nos gènes ne contient que de trente à quarante
mille gènes. En d'autres termes, nous fabriquons beaucoup
plus de récepteurs que nous ne possédons, apparemment,
d'informations génétiques permettant à nos cellules de les
construire.

Il y a, à ce paradoxe, deux explications. La première tient
au fait que pour que deux récepteurs soient différents l'un
de l'autre, il n'est pas nécessaire qu'ils diffèrent au niveau
de chacune des quatre protéines qui les composent : il suffit
qu'ils diffèrent par une seule de leurs quatre protéines. La
deuxième est que la réalisation, au hasard, de toutes les
combinaisons possibles représente un outil d'une formidable puissance pour produire un très grand nombre de combinaisons (de récepteurs) différentes à partir d'un nombre
limité d'informations génétiques.

En arpentant le champ des possibles

> « J'appartiens à un pays vertigineux où la loterie
> est une part essentielle du réel. »
>
> Jorge Luis Borges, *La Loterie à Babylone.*

Pour comprendre la puissance de ce phénomène, nous
allons réaliser une expérience en pensée. Imaginons que
chacune des quatre protéines qui constituent un récepteur
corresponde à une carte à jouer. Pour construire un récepteur, il nous faudrait – dans cet ordre – une carte de cœur,
une carte de carreau, une carte de trèfle et une carte de
pique. Imaginons que nous possédions un jeu complet, de
cinquante-deux cartes, contenant treize cartes différentes
dans chacune des quatre couleurs. Combien de récepteurs,
tous différents les uns des autres, est-il possible de produire
en explorant au hasard, jusqu'à l'épuiser, l'ensemble de

toutes les combinaisons possibles ? La réponse est 13^4 (ou $13 \times 13 \times 13 \times 13$), c'est-à-dire vingt-huit mille récepteurs, tous différents les uns des autres. Et avec un jeu qui contiendrait six cents cartes différentes, dans chacune des quatre couleurs (soit deux mille quatre cents en tout), nous obtiendrions plus de cent milliards de récepteurs différents. En d'autres termes, à condition d'explorer le champ des possibles, le nombre vertigineux des combinaisons aléatoires permettrait de construire plusieurs centaines de milliards de récepteurs, tous différents les uns des autres, à partir de quatre familles de gènes possédant chacune quelques centaines de gènes différents, c'est-à-dire à partir d'un total d'environ quelques milliers de gènes – une petite portion seulement de l'ensemble de notre bibliothèque.

C'est à partir d'un tel mécanisme, mais d'une manière différente, plus complexe et plus économique en nombre de gènes utilisés, que se construit l'extraordinaire diversité de nos récepteurs lymphocytaires T. Ainsi, c'est en utilisant à son profit la formidable puissance du hasard que l'embryon bricole, de manière aveugle, son système immunitaire. L'univers des récepteurs qui permettront à nos lymphocytes T, après notre naissance, de nous défendre, n'est pas prédéterminé, il ne « préexiste » pas tel quel dans la bibliothèque de nos gènes. Il naît d'une forme de loterie qui permet à notre système immunitaire, à partir d'un petit nombre d'informations génétiques, d'arpenter le champ des possibles.

Les dangers de la diversité

Ce mécanisme étrange, s'il représente un formidable outil de création de la diversité, confronte l'embryon à un problème grave. Après la naissance, la survie de l'enfant, puis de l'adulte, dépendra de la capacité de chaque lymphocyte T à faire la différence entre les protéines fabriquées par le corps – le soi – et qui ne doivent pas transformer les cellules du système immunitaire en attaquants, et les protéines qui appartiennent à des microbes – le non-soi – et qui doivent, au contraire, déclencher le combat. Notre survie en tant qu'individu dépend, durant toute notre existence, de la capacité de notre système immunitaire à accepter, à tolérer, à ne pas attaquer le soi, l'exposition permanente de notre identité. Mais comment se fait-il qu'un lymphocyte T, qui a bricolé son récepteur à l'aveuglette, n'attaque pas le corps qui lui a donné naissance ?

De la nature unique du soi

Pour notre système immunitaire, le soi – l'identité de notre corps – est constitué de la somme de tous les assemblages possibles formés par les quelques présentoirs de nos cellules sentinelles et les millions de petits fragments provenant des protéines fabriquées par nos cellules à partir des informations contenues dans la bibliothèque de nos gènes. Cette bibliothèque est constituée de quelques dizaines de milliers de gènes, en deux exemplaires, dont chacun représente l'une des différentes versions qui se sont répandues dans l'ensemble de l'humanité. L'ensemble des millions de fragments de protéines fabriquées par notre corps constitue donc une signature individuelle particulière, privée, que nous ne partageons qu'avec très peu d'êtres humains, voire aucun. L'identité de chacun d'entre nous est unique.

Il y a une composante supplémentaire à cette unicité. Les présentoirs que fabriquent et exposent nos cellules sentinelles sont les mêmes dans chacune des cellules sentinelles de notre corps. Mais il existe dans l'espèce humaine de nombreuses versions différentes des gènes qui contiennent les informations permettant aux cellules de fabriquer ces présentoirs (qu'on appelle les « molécules HLA ») et chacun de nous possède une combinaison particulière que nous ne partageons qu'avec très peu voire aucun de nos semblables.

Ainsi, c'est la somme des assemblages que réalisent nos présentoirs et les millions de fragments de nos protéines qui constitue, pour notre système immunitaire, notre identité, à nulle autre pareille. Et c'est cette irréductible altérité des êtres humains qui constitue l'obstacle aux greffes d'organes : notre système immunitaire attaquera et rejettera, comme non-soi, le soi d'un autre que la médecine tente de lui imposer de force pour le soigner, sous la forme d'un cœur, d'un rein, d'un poumon ou d'un foie.

Mais revenons à l'embryon en train de se construire. Dans chaque embryon, c'est une nouvelle alliance – un pacte de non-agression singulier – qui va devoir se réaliser entre l'immense univers des récepteurs qui viennent d'apparaître au hasard à la surface de ses lymphocytes, et le soi unique qui définit son identité. Et c'est la manière dont s'établit cette alliance que nous allons maintenant découvrir.

La mort et la sculpture de la reconnaissance du soi

À l'intérieur de l'embryon, dans un environnement où n'est présent que le soi, à l'abri de l'extérieur et en l'absence de tout microbe, va se dérouler une opération étrange où la mort joue un rôle essentiel.

Pendant trois jours, chacun des lymphocytes T qui vient de construire, au hasard, son récepteur, parcourt lentement la petite glande où il a pénétré, le thymus, entrant en contact avec chacune des cellules qui l'entourent. Parmi elles sont des cellules sentinelles, qui exposent en permanence sur les présentoirs qu'elles portent à leur surface des fragments des protéines du soi qu'elles ont fabriquées ou capturées. Tout lymphocyte dont le récepteur interagit trop bien avec l'un de ces assemblages qui constituent le soi risquera, un jour, d'attaquer le corps auquel il appartient, détruisant un tissu ou un organe : c'est un lymphocyte qui fait la preuve de sa nature potentiellement dangereuse et serait capable de provoquer une maladie qu'on appelle « auto-immune ». Tout lymphocyte dont le récepteur est, au contraire, totalement incapable d'interagir avec aucun des assemblages qui constituent le soi (et donc avec aucun des présentoirs des cellules sentinelles) sera sans doute incapable à jamais d'interagir, après la naissance de l'enfant, avec aucun des présentoirs des cellules sentinelles, sur lesquels seront exposés des fragments de microbes. C'est un lymphocyte qui fait la preuve de son incapacité probable à protéger le corps, et la présence d'un grand nombre de tels lymphocytes inutiles aurait pour effet de diluer l'efficacité de nos combats contre l'univers des microbes.

Dans le corps de l'embryon en train de se construire, le destin individuel de chaque lymphocyte T – sa survie ou sa mort – dépendra de la nature des interactions de son récepteur avec son environnement. Toute fixation trop intense du récepteur avec le soi présenté par les cellules sentinelles déclenche un signal fort, qui provoque le suicide immédiat du lymphocyte qui le reçoit. Et le lymphocyte disparaît au moment même où il fait la preuve de son caractère dangereux.

Inversement, un récepteur totalement incapable d'interagir avec le soi ne pourra transmettre durant trois jours aucun signal au lymphocyte qui le porte. Et l'absence de tout signal, à elle seule, déclenchera le suicide du lymphocyte qui a fait la preuve de son incapacité à interagir avec les cellules sentinelles – la preuve de sa probable inutilité future.

Ainsi meurent durant leur voyage de trois jours dans le thymus environ quatre-vingt-dix-neuf pour cent des dizaines de milliards de lymphocytes dont les récepteurs ont fait la preuve qu'ils répondent trop bien au soi, ou, au contraire, qu'ils sont totalement incapables d'y répondre. Le thymus est un cimetière où disparaît à jamais la quasi-totalité de l'immense diversité des lymphocytes qu'a fait naître l'exploration aléatoire du champ des possibles.

Seuls vont survivre environ un pour cent de lymphocytes dont le récepteur est capable d'interagir modérément avec le soi. Cette capture – cette fixation – modérée du soi va transmettre au lymphocyte un signal modéré – faible – qui, seul, est capable d'empêcher le déclenchement de la mort. Chacun de ces lymphocytes – dont le récepteur se fixe faiblement à l'un des assemblages formés par un présentoir et le fragment de l'une des protéines de l'embryon qu'il expose – est un lymphocyte capable d'interagir avec le soi sans que cette interaction, à elle seule, suffise à déclencher le signal d'attaque. Chacun de ces lymphocytes a fait la preuve de son caractère non dangereux et potentiellement utile. Et seules ces centaines de millions de lymphocytes survivants pourront quitter le thymus pour parcourir, surveiller et protéger notre corps durant toute notre existence.

La présentation du corps au système immunitaire

> « Si tu ne viens pas à Lagardère, Lagardère ira à toi. »
>
> Paul Féval, *Le Bossu*.

Le thymus n'est qu'un tout petit organe, une infime fraction de notre corps. Les quelques familles cellulaires qui résident dans le thymus ne fabriquent qu'une petite fraction des protéines dont l'ensemble, dans notre corps, constitue le soi. Les cellules de nos muscles, de notre foie, de nos reins, de notre peau et de notre cerveau, les cellules de nos intestins et de nos poumons, sont incapables de venir présenter dans le thymus la portion du soi – de notre identité – qu'elles fabriquent.

Mais les cellules sentinelles voyagent à travers le corps de l'embryon. Dans chacun des territoires qu'elles parcourent, elles capturent les protéines fabriquées et libérées par les différentes familles de cellules qui y résident, puis elles naviguent vers le thymus, exposant à leur surface, sur leurs présentoirs, l'ensemble des fragments de notre identité. Ainsi, c'est une version morcelée et fragmentée du corps qui est transportée et recomposée dans notre thymus. C'est une forme de soi virtuel, pointilliste, qui permet de confronter nos lymphocytes à l'univers d'un corps dans lequel ils n'ont pas encore pénétré.

L'apprentissage du soi par le système immunitaire se déroule comme dans un simulateur. Mais si l'identité de notre corps est simulée, le jeu de la vie et de la mort, lui, est bien réel. Et seuls les lymphocytes qui auront survécu à cette présentation « virtuelle » pourront quitter le thymus pour parcourir le corps dans sa dimension réelle, dont la richesse et la complexité sont sans commune mesure avec les fragments qui leur en ont été présentés.

Ainsi, avant même d'avoir engagé le combat contre l'univers des microbes, l'armée du système immunitaire est déjà,

tout entière, constituée de survivants. Le premier combat
auquel elle a survécu – au moment de sa naissance première
– est de nature étrange : un combat que lui livre le corps
qu'elle sera plus tard chargée de défendre. C'est la mort
cellulaire qui sculpte notre système immunitaire, le forçant
à s'adapter à notre identité.

Des dissonances sur la ligne mélodique du soi

Nous découvrons, enfin, la véritable nature du fonctionnement de notre système immunitaire : sa capacité à combattre les microbes n'en représente que la manifestation la
plus spectaculaire – le sommet d'un iceberg dont la partie
immergée nous est cachée.

Aucun des récepteurs que portent nos lymphocytes T ne
fixe le soi avec une intensité suffisante pour déclencher un
signal d'attaque. Mais absence d'attaque ne signifie pas
absence d'interaction. Chacun des lymphocytes T qui parcourent et protègent notre corps n'a pu survivre que parce
qu'il était capable de fixer – faiblement – une parcelle du soi.
Ce qui définit, avant tout, notre système immunitaire, c'est
sa capacité à « reconnaître », jour après jour, notre identité.

Lorsque nous observons notre système immunitaire
voyageant paisiblement à travers notre corps, nous ne pouvons distinguer aucune manifestation de cette interaction
quotidienne avec le soi : ce dialogue n'entraîne aucune
modification visible de son comportement, aucune réponse
détectable. Nous ne voyons les lymphocytes modifier brutalement leur comportement – se dédoubler, se transformer
en combattants et déclencher l'attaque – que lorsqu'ils se
trouvent soudain confrontés à l'univers des microbes.

Ce pouvoir mystérieux de chacun de nos lymphocytes à
répondre à la présence de l'un des innombrables microbes
qu'il n'a jamais rencontrés, se révèle alors dans sa bouleversante simplicité. L'intrusion, pour la première fois, d'un
virus, d'une bactérie, d'un parasite, aboutit à l'exposition,
sur les présentoirs de nos cellules sentinelles, d'un fragment
de protéine auquel aucun des récepteurs de nos lymphocytes
n'a été confronté auparavant.

Aussi étrange que cela puisse paraître, le lymphocyte qui répond pour la première fois à un fragment d'une des protéines du virus de la grippe, du bacille de la tuberculose ou du parasite de la malaria, n'y répond pas parce qu'il le « reconnaît » : il y répond, au contraire, pour la seule raison qu'il ne l'a jamais rencontré. Il se trouve que son récepteur, parmi tous les autres, est, par hasard, capable de se fixer intensément à l'assemblage nouveau qui lui est présenté. Et cette fixation intense va provoquer, pour la première fois, un signal intense, qui déclenche l'attaque.

L'efficacité remarquable de nos défenses contre l'univers toujours changeant des microbes ne résulte ni d'une confrontation préalable avec cet univers ni d'une instruction préalable sur sa nature. Le non-soi s'incarne comme une altération aléatoire discrète, unique, du soi, que l'intrusion d'un microbe surimpose soudain à notre identité. Si l'armée de nos lymphocytes est capable de répondre à la plupart des variations infinies que réalise le non-soi sur le thème du soi, c'est parce que chacune de ces variations réalise une dissonance particulière sur la ligne mélodique du soi, qui est la seule que connaisse notre système immunitaire, et dont il porte la mémoire, ancrée en lui, depuis sa naissance.

Ainsi, c'est en faisant appel au hasard que nous levons l'immense armée de lymphocytes qui nous permettra, plus tard, de nous projeter dans l'inconnu et de faire face à l'imprévisible. Chaque lymphocyte engage alors un dialogue avec les cellules qui l'entourent, révélant ainsi son identité. De ce dialogue naissent les signaux qui déterminent la vie ou la mort. Et seuls pourront survivre les lymphocytes qui auront fait la preuve à la fois qu'ils ne menacent pas notre corps, et qu'ils seront, un jour, peut-être, capables de le défendre.

Et c'est à partir d'un phénomène semblable, où le hasard et la mort jouent un rôle essentiel, que se construit, dans notre corps d'embryon, la complexité de notre cerveau.

La mort cellulaire et la sculpture du cerveau

> « À ma naissance, la plus grande partie de moi était déjà morte. Il n'est pas étonnant que je ne puisse me souvenir [de cette période] ; durant neuf mois, je suis passé d'un cerveau à un autre [...] élaborant pour finir [...] celui qui permet le langage. »
>
> Lewis Thomas, *The Fragile Species.*

Notre système nerveux est un immense réseau de cellules – les neurones – connectées les unes aux autres, formant les innombrables arborisations de nos nerfs, parcourant l'ensemble des territoires de notre corps, véhiculant en permanence des impulsions électriques émises, reçues, déchiffrées et recomposées par la centaine de milliards de neurones qui constituent notre cerveau, et dont l'action coordonnée intègre la société hétérogène qui nous compose en un individu à part entière. C'est cette multitude d'interactions entre nos neurones qui nous permet de percevoir le monde qui nous entoure et de nous y projeter, reconstruisant continuellement en nous une représentation composite où se mêlent le présent, le passé et le futur, l'imagination et la mémoire, l'émotion et le raisonnement, la peur, le désir et l'abstraction, et où se succèdent la conscience, la pensée, le sommeil et les rêves.

Notre cerveau d'enfant, puis d'adulte, est composé d'environ cent milliards de neurones, chacun connecté directement ou indirectement à dix mille autres cellules, pour la plupart des neurones. La mise en place d'un tel réseau d'environ un million de milliards de connexions fonctionnelles n'est pas – et ne pourrait pas être – prédéterminée de manière précise, exhaustive et détaillée dans les informations contenues dans nos trente à quarante mille gènes. L'extraordinaire degré de complexité de notre cerveau émerge d'un phénomène d'auto-organisation qui met en jeu une part de hasard, crée la diversité, et couple la survie de chaque neurone à la nature des liens qu'il tisse avec les cellules qui l'entourent.

Voyages vers la vie ou la mort

Dans le corps de l'embryon en train de se construire, le système nerveux naît tout d'abord comme une ébauche fragmentée, morcelée, éparpillée. Les cellules qui se différencient en neurones et se dédoublent sont regroupées en petits modules compacts qui occupent des régions distinctes. Puis, peu à peu, va se déployer l'enchevêtrement des interactions qui nous structurent.

À certaines étapes de notre développement, les neurones en train de peupler un territoire cessent soudain de se dédoubler, et commencent à émettre de longs prolongements, les axones. Ces axones se mettent à voyager, à se déplacer, oscillant comme des cannes d'aveugles. Ils sont guidés, au cours de leur périple, par des signaux qui les repoussent, leur interdisant l'accès à certains territoires, et par d'autres signaux qui les attirent, libérés par des cellules qu'ils rejoignent et auxquelles ils vont se connecter : des neurones, des cellules musculaires, des cellules de la peau… Puis les neurones qui viennent de former ces circuits rudimentaires envoient d'autres prolongements plus fins – les dendrites – vers des cellules voisines, ou sont rejoints par d'autres cellules qui ont voyagé dans leur direction, constituant ainsi, de proche en proche, des réseaux de communication de plus en plus riches, où circulent des signaux électriques et des signaux chimiques.

Dans l'ensemble des régions du cerveau et dans les nerfs en train de se construire, la moitié, en moyenne, des neurones qui sont partis à la recherche de partenaires va brutalement mourir durant la période d'un à sept jours où s'établissent leurs connexions (les synapses). Dans certaines régions, ce sont plus de quatre-vingt-cinq pour cent des neurones qui vont disparaître, dans d'autres régions, de dix à vingt pour cent seulement.

Le nombre de neurones qui gagnent un nouveau territoire dépasse de loin celui des partenaires auxquels ils vont essayer de se connecter. Si l'on greffe artificiellement dans une région du cerveau des partenaires cellulaires supplémentaires, un plus grand nombre des neurones qui auront gagné ce territoire survivront. Si, au contraire, on fait disparaître tous leurs futurs partenaires, la totalité des neurones qui auront gagné ce territoire mourra. Le nombre de neurones qui survivent dans un territoire donné dépend directement du nombre de partenaires cellulaires disponibles auxquels ils réussissent à se connecter.

Aucun neurone ne peut survivre seul. Le destin individuel de chaque neurone – sa survie ou sa mort – dépend en permanence de ses relations avec la collectivité. Il dépend de la capacité de son axone à percevoir, tout d'abord sur son trajet, « en passant », puis à l'arrivée, lorsqu'il établit un contact étroit avec un partenaire, des combinaisons particulières de signaux de survie – des neurotrophines – libérés par les territoires qu'il traverse puis par son partenaire. Et parce que ces signaux de survie sont produits en très faible quantité, seul un trajet particulier, à travers certaines régions, puis un contact étroit avec son partenaire permettent d'empêcher le suicide du neurone.

Les neurones constituent une vaste famille de cellules comportant plusieurs dizaines de sous-familles différentes, dont chacune se connecte à des partenaires différents. Chacune de ces différentes familles de partenaires produit un mélange particulier, unique, de signaux de survie, qui représente l'une des très nombreuses combinaisons possibles réalisables à partir d'un petit nombre de signaux. Pour chaque neurone appartenant à une sous-famille donnée, seul un contact avec certains partenaires lui permet de recevoir la combinaison particulière de signaux qui l'empêchera de mourir.

Ainsi, la sculpture de la complexité de notre système nerveux, comme celle de notre système immunitaire, résulte d'une forme d'apprentissage du soi, fondée sur un dialogue obligatoire entre les cellules et sanctionnée par la mort. Et la mort cellulaire opère une sélection drastique. Disparaissent tous les neurones potentiellement « inutiles », ayant établi des contacts – des synapses – trop lâches avec leurs

partenaires, et qui créeraient donc de futurs circuits peu
performants qui parasiteraient les circuits efficaces. Disparaissent aussi tous les neurones potentiellement « dangereux », qui, s'étant égarés au cours de leur voyage, auraient
établi des connexions avec des cellules qui ne sont pas leurs
partenaires appropriés, et donné naissance à des circuits
aberrants. Mais en 2000 se révélait une nouvelle dimension
de ce couplage entre le destin des neurones et la nature des
connexions qu'ils établissent – son inscription dans la
durée. Une fois que les connexions normales se sont for-
mées, leur pérennité dépend de leur capacité à fonctionner :
l'absence de circulation d'informations nerveuses à travers
un réseau provoque, au bout de quelques jours, la mort des
neurones qui le composent.

L'alliance entre le corps et le cerveau

La construction de la complexité du système nerveux ne
se limite pas à la mise en place progressive d'un immense
réseau de communication entre les neurones. La survie et
les activités de nos neurones, les cellules « nobles » de notre
système nerveux, dépendent de la présence et de la proximité d'autres familles de cellules qui jouent un rôle essentiel. Dans notre cerveau, les astrocytes, cellules étoilées aux
branches courtes, jouxtent et protègent les neurones, libérant des signaux permettant la croissance des vaisseaux
sanguins qui apportent aux neurones l'oxygène. D'autres
cellules, les oligodendrocytes, s'enroulant autour des axones – les longs prolongements des neurones où circulent
les impulsions électriques –, fabriquent et libèrent la gaine
protectrice et isolante (la myéline) qui évite la dispersion
de ces impulsions.

Dans chacun des territoires où migrent les neurones pour
établir leurs premiers dialogues, les rejoignent des oligodendrocytes et des astrocytes, voyageant vers ces circuits
élémentaires en train de se construire. Dans chacun de ces
territoires, le nombre d'oligodendrocytes qui arrive dépasse
de loin le nombre des neurones survivants. Et seul un oli-
godendrocyte qui aura pu établir un contact étroit avec un

neurone va pouvoir, à son tour, survivre. Les astrocytes interagissent eux aussi avec les oligodendrocytes et les neurones, et leur survie ou leur mort, comme celle des oligodendrocytes et comme celle des neurones, dépendra du destin de leurs partenaires et de la qualité des relations qu'ils auront pu établir avec eux.

Ainsi se construit dans l'espace, de proche en proche, l'architecture de notre cerveau, articulée sur les réseaux hétérogènes de cellules qui ont réussi à faire la preuve de leur capacité à fonctionner. Ainsi est sculpté notre cerveau, formé d'une centaine de milliards de neurones spécialisés, chacun câblé, directement et indirectement, à près d'une dizaine de milliers d'autres neurones en moyenne, réalisant un réseau inextricable de près d'un million de milliards de connexions, où circule, s'interrompt, bifurque l'information nerveuse, et où s'incarnent en nous les toutes premières représentations de notre corps à mesure qu'il se construit.

S'il ne semble pas que nous conservions de souvenir conscient de cette toute première partie de notre existence, nos yeux et nos oreilles sont déjà, pourtant, en pleine activité, envoyant en permanence à notre cerveau, le long des nerfs, les signaux qu'ils peuvent recevoir de leur environnement ou qu'ils « inventent » de manière spontanée et aléatoire. Mais quelle que soit leur origine, ces signaux émis par nos organes sensoriels sont indispensables à la survie des neurones qui, dans notre cerveau, les reçoivent, les traitent et y répondent. Que disparaissent, dans l'embryon, les cellules qui composent les yeux ou les oreilles, et une partie des neurones qui leur sont connectés disparaîtra à son tour. Ainsi, longtemps avant notre naissance, la mort cellulaire sculpte l'interdépendance entre notre corps et notre cerveau.

La ligne mélodique du soi et l'ouverture sur le monde

Comme notre système immunitaire, notre système nerveux est composé de survivants. Et avant toute confrontation avec le monde extérieur, c'est la nature de son dialogue avec le soi (les autres cellules du système nerveux, les cellules du corps en train de se construire) qui détermine sa configuration.

Il est fascinant d'imaginer qu'après notre naissance (d'une manière semblable à la distinction qui s'opérera au niveau du système immunitaire, entre le soi et le non-soi) les représentations mentales du monde extérieur qu'élaborera notre cerveau résulteront peut-être des dissonances que réaliseront les signaux extérieurs perçus par nos organes sensoriels sur la ligne mélodique mentale du soi originel autour de laquelle s'est bâtie sa complexité.

L'apprentissage du soi est le socle sur lequel se construisent notre système immunitaire et notre cerveau. Et c'est sur ce socle que s'imprimera, dès notre naissance, une image particulière, unique et changeante de nos interactions avec l'environnement extérieur particulier dans lequel, par hasard, nous avons vu le jour. De chacune de ces rencontres précoces avec l'univers qui nous entoure, de chacune des dissonances sur la ligne mélodique du soi, naîtra une mémoire singulière, une empreinte persistante, qui modifiera nos réponses lors d'une rencontre ultérieure.

Le cerveau de chaque enfant a le pouvoir, à sa naissance, de déchiffrer et d'imprimer en lui « une » langue, l'un des innombrables langages ou dialectes qui ont évolué – et évoluent – depuis l'aube de l'humanité, la langue que parlent, par hasard, ses parents et ceux qui l'entourent. De même, son système immunitaire a le pouvoir de graver en lui, parmi toutes celles qui sont apparues, et se modifient, depuis la nuit des temps, la configuration particulière des virus, des bactéries et des parasites qui occupent les lieux où ses parents lui ont donné le jour.

Notre système immunitaire et notre cerveau, les gardiens de notre identité et de notre mémoire, sont des systèmes ouverts, prêts à inscrire en eux une représentation de l'environnement extérieur où nous avons été plongés, à y répondre de plus en plus vite, nous permettant de nous y adapter. Et, parmi les formes infiniment variées que peut prendre le non-soi, de nous projeter dans celle qui nous entoure, ici et maintenant, au lieu et à l'instant de notre naissance, pour l'intégrer en nous, comme une image en miroir de notre identité.

La mort cellulaire et la complexité : de l'interdépendance à l'auto-organisation

> « L'opposition entre organisé et aléatoire peut être remplacée par une […] coopération où inévitablement [ces concepts] acquièrent de nouveaux contenus. »
>
> Henri Atlan, *Entre le cristal et la fumée*.

L'immense quantité d'informations génétiques détaillées qui seraient nécessaires à une prédétermination précise et exhaustive de la construction de notre système immunitaire (formé de plusieurs centaines de millions de récepteurs différents) et de notre cerveau (constitué de près d'un million de milliards de connexions) dépasse de très loin les informations contenues dans l'ensemble des livres de la bibliothèque de nos gènes.

Le développement de l'embryon ne fait que suivre les grandes lignes d'un scénario dont la réalisation dépendra, pour une grande part, du hasard. Les récepteurs de notre système immunitaire sont produits par combinaisons aléatoires ; les circuits de notre système nerveux naissent d'un voyage des neurones vers des territoires inconnus à la rencontre de nouveaux partenaires. La réalisation de ce que nous appelons un « programme » de développement repose sur un nombre réduit de règles d'auto-organisation simples mais drastiques, qui comportent un mécanisme de correction impitoyable : la nature du dialogue que chaque cellule établira avec les partenaires qui l'entourent détermine sa survie ou sa mort. Parmi toutes les configurations initialement possibles, n'émergera, dans un embryon, que celle dont la construction a permis d'assurer la pérennité.

Les grands maîtres d'échecs construisent leurs parties sur de grands schémas, sur des positions dominantes sur l'échi-

quier : les ouvertures, en nombre limité, sont répertoriées
de manière précise, dans leur esprit, ainsi que les fins de
partie. Mais le déroulement de la partie elle-même est
ouvert, à chaque fois renouvelé. L'ordinateur Deeper Blue,
qui a battu le champion du monde d'échecs Garry Kasparov,
analyse chaque position, chaque gain, chaque perte, au prix
de plusieurs milliards d'opérations par seconde. Mais,
contrairement à une idée souvent répandue, notre « programme » de développement ne procède pas comme celui
d'un ordinateur. Comme les grands maîtres d'échecs, il
s'aventure au-delà de sa puissance de calcul, au-delà de la
somme d'informations dont il dispose. Il laisse une part au
hasard pour se projeter dans la complexité. C'est pourquoi,
rejouant exactement la même partie dans deux embryons
de jumeaux vrais, il ne peut jamais la jouer, exactement,
de la même façon. Et c'est pourquoi aussi, contrairement à
toutes les craintes, les angoisses, à tous les désirs ou les
fantasmes qui s'expriment aujourd'hui, un clone ne sera
jamais identique à celui qui lui a donné naissance. La nature
des informations génétiques que possède un embryon crée
des contraintes dans ses potentialités de construction. Elle
délimite le champ des possibles mais ne détermine pas une
modalité unique de réalisation. La notion qu'il existe une
manière et une seule – la meilleure – de jouer la partie
correspond à une illusion. Le jeu procède par la création
des conditions d'une auto-organisation évolutive à travers
l'espace et le temps. L'auto-organisation consiste à démul-
tiplier les centres de décision, à morceler les étapes de
construction, à permettre au développement de se dérouler
simultanément à des niveaux différents. Et toute démulti-
plication, toute exploration du champ des interactions possibles comporte, obligatoirement, une part de hasard et une
part d'accidents.

    Dans le dialogue toujours plus riche qui s'établit entre
les différentes populations cellulaires à mesure du développement de l'embryon, c'est la nature des communications
qui s'établissent entre les cellules qui détermine leur vie ou
leur mort. Le destin d'une cellule dépend de la qualité des
liens provisoires qu'elle a tissés avec son environnement.

Et c'est de cette alliance dépourvue d'alternative, de cette forme d'interdépendance absolue, qu'émergent les réseaux et les modules dont l'intégration, à chaque étape du développement, réalise chacune des incarnations successives de l'individu en train de se construire.

À la recherche de la règle du jeu

Le long chemin que nous venons de parcourir à travers plus d'un siècle de recherches et de découvertes nous a révélé une nouvelle vision de la complexité. Mais nous n'avons accompli jusqu'ici que le début du voyage. À l'aventure fascinante de la découverte du rôle de la mort cellulaire dans la sculpture de nos corps en train de se construire allait commencer à se surimposer, il y a une quinzaine d'années, une autre aventure, plus abstraite, mystérieuse, une quête de la règle du jeu. Une plongée dans l'univers des signes, à la recherche de la nature des livres, des mots et des phrases qui, dans la bibliothèque de leurs gènes, permettaient aux cellules de fabriquer les instruments qui influent sur leur vie et leur mort.

De quelle manière le langage des signaux est-il traduit au niveau de chaque cellule, comment la mort est-elle déclenchée et comment est-elle exécutée ? Existe-t-il véritablement des gènes dont les informations permettent à chaque cellule de fabriquer des protéines qui participent au contrôle de la vie et de la mort ? Existe-t-il des protéines qui agissent comme des armes permettant aux cellules de s'autodétruire ? En est-il qui permettent aux cellules qui commencent à s'autodétruire d'afficher, à leur surface, la signature de la mort ? Et d'autres permettant aux cellules voisines de reconnaître cette signature ? Et, si de telles protéines – et de telles informations génétiques – existent, quelle peut bien être leur nature ?

4

Être ou ne pas être
La vie, la mort et les gènes

De la difficulté d'isoler une partie d'un tout

> « Les propriétés émergentes du corps naissent des interactions entre les cellules [qui le composent] […]. [Parce qu']un corps fonctionne comme un individu, […] le développement d'un embryon peut être considéré comme une aventure collective. »
>
> Richard Dawkins, *The Blind Watchmaker*.

Dès le début des années 1960 fut découverte dans plusieurs espèces animales (des souris, des oiseaux, des insectes) l'existence de mutations génétiques – de modifications accidentelles dans les mots ou les phrases contenus dans des gènes – qui avaient pour effet de causer des anomalies dans le déclenchement de la mort cellulaire au cours du développement. Certaines mutations provoquaient dans l'embryon la mort de populations cellulaires entières, entraînant la disparition anormale d'un organe, comme l'œil, l'oreille interne ou la queue. Mais les travaux sur la mort cellulaire avaient révélé que le destin des cellules dépendait du dialogue qu'elles engageaient avec leur environnement. C'était cet extraordinaire écheveau de signaux qui déterminait la vie et la mort, scellant l'interdépendance des cellules du corps en train de se construire. Et c'était cette complexité même, source de fascination, qui empêchait de démêler les fils de l'écheveau.

Pourquoi, dans ces embryons mutants, certaines populations cellulaires disparaissaient et non pas d'autres ? Comment savoir si ces modifications génétiques avaient pour conséquence une modification de la production de protéines qui contrôlaient la vie et la mort, ou de la production d'une des innombrables protéines qui participaient à la construction du corps et influaient, indirectement, à des niveaux différents, sur le destin des cellules ?

L'apoptose, le visage universel du suicide cellulaire, était-il sculpté, dans chaque cellule, par des exécuteurs identiques, fabriqués à partir d'informations contenues dans les mêmes gènes ? Ou bien, chacune des familles de cellules en train de se différencier à mesure que se construisait l'embryon, consultait-elle des gènes différents, sculptant, à l'aide de différents exécuteurs, le même visage de la mort ?

Comme souvent en sciences, la réponse ne vint pas de la contemplation hypnotique d'une complexité qui résistait à l'analyse, d'un effort acharné à résoudre le problème dans les termes où il se posait. La réponse vint d'ailleurs. Elle naquit, de manière imprévue, d'un détour par la simplicité.

Un petit ver transparent

À la fin des années 1970, un généticien, Sydney Brenner, fait un pari audacieux. Il propose que l'étude d'un organisme extrêmement simple pourrait – du fait même de sa remarquable simplicité – révéler certains des mystères, jusque-là indéchiffrables, du développement embryonnaire des organismes plus complexes. Il débute à Cambridge, avec une petite équipe que rejoindront John Sulston puis Bob Horvitz, ce pari sur la simplicité qui sera couronné en 2002 par le prix Nobel : l'étude du développement d'un petit ver transparent, à peine visible à l'œil nu, *Caenorhabditis elegans*, qui ressemble probablement d'assez près à certains des premiers descendants de nos lointains ancêtres animaux apparus sur Terre il y a huit cents millions à un milliard d'années.

À l'âge adulte, le corps de *Caenorhabditis elegans* mesure environ un millimètre de long. Il n'est composé que de moins de mille cellules (si l'on ne compte pas ses cellules germinales, spermatozoïdes ou ovules). Il vit dans le sable, se nourrissant d'organismes unicellulaires microscopiques,

des bactéries, des levures. Et sa durée d'existence est
d'environ deux semaines.

Une surprenante lisibilité

L'extrême simplicité du corps de *Caenorhabditis elegans*
a pour corollaire la simplicité des modalités de son développement. La part de hasard et la complexité des interactions qui interviennent dans la construction de notre corps
semblent jouer, chez le petit ver, un rôle plus réduit. Son
développement, stéréotypé, se répète, de manière quasiment
identique, cellule après cellule, dans tous les embryons.

Brenner, Sulston et leur équipe vont établir la cartogra-
phie minutieuse des territoires du corps en train de se
construire, déterminant la filiation exacte – l'arbre généalogique précis – de chacune des mille quatre-vingt-dix cellules qui naissent, tour à tour, à mesure des dédoublements
successifs de la cellule-œuf. Aussi simple et étrange que
soit le petit ver, le développement de l'embryon de *Caenorhabditis elegans*, qui ne dure que trois jours, partage
avec le nôtre et avec celui de toutes les autres espèces
animales étudiées à ce jour une caractéristique commune :
il comporte des épisodes de mort cellulaire. La cellule-œuf
de *Caenorhabditis elegans* donne naissance à mille quatre-
vingt-dix cellules-filles. Sur ces mille quatre-vingt-dix cellules, cent trente et une – un peu plus de quinze pour cent
– vont mourir au cours du développement et le corps du
petit ver adulte sera composé de neuf cent cinquante-neuf
cellules. La majorité des cellules qui meurent sont des neurones et la plupart disparaissent moins d'une heure après le
dédoublement cellulaire qui les a fait naître. Comme les
cellules qui meurent en nous, les cellules qui meurent dans
l'embryon de *Caenorhabditis elegans* prennent un visage
très semblable à celui de l'apoptose et sont englouties rapidement par des cellules voisines. Ainsi, au travers des centaines de millions d'années d'évolution du vivant qui séparent le petit ver de l'homme, se retrouvent, comme un thème
récurrent du développement des embryons, la mort cellu-

laire, le visage de l'apoptose et l'existence de rites funéraires.

Dans tous les embryons, chacune des cent trente et une cellules qui vont disparaître meurt à peu près au même endroit et au même moment. Ainsi, l'observateur peut connaître, avant même leur naissance, l'identité des cellules à venir qui vont mourir, et l'identité des cellules à venir qui vont survivre. Y a-t-il dans la bibliothèque des gènes de *Caenorhabditis elegans* des livres qui contiennent des informations permettant aux cellules de régler ce ballet de la vie et de la mort ? C'est la question à laquelle Sulston et Horvitz vont essayer de répondre.

L'utilisation de certaines substances chimiques permet de provoquer artificiellement dans des cellules germinales – ou dans une cellule-œuf – une mutation génétique, un changement ponctuel, aléatoire, dans la séquence des lettres qui constituent un des mots du livre d'un gène, et donc de modifier le sens des informations qu'il contient. Et certaines de ces mutations génétiques auront pour conséquence l'impossibilité, pour les cellules de l'embryon, de fabriquer la protéine correspondante.

Parce que le petit ver a une durée d'existence très brève et donne naissance à de très nombreux descendants (environ trois cents), on peut obtenir et explorer rapidement un très grand nombre d'embryons mutants. Parce que l'ensemble de la bibliothèque des gènes de *Caenorhabditis elegans* est beaucoup plus réduit que le nôtre, on peut raisonnablement espérer – à condition de produire un nombre suffisant de mutants – réussir à altérer, un à un, l'ensemble des gènes et ainsi, une à une, l'ensemble des protéines qu'ils permettent aux cellules de fabriquer.

À la recherche des gènes

À la fin des années 1970, Sulston et Horvitz vont créer des milliers d'embryons mutants de *Caenorhabditis elegans* et entreprendre un travail qu'Horvitz, de retour à Boston, poursuivra seul, avec sa petite équipe. Commence alors une grande aventure qui allait ressembler par certains de ses aspects aux toutes premières aventures qui, un siècle plus tôt, avaient donné naissance au concept même de gène. Comme l'avait fait le moine Gregor Mendel à la fin du XIXᵉ siècle avec des variétés de pois de couleurs et de tailles différentes, et le biologiste Thomas Morgan au début du XXᵉ siècle avec des mutants de drosophile (la mouche du vinaigre) qui présentaient des anomalies dans le nombre ou la position de leurs antennes, de leurs pattes ou de leurs ailes, Bob Horvitz et son équipe vont croiser entre eux les petits vers mutants devenus adultes, pour essayer d'identifier des gènes dont l'altération provoque la modification d'un « caractère » donné et la transmission à la descendance de cette modification. Le « caractère » dont ils vont rechercher de manière systématique la modification est la survenue (et le déroulement) de la mort cellulaire au cours du développement.

Parce que l'embryon de *Caenorhabditis elegans* est, comme le petit ver adulte, transparent, ils purent observer facilement au microscope la mort des cellules, de manière dynamique et continue, et détecter rapidement l'existence d'anomalies. Ils découvrirent plusieurs milliers de mutants qu'ils classèrent patiemment en plusieurs grandes catégories.

Les différents gènes dont l'altération avait des conséquences sur le déroulement de la vie et de la mort des cellules de l'embryon du petit ver furent désignés par le terme *ced* (pour *cell death-abnormal*, c'est-à-dire, en anglais, anomalie de la mort cellulaire), suivi d'un chiffre (1, 2, 3…).

Dans une première catégorie de mutants, aucune des cent trente et une cellules qui normalement mouraient au cours du développement embryonnaire ne disparaissait ; l'embryon naissait avec cent trente et une cellules de trop, mille quatre-vingt-dix au lieu de neuf cent cinquante-neuf. Dans une deuxième catégorie de mutants, les cellules qui, normalement, survivaient au cours du développement embryonnaire s'autodétruisaient, entraînant la disparition prématurée de l'embryon en train de se construire.

L'analyse détaillée de la plupart des mutants qui appartenaient à ces deux grandes catégories révéla qu'ils présentaient tous des altérations – de nature diverse – dans seulement trois gènes. Ces trois gènes furent appelés *ced-3*, *ced-4* et *ced-9* et les trois protéines correspondantes Ced-3, Ced-4 et Ced-9 (par convention, le nom des gènes est généralement inscrit en italique et en minuscules, alors que le nom des protéines, en lettres standard, commence par une capitale).

Ainsi, au milieu des années 1980, se révélait pour la première fois dans un être vivant l'existence de trois gènes dont les informations permettaient aux cellules de l'embryon de fabriquer trois protéines qui semblaient jouer un rôle essentiel dans le ballet de la vie et de la mort au cours du développement.

Les vertiges de la simplicité

> « Être ou ne pas être [...] rien de plus [...] rêver peut-être. »
>
> Shakespeare, *Hamlet*.

Dans les vers où les gènes *ced-3* ou *ced-4*, mutés, sont altérés, et où les cellules sont incapables de fabriquer les protéines Ced-3 ou Ced-4, il n'y a pas de mort cellulaire au cours du développement : les nouveau-nés mutants, viables, possèdent cent trente et une cellules de plus que les nouveau-nés normaux. La présence des protéines Ced-3 et Ced-4 est donc nécessaire à l'exécution de la mort cellulaire pendant le développement de *Caenorhabditis elegans*.

Dans les vers où le gène *ced-9*, muté, est altéré, et où les cellules sont incapables de fabriquer la protéine Ced-9, l'ensemble des cellules nées de la cellule-œuf disparaît : l'embryon mutant s'autodétruit à mesure qu'il se construit. La présence de la protéine Ced-9 est donc nécessaire à la vie de chacune des neuf cent cinquante-neuf cellules qui survivent au cours du développement normal de l'embryon.

Pourtant, dans les vers mutants où les gènes *ced-3, ced-4* et *ced-9* sont tous trois altérés, aucune cellule ne meurt au cours du développement. Ainsi, de manière surprenante, la présence de la protéine Ced-9 n'est pas intrinsèquement nécessaire à la vie des cellules. Elle n'est indispensable à la vie cellulaire que parce qu'elle empêche les protéines Ced-3 et Ced-4 d'entraîner la mort.

La raison pour laquelle neuf cent cinquante-neuf cellules survivent dans un embryon normal est que chacune de ces cellules fabrique à la fois les « exécuteurs » Ced-3 et Ced-4 mais aussi le « protecteur » Ced-9. La raison pour laquelle cent trente et une cellules vont mourir, dans un embryon normal, est qu'elles vont fabriquer les exécuteurs Ced-3 et Ced-4 mais non pas le protecteur Ced-9.

Une nouvelle vision de la vie

La fabrication par une cellule des protéines Ced-3 et Ced-4 est un événement nécessaire pour provoquer l'apoptose. Mais la présence des exécuteurs n'est pas suffisante, à elle seule, pour entraîner la mort. Ils ne peuvent déclencher le suicide qu'en l'absence de la protéine Ced-9, le protecteur qui s'oppose à leur effet.

Ainsi, certaines protéines ont pour effet d'interrompre prématurément la vie d'une cellule et d'autres ont pour effet de s'opposer à leur action. Pour se détruire, une cellule doit fabriquer des exécuteurs. Pour survivre, une cellule doit fabriquer un protecteur qui s'opposera aux exécuteurs.

Toutes les cellules de *Caenorhabditis elegans* qui naissent des dédoublements de la cellule-œuf originelle fabriquent au cours du développement embryonnaire les exécuteurs capables de déclencher leur autodestruction. Le suicide est un phénomène qui se déclenche « par défaut », quand fait défaut le protecteur Ced-9. Toutes les cellules de l'embryon de *Caenorhabditis elegans* sont, en permanence, programmées pour mourir « sauf si… ». Sauf si des signaux que leur a transmis leur cellule-mère (et/ou certaines cellules voisines) déclenchent la fabrication du protecteur.

Se dessine alors une étrange vision de la vie : vivre, pour chaque cellule de l'embryon de *Caenorhabditis elegans*, c'est, en permanence, avoir réussi, pour un temps, à réprimer le déclenchement de son suicide.

Un activateur – un intermédiaire –
entre l'exécuteur et le protecteur

« Un [Anneau] pour le Seigneur des Ténèbres sur son sombre trône,
[…] Un Anneau pour les gouverner tous, un Anneau pour les […] relier,
Au Pays de Mordor où s'étendent les Ombres. »
J.R.R. Tolkien, *Le Seigneur des anneaux.*

La poursuite de l'analyse minutieuse des embryons mutants allait permettre de découvrir la nature étroite des interactions entre les protéines Ced-3, Ced-4 et Ced-9. Ced-3 et Ced-4 sont tous les deux nécessaires au déclenchement du suicide. Mais ils ne jouent pas le même rôle. Le véritable exécuteur, l'arme qui réalise, au cœur de la cellule, l'œuvre de la destruction, semble être Ced-3. Pourtant Ced-3, à lui seul, est incapable de tuer. C'est la protéine Ced-4 qui lui permet de se transformer en exécuteur. La protéine Ced-4 est l'« activateur » de l'arme de l'exécution.

Ced-4 a deux visages. Il est l'assistant obligatoire de l'exécuteur Ced-3, mais il est aussi l'assistant obligatoire du protecteur Ced-9. Il allait se révéler que le protecteur Ced-9 est incapable d'exercer le moindre effet direct sur l'exécuteur Ced-3. C'est en se fixant à Ced-4, en le capturant, que Ced-9 l'empêche d'activer l'exécuteur. Le dialogue – le combat – entre Ced-9 et Ced-3, entre le protecteur et l'exécuteur, s'exerce par l'entremise d'un intermédiaire, Ced-4. Ced-4 est une sorte de commutateur entre la vie et la mort.

Ainsi, la décision de vivre ou de mourir dépendait, à l'intérieur de chaque cellule, des quantités respectives du protecteur Ced-9, de l'activateur Ced-4 et de l'exécuteur Ced-3.

Le degré de complexité potentielle – le nombre de combinaisons possibles – qui résulte des interactions – des combats, des dialogues – entre ces trois participants est bien supérieur à celui qui résulterait d'une interaction directe entre seulement deux participants, un exécuteur et un protecteur.

Le suicide apparaissait désormais comme pouvant résulter de trois circonstances différentes : une augmentation de l'émission (ou de la perception) de signaux qui favorisent la fabrication de l'exécuteur ; une augmentation de l'émission (ou de la perception) de signaux qui favorisent la fabrication de l'activateur ; enfin, une diminution de l'émission (ou de la perception) de signaux qui favorisent la fabrication du protecteur.

La mort au cœur du vivant

La vie ne se laisse pas séparer aisément de la mort. Elle en est habitée.

Toutes les cellules de l'embryon de *Caenorhabditis elegans* sont, du début à la fin de la période de développement, prêtes à s'autodétruire. L'univers de l'embryon qui se construit est, à tout moment, prêt à déclencher son effondrement « avant l'heure ». Il porte en lui sa négation, sa disparition, son effacement, comme une potentialité toujours ouverte. Chaque cellule est, dès sa naissance, à quelques instants de sa mort possible. Et seule la fabrication du protecteur lui permet de continuer son voyage. Survivre, pour une cellule embryonnaire de *Caenorhabditis elegans*, c'est réprimer la mort qu'elle porte en elle ; c'est, à chaque instant, prolonger un sursis, s'accorder un répit. C'est naître et renaître sans cesse de l'autodestruction qu'elle a repoussée.

Au moment où chacune des cent trente et une cellules de l'embryon normal meurt, le déclenchement du suicide a l'aspect d'un événement brutal, soudain. Mais il n'est, en réalité, que la manifestation d'une potentialité que la cellule qui commence à mourir (comme chacune des cellules qui lui a donné naissance) a jusque-là réprimée, verrouillée, jour après jour, heure après heure. Dans chaque cellule vivante, le protecteur verrouille, enlace, réfrène l'activateur du suicide, l'empêchant de déclencher le travail de l'exécuteur. C'est seulement quand disparaît le protecteur que la mort apparaît soudain.

Le chant des Sirènes et le chant d'Orphée

Le chant des signaux – la métaphore du chant des Sirènes et du chant d'Orphée – devient plus subtil, plus complexe, plus ouvert. Il y a le chant de la Sirène qui produit l'exécuteur et le chant de la Sirène qui produit l'activateur. Seul le mélange de ces deux chants peut faire naître l'exécuteur terminal et déclencher la mort. Et le chant d'Orphée, le chant qui produit le protecteur, empêche la mort en dissociant les chants des deux Sirènes, en les empêchant de s'entremêler. Il y a maintenant des combinaisons de chants qui provoquent la mort et des combinaisons de chants qui permettent la vie.

Pendant toute la durée du développement de l'embryon de *Caenorhabditis elegans* retentit, dans chaque cellule, en permanence, le chant des Sirènes, le chant de l'activateur et de l'exécuteur. Les Sirènes, comme Orphée, sont à bord du navire. Seul le chant d'Orphée – seul le chant du protecteur – permet de poursuivre le voyage. La mort, c'est le silence d'Orphée.

Un retour à la complexité

Le silence d'Orphée

Mais il est une autre Sirène, dont le chant est capable de couvrir celui d'Orphée. Il y a, opérant dans les cellules de *Caenorhabditis elegans*, un degré supplémentaire de complexité, qui devait pendant plus de dix ans rester ignoré. Et ce n'est qu'en 1998 que Bob Horvitz et son équipe allaient identifier un quatrième acteur participant au contrôle de la vie et de la mort, dont l'existence était jusque-là restée insoupçonnée. La protéine Egl-1 est un frère ennemi du protecteur Ced-9, qui lui ressemble et le capture, l'empêchant d'exercer son effet, initiant la cascade d'événements qui conduit au suicide. La vie ou la mort des cellules de *Caenorhabditis elegans* ne dépend pas uniquement des quantités respectives de protecteur Ced-9, d'activateur Ced-4 et d'exécuteur Ced-3 qu'elles fabriquent. Elle dépend aussi des quantités respectives d'Egl-1 et de Ced-9.

Aux combats que livrait le protecteur à l'activateur se surimposaient ceux qu'il livrait à son frère ennemi. Ainsi s'estompait l'illusion de la simplicité. Et ainsi se révélait de nouveau que toute tentative d'attribuer une propriété unique à une protéine donnée correspond à une illusion. Ced-3 ne peut exercer son effet d'exécuteur qu'en présence de l'activateur Ced-4. Ced-4 ne peut exercer son effet d'activateur qu'en l'absence du protecteur Ced-9. Et Ced-9 ne peut exercer son effet de protecteur qu'en l'absence de son frère ennemi Egl-1. L'activité de chacun de ces acteurs dépend de la présence – ou de l'absence – des autres. De la nature de la collectivité des protéines qui l'entourent. De son environnement. Et nul ne sait aujourd'hui le degré de complexité qu'il reste encore à découvrir dans les interactions qui contrôlent la vie et la mort des cellules de l'embryon du petit ver transparent.

La différenciation cellulaire et la mort

Au cours du développement de l'embryon de *Caenorhabditis elegans*, comme au cours de notre développement, c'est la brisure de la symétrie, le verrouillage et le déverrouillage différentiels des gènes dans les premiers descendants de la cellule-œuf, qui fera naître progressivement la diversification des familles cellulaires, les cellules nerveuses et les cellules musculaires, les cellules de la peau et celles du tube digestif… Mais aucune cellule de l'embryon de *Caenorhabditis elegans* jamais ne cessera, semble-t-il, de fabriquer Ced-3 et Ced-4, l'exécuteur et l'activateur de l'exécution. Seule la production – ou l'absence de production – de Ced-9 et d'Egl-1 déterminera le destin à venir.

Ainsi les modalités particulières de différenciation dans laquelle s'engagera une cellule se traduiront-elles aussi en termes de vie ou de mort en fonction de l'influence qu'elles auront sur la fabrication de Ced-9 et d'Egl-1. Il est de nombreux mutants de *Caenorhabditis elegans* dans lesquels l'altération génétique ne provoque une anomalie concernant la vie ou la mort que dans une cellule – ou deux ou trois cellules seulement. Dans ces mutants, la cellule est devenue incapable, en réponse aux signaux qui déclenchent sa différenciation, de fabriquer une protéine qui participe, directement ou indirectement, à la production ou à l'activité de Ced-9 et d'Egl-1.

Se révélait pour la première fois d'une manière claire et interprétable, au cours du développement d'un tout petit animal ancestral, la nature étroite, dans chaque cellule, des relations entre la différenciation cellulaire et le contrôle de la vie et de la mort, relations que l'étude du suicide cellulaire n'avait permis jusqu'alors, dans les autres espèces vivantes, que de suspecter.

Les rites funéraires

Dans l'embryon de *Caenorhabditis elegans*, les altérations génétiques n'ont pas pour seul effet possible de modifier la décision de vivre ou de mourir, mais aussi le déroulement des rites funéraires. L'étude de certains mutants a révélé l'existence d'au moins six gènes dont l'altération individuelle a pour conséquence d'empêcher l'ingestion par les cellules voisines des cellules qui s'autodétruisent.

Dans ces embryons mutants, les cellules meurent aux mêmes moments et aux mêmes endroits que dans les embryons normaux, mais aucune cellule voisine ne les ingère.

L'existence d'un grand nombre de protéines, jouant, chacune, un rôle essentiel dans les rites funéraires, confirmait la nature complexe de ces mécanismes. Certaines de ces protéines ont pour effet de faire apparaître la signature de la mort à la surface des cellules qui s'autodétruisent. D'autres peut-être ont pour effet de faire disparaître la signature de la vie. D'autres encore permettent aux cellules mourantes d'appeler à elles les cellules voisines. D'autres exercent leur effet dans les cellules voisines, participant à la fabrication de récepteurs qui leur permettent de reconnaître la signature de la mort, ou leur permettent de se déplacer vers les cellules mourantes et de les engloutir.

Ces découvertes suggéraient que les fossoyeurs ne jouent aucun rôle dans les phénomènes qui déterminent la vie ou la mort : ils ne font qu'accélérer la disparition des cellules qui s'autodétruisent. Mais au début de l'année 2002, la réalité allait se révéler plus complexe. Les fossoyeurs, dès qu'ils détectent la signature de la mort à la surface de cellules voisines, empêchent ces dernières, même quand elles en sont encore capables, de survivre. Les fossoyeurs, interdisant tout retour en arrière, même quand il est encore possible, rendent la disparition inéluctable. Ainsi se dévoile progressivement la complexité du dialogue entre les cellules qui s'engagent sur la voie de l'autodestruction et les cellules vivantes qui les entourent.

Un nouveau paradigme

Au milieu des années 1980, *Caenorhabditis elegans* prenait valeur de modèle, de paradigme. Le petit ver avait permis de découvrir pour la première fois dans un être vivant l'existence d'un nombre limité de protéines dont les interactions exerçaient un effet majeur sur la vie et la mort des cellules de l'embryon. Pour la petite communauté des chercheurs qui exploraient la mort cellulaire il s'agissait d'une révolution. Mais, au-delà, cette révolution ne suscita pas un grand intérêt et allait rester méconnue de la plupart des biologistes.

L'étude de milliers de mutants génétiques de *Caenorhabditis elegans* avait permis de découvrir que le contrôle de la vie et de la mort des cellules de l'embryon impliquait une dizaine de protéines dont trois au moins – Ced-3, Ced-4 et Ced-9 – semblaient jouer un rôle essentiel. Mais, en 1986, la nature concrète de ces trois protéines – et des informations contenues dans les trois gènes correspondants – était encore entièrement inconnue. Les protéines Ced-3, Ced-4 et Ced-9 – et les gènes *ced-3*, *ced-4* et *ced-9* – étaient des notions abstraites, des fantômes insaisissables. L'identification de la succession des lettres, des mots et des phrases qui les composent aurait pu être réalisée relativement rapidement, pour peu que plusieurs laboratoires spécialisés s'y soient consacrés de manière coordonnée.

Pourtant la petite équipe constituée par Bob Horvitz, ses deux étudiants, Michael Hengartner et Junying Yuan, et quelques autres, allait être la seule pendant plus de huit ans à essayer d'élucider petit à petit ce mystère. Le décryptage du contrôle du suicide des cellules de l'embryon d'un ver minuscule représentait, pour la plus grande partie de la communauté scientifique, une activité académique, respectable, mais un peu ésotérique, comme une recherche en paléontologie ou la recherche d'une variété encore inconnue de fleur dans la forêt amazonienne.

Du petit ver à l'homme : en parcourant les branches du vivant

Un protecteur qui voyage à travers le temps

En 1988, David Vaux, un jeune biologiste australien travaillant aux États-Unis, découvrait qu'une protéine humaine, Bcl-2, était capable de bloquer dans des cellules humaines le déclenchement du suicide cellulaire. Ainsi se révélait l'existence dans la bibliothèque de nos gènes, comme dans celle du petit ver, d'informations permettant à nos cellules de fabriquer un protecteur. Comment ce protecteur agissait-il ? Rien ne permettait de l'imaginer.

Quatre ans plus tard, en 1992, Vaux réalisa une expérience dont le résultat allait causer une grande surprise. Les embryons mutants de *Caenorhabditis elegans* dans lesquels le gène *ced-9* est altéré, s'autodétruisent à mesure qu'ils se construisent et disparaissent avant leur naissance. Vaux introduisit le gène *bcl-2* humain dans une cellule-œuf de *Caenorhabditis elegans* dépourvue du gène *ced-9*. La cellule-œuf et ses cellules-filles se mirent à fabriquer la protéine humaine Bcl-2. Et ces embryons de *Caenorhabditis elegans* se construisaient normalement et naissaient comme des embryons normaux. La protéine humaine Bcl-2 était capable, dans le petit ver transparent, de remplacer la protéine Ced-9 et d'exercer son effet de protecteur.

Un protecteur humain permettait aux cellules de *Caenorhabditis elegans* de réprimer le déclenchement de leur suicide. Un protecteur humain était capable de traverser le temps et d'exercer son pouvoir par-delà plusieurs centaines de millions d'années d'évolution du vivant. Ainsi, malgré les innombrables mutations aléatoires, les variations, les divergences et les inventions qui avaient, de *Caenorhabditis elegans* à l'homme, métamorphosé les livres de la bibliothèque des gènes, modifiant les protéines et l'architecture des corps, certaines des composantes fondamentales du contrôle du suicide cellulaire apparaissaient capables de dialoguer à travers le temps.

Le petit ver, soudain, pour la première fois, éveillait l'intérêt. Il apparaissait comme un « véritable » modèle : un modèle qui pouvait avoir une utilité pour comprendre le fonctionnement de nos corps.

Deux ans allaient encore s'écouler, et en 1994, Hengartner et Horvitz décryptaient et révélaient enfin la nature des informations – des lettres, des mots et des phrases – contenues dans le gène *ced-9*. Elles étaient proches de celles que contenait le gène *bcl-2* humain. Une partie importante des informations qui permettaient aux cellules de fabriquer un protecteur contre le suicide était restée semblable de *Caenorhabditis elegans* à l'homme. Ainsi s'expliquait le pouvoir étrange de Bcl-2, qui était capable de se substituer à Ced-9 et de bloquer la mort cellulaire dans l'embryon du petit ver en train de se construire.

Un tel degré de similitude et de conservation à travers le temps des informations contenues dans des gènes – et surtout des potentialités des protéines correspondantes – est très rare. Il n'a été, à ce jour, retrouvé que pour certaines protéines, telles les cyclines, qui participent au contrôle du dédoublement cellulaire, ou certaines protéines « architectes » qui participent à la régionalisation et à la segmentation du plan du corps des embryons, à l'émergence d'un haut et d'un bas, d'un avant et d'un arrière, d'une droite et d'une gauche. L'explication habituelle à l'existence de telles conservations est que la pérennité de ces protéines et l'activité des réseaux auxquels elles s'intègrent sont tellement importantes qu'aucun des embryons dans lesquels les informations génétiques correspondantes ont, au cours de la longue évolution du vivant, un jour par hasard, été profondément altérées, n'a pu survivre et avoir des descendants. Seules des mutations génétiques qui n'ont pas abouti à une perte d'activité de ces réseaux mais l'ont simplement nuancée, modifiée, ont été compatibles avec la survie et la reproduction des individus dans lesquels elles sont survenues et ont pu se transmettre à travers le temps.

L'existence d'un tel degré de ressemblance entre le protecteur humain et celui de *Caenorhabditis elegans* suggérait que le contrôle du suicide cellulaire avait dû représenter, au cours de l'évolution du vivant, une composante essentielle – vitale – du développement des embryons.

Présent dans des espèces radicalement différentes, l'ancêtre du protecteur du suicide semblait être apparu il y a longtemps et s'être transmis, de génération en génération, pendant plusieurs centaines de millions d'années, à travers des branches distantes de l'arbre du vivant.

De la nature d'un exécuteur

Mais quelle est la nature de l'exécuteur sur lequel le protecteur exerce son pouvoir ? Qu'est-ce qu'un exécuteur du suicide ? Et comment accomplit-il son œuvre d'auto-destruction ?

En 1993, Yuan et Horvitz décryptaient les informations contenues dans le gène *ced-3*, révélant qu'elles partageaient une partie de ses lettres, de ses mots, de ses phrases avec un gène humain, le gène *ICE*, qui avait été identifié à la fin des années 1980, et dont personne n'avait soupçonné la moindre relation avec le suicide cellulaire. Mais on connaissait certaines des caractéristiques de la protéine ICE. C'était l'équivalent d'un ciseau moléculaire – une protéase – c'est-à-dire une enzyme capable de reconnaître sur certaines protéines de la cellule une signature moléculaire, de s'y fixer et de découper ces protéines, à l'endroit de la signature, en deux morceaux. Et l'exécuteur Ced-3 se révélait être, comme ICE, une protéase.

La naissance d'un concept : les ciseaux de l'exécuteur

Soudain, à une notion entièrement abstraite, mystérieuse – celle d'exécuteur du suicide cellulaire –, se substituait une identité, un visage concrets. L'arme de l'exécuteur du suicide était l'équivalent de ciseaux, capables de découper en morceaux des protéines indispensables à la survie d'une cellule.

Telle la Parque Atropos de la mythologie grecque, l'exécuteur causait la mort en coupant le fil de la vie.

Progressivement furent identifiées une quinzaine de protéines portant la signature qui permettait aux ciseaux de l'exécuteur de les découper. Une des protéines cibles fait partie de l'enveloppe qui entoure le noyau et le sépare du corps de la cellule, le cytoplasme. La destruction de cette protéine par les ciseaux de l'exécuteur provoque la condensation et la fragmentation du noyau. Ainsi se réalise un des aspects caractéristiques du visage de l'apoptose, la condensation et la fragmentation du noyau de la cellule en train de mourir.

D'autres protéines cibles découpées par les ciseaux de l'exécuteur sont localisées dans le corps cellulaire. Certaines font partie des microtubules, l'équivalent de minuscules muscles moléculaires qui parcourent la cellule de part en part et dont la contraction et le relâchement modifient la forme de la cellule et lui permettent de se déplacer. Le découpage de ces protéines va favoriser le détachement de la cellule de ses voisines. Une autre protéine cible n'a été identifiée qu'au début de l'année 1998. Elle est liée à une enzyme – une ADNase – qu'elle capture et garde prisonnière dans le corps cellulaire. Les ciseaux de l'exécuteur détruisent cette protéine, délivrant l'ADNase, qui pénètre alors dans le noyau et découpe l'ensemble de l'ADN, la bibliothèque des gènes, en une multitude de petits fragments.

Ainsi se révélait, progressivement, une partie des mécanismes qui font naître, dans une cellule en train de s'auto-détruire, le visage de l'apoptose. Mais ce visage garde encore aujourd'hui une part importante de son mystère. On ne sait toujours rien des mécanismes qui permettent au corps cellulaire de se fragmenter en petits ballonnets, ni des mécanismes qui permettent à la cellule mourante de faire apparaître, à sa surface, la signature de la mort.

Des ciseaux incapables de fonctionner

L'étude des mutants génétiques de *Caenorhabditis elegans* suggérait que la protéase Ced-3 était incapable, à elle seule, de déclencher le suicide. Il fallait la présence de l'activateur Ced-4 pour transformer Ced-3 en véritable exécuteur. Comment se faisait-il que la protéase Ced-3, une fois fabriquée, sommeillait dans la cellule, incapable, en l'absence de l'activateur, de déclencher le suicide ?

Ced-3 est produite dans la cellule sous la forme d'un précurseur inactif, sous la forme de ciseaux incapables de fonctionner. Nous allons recourir à une métaphore. Elle ne correspond pas exactement à la réalité, mais elle permet de comprendre. Imaginons que les informations contenues dans le gène *ced-3* permettent à chaque cellule de fabriquer une paire de ciseaux dont les deux lames sont liées l'une à l'autre par un fil. Les lames ne peuvent s'écarter l'une de l'autre et les ciseaux ne peuvent fonctionner. Le fil qui les retient prisonniers porte la signature moléculaire qui permet à des ciseaux – actifs – de le trancher. Mais, prisonniers du lien qui les enserre, les ciseaux ne peuvent, d'eux-mêmes, se libérer.

Ce sont les activateurs Ced-4 qui permettent aux ciseaux de se dégager de leurs liens. Et cette libération s'effectue en plusieurs étapes. Chaque activateur capture, tout d'abord, un ciseau. Puis, les activateurs s'agglomèrent les uns aux autres, réunissant ainsi autour d'eux un grand nombre de ciseaux. Si la densité de ciseaux réunie au même endroit dépasse un certain seuil, les frottements entre la pointe des lames et le fil entraînent la rupture de certains liens, libérant des ciseaux. Ces premiers ciseaux, devenus capables de fonctionner, commencent à leur tour à trancher les liens qui

retiennent les autres prisonniers. Et ces ciseaux, une fois
délivrés, libèrent à leur tour d'autres ciseaux.

Un tel phénomène débute lentement, mais une fois que
la réaction a franchi un seuil critique, elle s'accélère de
manière explosive, exponentielle. Ce sont des réactions
qu'on appelle autocatalytiques (capables de s'auto-amplifier). Elles se décomposent en une période de mise en route,
pendant laquelle le retour en arrière est encore possible,
suivie d'une période d'exécution autonome qui échappe à
tout contrôle.

Revenons à Ced-9, le protecteur, qui empêche le déclenchement du suicide. C'est en capturant l'activateur et en
l'empêchant ainsi de se fixer aux ciseaux et à d'autres activateurs qu'il empêche le déclenchement du suicide. Une fois
que l'activateur a commencé son travail, le protecteur peut
encore, un temps, intervenir. Mais une fois que le seuil critique a été dépassé, il est trop tard. La présence de l'activateur
n'est plus nécessaire et le protecteur devient inopérant. Les
ciseaux libérés de leurs liens libèrent d'autres ciseaux. Ils
sont devenus les seuls maîtres du destin de la cellule.

À la recherche de l'activateur

Il restait un mystère. Il manquait dans les cellules
humaines une des pièces essentielles du puzzle : le parent
humain de Ced-4 l'activateur. Pourtant, dès 1992, Yuan et
Horvitz avaient révélé la nature des informations génétiques contenues dans *ced-4*. Mais, contrairement à *ced-3*
et *ced-9*, on n'avait retrouvé aucun gène qui, chez
l'homme, ressemblait à *ced-4*. Toutes les recherches visant
à retrouver un parent de *ced-4* dans la bibliothèque de nos
gènes restaient vaines. Les années passaient, et une idée
commença à s'imposer. L'évolution avait conservé, de
Caenorhabditis elegans à l'homme, les informations génétiques permettant de fabriquer le protecteur et l'exécuteur.
Mais l'absence de tout parent de Ced-4 chez l'homme
suggérait l'existence d'une césure.

Xiaodong Wang, un jeune chercheur chinois travaillant
aux États-Unis, avait abordé le problème de la recherche

des acteurs du suicide cellulaire par un autre angle. Il avait décidé de plonger dans l'inconnu. Il ne cherchait pas à identifier des informations contenues dans des gènes, mais directement, dans des cellules humaines, la présence de protéines encore inconnues qui pourraient participer au contrôle de la vie et de la mort.

À la fin de l'année 1997, Wang découvre dans des cellules humaines une protéine capable d'activer les ciseaux de l'exécuteur. Il nomme cette protéine Apaf-1 (*apoptosis-activating factor-1* ou premier facteur d'activation de l'apoptose). Puis il décrypte les informations contenues dans le gène correspondant. Et le gène livre alors son secret. Il ressemble à *ced-4*, mais d'une manière fragmentée, morcelée, qui explique que sa parenté ait échappé à tous les efforts visant à rechercher certaines de ses phrases dans les livres de la bibliothèque des gènes humains. Les phrases contenues dans le gène *ced-4*, chez *Caenorhabditis elegans* et dans son parent *apaf-1*, chez l'homme, ne sont pas les mêmes : elles n'ont pas le même sens. Mais certains mots – certains petits groupes de mots – qui parsèment les phrases, sont identiques.

Ce qui est semblable dans les protéines Ced-4 et Apaf-1, ce sont de petites portions communes qui leur permettent à toutes deux d'exercer leur activité : se lier à l'exécuteur, s'agglomérer, et déclencher l'activation de l'exécuteur.

De génération en génération, l'ancêtre de l'activateur, la clé de voûte de l'architecture du contrôle du suicide cellulaire, s'était métamorphosé jusqu'à devenir méconnaissable, mais avait conservé, au cours de ses réincarnations successives, les informations qui lui permettaient de poursuivre, sans relâche à travers le temps, son dialogue avec l'exécuteur.

Conservation et diversification : la richesse des variations sur un thème

Caenorhabditis elegans, le petit ver aux neuf cent cinquante-neuf cellules, avait dévoilé la nature étroite de la parenté qui nous liait à lui. Il avait rempli, au-delà de toute attente, son rôle de modèle, de paradigme. Ce qui était vrai pour *Caenorhabditis elegans* semblait désormais vrai pour l'homme.

Mais il allait apparaître que le long voyage à travers le temps des ancêtres des gènes *ced-3, ced-4* et *ced-9* ne s'était pas uniquement traduit par cet extraordinaire degré de conservation. Il s'était accompagné de la naissance d'une multitude de descendants, emplissant la bibliothèque de nos gènes d'innombrables variations d'une extraordinaire richesse. Et d'une déroutante complexité.

La cohorte des descendants du protecteur

Si *bcl-2* était, dans la bibliothèque de nos gènes, un parent de *ced-9*, il n'était pas, et de loin, le seul. Il était l'un des membres d'une famille nombreuse. Et il y avait aussi dans la bibliothèque de nos gènes de nombreux parents d'*egl-1*, le frère ennemi de *ced-9*. Une vingtaine de gènes appartenant à la famille *ced-9 / egl-1* ont aujourd'hui été identifiés chez l'homme et on ne les a sans doute pas encore tous dénombrés.

Durant plusieurs centaines de millions d'années d'évolution du vivant, des parents des gènes *ced-9* et *egl-1* avaient été dédoublés, et dédoublés, et encore dédoublés de générations en générations, et ces doubles avaient subi des mutations aléatoires qui avaient donné naissance à des versions légèrement différentes les unes des autres, qui aujourd'hui cohabitaient en nous.

Les protéines correspondantes exercent des effets antagonistes et sont engagées dans un dialogue et un combat permanent. Elles se capturent, neutralisant réciproquement leurs effets. Certaines, comme Bcl-2 (et son lointain parent Ced-9), se comportent comme de véritables protecteurs. D'autres membres de la famille, tels que Bax (et son lointain parent Egl-1), favorisent au contraire le déclenchement du suicide. Parce que l'existence d'Egl-1, chez *Caenorhabditis elegans*, n'avait pas encore été révélée, la découverte dans les cellules humaines de ces combats fratricides causa une grande surprise.

Un univers vertigineux se révélait. Le déclenchement ou la répression du suicide dépendait de la quantité respective des deux groupes de frères ennemis qui se capturaient l'un l'autre. La richesse des combinaisons des signaux capables de réprimer ou de déclencher le suicide en influant sur la fabrication ou l'activité dans la cellule de chacune de cette vingtaine de protéines devenait d'une infinie complexité.

Cette vingtaine de frères ennemis morcelaient, fragmentaient et recomposaient sans cesse le chant de vie du protecteur (le chant originel d'Orphée) en une infinité de chants contradictoires qui se mélangeaient et se surimposaient, pour finir par laisser émerger un chant de vie ou de mort. À la complexité de la construction du corps des embryons humains, à la diversité foisonnante des dialogues cellulaires qui déterminaient leur devenir, répondaient, en miroir, la diversité foisonnante et la complexité des dialogues et des combats au cœur de nos cellules.

La cohorte des descendants de l'exécuteur

Cet extraordinaire degré de diversification, de morcellement et de complexité ne concernait pas que les parents de *ced-9* et d'*egl-1*. L'ancêtre du gène *ced-3*, lui aussi, avait donné naissance, en traversant le temps, à une descendance tumultueuse. Il allait rapidement s'avérer que *ICE* n'était pas, et de loin, le seul parent de *ced-3* chez l'homme. Il faisait partie d'une famille de gènes humains dont une quinzaine de membres ont été, à ce jour, identifiés. Ils permettent à nos cellules de fabriquer une quinzaine de protéases distinctes, des ciseaux moléculaires – les caspases –, qui reconnaissent chacun une signature légèrement différente, détruisant ainsi chacun plusieurs groupes de protéines différentes. La liste des protéines cibles que les ciseaux sont capables de détruire s'allonge continuellement. Et au concept d'un exécuteur a succédé le concept d'une « cascade » d'exécuteurs. Certains ciseaux, une fois libérés de leur lien, sont capables de délivrer d'autres membres de leur famille, faisant avancer la cellule sur le chemin du suicide. Mais certains des parents de Ced-3 sont devenus des frères ennemis : des ciseaux capables de bloquer l'activité d'autres ciseaux, freinant ou empêchant ainsi le déclenchement du suicide. L'univers des exécuteurs a perdu son apparente limpidité originelle.

La grille de lecture de *Caenorhabditis elegans* avait révélé les règles de base d'un jeu dont le déroulement apparaissait, dans nos cellules, d'une extrême richesse et d'une extrême diversité. Autour des protecteurs et des exécuteurs principaux, tourne désormais la cohorte de leurs semblables, les enlaçant, les freinant ou les aidant, augmentant ou diminuant à tout moment la probabilité de la plongée dans l'autodestruction, danse oscillante au bord du gouffre, aux frontières de la vie et de la mort.

Il y a un degré supplémentaire à cette diversité. La différenciation cellulaire, qui fait naître plus de cent familles cellulaires dans notre corps en train de se construire, conduit, dans chaque population cellulaire, au verrouillage de gènes différents. Et il en est ainsi de la cohorte des parents de *ced-3*, de *ced-9* et d'*egl-1*. Chaque population cellulaire fait naître en elle un univers particulier, fait de certaines protéines de la cohorte Ced-3, Ced-9 et Egl-1. Chaque famille cellulaire fait naître en elle, parmi toutes les combinaisons possibles, une combinaison particulière, une configuration particulière du contrôle de la vie et de la mort qui se distingue des configurations qui émergent dans d'autres familles cellulaires. À la diversité des protéines qui contrôlent le suicide répond la diversité de leur fabrication par les différentes familles de cellules de notre corps.

Le chemin intérieur qui détermine la vie et la mort dans une cellule nerveuse du cerveau n'est pas obligatoirement le même que celui qui détermine la vie et la mort dans une cellule du foie.

Les descendants de l'activateur

L'activateur – le commutateur, l'intermédiaire –, le parent de Ced-4, dont la découverte, dans nos cellules, avait été si difficile, parut, un temps, occuper une place à part. Il semblait être demeuré seul, au long des métamorphoses de l'évolution du vivant, comme l'unique activateur des exécuteurs, celui dont la mise en jeu détermine le destin. Mais il s'agissait d'une illusion. En 1999, deux ans après la découverte d'Apaf-1, se révélait la présence, dans nos cellules, d'autres parents de Ced-4. Et commencent, aujourd'hui, à se dessiner les contours d'un univers nouveau, peuplé d'arbitres peut-être aussi nombreux que les exécuteurs et les protecteurs, et peut-être impliqués, eux aussi, dans des dialogues et des combats fratricides.

Mais, alors que se développaient ces recherches, dévoilant la multitude insoupçonnée des acteurs de la vie et de la mort, une autre quête avait commencé, à la recherche d'un autre mystère.

Où, dans l'espace tridimensionnel du corps de la cellule, dans quel environnement, se déroulent ces dialogues, ces combats et ces captures ? Est-ce dans un lieu unique, ou bien dans plusieurs lieux distincts – en même temps ou séquentiellement – que les exécuteurs se libèrent de leurs liens pour partir à l'assaut de la cellule ?

Les premières réponses à ces questions sont nées d'une démarche expérimentale d'un réductionnisme extrême, qui a permis le développement d'un modèle d'étude artificiel, simple et puissant. C'est en dehors de toute cellule qu'ont commencé à être décryptés certains des dialogues et des combats qui déterminent la vie ou la mort. Et c'est ce théâtre d'ombres que nous allons maintenant découvrir.

Un théâtre d'ombres : le jeu de la vie et de la mort en dehors des cellules

À la recherche du lieu de la décision de vivre ou de mourir

Certaines techniques de microchirurgie cellulaire permettent d'ôter les noyaux des cellules et de maintenir ces noyaux isolés, intègres, pendant plusieurs heures dans des boîtes de plastique.

En 1993, Youri Lazebnik, un jeune biologiste russe travaillant aux États-Unis, commença à appliquer ces techniques à l'étude du suicide cellulaire. Lorsqu'il ajouta à ces noyaux isolés des extraits de corps cellulaire – de cytoplasme – provenant de cellules vivantes, les noyaux restaient intègres. Mais lorsqu'il ajouta des extraits de cytoplasme provenant de cellules qui venaient de recevoir un signal qui allait bientôt provoquer leur suicide, les noyaux isolés se condensèrent et se fragmentèrent de la même manière que le font les noyaux à l'intérieur de cellules en train de se suicider.

Ainsi, c'était dans le cytoplasme qu'étaient localisés et libérés de leurs liens les exécuteurs qui partaient à l'assaut du noyau, sculptant le visage de l'apoptose. Mais le cytoplasme – le corps cellulaire – est un vaste univers.

Où, dans le corps cellulaire, étaient localisés les acteurs qui contrôlent l'activation des exécuteurs ? Derrière cette interrogation simple, de nature topographique, géographique, se dessinait implicitement une autre question, dont les implications étaient potentiellement beaucoup plus importantes. L'exécution du suicide constitue, nous l'avons vu, une réaction capable de s'auto-amplifier. Une fois que la réaction a dépassé un seuil critique, l'activateur devient inutile, et les protecteurs inopérants. Les ciseaux des exécuteurs deviennent alors capables d'assurer par eux-mêmes l'autodestruction.

Ce type de réaction en deux temps, qui devient rapidement explosive, a lieu par exemple au cours de la coagulation du sang, lorsqu'un caillot se forme pour obturer une brèche dans un vaisseau sanguin. Un aspect essentiel des réactions de coagulation est leur nature localisée : elles restent limitées au lieu de la brèche vasculaire qu'il faut colmater, ce qui évite l'obturation, de proche en proche, des parois de l'ensemble de nos vaisseaux par un énorme caillot. Localement, à l'endroit où elle a débuté, la réaction, une fois le seuil critique franchi, est devenue incontrôlable. Mais sa diffusion – l'extension au voisinage – est bloquée, réprimée, par la paroi des vaisseaux intacts. C'est ce mécanisme de confinement d'une réaction explosive qui permet de conjuguer la puissance et la rapidité d'une réponse avec le contrôle de sa localisation.

Qu'en est-il au niveau du contrôle du déclenchement du suicide cellulaire ? Si l'ensemble des protecteurs, exécuteurs et activateurs sont regroupés en un endroit unique dans le corps cellulaire, alors le déclenchement du suicide, une fois le seuil critique franchi, se déroule comme un phénomène de tout ou rien. Toute oscillation, toute perturbation dans l'équilibre des acteurs du suicide qui suffit à entraîner le déclenchement de la réaction explosive aboutit brutalement et irréversiblement au suicide de la cellule.

Mais il y a une autre possibilité. Imaginons que les protecteurs, exécuteurs et activateurs soient répartis en petits modules localisés, distincts, disséminés dans l'ensemble de la cellule. Il y a alors cinq, dix, cent lieux où peuvent débuter les événements susceptibles de déclencher ou non le suicide. Si tel est le cas, le passage d'un seuil critique, à un endroit donné, peut ne pas suffire à déclencher la propagation de la réaction explosive au voisinage, à un autre endroit, où les protecteurs continuent à exercer leur effet. Pour que le seuil critique irréversible du suicide soit franchi, au niveau de la cellule entière, il faut alors que, dans un nombre minimum d'endroits différents, les seuils critiques locaux aient tous été franchis, disséminant de proche en proche l'explosion. Le déclenchement du suicide n'est plus alors un phénomène brutal de tout ou rien, courant comme une étincelle le long d'une seule mèche jusqu'au baril de poudre. Il nécessite un nombre minimal d'oscillations locales, un nombre minimal de phénomènes de tout ou rien. La décision, au niveau d'une seule cellule, devient une décision collective. Et le morcellement des lieux de décision diminue la probabilité d'une erreur sans retour en arrière possible.

Ainsi, la question de la localisation précise – en un seul lieu ou en plusieurs lieux – des acteurs qui contrôlent le suicide avait une implication potentiellement importante : permettre peut-être de mieux comprendre la nature des mécanismes qui font basculer une cellule de la vie dans la mort.

Le corps cellulaire est composé d'une multitude de petits compartiments, de territoires, où se déroulent des activités différentes, et qui sont entourés d'une ou plusieurs membranes – des enveloppes – qui les séparent les uns des autres. Le réticulum endoplasmique, où sont fabriquées les protéines à partir des copies de gènes qui quittent le noyau ; l'appareil de Golgi, qui le jouxte, où les protéines qui viennent d'être fabriquées transitent et sont modifiées avant de gagner leur localisation définitive ; les mitochondries, qui contiennent l'ensemble des enzymes nécessaires à la respiration cellulaire, et produisent, à partir de l'oxygène, la plus grande partie de l'énergie utilisée par la cellule ; et d'autres encore.

À la découverte des mitochondries

Ce sont les expériences de mélange de noyaux isolés et d'extraits de corps cellulaire qui allaient permettre en 1994 à un jeune biologiste américain, Don Newmeyer, d'identifier l'un des territoires où se prend, dans la cellule, la décision d'activer les ciseaux des exécuteurs. À des noyaux isolés, il ajouta, un à un, différents compartiments cellulaires purifiés. Et l'addition de mitochondries – les petites usines de la respiration cellulaire – se révélait nécessaire au déclenchement de l'apoptose de noyaux isolés. Les travaux de Guido Kroemer et de son équipe en France allaient rapidement confirmer et étendre ces résultats, montrant qu'au cours du suicide cellulaire les mitochondries libéraient une partie de leur contenu dans la cellule, et que cette libération semblait jouer un rôle dans le déroulement de l'apoptose.

À la fin de l'année 1996, Xiaodong Wang découvrit qu'il suffisait d'ajouter au mélange de noyaux isolés et d'extraits cytoplasmiques non pas des mitochondries entières, mais une seule des nombreuses protéines présentes à l'intérieur des mitochondries, le cytochrome C. Le cytochrome C est une enzyme qui joue un rôle essentiel dans l'activité respiratoire de la mitochondrie. Dans les conditions normales, il ne quitte pas l'intérieur des mitochondries.

Mais lorsque la cellule déclenche son suicide, de petits canaux – de petits pores – s'ouvrent à la surface de la membrane qui entoure la mitochondrie, laissant s'échapper à l'extérieur le cytochrome C qui se répand dans le corps cellulaire.

Une nouvelle composante de la cascade du suicide se révélait : le cytochrome C agissait en aidant le parent de Ced-4, Apaf-1, à activer l'un des ciseaux des exécuteurs, leur permettant ainsi de commencer leur ouvrage.

Les mitochondries apparaissaient soudain comme les lieux où se prenait, peut-être, la décision de vivre ou de mourir. De part et d'autre de la membrane qui sépare la mitochondrie du reste du corps cellulaire sont réunis la plupart des acteurs du contrôle du suicide. Le cytochrome C réside à l'intérieur des mitochondries. Les protecteurs, leurs frères ennemis, l'activateur et les ciseaux de l'exécuteur, encore inactifs, sont à l'extérieur, dans le corps cellulaire. Les protecteurs sont fixés à la membrane de la mitochondrie, empêchant les pores de s'ouvrir et de libérer le cytochrome C. Les frères ennemis des protecteurs, qui les empêchent de bloquer le suicide, exercent leur effet en se fixant à la membrane de la mitochondrie, permettant aux pores de s'ouvrir et de libérer le cytochrome C. Les activateurs peuvent alors, en présence du cytochrome C, s'agglomérer et agglomérer autour d'eux les ciseaux de l'exécuteur, leur permettre de s'activer.

Au début de l'année 1999, un nouveau participant à l'exécution du suicide, résidant lui aussi dans les mitochondries, était identifié par Kroemer et son équipe : l'AIF (*apoptosis-inducing factor*, ou facteur induisant l'apoptose). Puis l'histoire s'accélérait. En 2000 et 2001 étaient découverts trois autres participants au suicide, résidant eux aussi dans les mitochondries : Smac/Diablo, qui active les caspases, l'endonucléase G, qui fragmente l'ADN, et une protéase, HtrA2. Dans les cellules qui s'engagent sur le chemin de l'autodestruction, les mitochondries libèrent, selon les circonstances, un, plusieurs, ou l'ensemble des acteurs du suicide qu'elles contiennent.

Les contours d'un nouveau paysage

Ainsi, peu à peu, la quête du lieu ultime où est prise, en temps réel, dans la cellule, la décision de survivre ou de mourir, s'est déplacée du noyau vers le corps cellulaire, pour révéler enfin la participation d'un petit compartiment cellulaire, la mitochondrie, qui joue un rôle essentiel dans la respiration et la production d'énergie et dont rien, dans l'étude de *Caenorhabditis elegans*, n'avait jusque-là permis de suspecter la participation.

Il y a dans chacune de nos cellules plusieurs dizaines ou plusieurs centaines de mitochondries, parsemées à l'intérieur du corps cellulaire. À leur surface, elles portent les protecteurs. Alentour sommeillent les ciseaux des exécuteurs, incapables d'agir. Les acteurs du contrôle du suicide cellulaire sont regroupés dans la cellule, en plusieurs dizaines ou centaines de petits modules localisés, capables, chacun, de déclencher localement la séquence d'événements qui peut mener à l'autodestruction. Combien faut-il de décisions locales pour faire basculer la cellule dans le suicide ? La cellule est-elle parcourue, régulièrement, d'oscillations qui font franchir le seuil critique dans quelques modules isolés sans déclencher la cascade autocatalytique irréversible ? Nous n'en savons encore rien.

Il est possible que les mitochondries soient les lieux ultimes où se joue le destin, la vie ou la mort, de la cellule. Mais elles ne constituent peut-être que l'une des nombreuses étapes qui ont jalonné la longue quête de la compréhension du suicide cellulaire. L'univers du contrôle moléculaire de la vie et de la mort, dans sa richesse et sa diversité, est un univers que nous venons à peine de commencer à découvrir. Comme tout paysage nouveau dans lequel nous pénétrons à grande vitesse, nous n'en percevons encore que des contours. Et il pourrait demain se révéler différent de ce qui a été imaginé.

Mais pendant ce temps-là...

Alors que se déroulait cette plongée au cœur de nos cellules à la recherche des acteurs qui contrôlent la vie et la mort, alors que se dessinait le ballet étrange des exécuteurs, des activateurs et des protecteurs qui participent au déclenchement et à la répression du suicide cellulaire, une nouvelle frontière s'était ouverte, dévoilant d'autres territoires jusqu'alors inconnus. Et il nous faut, pour les découvrir, revenir quelques années plus tôt.

Pendant très longtemps, le pouvoir de s'autodétruire avait été considéré comme une propriété exclusive des cellules de l'embryon, à l'œuvre dans la construction de nos corps et s'interrompant à notre naissance. Puis commença à être imaginée la possibilité que cette potentialité puisse persister par-delà notre venue au monde. Alors, peu à peu, le royaume du suicide cellulaire apparut dans toute sa splendeur. Il s'étendait sur toute la durée de notre existence. De notre conception à notre mort, il permettait à notre corps d'explorer en permanence le champ des possibles, de se sculpter, et de se reconstruire.

DEUXIÈME PARTIE

De l'embryon à l'adulte : un royaume sans frontière

5

Une nouvelle vision de la complexité

La mort et l'éternel retour

> « Que ta puissance ô Mort est grande et admirable ! [...]
> Ce qui fut se refait ; tout coule comme une eau,
> Et rien dessous le Ciel ne se voit de nouveau ;
> Mais la forme se change en une autre nouvelle
> Et ce changement-là, Vivre, au monde s'appelle,
> Et Mourir quand la forme en une autre s'en va. »
>
> Ronsard, *Hymne de la mort.*

Le sentiment que nous avons de la pérennité de notre corps correspond pour une grande part à une illusion. Nous sommes une mosaïque d'organes et de tissus dont certains s'autodétruisent et se renouvellent en permanence pendant que d'autres persistent en nous. Notre peau, qui nous donne sans cesse les mêmes sensations, la peau de l'être aimé, que nous regardons, caressons, sont, chaque jour, différentes, renouvelées. Des régions entières de notre corps, à chaque instant, disparaissent, renaissent et se recomposent. Il y a près de trois mille ans, Héraclite, pour exprimer l'irréversibilité du passage du temps, disait qu'on ne peut pas entrer deux fois dans le même fleuve. Nous sommes nous-mêmes, chacun, un fleuve.

À l'âge adulte, nous sommes constitués de plusieurs dizaines de milliers de milliards de cellules, réparties en plus d'une centaine de familles différentes, formant plusieurs dizaines d'organes et de tissus. Chaque jour, probablement, plus de cent milliards de nos cellules se dédoublent, en moyenne plusieurs millions à chaque seconde. Chaque jour, probablement, plus de cent milliards de nos cellules s'auto-

détruisent – plusieurs millions par seconde. Elles fragmentent leur corps et leur noyau, effaçant la bibliothèque de leurs
gènes, et disparaissent, englouties par les cellules environnantes. Leur mort, discrète, rapide, inapparente, ne cause
aucune lésion.

La succession effrénée de naissances et de morts et les
rites funéraires qui règlent ce ballet incessant n'ont pas pour
seule conséquence de nous reconstruire en permanence. Ils
ont aussi des effets encore mal connus, sur l'économie énergétique de nos corps. Il se pourrait que la quantité de cellules qui disparaît en nous chaque jour soit de l'ordre d'un
kilo – un kilo de protéines, de sucres, d'acides gras, d'acides
nucléiques – de la matière dont sont composés nos corps.
Une telle quantité de constituants ingérés sous la forme de
cellules mourantes – un kilo de nourriture traitée, filtrée, et
recomposée par nos corps – équivaut à beaucoup plus d'un
kilo des aliments – pain, viande, légumes, fruits – que nous
absorbons chaque jour.

Nous nous nourrissons en permanence d'une partie de
nous-mêmes. Et, comme le Phénix, l'oiseau mythique, nous
renaissons chaque jour, en partie, de nos cendres.

Mais notre corps composite, hétérogène, est fait de cellules éphémères qui naissent, meurent et renaissent continuellement, et de cellules plus pérennes qui persistent en
nous des semaines, des mois, des années, des dizaines
d'années et pour certaines, peut-être, tout au long de notre
existence.

La différenciation cellulaire confère à chacune des familles de cellules qui composent notre corps des formes et des
activités spécialisées, mais aussi une durée de vie – une
espérance de vie maximale – d'une très grande diversité.
Certaines familles de cellules ont le pouvoir de se dédoubler
en permanence et de donner continuellement naissance à
une descendance ; d'autres ont perdu cette capacité. Les
cellules de la surface de notre peau ou de nos intestins sont
stériles, ne survivent que deux à trois jours, puis déclenchent leur suicide. Elles naissent quotidiennement de cellules-mères – les cellules-souches – qui se dédoublent
durant toute notre existence, et sont situées dans la couche

profonde de notre peau ou de notre tube digestif. Les cellules qui constituent notre foie ont une longue durée de vie et gardent, durant toute notre existence, la propriété de se dédoubler. La plupart des neurones perdent leur capacité de se dédoubler. Mais des cellules souches dorment dans notre cerveau, capables de les remplacer.

Nous sommes faits de cellules qui naissent et meurent en permanence, et de cellules qui nous accompagnent plus longtemps. Nous sommes un fleuve. Mais au milieu de ce fleuve sont des îles immobiles, qui persistent un temps en nous. Ce sont ces îles, dans notre corps d'enfant, puis d'adulte, que nous allons maintenant explorer et découvrir.

Au-delà des apparences : la mort par abandon

> « Dans Tlön, les choses [...] ont aussi une propension à s'effacer [...] quand les gens les oublient. Classique est l'exemple d'un seuil qui subsista tant qu'un mendiant s'y rendit et que l'on perdit de vue à la mort de celui-ci. »
>
> Jorge Luis Borges,
> *Tlön, Uqbar, Orbis Tertius.*

Quand l'obscurité rend aveugle

Au moment de notre naissance, nous sommes soudain plongés dans un univers violent que ne filtre plus le corps de notre mère. Nos yeux sont exposés à des couleurs vives, à des variations brutales de la luminosité, à des zones d'ombre, à des mouvements vifs ou lents. La centaine de millions de photorécepteurs, les cellules en cône ou en bâtonnet qui composent la rétine de nos yeux, répondent aux innombrables rayons lumineux – aux photons – que reflètent les matériaux et les corps qui nous entourent. Chaque photorécepteur possède des protéines associées à des pigments – des chromophores – qui changent un instant de forme lorsqu'ils sont frappés par un photon, transmettant un signal à l'intérieur de la cellule. Ces signaux sont convertis en impulsions électriques – en influx nerveux – qui

voyagent le long du nerf optique, vers les réseaux de neurones qui constituent les aires visuelles de notre cerveau où
se recompose en permanence une représentation des formes, des couleurs et des mouvements du monde qui nous
entoure.

Si l'on place, dès leur naissance, un cache sur les yeux
de petits mammifères, ils deviennent, au bout de quelques
semaines, aveugles. Lorsqu'on retire les caches, leurs yeux
et les photorécepteurs de leur rétine réagissent et répondent
toujours normalement à la lumière. Mais certains neurones
des aires visuelles du cerveau ont disparu. Ces nouveau-nés
sont devenus aveugles parce qu'ils sont devenus incapables,
non pas de répondre aux infinies variations de la lumière,
mais d'en recomposer une représentation cérébrale. Nous
« percevons » avec nos yeux, mais nous « voyons » avec
notre cerveau. Dans les jours qui suivent la naissance,
l'influx nerveux qui voyage sans cesse de la rétine au cerveau constitue sans doute pour certains neurones un signal
indispensable à leur survie. Et, en l'absence du signal, ces
neurones déclenchent leur suicide.

Déconstructions et reconstructions :
voir avec ses doigts, entendre avec ses yeux

Ainsi, dans le corps d'un nouveau-né, comme dans le
corps de l'embryon qu'il a été, le destin des cellules continue à dépendre de la nature de leur dialogue avec la
collectivité à laquelle elles appartiennent.

Mais si la pérennité des composantes du cerveau encore
en train de se construire dépend de leur activité, ces phénomènes de déconstruction brutale sont d'une remarquable
plasticité. Lorsqu'un nouveau-né est privé de lumière, une
partie des neurones qui composent les aires visuelles de son
cerveau – en l'absence de signaux transmis par la rétine –
établissent, avec d'autres territoires, de nouveaux contacts
cellulaires qui leur permettent de survivre.

Les enfants aveugles peuvent apprendre à lire le braille,
déchiffrant les lettres et les mots avec leurs doigts. En 1996,
des travaux révélaient que cette lecture chez les aveugles de

naissance n'était pas accomplie, comme on le pensait, dans les régions du cerveau qui traitent les informations reçues par le toucher, mais par l'aire visuelle qui, normalement, intègre et recompose les informations reçues par la rétine de nos yeux. Ainsi, de manière étrange et merveilleuse, les aveugles qui promènent leurs doigts sur les reliefs d'un livre en braille « voient » ce qu'ils perçoivent avec leurs doigts.

Deux ans plus tard, en 1998, étaient découvertes d'autres variations sur ce thème, montrant qu'il ne s'agissait pas là d'une exception – d'une plasticité particulière, unique, des aires visuelles du cerveau. Explorant les mécanismes de lecture du langage des signes chez des enfants sourds de naissance, ces études révélaient que l'interprétation des signes – normalement traitée dans les aires visuelles du cerveau – est chez ces enfants réalisée dans les aires auditives, qui normalement déchiffrent les sons du langage parlé. Et, comme les enfants aveugles qui « voient » par l'intermédiaire de leurs doigts, les enfants sourds « entendent » par l'intermédiaire de leurs yeux.

Ces liens étroits entre la pérennité des cellules qui composent un organe et leur capacité à interagir avec d'autres cellules, ne sont pas une particularité du nouveau-né et du tout petit enfant. Ces relations d'interdépendance persistent durant toute notre existence. Et, tout au long de notre existence, comme dans la ville étrange de Tlön qu'imagine Jorge Luis Borges, a tendance à disparaître en nous ce qui est négligé, ce qui a cessé d'être sollicité.

Du nouveau-né à l'adulte :
le système immunitaire à l'épreuve du soi

Chacun des lymphocytes T qui parcourent notre corps d'adulte porte à sa surface les récepteurs qui lui ont permis, il y a longtemps, au moment de sa naissance première dès le début de notre existence, de survivre et de quitter le thymus. C'est la capacité de ses récepteurs à fixer faiblement une parcelle du soi – un assemblage entre un présentoir de nos cellules sentinelles et un fragment d'une des protéines que fabrique notre corps – qui lui a délivré, au cours de son périple initiatique à travers le thymus, le signal qui lui a permis de réprimer le déclenchement de son suicide et de commencer à voyager en nous. Depuis, chacun des lymphocytes T qui parcourt notre corps durant toute notre existence semble plongé dans une forme de léthargie dont seule pourra un jour le tirer l'apparition d'un alliage de soi et de non-soi qu'il n'a jamais auparavant rencontré. Mais cette léthargie est une illusion.

Chacun de nos lymphocytes T doit jour après jour, pour survivre, trouver les signaux qui lui permettent de réprimer son suicide. C'est l'interaction de ses récepteurs avec la parcelle du soi qui lui a permis, à l'origine, dans le thymus, d'échapper à la mort, qui seule lui permet de continuer à survivre dans notre corps d'enfant puis d'adulte. Tout lymphocyte devenu, par hasard, incapable de « reconnaître » le soi, déclenche son suicide et disparaît. Sa survie dépend en permanence de sa capacité à interagir avec le soi dont il est le gardien. Jour après jour, notre corps se présente aux lymphocytes qui le protègent, les forçant à faire la preuve de leur capacité à le reconnaître. Mais aucune manifestation de ce dialogue n'est visible. Seule son interruption brutale est à même de révéler, par défaut, son existence : le lymphocyte alors disparaît. Parce que ce dialogue quotidien, vital, mais inapparent, n'avait pas été auparavant imaginé, les expériences qui ont permis de le révéler n'ont été réalisées qu'à partir de l'année 1997, alors qu'elles étaient, matériellement, réalisables depuis plusieurs années.

Le réseau de nos nerfs

Nos nerfs tissent des réseaux d'une extraordinaire richesse qui s'étendent sur l'ensemble des territoires de notre corps. La survie des neurones qui les composent dépend de l'activité de leurs partenaires et de la réception permanente de l'influx nerveux qui parcourt nos nerfs. Qu'un accident soudain provoque la section d'un nerf, et les neurones, privés des signaux qu'ils recevaient jusque-là à intervalles réguliers, s'autodétruisent et disparaissent.

Durant toute notre existence, chacun des neurones qui composent les réseaux de nos nerfs et de notre cerveau possède en lui les armes qui lui permettent de déclencher son suicide. La pérennité de notre système nerveux ne lui est pas donnée une fois pour toutes. Elle dépend de la pérennité de son fonctionnement. Elle résulte, jour après jour, de la conquête d'un sursis éphémère qui doit sans cesse être renouvelé.

Les hormones et le contrôle de la vie et de la mort

La prostate est une glande qui se développe chez l'homme à la puberté lorsque les hormones mâles, en particulier la testostérone, commencent à être produites en grande quantité et à circuler dans le sang. Chez l'homme adulte, la castration, qui entraîne un arrêt de la production des hormones mâles, provoque une diminution rapide du volume de la prostate, suivie d'une atrophie, d'une disparition quasi complète de la glande. Cette atrophie est due à un phénomène de mort cellulaire massif : privées de testostérone, les cellules de la prostate s'autodétruisent. Ainsi, pendant toute la vie adulte d'un homme, l'existence et l'activité de sa glande prostatique dépendent de la réception permanente, par les cellules qui la composent, d'un signal apporté par les hormones mâles, qui seul leur permet de réprimer le déclenchement de leur suicide.

Après la castration, la glande a quasiment disparu. Il ne semble persister que son enveloppe, une capsule. Pourtant, si plusieurs mois après la castration on administre de la testostérone, les cellules de la prostate réapparaîtront et la glande reprendra un volume normal. L'explication de ce phénomène étrange est la suivante. Il persiste, accolée à la capsule, une fine couche de cellules-souches, de cellules-mères. Ces cellules ont besoin de testostérone pour se dédoubler, mais elles n'ont pas besoin de testostérone pour survivre. Lors de la castration, la quasi-totalité des cellules de la prostate s'autodétruisent, mais des cellules-mères, qui cessent de se dédoubler, survivent, au repos. En présence de testostérone, elles sortiront de leur sommeil, se dédou-

blant et donnant naissance à des cellules-filles qui recons-
truiront une prostate normale.

Les signaux indispensables à la survie cellulaire ne sont
pas obligatoirement des signaux qui déclenchent le dédoublement des cellules. Et les signaux qui déclenchent le
dédoublement ne sont pas obligatoirement des signaux
indispensables à la survie.

Des recettes de sorcières

> « [...] les limites de nos schémas conceptuels ne
> déterminent pas seulement la nature de nos réponses
> aux questions, mais aussi [la nature] des questions
> [que nous posons]. »
>
> Richard Lewontin,
> *Genes, Environment and Organisms.*

On a découvert depuis longtemps comment retirer des
cellules de notre corps, les isoler puis les « cultiver » – les
faire se dédoubler – dans des laboratoires, à l'intérieur de
serres artificielles constituées de tubes à essai et de boîtes
de plastique. Il faut, pour ce faire, apporter aux cellules des
aliments – des nutriments – mais aussi un environnement
approprié. La nature de cet environnement varie d'une
famille cellulaire à une autre et il a été élaboré empiriquement en faisant appel à des mélanges qui tenaient un peu
de recettes de sorcières : verser une pincée d'extraits d'un
organe donné, ajouter un peu de sérum (le liquide de notre
sang, une fois qu'il a été débarrassé des cellules qu'il contenait), disposer un nombre précis de cellules dans un volume
donné de ce mélange, et renouveler le liquide tous les deux,
trois ou quatre jours... Puis les recettes sont devenues plus
précises, plus scientifiques, plus moléculaires, mais toujours aussi empiriques : elles consistaient à remplacer les
extraits d'organes par une pincée de protéines purifiées, à
disposer dans le fond de la boîte une fine couche de gel à
laquelle les cellules puissent se fixer... Lorsqu'on ne res-
pectait pas ces conditions draconiennes, les cellules, malgré

l'abondance de nutriments, refusaient de se dédoubler. On attribua à ces recettes de sorcières le pouvoir de déclencher la fécondité. Quand les recettes sont bonnes, la population se multiplie. Quand les recettes sont mauvaises, la population reste stérile. Mais la « fécondité » n'était qu'une des manifestations les plus visibles et les plus spectaculaires d'un phénomène infiniment plus simple et plus radical qui n'avait pas été pris en compte. Les recettes qui influaient sur la fécondité étaient en réalité des recettes qui influaient sur la vie et la mort.

Les nutriments ne suffisent pas à assurer la survie d'une cellule. Toute cellule transplantée hors d'un corps, dans une serre artificielle, en présence d'une quantité suffisante de nutriments, s'autodétruit en quelques heures si elle ne trouve pas les les signaux émis par d'autres cellules qui lui permettaient, dans le corps qu'elle habitait, de réprimer le déclenchement de son suicide. Certains signaux sont nécessaires pour assurer la survie, mais ne suffisent pas pour déclencher le dédoublement. Les cellules persistent alors dans leur serre artificielle sans donner naissance à d'autres cellules. D'autres signaux sont nécessaires pour permettre à la population de se dédoubler. Mais, avant qu'une cellule puisse se dédoubler, il lui faut d'abord pouvoir survivre.

Ce phénomène, parce qu'il n'avait jamais été imaginé, n'avait pas été décrit. La question posée par ceux qui, sans relâche, « cultivaient » les cellules, concernait la nature des signaux permettant aux cellules de devenir fécondes. Et la réponse était : tel signal est capable de rendre telle famille de cellules féconde, tel autre signal en est incapable. Comme souvent en science, la manière dont était posée la question déterminait, et fermait, le champ des réponses possibles. L'alternative réelle à la fécondité – le suicide – n'avait pas été « vue » parce qu'elle n'avait pas été pensée.

Les recettes empiriques développées et perfectionnées depuis la première moitié du XXe siècle allaient se révéler, rétrospectivement, au début des années 1990, comme une mise au point aveugle des conditions minimales à la survie cellulaire.

D'une manière à la fois étonnante et touchante, il apparaissait que des générations de biologistes, sans le savoir, avaient, comme Monsieur Jourdain faisait de la prose, découvert les conditions particulières permettant d'apporter à chaque famille cellulaire les signaux nécessaires à la répression du déclenchement de son suicide.

Une nouvelle vision de notre pérennité

Quelle que soit leur durée de vie normale dans nos corps, de quarante-huit heures à quelques semaines, de quelques mois à plusieurs années, de quelques dizaines d'années à peut-être plus d'un siècle, chacune des cellules qui nous composent est, en permanence, à chaque instant, capable de s'autodétruire. Et elle déclenchera en quelques heures – au plus en quelques jours – son suicide, si elle est privée des signaux qui lui permettent de survivre.

Au début des années 1990, une nouvelle notion de la vie émergea : vivre, pour chaque cellule qui compose notre corps, c'est, à chaque instant, avoir réussi à réprimer le déclenchement de son suicide. La différenciation qui conduit, dans les différentes familles cellulaires, au verrouillage de la plupart des gènes – y compris, dans de nombreuses familles cellulaires, dont les neurones, au verrouillage des gènes qui permettent aux cellules de se dédoubler – n'oblitère jamais, semble-t-il, dans aucune cellule, tout au long de notre vie, certaines des informations génétiques permettant de déclencher l'exécution du suicide. Au cœur de chaque cellule, la mort est enfouie, tapie, prête à bondir. Et durant toute notre existence, nos cellules sont toutes, à chaque instant, des rescapées. Le suicide quotidien de centaines de milliards de cellules dans notre corps ne représente que la manifestation visible d'une potentialité permanente, ancrée dans chacune de nos cellules : la partie émergée d'un univers invisible.

Apparut alors une vision nouvelle, surprenante, bouleversante : notre vie, à chaque instant, est une vie en sursis. Parce que notre corps est entièrement constitué de cellules, nous ne sommes, à chaque instant de notre vie, qu'à quelques heures – qu'à quelques jours – de notre fin possible. Notre existence, notre pérennité, dépend de notre capacité, en tant qu'individu, à produire et à émettre, de manière intégrée, les signaux nécessaires à la prévention de notre fin. Les îles qui persistent dans nos corps d'adulte se révélaient de même nature que le fleuve qui s'écoule le long de leurs rivages. Ce qui dure en nous est aussi fragile que ce qui s'enfuit et se renouvelle.

Un tel mode de fonctionnement, *a priori* étrange et dangereux, confère à notre corps une formidable puissance. De notre conception à notre mort, il lie irrémédiablement jour après jour le destin de chacune de nos cellules à celui de la société tout entière – l'individu – qu'elles composent. Condamnées à vivre ensemble ou à mourir, nos cellules ne peuvent inventer seules leur destin.

L'interdépendance ou le contrôle « social » de la vie et de la mort

Nous pouvons nous représenter les métamorphoses continuelles de notre corps comme celles d'un paysage mouvant, silencieux, composé de cellules qui se transforment, se déplacent, se dédoublent et meurent – un film muet. Mais nous pouvons aussi essayer de distinguer – comme des sons – la multitude des signaux qui le parcourent en permanence. Le vacarme devient alors assourdissant. De ce brouhaha, chaque cellule ne capte et ne perçoit qu'une fraction – des mots, des phrases – comme nous filtrons sur le quai d'une gare, dans un restaurant ou dans un aéroport, les paroles d'un interlocuteur au milieu du bruit des haut-parleurs, d'un flot de musique ou du vrombissement des réacteurs. Et les mots et les phrases que chaque cellule filtre de son environnement, tissent dans notre corps l'enchevêtrement des dialogues dont dépend notre pérennité.

Certains signaux de survie sont des molécules présentes à la surface des cellules voisines, ou de la matrice extra-cellulaire (le tapis de protéines que fabriquent et libèrent les cellules qui constituent un organe et auquel elles se fixent, s'attachent). Pour capter ces signaux et pour survivre, certaines cellules doivent rester fixées à leurs voisines ou à la matrice qui les entoure. D'autres signaux de survie sont libérés par des cellules dans leur environnement, mais en petite quantité, et sont rapidement dilués ou dégradés. Pour les percevoir et pour survivre, certaines cellules doivent rester proches de leurs voisines. Ces interactions locales obligatoires délimitent des régions, des territoires, des organes, dans lesquels se regroupent différentes familles cellulaires et dont la persistance dépend de leurs dialogues. D'autres signaux de survie parcourent l'ensemble de notre corps, telles les hormones véhiculées par le sang et les influx qui circulent le long de nos nerfs. Ils permettent la coordination et l'intégration, à distance, de l'activité de plusieurs organes et de plusieurs régions.

Peu à peu naît l'idée que l'une des composantes essentielles de la stabilité de notre corps – sa capacité de revenir à des situations d'équilibre – dépend du contrôle permanent exercé par les signaux sur la vie et la mort des cellules qui le composent. En 1992, Martin Raff, un biologiste qui étudie, à Londres, le développement du système nerveux, donne un nom à ce concept nouveau : « le contrôle social de la vie et de la mort ».

Ce contrôle « social » est d'une puissance extrême. Il provoque en permanence l'ajustement automatique dans un organe du nombre des cellules appartenant à une famille au nombre de leurs voisines appartenant à une autre famille : toute cellule produite en excès s'autodétruit. Mais ce mécanisme de fonctionnement n'exerce pas seulement un contrôle draconien sur le nombre des cellules : il détermine aussi leur localisation géographique. Qu'une cellule s'écarte de ses partenaires, franchisse les frontières de l'organe où elle réside, pénètre un vaisseau sanguin ou s'aventure dans un tissu autre que le sien, elle cesse de trouver les signaux locaux nécessaires à la répression du déclenchement de son suicide et s'autodétruit. Les populations cellulaires qui ont le pouvoir de parcourir notre corps, comme les lymphocytes, possèdent à leur surface des protéines d'ancrage qui leur permettent de trouver des partenaires tout le long de leur trajet et de franchir ainsi sans mourir les frontières qui séparent nos organes et nos tissus.

Les signaux qui contrôlent la localisation d'une cellule contrôlent aussi son destin. Mais il y a une dimension plus subtile à ce couplage que la simple obligation faite à une cellule, pour survivre, d'occuper un endroit précis du corps. La vie et la mort d'une cellule dépendent aussi de la surface disponible à laquelle elle peut, à un endroit donné, se fixer. Plus cette surface est réduite – plus la cellule doit adopter une forme sphérique ou cylindrique pour s'y attacher –, plus elle a besoin d'une quantité importante de signaux de survie pour réprimer le déclenchement de son suicide. Plus cette surface est vaste – plus la cellule peut s'étaler pour s'y fixer –, moins elle a besoin de signaux de survie. En d'autres termes, dans un même lieu et un même environnement – un même tissu, un même organe –, la surface d'ancrage disponible influence à la fois la forme qu'adopte la cellule et la probabilité de déclenchement du suicide.

En 1997, Donald Ingber, qui étudie à l'université Harvard les mécanismes qui déterminent les modifications de forme des cellules, donne à ce phénomène qu'il vient de découvrir le nom de « contrôle géométrique de la vie et de la mort » et propose l'explication suivante. Une surface d'ancrage réduite, qui force la cellule à devenir sphérique ou cylindrique, traduit la présence dans l'organe d'un très grand nombre de cellules par unité de volume – d'une très grande densité de cellules. Une grande surface d'ancrage disponible traduit au contraire une faible densité de cellules voisines. À un endroit donné, et pour une même quantité de signaux de survie (qu'ils soient émis localement par les cellules voisines ou qu'ils parcourent le corps, comme les hormones), la probabilité qu'une cellule s'autodétruise sera d'autant plus faible que la cellule est rare. Dans la société de notre corps – comme dans les sociétés humaines –, ce qui est rare devient précieux.

Durant toute notre existence, la société cellulaire qui nous compose chaque jour s'invente, se reconstruit et s'auto-organise. Ainsi s'adaptent continuellement la taille, la composition et le fonctionnement d'un organe à la taille, à la composition et au fonctionnement des organes, proches ou distants, avec lesquels il interagit.

Dans la plupart des territoires de notre corps, durant toute notre existence, le nombre de cellules qui naissent quotidiennement dépasse la quantité de signaux de survie disponibles : une grande partie de ces cellules s'autodétruisent dans les instants qui suivent leur naissance. Dans la plupart de nos organes, ce déséquilibre dynamique corrigé en permanence, cette succession continue d'oscillations, demeurent inapparents. Mais la plasticité que confère au corps adulte le contrôle social de la vie et de la mort des cellules qui le composent a aussi des manifestations visibles.

Les expansions et les contractions du corps

> « L'organisation des systèmes vivants n'est pas une organisation statique [...] mais un processus de désorganisation permanente suivie de réorganisation [...]. La mort du système fait partie de la vie, non pas seulement sous la forme d'une potentialité dialectique, mais comme une partie intrinsèque de son fonctionnement et de son évolution : sans perturbation [...], sans désorganisation, pas de réorganisation adaptatrice au nouveau : sans processus de mort contrôlée, pas de processus de vie. »
>
> Henri Atlan, *Entre le cristal et la fumée.*

Nous sommes sans cesse soumis à une alternance d'états contradictoires : des périodes d'effort et de repos, de sommeil et de veille, de faim, de soif, d'absorption d'aliments et de satiété, de recherche, de stockage et de dépense d'énergie. Nous sommes soumis à des agressions. Notre environnement se modifie sans cesse et nous-mêmes changeons, souvent, d'environnement.

L'altitude et l'oxygène

Nous quittons une vallée pour nous engager vers la haute montagne. À mesure que nous nous élevons, la concentration d'oxygène présent dans l'atmosphère diminue. À chaque inspiration, nos poumons absorbent moins d'oxygène. En haute altitude, nous commençons à répondre à la raréfaction de l'oxygène par une accélération de notre rythme respiratoire. Mais cette adaptation est peu efficace et dépense beaucoup d'énergie. Rapidement, une autre réponse se met en place : l'augmentation du nombre de nos globules rouges, qui fixent l'oxygène dans nos poumons, le transportant à travers nos vaisseaux sanguins et l'apportant à toutes les cellules de notre corps. Les globules rouges sont des cellules incapables de se dédoubler. C'est dans la moelle de nos os que résident leurs cellules-mères – les cellules-souches – qui se dédoublent en permanence, donnant naissance à des cellules-filles qui se différencient en quelques jours en globules rouges. Et ce sont nos reins qui répondent à la diminution de la quantité d'oxygène qui leur parvient en libérant une hormone, l'érythropoïétine (ou EPO), qui voyage à travers le sang pour gagner la moelle osseuse, provoquant l'augmentation du nombre de nos globules rouges.

Le nom « érythropoïétine » a été composé à partir de deux mots tirés du grec ancien, qui signifient « qui fabrique le rouge », c'est-à-dire « qui fabrique les globules rouges ». Mais ce n'est pas, comme on le pensait encore il y a quelques années, en augmentant le nombre des dédoublements des cellules-souches et en leur permettant ainsi de « fabriquer plus de globules rouges » qu'agit l'érythropoïétine. Elle a pour effet de réprimer le suicide des cellules-filles qui sont déjà nées et qui, incapables de se dédoubler, sont en train de s'engager sur le chemin de la différenciation. Chaque jour, dans notre corps, un grand nombre de ces cellules-filles, produites en excès, s'autodétruisent avant d'avoir pu se transformer en globules rouges. L'augmentation de la quantité d'érythropoïétine réprime le suicide de ces futurs globules rouges, les rendant immédiatement disponibles.

Lorsque nous regagnons une région de plus basse altitude, l'augmentation de la concentration d'oxygène dans l'air environnant, et donc dans nos poumons et notre sang, entraîne une diminution de la production d'érythropoïétine par nos reins. Le suicide cellulaire reprend alors son œuvre : le nombre de nos globules rouges diminue, revenant à la normale. Ainsi, les variations dans notre sang du nombre des cellules qui transportent l'oxygène ne reflètent pas des variations de leur « fabrication ». C'est le contrôle permanent exercé par des signaux sur la vie et la mort cellulaire qui permet de déclencher une dilatation ou une contraction rapide d'un compartiment vital de notre corps, en réponse à un changement de notre environnement.

Et c'est un dérèglement du contrôle de la vie et de la mort de leurs cellules que les sportifs provoquent en s'injectant des quantités artificiellement élevées d'EPO, augmentant de manière anormale le nombre de globules rouges qui circulent dans leur sang, augmentant l'oxygénation de leurs muscles et favorisant leurs performances. Mais ils s'exposent alors à une série d'accidents qui résultent pour une part du degré d'encombrement de leurs vaisseaux sanguins dû à l'excès de globules rouges et pour une autre part de l'intensité anormale des efforts qu'ils sont devenus capables d'accomplir en consommant une quantité excessive d'oxygène, dépassant les capacités de fonctionnement, de résistance et de régénération de leur corps.

Les combats contre les microbes

Il est d'autres circonstances, fréquentes, où notre environnement se modifie brutalement. Lorsqu'un virus, une bactérie, un parasite, réussit à pénétrer notre corps, nos cellules sentinelles, qu'il infecte ou qui le capturent, migrent vers un ganglion et émettent des signaux pour attirer à elles les lymphocytes T de notre système immunitaire. Parmi ces lymphocytes T qui patrouillent en permanence à travers nos vaisseaux sanguins et les vaisseaux lymphatiques qui relient nos ganglions, il en est quelques-uns qui possèdent, par hasard, des récepteurs capables de se lier intensément à l'assemblage de soi et de non-soi qui leur est soudain présenté à la surface des cellules sentinelles. Cette liaison intense va faire naître dans le lymphocyte T un signal puissant, qui traduit sa première rencontre avec le non-soi. Mais distinguer le non-soi du soi, et y répondre, ne suffit pas à transformer un lymphocyte T en combattant. Et paradoxalement, le signal qui naît de la rencontre avec le non-soi, s'il est isolé, va provoquer le suicide. Ce qui permet à un lymphocyte T de se transformer en combattant, c'est une forme de distinction plus subtile entre le non-soi dangereux (les microbes) et le non-soi inoffensif. Les maladies allergiques et inflammatoires que provoque notre système immunitaire lorsqu'il s'attaque à des constituants inoffensifs de notre environnement – tels que les pollens et les aliments – représentent l'une des conséquences dramatiques que peut entraîner une perte de cette capacité de discrimination. Et ce sont nos cellules sentinelles qui indiquent à nos lymphocytes T que le non-soi qu'elles leur présentent appartient à un microbe. Les cellules sentinelles ne distinguent pas l'identité précise d'un microbe, mais détectent la présence de signatures communes à de vastes familles de virus, de bactéries ou de parasites, et y répondent en exprimant à leur surface des molécules qui indiquent aux lymphocytes T que le non-soi qu'ils perçoivent appartient à un envahisseur dangereux. Ce double contexte – non-soi et danger – présenté par les cellules sentinelles qui ont rencontré un microbe fait naître dans les lymphocytes T un double signal, qui permet la répression du suicide. Les lymphocytes T se transforment alors en combattants, et se dédoublent. Chacun de ces lymphocytes, qui se dédoublent deux fois par jour, peut donner naissance en une semaine à dix mille descendants. Chacun de ces lymphocytes appelle à lui d'autres combattants, dont des cellules capables de se dédoubler, qui donnent naissance, elles aussi, en une semaine, à dix mille descendants.

Ainsi, en quelques jours, un peuple nouveau de combattants va apparaître et gagner les tissus que l'agent infectieux a commencé à coloniser. Cette dilatation extrêmement rapide de notre système immunitaire se traduit, au cours d'une infection, par l'apparition de gros ganglions. Elle est d'une efficacité remarquable, mais constitue aussi un danger considérable. Un million de lymphocytes T qui se dédoubleraient continuellement pendant un mois donneraient naissance à une population cellulaire dont le poids dépasserait à lui seul le poids de notre corps, l'empêchant de fonctionner et causant notre mort.

Au bout d'une quinzaine de jours de combats entre le système immunitaire et l'agent infectieux, le déclenchement massif du suicide dans l'armée des lymphocytes va entraîner une contraction brutale du système immunitaire. Seule une petite proportion de lymphocytes T, qui se seront différenciés en cellules « mémoire », va survivre, continuant à patrouiller dans notre corps, prête à répondre plus vite à une nouvelle rencontre avec le même microbe. Un peuple de guerriers est né en quelques jours, puis a soudain disparu. Mais ces phénomènes de dilatation et de contraction de notre système immunitaire n'ont pas pour seul effet de faire varier brutalement le nombre des lymphocytes T. Ils en changent aussi la nature. Contrairement aux cellules qui n'ont encore jamais répondu à un microbe, les cellules « mémoire » n'ont plus besoin, pour survivre, de continuer d'interagir, jour après jour, avec la parcelle du soi qui leur a permis, jusque-là, d'échapper à la mort. La transformation en « cellule mémoire » se traduit par une diminution des contraintes que le corps exerce sur la survie des cellules qui lui ont permis de se défendre. De tels phénomènes d'oscillations brutales surviennent tout au long de notre existence, modifiant progressivement en nous les propriétés des cellules qui composent l'armée qui nous protège.

Les horloges de notre corps

Il est d'autres phénomènes de dilatation et de contraction de certains organes qui ne sont pas le fruit de changements aléatoires et brutaux de notre environnement : ils constituent des événements réguliers, dont la survenue est déterminée par les horloges biologiques de notre corps. Certains de ces changements sont contrôlés par des hormones émises de manière cyclique par notre cerveau. Il en est ainsi chez la femme du remodelage régulier de la paroi de son utérus, tous les vingt-huit jours, de la puberté à la ménopause. Pendant trois semaines, des hormones sexuelles sont libérées, qui permettent l'ovulation et la construction d'un tissu capable de permettre, au niveau de l'utérus, la nidation – l'implantation et le développement – d'une cellule-œuf fécondée. En l'absence de fécondation, l'interruption brutale de la libération de ces hormones sexuelles entraîne le suicide des cellules qui composent ces tissus et des vaisseaux sanguins qui les irriguent, provoquant, à la fin de la quatrième semaine, la survenue des règles. Ainsi se construit, se déconstruit et se reconstruit, pendant plus de trente ans, le corps féminin, sur un rythme de calendrier lunaire dont le cerveau bat la mesure.

L'une des dimensions les plus spectaculaires du contrôle social de la vie et de la mort de nos cellules est la dimension quantitative, qui permet une augmentation ou une diminution rapide du nombre de cellules dans un tissu ou un organe donné.

Mais il est une autre dimension, moins visible, plus subtile et plus profonde. Elle est qualitative. Elle est sculptée en permanence par le suicide cellulaire. Elle ne concerne pas simplement le nombre des cellules qui réussissent à chaque moment à survivre, mais la nature même de ces cellules.

La partition et les interprètes

> « Car nous voulons la Nuance encore [...]
> Rien que la Nuance. »
>
> Verlaine, *Jadis et naguère.*

Une cellule vient de se dédoubler, donnant naissance à deux cellules. Ces deux cellules se dédoublent à leur tour, donnant naissance à quatre cellules. Ces quatre cellules appartiennent à la même population cellulaire et sont donc dans le même état de différenciation. Ce sont les mêmes livres qui sont verrouillés dans la bibliothèque de leurs gènes, et les mêmes livres qui sont accessibles. Ce sont les mêmes protéines, les mêmes enzymes, les mêmes récepteurs qu'elles fabriquent. Ces cellules sont de vraies jumelles, de vraies quadruplées. Mais des jumelles, des quadruplées, sont-elles réellement identiques ?

Essayons de nous représenter une série d'informations génétiques comme une partition musicale, un acte d'une pièce de théâtre ou l'ensemble des phrases qui composent un poème. Nous pouvons facilement distinguer une cantate de Bach d'une symphonie de Beethoven, une tirade du *Cid* d'un poème d'Apollinaire. Mais nous savons aussi qu'il y a une infinité de manières d'interpréter cette cantate, cette symphonie, cette pièce de théâtre, ce poème. Il y a l'espace des interprétations qui ont été explorées et il y a l'espace des interprétations qui n'ont pas encore été explorées et dont nous entendrons peut-être, un jour, certaines.

Pourtant la suite des notes et des mesures inscrites sur telle partition musicale, la suite des mots et des phrases de telle pièce de théâtre ou de tel poème, sont uniques. Il y a une infinité de manières de dire une tirade du *Cid* parce qu'il y a une infinité de variables, dont la plupart ne peuvent être spécifiées dans le texte. Le timbre de la voix, la rapidité de la diction, la longueur des intervalles qui séparent les mots, les syllabes, le caractère aigu ou grave de la voix, le rythme, la gamme de tonalités, la nature des émotions transmises… Deux interprètes à deux époques différentes ne la déclameront pas de la même façon, ni deux interprètes différents à une même époque. Un même interprète sera sans doute incapable de la répéter de manière identique à quelques heures d'intervalle. Si une partition de musique comporte un plus grand nombre d'instructions concernant l'exécution de l'œuvre – identifiant en particulier certains éléments du rythme – nous savons aussi qu'on ne peut pas jouer deux fois de suite la même interprétation d'une œuvre musicale. Plus que l'infinité des manières possibles d'interpréter une même suite d'instructions, cette métaphore nous révèle l'impossibilité qu'il y a à exécuter une séquence unique d'instructions de manière strictement identique deux fois de suite.

Et il y a, de même, d'innombrables manières différentes, pour une cellule, d'interpréter sa partition génétique.

Nous avons maintenant quitté la fascination des mondes de doubles, pour découvrir un univers fait d'une infinité de variations subtiles autour d'un même thème. Nous percevons que deux cellules nées du dédoublement d'une même cellule ne seront jamais interchangeables. Parce qu'un corps cellulaire n'est jamais strictement identique à un autre corps cellulaire et se modifie au cours du temps – parce qu'il a une histoire individuelle particulière, contingente, unique –, deux corps cellulaires n'interpréteront jamais de la même façon une même partition génétique, et une même cellule n'interprétera jamais deux fois d'une manière rigoureusement identique sa partition génétique au cours du temps. Le volume du corps de deux cellules n'est pas – ne peut pas être – exactement le même. La quantité totale de protéines qu'elles contiennent n'est pas – ne peut pas être – exactement la même. Ni le nombre de chacun de leurs récepteurs qui captent les signaux qui les entourent. Ni la cascade des enzymes qui transmettent à l'intérieur de la cellule les signaux captés par ses récepteurs. Ces cellules n'occupent pas la même position dans l'espace, l'une est plus à droite ou à gauche, plus en avant ou en arrière, plus haut ou plus bas que l'autre. La nature de leurs voisines, la quantité de signaux localement disponibles, ne sont pas les mêmes.

Revenons au début de ce paragraphe. Une cellule vient de se dédoubler, donnant naissance à deux cellules. Ces deux cellules se dédoublent à leur tour, donnant naissance à quatre cellules. Les facteurs de survie, produits en quantité limitée, ne permettront qu'à l'une des quatre nouvelles cellules de réprimer le déclenchement de son suicide. À partir d'une cellule sont nées quatre cellules, légèrement différentes les unes des autres, et trois des quatre vont disparaître. Un observateur comptant minutieusement à quelques heures d'intervalle le nombre de cellules qui peuplent l'organe conclura qu'il ne s'est rien passé : le nombre de cellules n'a pas varié. Mais le dédoublement cellulaire n'a pas pour seul effet possible de créer la multitude. Il possède aussi le pouvoir de faire apparaître la nouveauté.

Parce qu'il y a une infinité de manières de lire une partition génétique, parce qu'aucune cellule-fille ne sera une copie exacte de sa mère et qu'aucune cellule-mère n'est une copie exacte de la cellule qui lui a donné naissance, notre corps fait scintiller la palette des interprétations possibles et leur laisse la possibilité provisoire de s'incarner. Seule survivra la cellule capable de percevoir et de répondre au mieux, à un moment donné, au signal de survie. Seule survivra la cellule capable de s'intégrer au mieux, à un moment donné, à la société qui l'entoure. Tout au long de notre existence, comme pendant la période de développement embryonnaire, notre corps se construit, s'auto-organise et se renouvelle en explorant la gamme des possibles. Il emprunte un parcours sinueux laissant à la puissance et à la richesse du hasard la possibilité de s'exprimer.

De l'autre côté du miroir : la négation de la négation et le « coût » de la vie

> « D'abord il y a la pièce que tu peux voir dans le miroir… Elle est exactement semblable à notre salon, mais les objets y sont inversés. »
>
> Lewis Carroll, *De l'autre côté du miroir.*

Une cellule vivante est une cellule qui a réussi, jour après jour, à réprimer, pour un temps encore, son autodestruction. Une cellule qui soudain disparaît est une cellule qui, pour la première fois, a cessé de réprimer le déclenchement de son suicide. C'est une vision étrange de la vie que nous avons découverte. Pourtant, il ne s'agit là que de la manifestation la plus extrême d'une caractéristique fondamentale et universelle de fonctionnement du vivant : l'utilisation de cascades de répression.

Dans nos modes de représentations abstraites habituels, nous avons une perception économique, simple, du principe de causalité. Nous attribuons l'apparition d'un événement, d'un objet nouveau, à la transformation d'un autre événement, d'un autre objet déjà présent, déjà existant. Une telle opération peut correspondre à une addition, à une soustraction, à une multiplication ou à une division.

Une cascade de répression procède d'un enchaînement causal différent. Elle provoque la naissance soudaine d'un événement, ou d'un objet, en agissant ailleurs sur un intermédiaire qui l'empêchait jusque-là d'apparaître. Elle fait naître la nouveauté en réprimant ce qui jusque-là réprimait son apparition. Elle procède d'une répression de la répression. D'une négation de la négation.

Une des propriétés communes à toutes les cascades de répression est leur caractère contraire à ce qu'attend notre « bon sens ».

Dans chacun des cas où elles ont été découvertes, leur existence a causé une surprise parce qu'elle n'avait pas été imaginée.

« L'organisateur » de Spemann

Un premier exemple. En 1924, Spemann et Mangold, observant le développement des embryons de salamandres, décrivent pour la première fois les phénomènes qui permettent, dans un être vivant, l'apparition – la différenciation – des neurones.

Dans la petite boule initiale de cellules qui constituent l'embryon, naissent les trois familles de cellules différentes dont émergeront toutes les familles ultérieures du corps. À la périphérie de la petite boule sont les cellules de l'ectoderme qui donneront naissance soit aux cellules de la peau, soit aux cellules nerveuses, les neurones. Spemann et Mangold nomment l'« organisateur » une petite région dont ils montrent que la présence est nécessaire à l'apparition des cellules nerveuses. Ils proposent l'idée que cette région produit des signaux qui permettent la transformation des cellules de l'ectoderme en neurones ; et qu'en l'absence de ces signaux d'« induction », toutes les cellules de l'ectoderme se transforment spontanément en cellules de la peau.

Par la suite, l'« organisateur » de Spemann devait être retrouvé dans toutes les espèces animales étudiées, de la drosophile aux mammifères.

Malgré l'existence de certains résultats inexplicables, ce concept d'« induction » dominera pendant près de soixante-dix ans le domaine de l'embryologie. Le modèle est intuitivement cohérent et extrêmement séduisant : dans tous les embryons, le devenir « spontané » des cellules de l'ectoderme est de se transformer en cellules de la peau « sauf si » un signal d'« induction » permet à certaines d'entre elles de s'engager vers une destinée plus complexe, plus noble, celle des cellules qui construisent un cerveau. Ce n'est qu'au début des années 1990 que ce concept allait être bouleversé. Il apparut alors que le devenir « spontané » de toutes les cellules de l'ectoderme est de se transformer en neurones. Mais il existe un signal répresseur dont l'effet est de bloquer cette transformation spontanée, empêchant la différenciation en neurones et entraînant la naissance des cellules de la peau. Le véritable rôle de l'« organisateur » de Spemann est de fabriquer et de libérer un autre signal répresseur, qui bloque l'effet du premier répresseur, l'empêchant d'empêcher la naissance des neurones. L'effet de l'« organisateur » est de réprimer un répresseur, de neutraliser un neutralisateur. Ainsi apparaissait la cascade de répression étrange qui permettait la construction de notre cerveau. Elle avait un « coût » apparemment absurde : l'interdiction d'une interdiction.

La bibliothèque et le lecteur : le « coût »
de la répression

Il est un exemple plus universel de ce mode surprenant de fonctionnement du vivant.

Les cellules les plus simples, les bactéries, répondent à l'apparition soudaine dans leur environnement d'un nutriment – un sucre, le lactose par exemple – par la production d'une enzyme qui leur permet de dégrader ce sucre et de produire de l'énergie. Tant que le sucre est absent, l'enzyme n'est pas fabriquée. La présence du sucre agit comme un signal. L'idée était que le signal avait un effet « positif » direct, déclenchant dans la cellule la consultation des informations génétiques permettant la fabrication de l'enzyme.

En 1959, François Jacob et Jacques Monod proposèrent pour la première fois une vision radicalement différente. En l'absence du sucre, la raison pour laquelle l'enzyme n'est pas fabriquée par la bactérie est que le gène contenant les informations correspondantes est verrouillé, en permanence, par une protéine « répresseur », fabriquée continuellement par la bactérie. Lorsque le sucre pénètre dans la bactérie, il se fixe au répresseur, l'empêchant d'exercer son effet. Les informations génétiques deviennent alors disponibles et la bactérie commence à produire l'enzyme. Comme dans le modèle de l'« organisateur » de Spemann, le signal (le sucre) qui « induit » la fabrication de l'enzyme agit en fait comme le répresseur d'un répresseur. Et le « coût » de ce mécanisme apparaît de nouveau comme exorbitant.

« De la bactérie à l'homme, la machinerie chimique est essentiellement la même, dans ses structures comme par son fonctionnement », écrivait Monod en 1970. Mais l'idée que les règles qui présidaient dans nos cellules au verrouillage et au déverrouillage des livres de la bibliothèque des gènes puissent être les mêmes que dans des cellules de bactérie mit longtemps à être acceptée.

En 1983 paraît un monumental traité de biologie, *Molecular Biology of the Cell* (Biologie moléculaire de la cellule), dont l'un des signataires est James Watson qui a découvert trente ans plus tôt avec Francis Crick l'ADN – la nature concrète, matérielle, des gènes. Ce traité de biologie exprime les concepts qui prévalent à l'époque : « Dans chaque cellule, environ sept pour cent seulement de l'ensemble de l'ADN est utilisé [pour fabriquer des protéines]. […] Il paraît très improbable que l'activité des quatre-vingt-treize pour cent restants de l'ADN soit bloquée par des dizaines de milliers de protéines "répresseurs" différentes. Le bon sens suggère que dans [nos] cellules […] la plupart des protéines qui contrôlent les gènes agissent comme des activateurs [et non comme des répresseurs]. »

Pourtant, si l'existence de « répresseurs » est *très improbable* et heurte le *bon sens*, les travaux de ces dernières années ont révélé que le contrôle de l'accessibilité des informations contenues dans la bibliothèque de nos gènes est bien dû à la présence et à l'activité d'une myriade de protéines, des activateurs, des répresseurs et des répresseurs de répresseurs, fabriquées par nos cellules à partir des informations contenues dans la même bibliothèque.

Ces cascades de répression n'ont pas été construites à partir de principes « rationnels ». Elles n'ont pas été élaborées par un ingénieur, un architecte ou un économiste. Elles n'ont été ni « pensées », ni « prévues », ni « prédéterminées ». Elles se sont construites, peu à peu, arbitrairement, au fil des métamorphoses aléatoires du vivant durant plusieurs centaines de millions, plusieurs milliards d'années. Elles sont nées de ce que François Jacob a appelé « le bricolage de l'évolution », de modifications accidentelles qui réalisent d'infinies variations sur un thème, faisant naître la complexité en ajoutant par couches successives des répresseurs qui répriment des répresseurs qui jusque-là réprimaient des répresseurs qui jusque-là…

Le « coût » énergétique que représente, pour chacune de nos cellules, la fabrication permanente d'une multitude de répresseurs, et de répresseurs de répresseurs, est considérable. Mais ce système de contrôle, apparemment absurde, qui s'est construit par hasard, possède, comme tous les phénomènes de régulation négative, une souplesse et une puissance d'adaptation à la mesure de sa complexité.

De différentes façons de démarrer

Considérons une analogie. Elle n'est pas tout à fait exacte, mais elle a l'avantage d'être facile à comprendre. Lorsque nous garons notre voiture, nous coupons le moteur. Plus tard, lorsque nous voulons repartir, nous redémarrons. Mais nous pourrions aussi laisser le moteur tourner, en prise, et mettre le frein. Cette méthode, à première vue, est absurde. Elle est coûteuse. Elle dépense une quantité inutile de carburant. Elle use le moteur. Elle est bruyante. Elle est polluante. Elle est dangereuse (et si le frein lâchait ?).

Elle a pourtant un avantage : elle permet de repartir

immédiatement en toutes circonstances, en levant simplement le frein. C'est la méthode utilisée par les braqueurs
de banque, dont la vie dépend de la rapidité de leur fuite,
ou par les pilotes de course. Et les organismes vivants se
comportent comme des braqueurs de banque ou des pilotes
de course.

Infléchir le destin

Les cascades de répression ont un coût exorbitant, mais
elles permettent à notre corps de répondre en toutes circonstances à une situation nouvelle, imprévue. La répression permanente du suicide cellulaire comme condition
nécessaire à la vie n'en représente que la forme la plus
extrême. Elle peut être vue comme une cascade de répression à plusieurs niveaux : la vie résulte de la répression du
suicide, de la négation d'une négation ; la mort résulte de
la répression de la répression du suicide, c'est-à-dire de la
négation de la négation d'une négation. L'acte de mourir a
une particularité évidente : une fois exécuté, il n'y a pas de
retour en arrière possible. Mais le processus de décision de
vivre ou de mourir, parce qu'il met en jeu une cascade
d'opérations élémentaires de répression, une succession
d'étapes, ouvre la possibilité d'infléchir le destin.

La capacité de répondre le plus vite possible tout en
conservant au cours de la réponse un recours, à mesure
que la réponse s'élabore, est une des composantes essentielles de la complexité. La possibilité de modifier une
réponse ne dépend pas tant du temps dont on dispose que
du nombre d'embranchements qui se succèdent dans
l'arbre de décision. Les cascades de répression démulti-
plient le nombre d'étapes où une décision peut être encore
infléchie.

Vivre en réprimant quotidiennement le déclenchement du
suicide cellulaire, se survivre en permanence, se voir chaque
jour accorder ou refuser un sursis, c'est l'aboutissement, en
termes de vie ou de mort, d'une logique de fonctionnement
ancrée au cœur de la complexité du vivant.

De la complexité à la vulnérabilité

Aujourd'hui, les recherches sur le suicide cellulaire ont émergé d'un état de quasi-confidentialité pour devenir soudain une des grandes disciplines de la biologie et de la médecine. Cette explosion a résulté de plusieurs grandes aventures, qui se sont d'abord déroulées de manière parallèle, pour s'entremêler et se fondre il y a peu en une seule et même discipline.

Nous avons, jusqu'à présent, suivi le déroulement de deux de ces aventures. La première a été la révélation de l'existence et du rôle du suicide cellulaire dans le fonctionnement de nos corps d'embryons puis d'adultes. La deuxième, la recherche, au cœur de nos cellules, du ballet des acteurs qui participent au contrôle de la vie et de la mort. Mais il y en eut une troisième.

À la découverte de la formidable complexité et de la puissance d'adaptation que conférait à nos corps l'existence d'un contrôle social de la vie et de la mort des cellules qui les composent, se surimposa la découverte d'une fragilité jusque-là insoupçonnée. Alors que se révélaient les splendeurs du royaume du suicide cellulaire, se dévoilait aussi sa face sombre, cachée, qui nous menace. Et la puissance destructrice que pouvaient faire naître ses dérèglements au plus profond de nous.

La biologie – l'étude des règles de fonctionnement normal du vivant – éclairait la médecine – l'étude des maladies, des dérèglements du fonctionnement de nos corps. Mais la médecine, dans le même temps, éclairait la biologie, révélant des territoires entiers, jusque-là inconnus, du royaume du suicide cellulaire. Il nous faut de nouveau, pour le découvrir, remonter le temps de quelques années. C'est l'étude des maladies qui allait révéler l'importance et le rôle des phénomènes de mort cellulaire dans nos corps adultes. Et c'est l'étude des maladies qui allait permettre la découverte des protéines qui participent au contrôle du suicide dans les cellules humaines. Dans un jeu de miroirs de plus en plus riche et complexe, à la biologie répondait la médecine et à la médecine, la biologie.

Et c'est au décours de mes recherches sur les maladies que je suis entré un jour, soudain, dans l'aventure du suicide cellulaire.

6

De la santé aux maladies
Le suicide cellulaire
et la mort « avant l'heure »

> « La faute, cher Brutus, n'est pas dans nos étoiles
> mais en nous-mêmes. »
>
> Shakespeare, *Jules César*.

Naissance d'une hypothèse

Des champs de ruines

Il est de nombreuses maladies qui provoquent l'effondrement de pans entiers de nos corps. La maladie d'Alzheimer, qui conduit progressivement à la mort de la plupart des neurones, dépeuplant le cerveau et provoquant une démence. Le sida, qui entraîne, en une dizaine d'années, la mort de la plupart des lymphocytes T du système immunitaire, livrant le corps sans défense à tous les microbes qui l'entourent et qui l'habitent. La maladie de Parkinson, qui provoque la mort dans le cerveau d'une petite population de neurones qui participent à la coordination de nos mouvements, entraînant une invalidité progressive. Ces maladies, et beaucoup d'autres qui leur ressemblent, étaient considérées comme la conséquence de phénomènes de destruction brutale et inévitable de nos cellules par des agents toxiques : un virus, un poison, une accumulation de protéines anormales attaquaient nos cellules, les faisant éclater, transformant nos tissus et nos organes en champs de ruines. Et derrière chacune de ces maladies graves, souvent mortelles, se dessinait l'ombre projetée d'une cause différente, un agresseur brutal qui se frayait peu à peu un chemin dans le corps qu'il détruisait.

Je travaillais à l'Institut Pasteur de Lille, dans l'unité de recherche d'André Capron, sur l'une de ces maladies, le sida, causée par un virus – le virus de l'immunodéficience humaine – qui ravage les cellules du système immunitaire et du cerveau. Certains des dérèglements qui conduisaient au sida apparaissaient mystérieux. Le virus ne provoquait pas seulement la mort des cellules qu'il était capable d'infecter et dans lesquelles il se reproduisait, mais aussi de nombreuses familles de cellules qu'il semblait incapable d'infecter, tels les neurones du cerveau. J'essayais de comprendre ces mystères.

La science est une démarche étrange. La réponse ne vint pas directement de ce questionnement. Elle surgit d'un événement inattendu, qui me bouleversa profondément.

La mort en face

> « À cause de la mort, nous [...] habitons tous une cité sans murailles. »
>
> Épicure, *Lettres et maximes*.

Nous sommes au début de l'année 1990. C'est un moment où tout me paraît basculer, où le temps semble s'arrêter. Mon père est tombé malade. Une chute causée par un vertige, à la montagne, a conduit au diagnostic brutal d'un cancer du foie incurable. Soudain je vois la mort, en face, comme une présence physique. Le coup de téléphone est arrivé au laboratoire. Fabienne, ma femme, s'est plongée dans la lecture d'une revue scientifique, essayant, sans y parvenir, de détourner ses pensées : « Regarde, il y a la solution, là. » L'article qu'elle me tend décrit un traitement expérimental nouveau qui entraîne la mort de certaines cellules cancéreuses. Je lui dis : « C'est l'apoptose, une forme de mort naturelle, c'est très beau… » Alors, elle me donne des articles que j'avais collectés pendant des années, les parcourant sans vraiment les lire, les conservant pour plus tard… Maintenant, je les lisais. Décrivant le rôle de la mort cellulaire au cours du développement de l'embryon, montrant comment la mort, comme le ciseau d'un sculpteur, faisait émerger la forme et la beauté de la matière ; rapportant sa persistance dans certains organes de notre corps adulte, ils révélaient une face cachée, lumineuse, nécessaire, de la mort, si lointaine de celle, absurde et brutale, qui emportait un homme. Petit à petit, au bout de quelques jours, je pus regarder la mort en face. Et commencer à parler à mon père.

Puis, un soir, quelque chose en moi se déchira. Je sus soudain que nous portions, au plus profond de nous-mêmes, depuis notre conception, les outils qui nous permettaient de nous construire mais aussi de nous détruire, et que ces outils pouvaient être la cause de nos maladies et de notre disparition. C'était tellement simple que ça ne pouvait être vrai. Et pourtant, dans le même temps, c'était tellement simple que ça ne pouvait qu'être vrai.

Les jours qui suivirent furent des jours de fièvre, de discussions sans fin avec Fabienne. Quelles pouvaient être les implications d'une telle hypothèse ? Existait-il déjà des preuves, ignorées, méconnues ? Quelles pourraient être les expériences qui permettraient de déterminer, de la manière la plus tranchante, si l'idée était juste ou si elle était fausse ? J'écrivis un article théorique dans lequel je proposais que le sida, et d'autres maladies causées par des phénomènes de mort cellulaire massifs, pourraient être dus à un dérèglement, chez l'adulte, des mécanismes qui contrôlent le suicide cellulaire au cours de la construction de l'embryon.

Contrairement au verdict des médecins, mon père se rétablit. Je me mis à parler avec lui de la mort de nos cellules, qui faisait que nous vivions et peut-être aussi que nous disparaissions. Lui, qui n'avait jamais voulu entendre parler de la mort, se passionnait. Mon père vécut encore un an et demi, puis disparut. Je continuai, sans lui, à explorer cet univers étrange, où la mort était à la fois une présence indispensable, à l'origine de la complexité, et une menace constante, détruisant ce qu'elle avait permis de construire.

Une nouvelle pierre de Rosette

Si les maladies qui faisaient s'effondrer des pans entiers de notre corps n'étaient pas obligatoirement causées par des phénomènes de destruction, alors une nouvelle grille de lecture se substituait à l'ancienne. Elle suggérait la possibilité que les textes obscurs qui tissaient la trame de ces maladies disparates puissent être, en fait, écrits dans un langage unique, plus simple et plus clair.

Cette idée n'impliquait pas seulement un changement dans le déchiffrement des causes de ces maladies. Elle permettait aussi d'entrevoir la possibilité de traitements radicalement nouveaux.

Si une maladie est causée par des phénomènes de destruction mécanique des cellules, le seul moyen d'empêcher le développement de la maladie est de neutraliser l'agresseur. Mais si la mort cellulaire résulte d'un dérèglement des signaux qui contrôlent le déclenchement du suicide cellulaire, une modification des signaux pourrait peut-être, à elle seule, et malgré la présence de l'agresseur, empêcher le développement de la maladie.

Le chant des Sirènes et la voile de Thésée

Les maladies changeaient de visage. Si elles étaient causées par le chant des Sirènes, alors les tours d'Ulysse et le chant d'Orphée devenaient des moyens d'apporter la guérison. Une nouvelle médecine se dessinait, dont seules des métaphores permettaient alors d'imaginer les promesses.

Lorsque le héros Thésée partit pour la Crète combattre le Minotaure, il promit à son père, le roi Égée, de lui faire savoir l'issue de son combat. S'il survivait, son bateau arborerait une voile blanche. S'il avait péri, la voile serait noire. Chaque jour, le roi Égée allait sur la falaise qui surplombait la mer. Vainqueur du Minotaure, Thésée rentrait chez lui. Il oublia de changer la voile, noire, que ses marins, persuadés de son échec, avaient hissée au mât du navire. Apercevant la voile de la falaise, le roi se jeta dans la mer qui aujourd'hui porte son nom. Si une simple confusion dans les couleurs – les signaux – suffit à provoquer le suicide, alors un simple changement de couleur – de signal – peut suffire à l'empêcher.

D'une hypothèse à la réalité

En 1991, les premiers résultats suggérant la validité de l'hypothèse que j'avais élaborée furent apportés par mon équipe et par deux autres laboratoires, celui de Doug Richman, en Californie, et celui de Luc Montagnier, à l'Institut Pasteur de Paris. Ces résultats révélaient une relation entre une maladie – le sida – et l'existence de phénomènes anormaux de suicide cellulaire dans les cellules du système immunitaire. Depuis, de très nombreux laboratoires ont exploré plus avant cette relation. Le décryptage des interférences complexes que produit le virus du sida dans les signaux de communication qu'échangent les cellules de nos corps a abouti à l'identification de plusieurs protéines du virus, qui favorisent, par des effets directs et indirects, le déclenchement du suicide dans les cellules du système immunitaire et du cerveau. Et l'étude de la vie, de la mort et du renouvellement des lymphocytes chez les personnes infectées a révélé une plasticité du système immunitaire qui était jusqu'alors insoupçonnée.

Des traitements nouveaux et puissants ont vu le jour : des médicaments antiviraux, qui agissent en empêchant le virus d'infecter de nouvelles cellules ; et d'autres médicaments, certains signaux naturels produits par les cellules du système immunitaire, telle l'interleukine-2, qui semblent agir en permettant aux lymphocytes T et aux thymocytes qui leur donnent naissance de survivre et de se renouveler malgré la présence du virus. Aucun de ces traitements n'a fait la preuve, pour l'instant, d'une capacité d'éradiquer le virus du corps. Mais il se peut que la combinaison de ces deux types de stratégies permette au système immunitaire de mieux résister aux dérèglements provoqués par le virus, et ainsi de devenir capable lui-même de le combattre.

Il allait apparaître que cette maladie ne représentait que l'une des conséquences les plus graves et les plus extrêmes d'un pouvoir partagé par la plupart des microbes, celui de dérégler les mécanismes qui contrôlent la vie et la mort cellulaires. Et la nouvelle pierre de Rosette allait permettre de déchiffrer, dans un langage nouveau, des aspects jusque-là inconnus des combats qui sont au cœur du développement des maladies infectieuses.

Quelques années après la découverte d'une relation entre le sida et le déclenchement anormal de phénomènes de suicide cellulaire, un lien de même nature était révélé dans les maladies caractérisées par la disparition anormale de différentes familles de neurones. Certaines de ces maladies conduisent à des démences, d'autres à des paralysies, d'autres encore à la cécité.

La recherche, dans chacune de ces maladies, de la nature précise des mécanismes qui provoquent le déclenchement anormal du suicide cellulaire, allait se révéler une aventure à la fois fascinante et difficile.

Les maladies génétiques

Une paralysie de l'enfant

L'amyotrophie spinale est une des maladies génétiques, héréditaires, familiales, les plus fréquentes. C'est une maladie grave, invalidante, le plus souvent mortelle, qui se déclare au cours de la petite enfance. Elle entraîne une paralysie des muscles et ressemble à une myopathie. Mais la cause directe, première, de cette maladie est une atteinte des neurones. La paralysie des muscles est consécutive à l'altération des nerfs moteurs qui leur permettent de se contracter. Et l'altération de ces nerfs est due à la mort de certains des neurones qui les composent.

Une analyse génétique minutieuse des enfants atteints et de leurs familles conduisit en 1995 à la découverte de deux gènes dont la modification semblait être responsable du développement des formes les plus graves de la maladie.

Pour essayer de comprendre les relations qui pouvaient exister entre ces modifications génétiques et la maladie, les chercheurs introduisirent artificiellement, dans des neurones normaux, des versions « normales » de ces gènes, et des versions altérées présentes chez les malades et dans leurs familles. Les versions normales de chacun des deux gènes permettaient aux neurones de produire une protéine qui réprime leur suicide. Les différentes versions mutées – altérées – de chacun de ces gènes, qui étaient présentes chez les enfants qui développaient la maladie, avaient toutes un point commun : elles n'étaient pas utilisables par les neurones pour fabriquer une protéine capable de réprimer le suicide.

L'une des deux protéines fut nommée NAIP (pour *neuronal apoptosis inhibitory protein*, c'est-à-dire « protéine empêchant l'apoptose des neurones »). L'autre fut nommée SMN (pour *survival of motoneuron*, protéine assurant la « survie des neurones moteurs »).

Ainsi, nous possédons deux gènes, *naip* et *smn*, dont la présence semble permettre à certains neurones de réprimer le déclenchement de leur « mort avant l'heure ». Lorsque ces gènes sont altérés, des neurones commencent dès la petite enfance à mourir, provoquant une paralysie grave, définitive, le plus souvent mortelle.

Ni SMN ni NAIP ne semblaient avoir de lien de parenté avec les membres humains de la famille des protecteurs Bcl-2.

NAIP appartenait à une famille de protecteurs jusqu'alors inconnue – les IAP (« inhibiteurs de l'apoptose ») – dont on a découvert aujourd'hui plusieurs parents chez l'homme, la souris et les insectes. Ces protecteurs semblent exercer leur effet à l'une des étapes les plus tardives du déclenchement du suicide, celle dont on croyait qu'elle échappait à tout contrôle. Ils paraissent capables, chacun, de bloquer le fonctionnement de certains des ciseaux de l'exécuteur une fois qu'ils ont commencé à fonctionner. Mais aucun IAP n'est capable de bloquer à lui seul l'ensemble des ciseaux des exécuteurs. Les IAP ne peuvent exercer leur effet de protecteur que dans certaines cellules, en réponse à certains signaux.

L'effet de SMN est demeuré plus obscur. La protéine SMN se localise, en partie, dans le noyau, où elle pourrait influer sur la capacité de la cellule à consulter certains de ses gènes. SMN semble aussi capable de se fixer à Bcl-2, augmentant son pouvoir de protecteur. Dans l'univers des frères ennemis qui constituent la vaste famille Bcl-2, la présence de SMN suggère l'existence d'un nouveau degré de complexité : des protéines augmentant le pouvoir des protecteurs ; d'autres, peut-être, augmentant celui de leurs adversaires. Et derrière les combattants qui s'affrontent en combat singulier pour le contrôle de la vie et de la mort, se dessinent les contours d'armées entières.

Ainsi, une maladie mortelle, une paralysie de l'enfant, semble être liée à une modification de deux gènes dont la présence permet, normalement, à certains neurones de réprimer le déclenchement du suicide en réponse aux signaux de survie émis par le corps. Pour que des cellules puissent survivre, il ne suffit pas qu'elles perçoivent le chant de la vie. Encore faut-il qu'elles puissent y répondre.

Quand la lumière rend aveugle

La rétine de nos yeux est une mosaïque complexe composée de plusieurs familles de neurones, dont les photorécepteurs qui possèdent, chacun, des centaines d'exemplaires d'un chromophore, une protéine associée à un pigment sensible à la lumière. Chaque fois que les chromophores sont frappés par des photons – des rayons lumineux –, ils modifient transitoirement leur forme, entraînant une cascade de modifications dans une série d'autres protéines qui leur sont associées, faisant naître les influx nerveux qui permettent à notre cerveau de composer une image visuelle du monde qui nous entoure.

Plusieurs modifications dans les gènes permettant la fabrication de ces chromophores ou d'une de leurs protéines-relais, sont à l'origine de maladies familiales caractérisées par une modification de la nature du signal provoqué par la lumière dans les photorécepteurs. Ces maladies conduisent à la disparition brutale dès l'enfance, ou progressive au cours de la vie, d'une partie ou de la totalité des photorécepteurs, entraînant des altérations graves de la vision, ou la cécité.

Il allait apparaître que la plupart – si ce n'est la totalité – de ces maladies dites « dégénératives de la rétine » sont caractérisées par le déclenchement brutal ou progressif du suicide des photorécepteurs en réponse à une intensité lumineuse normale. Et qu'en dehors de toute maladie génétique, une exposition prolongée de photorécepteurs à une lumière d'intensité anormalement élevée entraîne aussi leur suicide, dépeuplant la rétine et conduisant à la cécité.

Ainsi, de manière apparemment paradoxale, la lumière peut rendre aveugle. La survie de nos photorécepteurs dépend de leur capacité à décomposer, morceler, découper le flot continu de lumière en une succession de signaux discrets, intermittents. Et on ne sait encore rien aujourd'hui de la raison pour laquelle les mutations génétiques qui ont pour effet de modifier la cascade de ces signaux aboutissent au suicide des photorécepteurs.

Les tours d'Ulysse et le chant des Sirènes

Qu'en est-il de la possibilité de pouvoir espérer un jour guérir de telles maladies ? Si une maladie chronique, invalidante, est due au déclenchement anormal du suicide cellulaire, une stratégie thérapeutique fondée sur la répression du suicide peut-elle la corriger ? Les tours d'Ulysse sont-ils véritablement envisageables dans de telles circonstances ou s'agit-il seulement d'une métaphore et d'un rêve ?

Que deviendrait Ulysse, attaché au mât du navire, immobile, écoutant sans relâche, jour après jour, le chant des Sirènes ? Perdrait-il la raison ?

Que deviendraient des cellules exposées à des signaux qui les incitent à s'autodétruire, et dans lesquelles les armes de l'exécution auraient été artificiellement bloquées ? De telles cellules seraient-elles encore capables de fonctionner ? Ou leur présence serait-elle, par elle-même, cause de maladie ?

Cette question sous-tend depuis des années toutes les recherches sur les maladies chroniques causées par un dérèglement du suicide cellulaire.

Revenons pour l'aborder aux maladies dégénératives de la rétine. Au moins deux explications ont été proposées pour rendre compte du fait qu'une exposition à la lumière puisse rendre aveugle. Elles conduisent chacune à des conclusions très différentes en matière de stratégie thérapeutique. La première postule que le suicide des photorécepteurs est tout simplement une réponse inappropriée due à un dérèglement de la chaîne de transmission des signaux impliqués dans la réponse à la lumière. Si tel est le cas, il suffirait d'être capable de bloquer le déclenchement du suicide cellulaire pour empêcher le développement de la maladie. Mais la deuxième explication postule que les altérations de la réponse à la lumière provoquent des lésions graves dans les photorécepteurs. Et que ce sont ces lésions qui déclenchent le suicide. Si tel est le cas, tout espoir de traitement fondé sur le blocage du suicide est illusoire : les lésions causées par la lumière s'aggraveront, provoquant la perte de l'activité des photorécepteurs et, à terme, leur destruction ; et le suicide ne correspondrait qu'à une anticipation à courte échéance de la disparition – inéluctable – de la rétine. Quelle est l'explication qui rend le mieux compte de la réalité ?

Une toute première réponse à cette question vient d'être obtenue. Elle n'a pas été apportée chez l'homme. Elle est venue de l'étude d'un tout petit animal, la mouche du vinaigre, la drosophile.

De l'homme à la drosophile

Au début des années 1990, au Massachusetts Institute of Technology, Herman Steller et son équipe avaient débuté avec la drosophile l'aventure que Bob Horvitz avait initiée dans le même institut une dizaine d'années plus tôt avec le petit ver *Caenorhabditis elegans*. À partir de 1996, ils identifièrent, pour la première fois chez un insecte, deux membres de la famille des ciseaux de l'exécuteur et ils commencèrent à manipuler la mort cellulaire dans les embryons de drosophiles.

Steller et son équipe décidèrent alors d'utiliser la drosophile comme un modèle pour l'étude des maladies génétiques humaines. Bien que l'œil des insectes (composé de plusieurs milliers de facettes comportant chacune une petite lentille, les « ommatides ») soit construit de manière très différente de l'œil humain (composé d'une seule lentille, le cristallin), les photorécepteurs de la rétine de la drosophile fonctionnent comme les nôtres.

L'équipe de Steller créa plusieurs lignées différentes de drosophiles qui possédaient chacune des mutations génétiques qui, chez l'homme, provoquent des maladies dégénératives graves de la rétine. Tant que les mouches atteintes sont maintenues dans l'obscurité, leur rétine et leurs potentialités visuelles demeurent intactes. Mais l'exposition à la lumière normale déclenche le suicide des photorécepteurs de la rétine ; et au bout de deux semaines, la rétine disparaît entièrement et les mouches deviennent aveugles. Chez la mouche comme chez l'homme, des mutations génétiques similaires provoquent une même maladie : l'exposition à la lumière cause la cécité.

Empêcher la lumière de déclencher le suicide

Il est une protéine, p35, qui réprime le suicide cellulaire en bloquant l'activité des ciseaux des exécuteurs. Steller et son équipe introduisirent le gène *p35* dans la bibliothèque des gènes d'embryons de drosophiles porteuses de ces maladies génétiques. Ils manipulèrent le gène *p35* de telle manière que seules les cellules qui, au cours du développement, allaient donner naissance aux photorécepteurs de la rétine puissent consulter le gène et fabriquer la protéine p35. Une fois devenues adultes, les drosophiles dont la rétine fabriquait la protéine p35 furent exposées à la lumière. Les photorécepteurs, anormaux, continuaient de répondre de manière anormale à la lumière, mais ils survivaient et la rétine restait intacte. La présence d'une protéine qui bloquait l'activité des ciseaux des exécuteurs suffisait à empêcher le déclenchement du suicide cellulaire. Mais le résultat le plus spectaculaire était que ces mouches conservaient une bonne vision. Elles étaient, dans leur comportement, et en réponse aux tests d'orientation visuelle, indistinguables de mouches normales. Leur rétine restait capable de permettre à leur cerveau de construire une représentation visuelle cohérente de l'univers. Ainsi, la perception quotidienne du chant des Sirènes n'altérait pas les capacités fonctionnelles des photorécepteurs. Le suicide des photorécepteurs apparaissait comme une réponse inappropriée, excessive et délétère, à une anomalie génétique, qui par elle-même n'empêchait pas de voir.

Les résultats de ces travaux furent connus au début de l'année 1998. Pour la première fois se confirmait l'espoir que le blocage du suicide pouvait empêcher, au cours d'une maladie chronique, la disparition d'une population cellulaire et maintenir l'intégrité fonctionnelle de ces cellules, malgré la persistance quotidienne du chant de la mort. À quel prix ? Une mouche n'est pas un homme. Y a-t-il, ou pourrait-il y avoir, au niveau d'un cerveau plus complexe, des conséquences néfastes à la réception de ces signaux anormaux ?

Ces résultats sont extrêmement récents et nul ne sait encore s'ils dessinent une chimère ou un véritable chemin, et nul ne sait les dangers et les désillusions qui peuvent se dresser le long de ce chemin. Mais la manipulation artificielle, par l'homme, du contrôle de l'exécution du suicide cellulaire révélait, pour la première fois, sa formidable puissance : le pouvoir de changer le cours d'une maladie grave, provoquée par une altération des informations contenues dans des gènes.

Les champs de ruines de neurones ne sont pas obligatoirement le témoin du passage d'une armée qui détruit les cellules sur son passage. Ils peuvent être la conséquence d'une modification subtile des équilibres qui, dans chacune de nos cellules, contrôlent la décision de vivre ou de mourir.

Le caractère cataclysmique des épisodes de mort cellulaire au cours de la construction de l'embryon avait évoqué, il y a plus d'un siècle, l'image incompréhensible et troublante d'une destruction, d'une maladie, à l'œuvre au cœur même du développement. Puis il s'était révélé qu'il n'en était rien. Aujourd'hui, après un long détour, une autre image commence à répondre, comme en miroir, à la première : les maladies qui font disparaître prématurément certaines de nos cellules jouent sur le clavier des signaux qui permettent à notre corps, depuis notre conception, de sculpter sa forme en devenir. Et la liste des maladies neurodégénératives chroniques dont on a découvert – dont on découvre aujourd'hui – qu'elles sont provoquées par le déclenchement anormal du suicide cellulaire ne cesse de s'étendre – maladie d'Alzheimer, maladie de Parkinson, encéphalopathie spongiforme (ou maladie de la vache folle), sclérose latérale amyotrophique, chorée de Huntington…

Les maladies aiguës du suicide cellulaire

L'oxygène, le cerveau et la mort

Il est des maladies cérébrales aiguës qui se déclenchent brutalement et évoluent de manière extrêmement rapide. Un caillot sanguin se détache de la paroi d'une artère, pénétrant dans le courant sanguin qui irrigue notre cerveau : d'embranchements en embranchements, il s'engage dans des vaisseaux de plus en plus étroits et finit par obturer une petite artère. La circulation sanguine s'interrompt. Les neurones avoisinants, soudain privés d'oxygène, meurent. Un accident vasculaire cérébral – une « attaque » – vient de survenir. Suivant la nature et l'importance du territoire atteint, l'accident peut provoquer la mort, un coma, une paralysie, une cécité, la perte de l'usage de la parole, de l'écriture, ou différentes formes d'amnésie. La cause de la mort des neurones semble évidente, mécanique : privées d'oxygène, les cellules ont été asphyxiées. Mais cette « évidence » est trompeuse.

En 1993, Jean-Claude Martinou et son équipe, à Genève, introduisirent dans des cellules-œufs de souris le gène *bcl-2*, de telle manière qu'au cours du développement de l'embryon seuls les futurs neurones puissent le consulter. Chacun des neurones de ces souris fabrique une quantité du protecteur Bcl-2 supérieure à la normale, et la répression du suicide au cours du développement aboutit, à la naissance, à un nombre de neurones supérieur à la normale. Mais la présence de Bcl-2 a d'autres conséquences. Une fois les souris devenues adultes, une obstruction temporaire d'une artère de leur cerveau a été réalisée. Alors que la même obstruction provoquait, dans des souris normales, la mort d'un très grand nombre de neurones, entraînant une lésion massive du cerveau, les souris dont les neurones fabriquaient un excès de protecteur Bcl-2 présentaient peu d'anomalies. La lésion de leur cerveau était extrêmement réduite et seul un très petit nombre de neurones s'étaient autodétruits.

Cette découverte bouleversait les certitudes. Elle révélait que l'obstruction soudaine d'un vaisseau sanguin n'entraîne pas une destruction des neurones : elle déclenche leur suicide. La diminution brutale de la quantité disponible d'oxygène agit, étrangement, comme un signal. Les lésions cérébrales et les maladies qu'elles provoquent ne résultent pas d'un phénomène de mort par asphyxie, mais du déclenchement d'une « mort avant l'heure ». Derrière le masque de l'inévitable – d'une apparente « impossibilité de faire autrement » – se dessinait le visage du suicide cellulaire.

Des travaux ultérieurs allaient révéler une autre notion importante. La dissolution partielle du caillot sanguin qui survient rapidement après l'obturation du vaisseau, rétablissant une partie de la circulation du sang et ramenant la quantité d'oxygène localement disponible à la normale, déclenche à son tour une deuxième vague de suicide des neurones, aggravant ainsi les lésions et la maladie. Ce sont donc des variations, des oscillations, des déséquilibres soudains perçus par la cellule dans son environnement qui déclenchent le suicide. Et la présence de Bcl-2 protège à la fois contre la première vague de suicide, déclenchée par la diminution de la quantité d'oxygène, et contre la deuxième vague, déclenchée par le retour à la normale. La présence de Bcl-2 permettait aux cellules de survivre en attendant la fin de la tempête, en attendant le retour aux conditions initiales.

Ces découvertes ont fait entrevoir une stratégie thérapeutique radicalement nouvelle : empêcher le développement de ces maladies en essayant de bloquer, artificiellement, en urgence, pendant quelques heures ou pendant quelques jours, le déclenchement du suicide cellulaire et rétablir au plus vite la circulation du sang sans provoquer une aggravation des lésions.

Mais peut-on imaginer des médicaments qui permettraient d'obtenir un tel résultat ? C'est l'étude de certaines maladies du foie qui allait permettre d'apporter chez l'animal une première réponse.

Le foie, l'alcool, des virus et la mort

La mythologie grecque nous raconte que lorsque Prométhée déroba le feu aux dieux de l'Olympe pour en faire don aux hommes, Zeus, le roi des dieux, furieux, décida de le punir. Il le fit enchaîner à un rocher et envoya un aigle lui dévorer le foie. Chaque jour, le foie de Prométhée repoussait, et chaque jour, l'aigle revenait, pour le dévorer de nouveau. Comme celui de Prométhée enchaîné, notre foie a un pouvoir de régénération remarquable. Si on retire, chirurgicalement, de soixante-dix à quatre-vingts pour cent du volume de notre foie, les cellules restantes continuent à fonctionner et se dédoublent sans cesse, jusqu'à reconstituer entièrement le foie. Si l'on retire plus de quatre-vingts pour cent du volume de notre foie, en revanche, le foie devient incapable de fonctionner. En l'absence de traitement, cette interruption des fonctions du foie provoque rapidement la mort. Le pouvoir de régénération de notre foie dépend de l'appétit de l'aigle qui le dévore.

L'infection par un des virus de l'hépatite ou l'ingestion massive d'alcool ou de certains médicaments peuvent entraîner une hépatite aiguë, fulminante, parfois mortelle, caractérisée par la disparition brutale de plus de quatre-vingts à quatre-vingt-dix pour cent des cellules du foie. Mais ni le virus de l'hépatite ni l'alcool ne détruisent les cellules du foie : ils entraînent le déclenchement rapide et massif de leur suicide. Et ils semblent le faire d'une manière similaire, en déréglant un même signal.

Parmi les innombrables signaux qu'émet notre corps et qui contrôlent la vie et la mort de nos cellules, il en est qui répriment le déclenchement du suicide et il en est au contraire qui le favorisent. Mais chacun de ces chants qui parcourent notre corps ne peut agir que sur des cellules capables de le percevoir et d'y répondre. Pour qu'une cellule puisse le percevoir, il faut que ses modalités de différenciation l'aient conduite à consulter les gènes qui permettent la fabrication des protéines « récepteurs » capables de capter le chant. L'un de ces récepteurs, qui permet de capter un chant de mort, a été identifié en 1989, de manière indépendante, par Peter Krammer en Allemagne et Shin Yonehara au Japon. Il a été nommé APO-1 (pour « premier récepteur entraînant l'apoptose ») ou Fas. Et le chant de mort qu'il permet de capter est une protéine – le Ligand de Fas – qui a été identifiée quelques années plus tard par Shigekazu Nagata au Japon.

Lorsque le Ligand de Fas se fixe au récepteur Fas, le récepteur modifie sa forme et transmet à la cellule qui le porte à sa surface un signal qui déclenche l'autodestruction. Mais comme tout chant de mort, le Ligand de Fas ne provoque pas obligatoirement le suicide : la réponse de la cellule dépend de la quantité de protecteurs – par exemple, de protéines de la famille Bcl-2 – qu'elle a fabriquée par le passé. Le pouvoir du Ligand de Fas de déclencher ou non la mort dépend de l'histoire de la cellule et de la nature de la famille cellulaire à laquelle elle appartient.

Toutes les cellules du foie portent à leur surface le récepteur Fas. Dans les conditions normales, le Ligand de Fas n'est pas présent dans le foie et aucune cellule du foie ne fabrique une quantité de protecteurs suffisante pour réprimer le suicide déclenché par le Ligand de Fas. En 1995, Nagata révélait l'extrême degré de vulnérabilité du foie à ce chant de la mort. L'injection du Ligand de Fas dans des souris provoque des hépatites fulminantes, en tout point semblables à celles déclenchées par les virus des hépatites ou par l'ingestion massive d'alcool. Le suicide brutal de toutes les cellules du foie entraîne l'arrêt immédiat et complet des fonctions de l'organe et la mort extrêmement rapide, en deux à quatre heures, de l'animal.

C'est probablement en entraînant, par des mécanismes différents, l'apparition anormale du Ligand de Fas dans le foie que les virus des hépatites et l'alcool entraînent la mort. L'alcool a un effet apparemment très simple et direct. Les cellules du foie répondent à la présence de l'alcool en déverrouillant les gènes qui permettent la fabrication du Ligand de Fas. Une fois fabriqué, le Ligand est exporté à la surface des cellules, où il rencontre le récepteur Fas. Les cellules déclenchent alors leur suicide.

L'effet des virus des hépatites est très différent, de nature indirecte. Le virus infecte un petit nombre de cellules du foie et s'y reproduit sans entraîner de lésion. Les hépatites fulminantes ne sont pas dues à l'infection, mais à l'attaque que déclenche le système immunitaire contre le virus. Les lymphocytes T, qui se transforment en combattants, fabriquent le Ligand de Fas qu'ils portent comme une arme à leur surface. Dans le foie, la présence du Ligand de Fas peut conduire au désastre. Lorsqu'un trop grand nombre de lymphocytes T pénètre brutalement dans le foie à la recherche des cellules infectées par le virus, chaque cellule qu'il croise sur son parcours déclenche son suicide. Les lymphocytes T sèment la mort sur leur passage. C'est le combat que livre le système immunitaire contre le virus de l'hépatite qui provoque la disparition du foie.

Des stratégies thérapeutiques radicalement nouvelles

La découverte du rôle joué par le couple Fas / Ligand de Fas dans le déclenchement des hépatites fulminantes a conduit à l'exploration, chez la souris, de plusieurs stratégies thérapeutiques visant à empêcher la destruction du foie et la mort de l'animal en bloquant transitoirement le suicide cellulaire.

Une première stratégie avait pour but d'interrompre le chant de la mort, d'empêcher le Ligand de Fas de se fixer au récepteur. Des protéines ont été artificiellement fabriquées qui agissent comme des leurres : elles se fixent au Ligand de Fas, le capturent et l'empêchent de se fixer au récepteur. L'injection de ces médicaments s'est révélée capable d'empêcher le Ligand de Fas d'atteindre ses cibles. Les animaux survivaient, sans développer de lésion du foie.

Une deuxième approche a consisté à mêler un chant de vie au chant de la mort, le chant d'Orphée au chant des Sirènes. Ce chant de vie est un signal – une protéine – agissant à distance, qui entraîne la fabrication par les cellules du foie d'un protecteur qui réprime le déclenchement du suicide. L'injection de ce signal empêchait le Ligand de Fas de provoquer la mort et les animaux survivaient sans lésion du foie. Ce signal – l'interleukine-15 – est un des nombreux signaux que libèrent les cellules du système immunitaire lors de leur réponse à un agent infectieux. Cette découverte expliquait peut-être la raison pour laquelle la plupart des personnes infectées par les virus des hépatites ne développent pas, au moment de l'infection, une hépatite fulminante. Le système immunitaire, au moment où il part au combat, fabrique et libère l'interleukine-15, mêlant ainsi le chant de vie au chant de mort du Ligand de Fas et protégeant le foie à mesure qu'il l'envahit.

La troisième stratégie a été la plus radicale. Elle visait, non pas à interrompre le chant de la mort ni à y mêler un chant de vie additionnel, mais, comme Ulysse attaché au mât de son navire, à empêcher les cellules de répondre au chant qu'elles perçoivent.

Dès la découverte en 1993 des premières caspases – des premiers ciseaux des exécuteurs –, Don Nicholson et son équipe, au Canada, dans le centre de recherche d'un grand laboratoire pharmaceutique, avaient entrepris une recherche systématique de médicaments capables de pénétrer dans les cellules et d'empêcher, pendant quelques heures ou quelques jours, le fonctionnement de ces exécuteurs. L'un de ces médicaments, une petite molécule qui est capable de diffuser par voie sanguine dans la plupart des cellules du corps, bloque l'activité de la plupart des quinze caspases actuellement identifiées. En 1996, le groupe d'Axel Kahn en France, et les groupes de Vassili en Suisse et de Nagata au Japon, montraient que ce médicament permettait, chez la souris, d'empêcher le Ligand de Fas de provoquer une hépatite massive et la mort de l'animal.

En 1998, plusieurs laboratoires montrèrent que l'injection de ce médicament permettait aussi d'empêcher, chez la souris, la survenue des lésions cérébrales provoquées par un accident vasculaire cérébral – l'obstruction d'une artère du cerveau. Le blocage transitoire des ciseaux des exécuteurs avait le même effet bénéfique pour des neurones que la fabrication permanente d'un excès du protecteur Bcl-2.

Il est d'autres maladies aiguës qui causent la mort brutale des neurones. Certaines méningites bactériennes provoquent, malgré les traitements antibiotiques, des lésions neurologiques graves dues à la disparition de la plupart des neurones d'une petite région du cerveau.

En 1999, une équipe américaine révélait, dans un modèle animal de méningite bactérienne, que la mort neuronale n'est pas causée directement par les microbes, mais par l'activation du système immunitaire, libérant des signaux qui parcourent le cerveau, déclenchant à distance le suicide de certains neurones. Et l'administration à ces animaux de médicaments bloquant l'activité des ciseaux des exécuteurs paraît suffire, malgré la présence des bactéries, à empêcher la mort des neurones.

La même année, une autre équipe rapportait des résultats semblables dans un autre modèle animal d'infection.

Ainsi se révèle peu à peu la diversité des situations au cours desquelles, contrairement aux apparences, la mort cellulaire semble n'avoir rien d'inéluctable. Elle est – simplement – due à l'émission de signaux déclenchant le suicide cellulaire. Et les médicaments capables de réprimer le suicide paraissent avoir le pouvoir de changer le cours de ces maladies.

Une révolution conceptuelle

Ces résultats spectaculaires ont fait naître l'espoir d'une thérapeutique d'urgence dans les maladies humaines aiguës graves ou mortelles, caractérisées par le suicide brutal d'un grand nombre de cellules dans différents organes de notre corps, les accidents vasculaires et les méningites dans le cerveau, l'infarctus du myocarde dans le cœur, les hépatites virales dans le foie… De nouveaux médicaments capables de réprimer le suicide cellulaire sont en cours d'élaboration. Des essais cliniques, chez l'homme, sont en préparation.

Mais ces traitements pourraient aussi s'appliquer à des maladies chroniques. En 1999, Robert Friedlander et son équipe, à l'université Harvard, révélaient qu'une maladie neurodégénérative héréditaire, mortelle – la chorée de Huntington – semblait due à l'activation anormale, dans des neurones du cerveau, de l'un des ciseaux des exécuteurs. Ils montraient aussi que, chez des souris porteuses des mêmes anomalies génétiques que les patients, et qui développent la même maladie, l'administration quotidienne d'un médicament bloquant l'activation des ciseaux des exécuteurs permettait de freiner la progression des symptômes et de prolonger la vie.

En 2000, la même équipe rapportait que ce traitement était aussi capable d'empêcher, chez des souris, le déclenchement de la mort des neurones et le développement des symptômes dans un modèle expérimental de maladie de Parkinson.

Une révolution conceptuelle dans le domaine de la thérapeutique est en train de se dessiner. Prévenir et guérir des maladies en réprimant le déclenchement du suicide est devenu un enjeu fascinant, une des nouvelles frontières que la médecine du début du XXIe siècle s'apprête peut-être à franchir. L'espoir est né que ce type de médicaments pourrait aussi être utilisé dans de nombreuses maladies chroniques, où le déclenchement anormal du suicide cellulaire met des années à provoquer, petit à petit, des champs de ruines. Mais la puissance même de ces médicaments est source potentielle de dangers.

Comme au cours de toute révolution conceptuelle en train de naître, les stratégies envisagées ne sont pas exemptes de naïveté ; elles posent des problèmes et recèlent des risques difficiles, aujourd'hui, à apprécier. Il est d'autres maladies graves, souvent mortelles, dont la cause est la survenue d'un blocage anormal du suicide cellulaire. Comme une image en négatif des maladies que nous venons de parcourir, les cancers dessinent les dangers que peut faire courir à l'intégrité de nos corps la rupture, dans certaines cellules, du contrôle social de la vie et de la mort.

7

Le blocage anormal du suicide cellulaire
Les cancers ou le voyage vers l'immortalité

« Une bactérie, une amibe, une fougère, de quel destin peuvent-elles rêver, sinon de former deux bactéries, deux amibes, plusieurs fougères ? » Le rêve de chaque cellule, a écrit encore François Jacob, est de devenir deux cellules. Pour d'autres, comme le zoologiste anglais Richard Dawkins, ce rêve n'est pas celui des cellules, mais celui des gènes qui les habitent. Mais si tant est qu'une cellule ou des gènes puissent être capables de rêver, lorsqu'ils vont au bout de ce rêve, celui-ci prend la forme d'un cauchemar.

Une cellule cancéreuse est une cellule qui commence à bâtir dans notre corps un nouvel individu. Il ne s'agit pas d'un individu semblable à nous-mêmes, d'un double qui émergerait en nous, comme une poupée russe d'une autre poupée. Il s'agit d'un organisme primitif, d'une colonie, d'un peuple de cellules qui se dédouble sans fin. Il s'étend, indifférent et terrible, envahissant les territoires qui l'entourent, interrompant le fonctionnement de nos organes, brouillant les communications, pillant les ressources, semant le désastre alentour, fragmentant, sectionnant et détruisant peu à peu l'intégrité de nos corps. La marche conquérante de ce peuple, issu de l'un des innombrables descendants de la cellule-œuf qui nous a donné naissance, est une marche vers le néant, et sa révolte une révolte sans victoire possible. Rompant le socle d'interdépendance sur lequel s'est bâtie la complexité de nos corps, la société des cellules cancéreuses ne peut se substituer à la société dont elle est issue : elle est à jamais incapable de vivre seule. Le long chemin de l'évolution, qui, depuis huit cents millions à un milliard d'années, a donné naissance à nos corps multicellulaires, ne peut être parcouru à rebours.

Détruisant les corps auxquels ils appartiennent et incapables de survivre en dehors, les cancers finissent par se détruire eux-mêmes.

Mais qu'est-ce qu'un cancer ? Et comment une cellule normale se transforme-t-elle en cellule cancéreuse ?

Des dédoublements cellulaires sans fin

Les oncogènes : des « ennemis de l'intérieur »

Les cancers se déclenchent souvent sans cause précise identifiable. Leur survenue peut être favorisée par des produits chimiques, des radiations, par l'amiante, par la fumée des cigarettes… Ils peuvent être plus fréquents dans certaines familles. Ils peuvent être, parfois aussi, provoqués par des virus.

La grande aventure de l'identification des mécanismes qui déclenchent la survenue des cancers se déroula de manière sinueuse, comme les méandres capricieux d'un fleuve, tout au long du XXe siècle. Comme la plupart des entreprises scientifiques, elle fut faite d'une succession de périodes d'enthousiasme et de découragements, de progrès et de stagnation, de démarches rationnelles et de surprises.

Au début des années 1970, dans une université de San Francisco, les Américains Bishop, Varmus et le Français Stehelin firent une découverte majeure. Elle suggérait que, quel que soit l'événement qui favorisait la survenue d'un cancer, sa véritable cause était toujours la même : le déverrouillage anormal et permanent dans une cellule d'un (ou de plusieurs) de ses gènes, qui aboutit à la fabrication anormale et permanente d'une ou de plusieurs protéines. Ces gènes et les protéines correspondantes ont été appelés « oncogènes » et « oncoprotéines », du nom grec *onkos*, qui signifie « tumeur ». Le déverrouillage anormal d'un oncogène peut survenir spontanément, par hasard, ou être provoqué par des produits chimiques ou des radiations ou des virus. Des cassures spontanées des chromosomes suivies de réassociations anormales entre les fragments peuvent entraîner le même effet. Mais, quels que soient les événements qui les favorisent, les cancers naissent tous du plus profond de nous. Ils résultent d'une forme aberrante de différenciation cellulaire.

Une deuxième anomalie accompagne souvent la première : les gènes anormalement déverrouillés sont, de plus, fréquemment altérés. La protéine correspondante, altérée, est en général plus active que la protéine normale. Elle exerce un effet plus puissant. Les gènes normaux dont dérivent les oncogènes altérés ont été appelés des « proto-oncogènes » – les ancêtres, les précurseurs, les prédécesseurs des oncogènes.

Depuis la fin des années 1970, plusieurs dizaines de ces proto-oncogènes ont été identifiés dans la bibliothèque de nos gènes. Mais quel est l'effet des protéines qu'ils permettent aux cellules de fabriquer ?

À mesure qu'ils étaient identifiés, les proto-oncogènes semblaient tous partager une caractéristique commune : permettre aux cellules de produire des protéines qui provoquent, ou favorisent, le dédoublement cellulaire. Ainsi, les cancers paraissaient révéler leur secret : les cancers étaient des maladies de la fécondité cellulaire. Les cellules cancéreuses se dédoublaient sans fin, indépendamment des signaux de leur environnement, jusqu'à étouffer, de l'intérieur, le corps qui les avait fait naître.

Les suppresseurs de tumeurs

Durant la période où était identifié le premier oncogène – et la première oncoprotéine –, un autre concept était proposé, qui complétait, comme une image en miroir, cette nouvelle vision de la cause des cancers. Il est une maladie, familiale, héréditaire, caractérisée par le développement, chez le petit enfant, d'un cancer des yeux, de la rétine – le rétinoblastome –, dont la survenue est très rare dans la population. Le gène dont la forme modifiée provoquait le cancer de la rétine fut nommé *rb* pour rétinoblastome et la protéine correspondante RB. En 1971, Knudson proposa l'hypothèse que l'effet normal de RB était d'empêcher la survenue du cancer, en d'autres termes, que RB était un « suppresseur de tumeurs ». Et il se révéla que l'effet de RB était de freiner – de bloquer – le dédoublement cellulaire.

Ainsi, il y avait en nous des protéines qui favorisaient le développement des cancers en déclenchant le dédoublement cellulaire et d'autres – les suppresseurs de tumeurs – qui, au contraire, freinaient le développement des cancers en bloquant le dédoublement cellulaire. Cette découverte allait permettre de proposer une explication à l'observation que la transformation d'une cellule normale en une cellule cancéreuse nécessitait en général plusieurs étapes de modifications génétiques successives. Certaines étapes consistaient à appuyer sur l'accélérateur, d'autres à lever le frein.

Les gardiens de la bibliothèque

Quelques années après la découverte de RB, un autre suppresseur de tumeurs fut identifié et nommé p53. L'étude des cellules cancéreuses révéla que le gène *p53* était altéré dans la moitié des cancers humains. Ces altérations n'étaient pas d'origine familiale : elles étaient absentes dans l'ensemble des cellules normales du corps des patients qui développent un cancer, elles n'étaient présentes que dans leurs cellules cancéreuses. L'altération accidentelle dans une cellule du gène *p53* se révélait comme une des étapes importantes du développement des cancers. Comme la protéine RB, la protéine p53 freine le dédoublement cellulaire. Mais p53 a une autre propriété essentielle : elle permet aux cellules de réparer les altérations accidentelles qui surviennent dans la bibliothèque de leurs gènes.

La survenue d'une altération, d'une erreur dans l'agencement des lettres, des mots et des phrases qui composent les livres de la bibliothèque de nos gènes provoque l'activité de la protéine p53. P53 participe alors à une cascade de réactions conduisant à la réparation de l'altération génétique et à l'interruption du dédoublement cellulaire, empêchant la cellule de transmettre l'altération à ses descendants tant qu'elle n'a pas été corrigée.

Ainsi apparaissait une notion nouvelle : un suppresseur de tumeurs pouvait aussi être un gardien de l'intégrité de la bibliothèque de nos gènes. Parce qu'elle permet de réparer les lésions génétiques, et empêche la cellule de se dédoubler jusqu'à ce que les lésions aient été réparées, p53 apparut comme un de nos remparts essentiels contre le développement des cancers et, pour cette même raison, comme un point de vulnérabilité, un talon d'Achille, de nos défenses. Certaines altérations accidentelles, qui atteignent le gène *p53* lui-même, font perdre à la protéine P53 son pouvoir de gardien. Toute altération accidentelle ultérieure qui survient cesse d'être réparée. Alors, un proto-oncogène peut se transformer en un oncogène et la cellule peut s'engager sur le chemin des dédoublements sans fin.

Une maladie de la fécondité cellulaire

Le rapide parcours que nous venons d'accomplir nous a conduits jusqu'à la fin des années 1980. La cause des cancers apparaît alors solidement établie : la survenue d'anomalies génétiques qui favorisent la fécondité cellulaire. Et pourtant…

Pourtant, de nombreuses familles de cellules de notre corps se dédoublent continuellement, durant toute notre existence, sans que cet état de fécondité permanente constitue un cancer. Ainsi, les cellules-mères – les cellules-souches – de notre moelle osseuse qui donnent naissance chaque jour aux cellules de notre sang ; ainsi, les cellules-souches des couches profondes de notre peau, qui donnent naissance chaque jour à l'ensemble des cellules du revêtement de notre peau et les cellules-souches des couches profondes de nos intestins, qui donnent naissance, tous les jours, aux cellules de la paroi de notre tube digestif.

Chacun sent, confusément, qu'il ne suffit pas que des cellules aient la capacité de se dédoubler sans fin pour provoquer un cancer. Mais ce paradoxe restera longtemps négligé, ignoré.

**Une nouvelle vision : le suicide cellulaire
et les cancers**

Une hypothèse

Samuil Umansky est un biologiste qui étudie l'apoptose à l'Institut de physique biologique de l'Académie des Sciences de Russie. En 1982, il propose que le suicide cellulaire pourrait être le véritable rempart de nos corps contre le développement des cancers. Il postule que le « programme génétique de mort » a pour « raison d'être » et pour « rôle » d'éliminer les cellules dans lesquelles surviennent les altérations génétiques qui favorisent la naissance des tumeurs. Il propose l'idée que la toute première étape sur le chemin qui conduit au cancer doit être la survenue d'une altération génétique qui inactive le « programme » de mort cellulaire. En 1982, on ne sait encore rien de la nature des protéines qui participent au contrôle du suicide. Le « programme génétique de mort » dont parle Umansky est une notion abstraite, mystérieuse. Son article paraît dans un journal ouvert à la spéculation et rarement lu par les biologistes « expérimentaux », le *Journal of Theoretical Biology* (Journal de biologie théorique). Et son hypothèse restera pendant des années méconnue.

De l'hypothèse à la réalité

Le lymphome folliculaire est le plus fréquent des cancers humains qui surviennent dans les lymphocytes. Ce cancer présente chez tous les malades une signature identique : la survenue accidentelle dans une cellule d'une cassure des chromosomes entraîne un changement de localisation d'un gène, permettant à la cellule de le consulter en permanence et de fabriquer continuellement, en excès, la protéine correspondante. Cette protéine, identifiée en 1985, est nommée Bcl-2. Nous l'avons déjà rencontrée : c'est le parent humain de Ced-9, le « protecteur » qui réprime le suicide cellulaire. Mais en 1985, on n'en sait encore rien.

L'aventure, chez l'homme, du décryptage du contrôle de la vie et de la mort cellulaires – l'identification de la première protéine qui participe à la répression du suicide – débute par hasard par une découverte faite dans une maladie, un cancer. Parce que la production anormale et permanente de Bcl-2 est associée à un cancer, Bcl-2 sera initialement considéré comme une protéine dont l'effet est de déclencher le dédoublement cellulaire.

Il faudra attendre encore trois ans pour qu'en 1988 David Vaux découvre que Bcl-2 a un effet d'une tout autre nature : permettre à des cellules de survivre pendant plusieurs semaines sans se dédoubler dans un environnement où des cellules normales déclenchent leur suicide en quelques heures.

Cette découverte éclairait soudain d'un jour entièrement neuf une des propriétés les plus mystérieuses des cellules cancéreuses : leur apparente immortalité. Pour la première fois un gène était identifié qui permettait à une cellule de fabriquer une protéine lui conférant une forme d'immortalité. Faisant échapper la cellule devenue anormale au contrôle quotidien exercé sur sa vie et sa mort par les signaux émis par la société à laquelle elle appartient, la production permanente de Bcl-2 rompt les relations d'interdépendance qui lient le destin de la cellule au destin du corps qu'elle habite. Une cellule cancéreuse est une cellule qui, jour après jour, fabrique des protecteurs qui lui permettent d'échapper à la mort « avant l'heure ». Au même titre qu'une protéine qui déclenche le dédoublement cellulaire, une protéine qui réprime le suicide peut soudain être considérée comme un « ennemi de l'intérieur », une menace permanente sommeillant dans chaque cellule. La potentialité d'immortalité est ancrée au cœur de chaque cellule, comme une image en miroir de la mort « avant l'heure ».

La plupart des lymphomes folliculaires présentent une deuxième anomalie : la production anormale d'une oncoprotéine typique – c-Myc – qui favorise le déclenchement du dédoublement cellulaire.

Ainsi coexistent, dans ces cellules cancéreuses, deux altérations génétiques, dont les effets s'additionnent : l'une, entraînant la production permanente de Bcl-2, favorise dans la cellule cancéreuse la répression du suicide, et l'autre, entraînant la production permanente de c-Myc, favorise le déclenchement des dédoublements cellulaires.

Mais quelle est la toute première anomalie qui apparaît dans une cellule qui va se transformer pour donner naissance à un lymphome folliculaire ? Est-ce la production excessive de c-Myc ou de Bcl-2 ?

L'hypothèse formulée par Umansky était que l'immortalité devait apparaître avant la fécondité. Qu'avant même de pouvoir commencer à se dédoubler, la cellule devait s'être engagée sur le chemin de l'immortalité. Que ce qu'on appelait parfois une cellule précancéreuse était en fait une cellule déjà devenue immortelle, mais n'ayant pas encore commencé à se dédoubler. Que les premières cellules anormales, les ancêtres des cancers, naissaient longtemps avant le peuple de leurs descendants, sommeillant pendant des mois ou des années, avant de commencer à se lancer à l'assaut de nos corps. Mais il ne s'agissait là encore que d'une idée.

Un univers sens dessus dessous

Des oncoprotéines qui provoquent le suicide cellulaire

> « Lorsqu'on est confronté à l'improbable, une fois qu'on a éliminé l'impossible, il reste la réalité. »
> Conan Doyle, *Le Signe des Quatre*.

En 1992, Gerard Evan, un jeune biologiste qui explore à Londres les mécanismes de la transformation cancéreuse, réalise une série d'expériences dont les résultats vont faire trembler sur ses bases l'édifice conceptuel de la cancérologie. Il montre que la fabrication anormale et permanente par une cellule d'une oncoprotéine – en l'occurrence c-Myc – ne peut à elle seule provoquer un cancer : elle ne peut même pas déclencher le dédoublement cellulaire. De manière paradoxale, la production de c-Myc déclenche le suicide cellulaire. Et ce résultat apparaît comme un défi au bon sens.

Evan n'a fait que répéter, dans des conditions légèrement différentes, une expérience qui avait été déjà faite par d'autres avant lui et qui avait pourtant donné jusque-là toujours le même résultat : le déclenchement du dédoublement cellulaire. Comment cette propriété nouvelle de c-Myc – le pouvoir de déclencher le suicide – avait-elle pu échapper auparavant aux chercheurs ? Et comment les cancers – ces longues suites sans fin de dédoublements cellulaires – pouvaient-ils naître de la production anormale et excessive d'une protéine qui déclenche la mort ?

Les chercheurs avaient jusque-là, aveuglément, empiriquement, sans en être conscients, manipulé les conditions dans lesquelles ils réalisaient leurs expériences, jusqu'à obtenir toujours la même réponse : la production d'une oncoprotéine déclenche le dédoublement cellulaire. Mais cette réponse dépendait d'un paramètre dont personne n'avait jusque-là tenu compte : pour étudier l'effet des oncoprotéines, tous les chercheurs avaient ajouté dans leurs cultures de cellules une grande quantité de signaux de survie.

Evan avait réalisé ses expériences en ne fournissant aux cellules que la quantité minimale de signaux qui leur suffisait à réprimer leur suicide, permettant leur survie. Et dans ces conditions, la production de c-Myc déclenchait immédiatement le suicide. Seule l'addition, au préalable, d'une quantité supplémentaire de signaux de survie était à même de masquer cet effet en permettant à la cellule de réprimer le suicide. Alors, et alors seulement, c-Myc déclenchait le dédoublement cellulaire. c-Myc était une protéine qui provoquait le suicide, « sauf si »…

Une nouvelle vision se dessinait. Tout signal de dédoublement cellulaire agissait en fait comme un chant de mort, un signal de suicide, « sauf si » la cellule avait, au préalable ou simultanément, reçu de son environnement un chant de vie, un signal de survie additionnel, qui lui permettait de fabriquer un protecteur et de réprimer ainsi son suicide. Une cellule ne pouvait se dédoubler qu'à condition de trouver dans son environnement deux signaux de nature différente et complémentaire : un signal de survie et un signal de dédoublement.

En 1994, Gerard Evan à Londres et Doug Green en Californie montraient que la fabrication anormale et permanente du protecteur Bcl-2 avait le même effet que l'addition de signaux de survie : réprimant le suicide, elle permettait à c-Myc de déclencher la fécondité.

Ainsi se révélait, conforme à la prédiction d'Umansky émise douze ans plus tôt dans l'indifférence générale, l'ordre apparemment obligatoire dans lequel devaient se produire les altérations génétiques accidentelles pour que puisse naître un lymphome folliculaire. D'abord celle qui aboutissait à la production anormale et permanente du protecteur Bcl-2, engageant la cellule sur le chemin de l'immortalité. Après seulement, celle qui conduisait à la fabrication anormale et permanente de l'oncoprotéine c-Myc, déclenchant les dédoublements cellulaires sans fin.

Le suicide cellulaire comme un rempart
contre les cancers

Ces découvertes ont eu des implications fondamentales en cancérologie. Une cellule, pour donner naissance à une descendance cancéreuse, doit d'abord s'engager sur le chemin de l'immortalité. Comme dans la mythologie grecque, un mortel ne peut avoir qu'une descendance mortelle. Seuls les immortels peuvent avoir une descendance immortelle. Ainsi s'expliquait pourquoi de nombreuses populations cellulaires de notre corps – les cellules-souches de la moelle, de la peau, de l'intestin – pouvaient se dédoubler durant toute notre existence sans provoquer de cancer : les cancers étaient avant tout des maladies du suicide cellulaire.

Une transformation cancéreuse est une transformation invisible. Une cellule soudain devient indépendante des signaux de survie de l'environnement. Aussi longtemps qu'elle ne se dédouble pas, elle n'est encore que l'ancêtre potentiel d'un cancer. Ce n'est que si d'autres altérations surviennent, provoquant le dédoublement cellulaire, que le cancer deviendra visible. Ainsi, au moment où un cancer commence à s'étendre dans nos corps, la transformation initiale qui a permis de lui donner naissance a déjà eu lieu depuis longtemps.

Les cancers sont des maladies fréquentes quand on considère le nombre de personnes qui, dans les pays riches, en sont atteintes : une personne sur trois, environ. Mais les cancers sont des maladies rares quand on compare cette fréquence au très grand nombre d'altérations génétiques accidentelles qui surviennent dans nos cellules tout au long de notre existence. Dans notre corps d'adulte, plusieurs millions de cellules se dédoublent probablement chaque seconde et autant se suicident. Chaque dédoublement cellulaire fait intervenir des opérations complexes de duplication, de relecture et de correction de l'ensemble de la bibliothèque de nos gènes, qui, chacune, comporte de nombreux risques d'erreur. Nos cellules sont exposées en permanence à des agressions de l'environnement qui favorisent la survenue d'altérations génétiques : les rayons ultraviolets du soleil, la radioactivité, les produits cancérigènes naturels et chimiques…

Dans les pays riches de l'Occident, où l'espérance de vie est d'environ quatre-vingts ans, deux personnes sur trois mourront sans avoir jamais développé un cancer. La rareté du développement des cancers n'est pas due à la rareté des altérations génétiques que subissent nos cellules. Elle est due à la puissance des mécanismes qui contrôlent la vie et la mort des cellules qui nous composent.

Les gardiens de la bibliothèque : l'intégrité ou la mort

En 1991, Moshe Oren et Elisheva Yonish-Rouach, qui étudient, à l'Institut Weizmann en Israël, le suppresseur de tumeurs p53, découvrent qu'il exerce un effet jusque-là insoupçonné. La survenue d'une altération génétique provoque l'activité de p53, déclenchant une cascade de signaux. S'opère alors dans la cellule un « choix », une

« décision » dont la nature reste encore aujourd'hui mystérieuse. Ou bien la cellule commence à réparer ses altérations
génétiques et arrête de se dédoubler jusqu'à ce que les
réparations soient effectuées ; ou bien elle s'engage sur le
chemin du suicide et disparaît. P53, le « gardien » de l'intégrité de la bibliothèque des gènes, apparaissait soudain
comme un des acteurs d'une décision extrême : plutôt la
mort que le risque d'une dérive de l'identité. Et p53 n'est
pas seul. D'autres protéines ont été identifiées, qui exercent
des activités semblables. Nous possédons dans chacune de
nos cellules des « anges gardiens » qui veillent, jour après
jour, sur l'identité des livres de la bibliothèque des gènes
léguée par la cellule-œuf qui nous a donné naissance.
« Anges de vie », qui permettent à la société de nos corps
de maintenir en permanence l'identité génétique des cellules qui les composent, ils sont aussi des « anges de mort »,
qui déclenchent l'élimination des cellules à l'intérieur desquelles l'altérité, par hasard, surgit, qui pourrait nous
déconstruire.

Le voyage vers l'immortalité :
d'infinies variations sur un thème

   Ainsi, les cellules cancéreuses se révélaient être des cellules qui ont réussi à échapper à deux formes essentielles
du contrôle de la « mort avant l'heure ». Le premier
qu'exercent, de l'extérieur, les signaux qui parcourent notre
corps – les gardiens de l'interdépendance ; et le second
qu'exercent, au cœur de chaque cellule, les suppresseurs de
tumeurs – les gardiens de notre identité.
   Mais la véritable immortalité cellulaire n'existe pas.
Toute cellule cancéreuse reste dépendante, à des degrés
divers, pour réprimer son suicide, de certains des signaux
émis par le peuple cellulaire auquel elle donne naissance et
de certains des signaux émis par la société cellulaire de nos
corps dont elle est issue. Il existe une infinité de variations
sur le chemin qui permet d'échapper au contrôle de la
« mort avant l'heure ». Ces variations reflètent la diversité
des altérations génétiques qui favorisent, dans chaque

famille cellulaire, le développement d'un cancer. Et ces variations évoluent, au cours du temps, à mesure que s'accumulent de nouvelles altérations génétiques. Une cellule cancéreuse donne naissance à un peuple hétérogène, composite et changeant, dont la dérive génétique s'accroît et se diversifie de génération en génération. La plupart des nouvelles altérations qui surviennent de manière accidentelle vont rester ancrées au cœur de la bibliothèque des gènes comme une empreinte définitive. Et les cellules vont s'engager, peu à peu, plus avant sur le chemin de l'immortalité.

Il est des tumeurs qui n'augmentent pas, ou très lentement, de volume : on les appelle des tumeurs « dormantes ». Mais il s'agit dans la plupart des cas d'une illusion. Leur vitesse de dédoublement cellulaire est souvent identique à celle des cancers les plus agressifs. La seule différence est que, dans ces tumeurs « dormantes », il y a autant de cellules qui s'autodétruisent que de cellules qui se dédoublent. Il suffit que surviennent des altérations génétiques additionnelles favorisant la fabrication de protéines qui augmentent la répression du suicide pour que ces tumeurs deviennent soudain aussi agressives que les autres. Ainsi, au fur et à mesure que s'effondre le contrôle du suicide, des cancers de plus en plus dangereux naissent de tumeurs initialement dormantes.

Mais la gravité d'un cancer ne résulte pas uniquement de la vitesse à laquelle il augmente de volume. Elle dépend aussi de sa capacité à donner naissance à des explorateurs qui, quittant l'organe où ils sont nés, parcourent les territoires du corps pour envahir d'autres organes et y fonder de nouvelles colonies. Une des complications les plus graves des cancers est le développement de métastases.

Du cancer aux métastases : le suicide cellulaire et le pouvoir d'essaimer

Il est des cancers de la peau, comme les épithélioma baso-cellulaires, qui s'étendent peu à peu mais peuvent persister des années sans entraîner de risque mortel. Le

mélanome, le petit « grain de beauté » qui se modifie brutalement, conduit souvent, en revanche, en l'absence de
traitement, rapidement à la mort : quittant leur territoire – la
peau – et voyageant à travers les vaisseaux sanguins, les
cellules cancéreuses s'établissent dans les poumons, déréglant leur fonctionnement et nous empêchant de respirer.

Cette capacité des cancers à voyager et à fonder des
colonies, à donner naissance à des métastases, est une des
causes majeures d'échec des traitements anticancéreux.
Certains cancers voyagent dans les vaisseaux sanguins,
d'autres dans les vaisseaux lymphatiques. Certains cancers
envahissent le cerveau, d'autres le foie ou les poumons,
d'autres encore les os. Mais quelle que soit la diversité des
chemins que suivent ces cellules et des régions qu'elles
envahissent, une des propriétés essentielles des métastases
est qu'elles ont échappé, pour partie, au contrôle exercé par
leur environnement sur le suicide cellulaire.

La raison pour laquelle aucune cellule normale de la peau
ne réside dans le foie ou le cerveau, et pour laquelle aucune
cellule normale du poumon ne réside dans les os, n'est pas
qu'aucune de ces cellules, jamais, ne s'échappe de l'organe
auquel elle appartient pour en envahir un autre. Les blessures, les brûlures, les microtraumatismes et les inflamma-
tions, qui rompent en permanence l'intégrité de nos organes
et les parois de nos petits vaisseaux sanguins, déclenchent
le départ de nos cellules et leur voyage vers d'autres territoires. Mais le contrôle géographique du suicide cellulaire
exercé par les signaux locaux découpe notre corps en petites
régions distinctes, infranchissables, délimitant une série de
frontières invisibles au-delà desquelles une cellule donnée
ne peut survivre. Lorsqu'une cellule normale s'échappe
accidentellement de l'organe auquel elle appartient et en
gagne un autre, elle déclenche son suicide et disparaît.

Durant plusieurs dizaines d'années, les cancers avaient
été considérés comme une maladie de la fécondité cellulaire ; et les métastases comme une maladie de la migration
cellulaire. En quelques années, une vision profondément
différente émergeait : le suicide cellulaire apparaissait
désormais à la fois comme le gardien de l'espace et du

temps, comme le gardien de la localisation de nos cellules et de la durée de leur vie.

Le suicide cellulaire comme arme contre les cancers

Les combats du corps

Les premières anomalies précancéreuses qui répriment le déclenchement du suicide peuvent être indétectables pour le système immunitaire : la production continuelle et excessive par une cellule d'une version normale de la protéine Bcl-2 ne modifie pas qualitativement le paysage de notre intégrité. Ce n'est que lorsque le cancer a déjà, le plus souvent, un long passé, une histoire complexe – et que les cellules cancéreuses ont accumulé des altérations génétiques et fabriquent des protéines anormales – que nos lymphocytes T peuvent commencer à percevoir l'existence de dissonances subtiles sur la ligne mélodique du soi, et y répondre.

Mais les modifications génétiques qu'accumulent progressivement les cellules cancéreuses, et les conditions anormales dans lesquelles elles survivent, provoquent l'expression, à leur surface, d'une signature qui traduit l'existence d'un stress. Certaines cellules de notre système immunitaire, les cellules « tueuses naturelles », portent des récepteurs capables de distinguer cette signature, et d'y répondre en attaquant les cellules qui l'expriment.

Le combat du système immunitaire constitue alors pour notre corps le dernier recours, le dernier rempart. Et les armes que va utiliser le système immunitaire pour combattre les cellules cancéreuses sont des armes qui permettent de forcer le déclenchement du suicide. Devenues de plus en plus insensibles aux signaux de leur environnement interne et externe, qui contrôlaient la vie et la mort de leurs ancêtres, les cellules cancéreuses continuent pourtant à fabriquer, en permanence, certains au moins des exécuteurs qui participent au suicide. On n'a découvert pour l'instant aucune cellule cancéreuse dans laquelle ait été altéré l'ensemble des gènes qui permettent la fabrication des exécuteurs. Est-ce parce qu'ils sont trop nombreux ? Ou est-ce parce que les exécuteurs exerceraient d'autres effets – joueraient un autre rôle – que le déclenchement du suicide, dont la cellule cancéreuse ne pourrait se passer ? C'est une question fascinante sur laquelle nous reviendrons.

Mais le combat entre le système immunitaire et les cellules cancéreuses est un combat inégal. Ce n'est pas à des millions puis des milliards de cellules identiques que le système immunitaire se retrouve confronté : c'est à des millions puis des milliards de cellules différentes, perpétuellement changeantes, à mesure qu'elles se dédoublent et qu'augmente leur dérive génétique. Plus la taille et la diversité de la population cancéreuse s'accroissent et plus la probabilité devient grande qu'elle échappe aux attaques du système immunitaire.

Quand les cellules cancéreuses retournent
contre le corps les armes du suicide

Une des meilleures formes de défense est la contre-attaque. Certaines des altérations génétiques que les cellules cancéreuses accumulent de manière aléatoire leur confèrent un nouveau pouvoir : celui de livrer combat au système immunitaire.

Cette situation surprenante a été découverte pour la première fois en 1996 par Jürg Tschopp à Lausanne, puis confirmée par de nombreux laboratoires. Des cellules cancéreuses, devenues elles-mêmes insensibles aux chants de la mort, les répandent autour d'elles, fabriquant des protéines – tel le Ligand de Fas – qui déclenchent le suicide des lymphocytes en train d'essayer de les attaquer.

L'acquisition de ce pouvoir – semer la mort – n'a pas pour seul effet de permettre aux cellules cancéreuses d'échapper au système immunitaire. Il permet aussi à la tumeur de grandir en faisant disparaître les cellules normales qui composent l'organe qu'elle habite. À mesure qu'elles se dédoublent, les cellules cancéreuses déclenchent le suicide alentour, creusant leur propre abri, créant dans les territoires qu'elles envahissent l'espace qui leur permet de se développer, et pénétrant les vaisseaux sanguins où elles commencent leur voyage à travers le corps. Le cancer sculpte le corps de l'intérieur, faisant s'effondrer une partie de la société cellulaire à laquelle il se substitue.

Une tumeur dont nous commençons à détecter la présence dans nos corps est, le plus souvent, une tumeur qui a commencé à se développer depuis longtemps. Elle a, au moment de sa naissance, échappé aux signaux qui contrôlent le suicide cellulaire. Puis son identité génétique s'est progressivement altérée. Elle s'est dédoublée, et encore dédoublée, et a parfois déjà commencé à s'étendre à d'autres territoires du corps qu'elle envahit. Elle a échappé aux attaques menées par le système immunitaire, puis elle a réussi à son tour à le combattre. Les rares cancers qui parviennent à se développer sont ceux qui ont réussi, par hasard, à faire sauter, un à un, tous ces verrous. Ils s'étendent. Ils sont devenus visibles. Ils entrent dans le champ de la médecine.

Ce que la médecine nomme « cancer », c'est, parmi d'innombrables victoires quotidiennes, une défaite, rare, de notre corps : le résultat d'une série aléatoire d'événements improbables. Les victoires, quotidiennes, sont inapparentes. Seule la défaite, quand elle survient, est visible et terrible.

Les combats de la médecine

La médecine utilise trois grandes armes pour lutter contre les cancers : la chirurgie, qui, lorsque c'est encore possible, retire la totalité de la tumeur de l'organe qu'elle a envahi ; la radiothérapie (les rayons), et la chimiothérapie (les combinaisons de médicaments anticancéreux), qui tentent de faire disparaître les cellules cancéreuses, où qu'elles soient, dans le corps tout entier.

Aujourd'hui, la médecine remporte presque toujours une première victoire : une rémission. Mais si le nombre des cellules cancéreuses a été réduit – donnant l'apparence d'un retour en arrière de quelques années –, la nature de ces cellules n'est plus la même qu'au début de la maladie. Les cellules qui réussissent à échapper au traitement vont conserver les potentialités de survie, de dédoublement, de migration qu'elles ont acquises au long de plusieurs années. La récidive – la réapparition de la tumeur – est d'autant plus probable et rapide, et d'autant plus difficile à combattre, que les cellules ont accumulé au cours de leur histoire un nombre important d'altérations génétiques qui les ont rendues de plus en plus indépendantes de leur environnement interne et externe. Si la durée qui sépare le moment de la naissance première d'un cancer de la mise en route d'un traitement est de plusieurs années, voire de plusieurs dizaines d'années, la récidive, elle, peut apparaître en quelques mois seulement.

Il y a aujourd'hui de nombreux cancers encore incurables. Pour comprendre les raisons de leur échec, il nous faut d'abord comprendre le mode d'action des traitements anticancéreux. Contrairement à ce qu'on pensait il y a encore quelques années, la chimiothérapie et la radiothérapie ne détruisent pas les cellules cancéreuses : elles déclenchent leur suicide, les cellules cancéreuses disparaissant sans laisser de trace, englouties par les cellules qui les entourent. La tumeur fond et, dans les cas heureux, disparaît.

Les traitements anticancéreux partagent, dans la quasi-totalité des cas, une propriété commune : ils provoquent des altérations génétiques. Et c'est le plus souvent par ce mécanisme – la survenue brutale de lésions génétiques importantes – qu'ils forcent certains des suppresseurs de tumeurs qui sommeillent encore dans la cellule cancéreuse à déclencher le suicide. Mais il s'agit là d'une arme à double tranchant. Si certaines cellules cancéreuses ont résisté à la radiothérapie et à la chimiothérapie, ces traitements risquent d'avoir provoqué de nouvelles altérations génétiques et d'avoir ainsi rendu le cancer plus résistant encore aux traitements. Lorsqu'ils échouent, les traitements anticancéreux ont souvent aggravé la maladie.

Les traitements anticancéreux partagent tous, à des degrés divers, un effet secondaire : celui de déclencher aussi le suicide dans des cellules normales. Un traitement efficace est celui qui déclenche le suicide dans le plus grand nombre possible de cellules cancéreuses, tout en épargnant le plus grand nombre possible de cellules normales. Mais plus les cellules cancéreuses sont devenues résistantes au déclenchement du suicide et plus la puissance des traitements capables de déclencher leur autodestruction risque de forcer aussi au suicide la plupart des cellules normales du corps. Un cancer résistant à tous les traitements n'est pas un cancer « immortel » dans lequel il est devenu impossible de déclencher le suicide. C'est un cancer contre lequel les seules armes dont nous disposons aujourd'hui sont des armes qui causeraient à la fois la disparition du cancer et du corps qu'il habite.

Cette compréhension nouvelle a eu des conséquences importantes en matière de recherche thérapeutique. À partir de l'arsenal de traitements découverts jusque-là de manière empirique, une nouvelle approche consiste maintenant à essayer de mettre au point, de manière rationnelle, des traitements fondés sur le déclenchement sélectif du suicide dans les cellules cancéreuses.

Une nouvelle pharmacologie anticancéreuse est en train de naître. Elle vise à comprendre de quelle manière précise un cancer donné réussit à réprimer en lui le chant de la mort. À identifier le talon d'Achille de sa stratégie aberrante de survie. À imaginer, puis à fabriquer les armes qui permettront de faire s'effondrer ses défenses, tout en interférant le moins possible avec le contrôle du suicide dans les cellules normales. Et à essayer d'imaginer des traitements qui soient capables de déclencher le suicide des cellules cancéreuses sans provoquer par eux-mêmes de nouvelles altérations génétiques.

Durant l'année 2002, une telle approche, nouvelle, a fait, dans un modèle animal, la preuve de son efficacité. Un traitement qui interrompt l'activité de certaines protéines anormales dans des cellules cancéreuses suffit soit à déclencher le suicide, soit à permettre leur transformation – leur différenciation – en cellules apparemment normales. Dans ce cas, lorsque le traitement est interrompu, et que la protéine anormale reprend son activité, la cellule cancéreuse, comme une cellule normale, déclenche son suicide. Ainsi semble se confirmer, de manière spectaculaire, que la survie des cellules cancéreuses dépend d'un équilibre permanent, complexe et précaire entre ses constituants, qui peut être rompu par un traitement ciblant sélectivement l'activité d'un seul de ces constituants anormaux.

Les cancers constituent un univers terrifiant, qui a révélé, en négatif, des pans entiers jusque-là inconnus, du fonctionnement normal de nos corps. Pour comprendre l'importance des espoirs thérapeutiques que les recherches sur le suicide cellulaire ont fait naître, il nous faut maintenant découvrir un dernier aspect de la complexité des cancers – et de leur fragilité. Les cancers rompent un à un la plupart des liens d'interdépendance normaux qui lient les cellules à la société qu'elles composent. Mais ils y substituent, pour survivre, d'autres liens, anormaux, qu'ils construisent. Du début à la fin de leur existence, ils demeurent dépendants de nos corps, qu'ils exploitent et qu'ils finissent par détruire.

Les cancers, le suicide cellulaire et les vaisseaux sanguins

La construction des vaisseaux sanguins

Les ressources nutritives, l'oxygène et les hormones, qui parviennent aux cellules de notre corps, leur sont apportés par le sang qui circule dans le réseau de nos artères ; les déchets et le gaz carbonique émis par les cellules sont emportés par le sang qui s'écoule dans le réseau de nos veines. Les vaisseaux sanguins irriguent l'ensemble de notre corps, donnant naissance à des rameaux de plus en plus fins, puis aux innombrables capillaires (de la taille d'un « cheveu »), qui s'insèrent dans tous nos tissus et nos organes.

À l'endroit où il est né, le peuple des cellules cancéreuses se dédouble, semant la mort autour de lui, pillant les hormones, les signaux de survie, les ressources nutritives et l'oxygène apportés par les capillaires sanguins. Lorsque la tumeur atteint un certain volume – en général celui d'un petit pois – la quantité de ressources apportées à l'organe par son réseau de capillaires sanguins devient insuffisante pour assurer la survie de la plupart des cellules cancéreuses. La tumeur cesse alors d'augmenter de volume. Le nombre des cellules qui s'autodétruisent devient égal au nombre des cellules qui se dédoublent et la tumeur devient « dormante », prenant l'aspect illusoire d'un cancer au repos. Plongé dans ce sommeil apparent, le cancer va persister, invisible, pendant des mois ou des années. Mais les altérations génétiques accidentelles continuent à s'accumuler, au rythme des dédoublements incessants.

Un jour, brutalement, une de ces altérations provoquera la modification de l'architecture de notre corps : des cellules cancéreuses fabriqueront et libéreront des signaux qui feront naître, à partir du réseau normal de capillaires, un nouveau réseau anormal. La tumeur commence alors à construire les arborescences des vaisseaux sanguins qui vont l'entourer, la pénétrer et l'irriguer, détournant à son profit une portion de plus en plus grande des ressources et des signaux du corps, dont elle a besoin pour se nourrir, pour produire de l'énergie, pour reconstruire ses composants, pour respirer, pour évacuer ses déchets, pour réprimer le déclenchement du suicide et pour continuer à croître.

Le réseau normal de nos vaisseaux sanguins se bâtit rapidement au cours du développement embryonnaire, puis beaucoup plus lentement après la naissance, à mesure que l'enfant grandit. Chez l'adulte, la construction de nouvelles arborisations vasculaires n'a lieu, de manière transitoire, que dans des circonstances très particulières. Chez la femme, de la puberté à la ménopause, tous les vingt-huit jours, au moment de l'ovulation, lorsqu'un nouveau réseau de capillaires pénètre dans l'ovaire pour l'irriguer ; et après les règles, lorsque sont remplacées les cellules de la muqueuse et des capillaires de la paroi utérine qui se sont autodétruites à la fin du cycle précédent. Et, chez l'homme comme chez la femme, chaque fois qu'une blessure déchire des capillaires ou qu'un caillot obture un vaisseau, diminuant la quantité d'oxygène localement disponible et entraînant la naissance de nouveaux capillaires qui vont se substituer aux anciens.

Les capillaires sont de fins cylindres creux, dont la paroi est constituée d'une simple couche de cellules endothéliales et à l'intérieur desquels s'écoule le sang. Comment se construisent-ils ? Faire naître un nouveau capillaire à partir d'un capillaire existant nécessite l'émission d'un signal qui permet le dédoublement des cellules endothéliales dont les cellules-filles émergent peu à peu, à la perpendiculaire, formant un nouveau cylindre creux qui se dirige vers la source du signal.

Mais les cellules de notre corps adulte exercent un contrôle drastique sur l'architecture de nos vaisseaux sanguins en émettant en permanence des chants de mort qui déclenchent le suicide des cellules endothéliales qui se dédoublent.

Pour construire un nouveau capillaire, il faut qu'au signal de dédoublement s'ajoute un signal de survie, qui permet aux cellules endothéliales de réprimer le déclenchement du suicide. Ce sont ces signaux – les signaux « angiogéniques » (étymologiquement, « qui font naître les vaisseaux ») – que libèrent les cellules cancéreuses et qui leur permettent de construire le réseau sanguin anormal qui les entoure. Les cellules cancéreuses émettent un signal de dédoublement cellulaire et un chant de vie, faisant naître et survivre les centaines de capillaires qu'elles attirent vers elles. C'est ce nouveau réseau sanguin qui permet alors à la tumeur de grandir. C'est ce réseau aussi qui favorise le développement des métastases, la pénétration des cellules cancéreuses dans les vaisseaux sanguins et leur voyage à travers le corps.

Et tous les cancers qui ont dépassé le volume d'un petit pois ont un jour, par hasard, acquis le pouvoir de construire les vaisseaux sanguins qui leur permettent de survivre.

Le suicide cellulaire pour déconstruire

Plus la tumeur grossit, plus elle enrichit l'arborescence croissante et complexe des vaisseaux sanguins qu'elle tisse autour d'elle. Mais si l'afflux de sang est brutalement interrompu, les cellules cancéreuses – privées d'oxygène, d'hormones et de nutriments – déclenchent leur suicide et disparaissent. L'immortalité des cellules cancéreuses est, nous l'avons vu, une notion relative. Tout déséquilibre important et brutal de leur environnement extérieur ou intérieur est capable de rompre l'équilibre dynamique artificiel et complexe du contrôle anormal du suicide que la succession d'altérations génétiques qu'elles ont subies a progressivement mis en place.

Les chevaliers du Moyen Âge, caparaçonnés dans leurs armures, qu'on hissait avant la bataille sur leurs chevaux, étaient invulnérables aux coups tant qu'ils restaient en selle. Mais si, déséquilibrés, ils tombaient à terre, incapables de se déplacer, ils devenaient soudain aussi vulnérables qu'un homme désarmé.

Ainsi sont les cellules cancéreuses : invulnérables tant qu'elles construisent, en elles et autour d'elles, la lourde armure qui leur permet de prendre en main leur destin ; et soudain sans défense, lorsque l'environnement dans lequel elles sont plongées change brutalement de nature. Ces découvertes ont permis de concevoir une stratégie thérapeutique anticancéreuse radicalement nouvelle : déclencher le suicide des cellules endothéliales en train de construire les capillaires qui permettent aux tumeurs de survivre.

Judah Folkman et son équipe, qui explorent depuis plus de vingt ans à l'université Harvard les relations complexes qui s'établissent entre les cancers et les vaisseaux sanguins, ont identifié certains des signaux de mort qui parcourent notre corps, provoquant le suicide des cellules endothéliales qui se dédoublent. Puis ils les ont administrés, sous forme de médicaments, en grande quantité, à des souris dans lesquelles ils avaient implanté des tumeurs. Révélés dans la presse scientifique spécialisée en 1997, ces résultats ont fait l'objet, un an plus tard, d'une diffusion médiatique intense. Ces nouveaux traitements provoquent le suicide des cellules endothéliales qui construisent les réseaux anormaux de capillaires qui entourent les tumeurs. Une fois ces réseaux disparus, les cellules cancéreuses, privées de sang, déclenchent à leur tour leur suicide. Les tumeurs s'effondrent comme des châteaux de cartes.

Certaines de ces tumeurs ont entièrement disparu. D'autres persistent, mais restent de taille microscopique. Pour des raisons encore inconnues, elles n'ont ni grandi, ni colonisé d'autres territoires, plusieurs mois après l'arrêt du traitement. La modification brutale de l'environnement de la tumeur semble avoir profondément et durablement modifié le devenir des cellules cancéreuses survivantes. Et, pour l'instant, ces traitements n'ont, chez la souris, entraîné aucun effet secondaire détectable. Les signaux de mort qui déclenchent le suicide des cellules endothéliales en train de se dédoubler ne semblent pas provoquer d'altération dans le réseau des innombrables vaisseaux sanguins normaux du corps, constitués de cellules endothéliales qui ne se dédoublent pas – ou très peu. Mais quel serait l'effet de ces traitements sur la construction de nouveaux capillaires lors d'une blessure, ou chez la femme, lors de l'ovulation ou des règles ? On n'en sait encore rien.

Les espoirs d'une révolution thérapeutique

Ces traitements radicalement nouveaux présentent un autre avantage considérable par rapport aux traitements anti-cancéreux classiques. La cause majeure de l'échec de la chimiothérapie et de la radiothérapie – la cause essentielle de récidive des cancers – est l'hétérogénéité génétique, continuellement mouvante, du peuple des cellules cancéreuses. Il suffit qu'une fraction des cellules cancéreuses – voire une seule cellule – échappe à la chimiothérapie et à la radiothérapie pour qu'un nouveau cancer puisse un jour renaître, plus dangereux encore, quelques mois ou quelques années plus tard. Devoir porter le chant de la mort dans chacune des cellules cancéreuses, qui possèdent toutes des altérations génétiques différentes, représente pour la médecine une formidable difficulté. Mais les cellules endothéliales qui reçoivent, de la tumeur, l'ordre de se dédoubler pour construire le réseau de vaisseaux qui la nourrit et la protège, ne présentent *a priori* – et contrairement aux cellules cancéreuses – aucune altération génétique. Elles sont normales. Le chant de mort qui déclenchera le suicide de l'une d'entre elles devrait aussi le déclencher dans toutes les autres. Judah Folkman et son équipe ont comparé, chez la souris, l'effet de chimiothérapies classiques à celui de ces nouveaux médicaments : les chimiothérapies, contrairement aux nouveaux traitements, ont été suivies de récidives.

Il ne s'agit, pour l'instant, que de souris. Et l'histoire des traitements anticancéreux est riche d'exemples de résultats spectaculaires, obtenus chez l'animal, qui s'évanouissent une fois qu'on les transpose à l'homme.

Il persiste de nombreuses incertitudes, de nombreuses inconnues. Ces nouveaux traitements ont fait la preuve spectaculaire de leur efficacité dans des modèles animaux où des tumeurs venaient à peine d'être implantées et commençaient tout juste à construire le réseau des capillaires qui leur permet de grandir. Mais quelle est la situation dans des cancers qui se développent depuis des mois ou des années ? Les capillaires qui les irriguent sont-ils toujours en train de se construire – composés de cellules endothéliales qui se dédoublent sans cesse et sont sensibles aux chants de la mort – ou sont-ils déjà pour la plupart stabilisés – comme les capillaires normaux – composés de cellules endothéliales qui ne se dédoublent plus et sont hors d'atteinte des chants de la mort ? On n'en sait encore rien.

Mais un espoir nouveau est né. Les cancers représentent une des formes extrêmes de parasitisme, parasites nés des cellules qui composent le corps, le dévorant de l'intérieur, s'y propageant à leur profit, coupant les liens normaux d'interdépendance qui les y rattachent, tout en créant, dans le même temps, de nouveaux liens, anormaux, qui leur permettent de survivre. Le développement de traitements capables de déclencher le suicide dans des cellules normales que les tumeurs exploitent pour survivre représente une révolution conceptuelle fascinante, à la mesure de l'extraordinaire complexité des cancers.

8

Du corps comme une biosphère
Le suicide cellulaire
et les combats contre l'univers des microbes

Les deux grandes catégories de maladies que nous venons d'explorer – celles qui sont dues à une disparition massive de cellules et celles qui sont dues à une augmentation sans fin de leur nombre – représentent les formes les plus spectaculaires de maladies causées par un dérèglement du contrôle normal des programmes de suicide cellulaire. Mais elles sont loin d'être les seules.

La plupart de nos maladies ont commencé à être déchiffrées et réinterprétées à l'aide de cette nouvelle grille de lecture, de cette nouvelle pierre de Rosette. Il en a été ainsi de l'univers foisonnant des maladies infectieuses. À partir du début des années 1990 s'est révélée la fascinante complexité des jeux avec la vie et la mort auxquels se livrent, dans l'ensemble des espèces vivantes, les microbes et les corps qu'ils infectent.

La « stratégie de la terre brûlée » :
un détour par le royaume des plantes

Les lymphocytes T, qui représentent la composante la plus sophistiquée de notre système immunitaire, sont apparus à une période relativement récente au cours de la longue évolution du vivant – il y a environ quatre cents millions d'années. Ils sont présents chez les mammifères, les oiseaux et certains poissons. Mais les autres espèces vivantes, dont les insectes ou les plantes, en sont dépourvues. En revanche, les insectes et les plantes sont capables, comme nos cellules sentinelles, de détecter la présence de signatures communes à de vastes familles de virus, de bactéries ou de parasites, et d'y répondre.

Une des stratégies de défense les plus anciennes et les plus efficaces contre les virus, les bactéries et les parasites est fondée sur l'esquive. Ce mode de défense consiste non pas à répondre de front au microbe, en l'attaquant, mais à lui soustraire les moyens de persister, à l'empêcher de trouver dans le corps qu'il envahit les moyens de survivre. À l'endroit où le microbe pénètre, les cellules déclenchent leur suicide. Et le corps se dérobe à son prédateur. Le havre de ressources que constitue le corps et qui permet à un virus, à une bactérie, à un parasite, de donner naissance à des millions de virus, de bactéries ou de parasites, s'efface et disparaît.

Cette « stratégie de la terre brûlée » permet de freiner la progression d'une armée – voire de la vaincre – sans avoir à livrer combat. L'armée pénètre dans une terre promise qui se transforme en désert à mesure qu'elle avance.

La plupart des plantes répondent à l'invasion de virus ou de bactéries en déclenchant ce qu'on appelle une « réaction d'hypersensibilité ». Cette réaction comporte deux étapes successives. Tout d'abord, un trou apparaît dans la feuille au point de pénétration de l'agent infectieux. Puis, certains des signaux émis lors de cette réponse se propagent à travers la plante, permettant aux feuilles, à distance, de produire des substances qui les rendent plus résistantes à l'infection. Au début des années 1990, il apparut que la première composante de la réaction d'hypersensibilité – le trou dans la feuille – correspondait en fait au déclenchement du suicide cellulaire. Puis il fut découvert que les plantes possédaient plusieurs gènes permettant la fabrication de protéines qui participent au contrôle de ces phénomènes de suicide. Certaines plantes possèdent différentes versions de ces gènes, qui ont pour conséquence une diminution ou au contraire une augmentation du seuil de déclenchement du suicide. En d'autres termes, ces gènes influent à la fois sur la capacité de la plante à percevoir une infection – le seuil de détection de l'agression – et sur la puissance de la réponse – la rapidité et l'intensité de l'autodestruction.

Les plantes qui possèdent des gènes favorisant le déclenchement massif du suicide sont très bien protégées contre les infections. Les plantes qui possèdent des gènes favorisant la répression du suicide constituent une proie facile pour les agents infectieux qui s'y propagent. Et, chez les plantes comme chez les animaux, le suicide cellulaire est une arme à la fois puissante et dangereuse.

Les plantes les plus « hypersensibles » aux agents infectieux sont aussi « hypersensibles » à toute agression, même minime, de leur environnement, à laquelle elles vont répondre de la même manière qu'à l'invasion par un microbe. Un choc, un vent trop brusque, un changement brutal de la température, la chute d'un insecte, suffisent à déclencher le suicide cellulaire. Des trous apparaissent alors dans les feuilles, pouvant compromettre la survie de la plante. Une sensibilité excessive aux agressions de l'environnement met en péril la survie du corps.

Le suicide cellulaire est une arme à double tranchant. Les gènes qui permettent la fabrication de protéines favorisant le déclenchement du suicide confèrent une protection extrêmement efficace contre les infections, mais peuvent aussi entraîner le développement d'une maladie mortelle. Inversement, les gènes qui permettent la fabrication de protéines réprimant le suicide cellulaire rendent le corps résistant aux agressions de l'environnement mais favorisent la propagation des infections. Une protection efficace contre les agents infectieux nécessite un compromis subtil entre le sacrifice et la robustesse : un corps capable de se dérober sans s'effondrer.

Les contre-attaques des microbes

Un virus d'insecte

Chez les insectes, l'existence d'une « stratégie de la terre brûlée » a été révélée indirectement à partir de l'étude d'un virus qui les infecte, le baculovirus. En 1991, Lois Miller et Rollie Clem découvrent des baculovirus mutants, pré-

sentant des mutations dans deux gènes. Ces virus se propagent très difficilement chez les insectes. Les protéines
virales altérées dans ces mutants ne sont pas nécessaires à
l'entrée du virus dans les cellules de l'insecte, ni à la multiplication du virus dans la cellule infectée. Il s'agit de
protéines qui empêchent les cellules de se suicider en
réponse à la pénétration et à la présence du virus.

Pour la première fois, il apparaissait qu'un micro-organisme infectieux possédait des protéines capables d'inter-
férer avec le contrôle de la vie et de la mort des cellules
qu'il infecte. Ces deux protéines du baculovirus qui répriment le suicide des cellules de l'insecte, IAP (l'inhibiteur
de l'apoptose) et p35, nous les avons déjà rencontrées. Au
moment de leur identification, leur mode d'action était
inconnu. Puis, la découverte des ciseaux de l'exécuteur
permit de comprendre : IAP et p35 inhibent l'activité des
ciseaux des exécuteurs, les empêchent de découper leurs
cibles.

La protéine p35 bloque l'activité de la plupart des ciseaux
des exécuteurs. Bien que le baculovirus ne semble pas capable d'infecter ces différentes espèces animales, p35 allait
s'avérer avoir la capacité de réprimer le déclenchement du
suicide dans les cellules de *Caenorhabditis elegans*, de la
drosophile, de la souris et de l'homme. Et ce pouvoir
étrange de p35 révélait le profond degré de parenté, dans
des espèces si différentes, des ciseaux des exécuteurs qu'il
parvient à bloquer.

p35 allait offrir un outil expérimental d'une formidable
puissance pour explorer, dans différentes espèces, les conséquences du blocage artificiel du suicide cellulaire dans des
cellules isolées ou dans des corps entiers. La découverte de
p35 suggérait aussi pour la première fois que la médecine
pourrait peut-être s'engager sur une voie que les microbes
avaient tracée depuis longtemps : l'élaboration d'outils
permettant de réprimer, artificiellement, le déclenchement
du suicide cellulaire.

Contrairement à p35, IAP ne peut bloquer l'activité que
de certains seulement des ciseaux des exécuteurs. Et,
contrairement à p35 – dont on n'a pas trouvé, pour l'instant,

d'équivalent dans une espèce vivante autre que le baculovirus –, IAP s'est révélé appartenir à une famille de protéines dont des parents sont présents chez les insectes, les souris et les hommes. *Iap* est probablement un gène que le baculovirus a, à l'origine, dans un passé ancien, capturé dans la bibliothèque des gènes des cellules des insectes qu'il infectait.

La découverte dans un virus d'insecte de deux gènes, *p35* et *iap*, qui conduisent les cellules infectées à fabriquer deux protéines réprimant le suicide cellulaire, suggéra que la subversion du contrôle de la vie et de la mort jouait un rôle important dans les combats que se livrent depuis la nuit des temps les agents infectieux et les corps qu'ils envahissent.

Les insectes, comme les plantes, utilisent une « stratégie de la terre brûlée », une stratégie de défense fondée sur le déclenchement du suicide des cellules qu'un virus tente d'envahir. Et la contre-attaque du baculovirus s'était manifestée sous la forme d'une capacité à réprimer la mort des cellules qu'il infecte.

Il allait bientôt apparaître que cette forme ancestrale d'attaques et de contre-attaques n'était pas une particularité de l'univers des insectes et des plantes. Le déclenchement et la répression du suicide cellulaire sont au centre des combats entre les agents infectieux et les mammifères, entre les agents infectieux et l'espèce humaine.

L'univers des virus humains

La plupart d'entre nous sommes infectés par un virus qui appartient à la grande famille des virus herpès et se transmet par la salive : le virus d'Epstein-Barr. Le plus souvent, l'infection a lieu au cours de notre petite enfance et passe inaperçue, n'entraînant aucun symptôme. Mais lorsqu'elle survient, pour la première fois, au cours de l'adolescence, elle provoque généralement une mononucléose infectieuse – la « maladie du baiser » – caractérisée par des maux de gorge – une angine – intenses, une fièvre élevée, une augmentation importante du volume des ganglions, du foie et de la rate, suivie d'une longue période de fatigue. Le virus d'Epstein-Barr persiste en nous durant toute notre existence. Il infecte plusieurs familles cellulaires – dont certains lymphocytes – et possède au moins deux gènes dont les informations permettent aux lymphocytes infectés de fabriquer des protéines qui ressemblent à Bcl-2 et répriment leur suicide.

Ainsi, pour se pérenniser en nous, le virus d'Epstein-Barr empêche nos lymphocytes de s'autodétruire, transformant les cellules infectées en cellules précancéreuses. La raison pour laquelle il n'entraîne pas habituellement de cancer est due à la surveillance et aux combats permanents menés contre lui par notre système immunitaire.

Lorsque, en l'absence de toute infection, l'une de nos cellules subit une altération génétique accidentelle qui entraîne une production anormale de Bcl-2 et la transformation en cellule précancéreuse, notre système immunitaire est le plus souvent désarmé : la simple augmentation de la quantité de la protéine Bcl-2 normale ne modifie pas qualitativement notre identité, le soi. En revanche, lorsque le blocage anormal du suicide est dû à la présence de protéines virales étrangères à notre corps, ces protéines virales constituent une dissonance sur la ligne mélodique du soi et notre système immunitaire déclenche alors son combat contre le virus. L'équilibre entre le virus d'Epstein-Barr et le système immunitaire est un équilibre complexe, un jeu permanent du chat et de la souris. Le système immunitaire combat continuellement les cellules infectées, les pourchassant sans pouvoir réussir à toutes les éliminer. À mesure qu'il les détruit, le virus s'en échappe, gagnant d'autres cellules pour y sommeiller, puis pour s'y réveiller.

Mais les lymphocytes infectés demeurent, durant toute notre existence, de véritables cellules précancéreuses prêtes à tout moment, si survient une défaillance du système immunitaire, à s'engager sur le chemin du cancer. Une telle défaillance peut être due à un traitement médicamenteux dirigé contre le système immunitaire – un traitement immunosuppresseur – institué lors d'une greffe d'organe, pour empêcher le rejet de la greffe ; ou à une maladie comme le sida, qui cause l'effondrement du système immunitaire. Les lymphocytes infectés par le virus d'Epstein-Barr se transforment alors en cellules cancéreuses, causant une maladie mortelle.

Il est d'autres stratégies qu'utilisent d'autres virus pour réprimer le suicide des cellules qu'ils infectent. Certains virus des papillomes humains (ou HPV) causent le développement de verrues sur la peau, d'autres infectent les muqueuses des organes génitaux, entraînant des lésions minimes, inapparentes, dont le risque, à long terme, est, chez la femme, le développement de cancers du col de l'utérus. Comme le virus d'Epstein-Barr, certains HPV persistent en nous durant toute notre existence. Comme celle du virus d'Epstein-Barr, la multiplication des HPV est contrôlée par le système immunitaire. Et, comme le virus d'Epstein-Barr, certains HPV, réprimant le déclenchement du suicide, peuvent transformer les cellules qu'ils infectent en cellules précancéreuses.

Mais la manière dont les virus des papillomes humains répriment le suicide des cellules qu'ils infectent n'est pas la même que celle qu'utilise le virus d'Epstein-Barr. Et, contrairement au virus d'Epstein-Barr, les HPV peuvent provoquer le développement de cancers même en l'absence de défaillance du système immunitaire. Certains HPV possèdent un gène qui entraîne la fabrication par les cellules infectées d'une protéine virale, E6, qui détruit la protéine humaine p53, le gardien de l'intégrité de la bibliothèque de nos gènes. La diminution de la quantité de p53 a pour effet de réprimer le suicide des cellules dans lesquelles le virus s'introduit. Mais elle a une autre conséquence : elle favorise l'accumulation d'altérations génétiques accidentelles dans les cellules infectées. À mesure que passent les années, les altérations génétiques qui ne sont plus réparées ni éliminées vont, un jour, par hasard, faire naître un cancer.

La plupart – sans doute la totalité – des virus qui se propagent en nous ont la capacité de réprimer – pour un temps au moins – le déclenchement du suicide des cellules qu'ils infectent. Le développement d'un cancer, lorsqu'il survient, ne présente, pour le virus qui en a favorisé la naissance, ni avantage ni inconvénient particuliers. Il constitue simplement un des effets secondaires potentiels – tragique pour nous – des armes qu'utilisent les virus pour combattre nos stratégies de la terre brûlée. Lorsqu'il apparaît, le cancer ne fait que révéler brutalement le sommet d'un iceberg, dont la présence, invisible et permanente, sous la surface, traduit les combats pour le contrôle du suicide qui se déroulent dans les profondeurs de nos corps entre les microorganismes infectieux et les cellules qu'ils envahissent.

Alice et la Reine Rouge

Il y a un passage, dans *De l'autre côté du miroir* de Lewis Carroll, où la Reine Rouge entraîne Alice dans une course de plus en plus rapide. « Ce qu'il y avait de plus curieux dans l'aventure, dit Alice, c'est que les arbres et les autres objets qui nous entouraient ne changeaient pas du tout de place. » Quand enfin elles interrompent leur course, Alice note que « tout est demeuré exactement comme auparavant ». « Dans notre pays, dit Alice, si l'on courait très vite pendant longtemps, comme nous venons de le faire, on arrivait généralement quelque part, ailleurs. » « Un pays bien lent ! dit la Reine. Ici, vous voyez bien, il faut courir de toute la vitesse de ses jambes pour simplement demeurer là où l'on est. »

En 1973, Leigh Van Valen utilise la métaphore de la Reine Rouge pour présenter une hypothèse qui apporte un éclairage nouveau sur l'évolution du vivant, en rompant avec l'idée que l'évolution est une marche triomphale qui aboutit nécessairement à donner naissance à des « progrès » qualitatifs. Van Valen propose que la raison majeure pour laquelle des modifications génétiques aléatoires – et les potentialités nouvelles qu'elles permettent – se propagent de génération en génération et se répandent n'est pas qu'elles apportent une « amélioration » qualitative intrinsèque aux individus. L'« avantage » qu'elles confèrent est de permettre à chaque individu, confronté à un environnement perpétuellement changeant, de « courir de toute la vitesse de ses jambes pour simplement demeurer là » où il est.

Une des composantes essentielles de l'environnement d'un être vivant appartenant à une espèce donnée est l'ensemble des autres espèces vivantes qui l'entourent. Et cet environnement vivant, composite, multiple, se modifie, se métamorphose en permanence. L'idée que propose Van Valen est que la raison majeure pour laquelle de nombreuses modifications génétiques aléatoires – et les potentialités nouvelles qu'elles procurent – ont été propagées de génération en génération, est, simplement, qu'elles ont permis à des individus d'une espèce donnée de ne pas être déstabilisés par les propriétés nouvelles apparues, de manière aléatoire, dans les autres espèces qui les entourent. La coadaptation, la coévolution, sont une suite brutale de combats, d'attaques et de contre-attaques toujours recommencés, une course sans fin aux armements, semblable à celle que se livrent les grandes puissances sur notre planète, dont la seule conséquence est le maintien d'un *statu quo*.

Les « stratégies de la terre brûlée » et les contre-attaques des microbes constituent des exemples spectaculaires de cette course sans fin. Depuis des centaines de millions d'années, le déclenchement du suicide cellulaire a évolué comme un phénomène puissant de défense contre les infections et les maladies qu'elles provoquent. Des modifications génétiques aléatoires survenues dans des microbes ont été propagées lorsqu'elles leur ont permis de contre-attaquer en surimposant et en substituant leur propre contrôle du suicide cellulaire à celui des cellules qu'ils infectent. Des modifications génétiques aléatoires survenues dans le corps de nos ancêtres ont été propagées lorsqu'elles leur ont permis de se protéger. Et à ces contre-attaques ont succédé d'autres, vaincues à leur tour par de nouvelles contre-attaques.

Il est impossible de comprendre en les contemplant aujourd'hui les raffinements apparemment absurdes des mécanismes qui contrôlent la vie et la mort de nos cellules, si l'on oublie qu'ils doivent résulter, pour partie, de centaines de millions d'années de courses vertigineuses, dont l'unique victoire a été la persistance, la survivance et le voyage à travers le temps des descendants successifs de ces longues lignées de combattants que nous voyons aujourd'hui s'affronter. Il faut essayer d'imaginer la multitude des microbes et la multitude des espèces qu'ils ont colonisées, qui se sont éteints et ont disparu parce qu'un jour la perte d'une bataille ou une victoire à la Pyrrhus a emporté à tout jamais l'un ou l'autre ou les deux combattants.

De contre-attaques en contre-attaques

Dans nos corps, l'ancestrale « stratégie de la terre brûlée » est renforcée par d'autres lignes de défense : les combats de notre système immunitaire contre les microbes. Les deux armées sont maintenant face à face. Et la bataille qui va débuter portera, elle aussi, la marque de la Reine Rouge. Le système immunitaire va tenter de semer la mort dans les rangs des microbes et des cellules et tissus qu'ils ont envahis. Et les microbes vont répondre en semant la mort dans le système immunitaire.

Nos cellules sentinelles représentent les premiers combattants de notre système immunitaire. Avant même d'appeler les lymphocytes, et de leur présenter des fragments de protéines des microbes, elles vont déclencher l'attaque. Et certains microbes vont échapper à cette première charge en déclenchant le suicide des cellules sentinelles.

Shigella est une bactérie digestive qui provoque une maladie lorsqu'elle pénètre dans la paroi de nos intestins et envahit les cellules qui la composent. Dans ces cellules la bactérie se dédouble, puis quitte la cellule infectée pour en pénétrer une autre, se propageant le long de la paroi de nos intestins, et déréglant son fonctionnement. Certaines de nos cellules sentinelles, les macrophages, partent alors au combat pour détruire les bactéries. Mais ce sont les bactéries qui remportent la victoire. En 1992, les travaux d'Arturo Zychlinski et de Philippe Sansonetti, à Paris, révélaient que, dès qu'un macrophage engloutit *Shigella*, la bactérie l'oblige à se suicider. À mesure que l'armée des macrophages parvient au lieu du combat, elle perd un à un tous ses combattants.

Quelques jours après l'invasion de nos corps par un microbe, ce sont nos lymphocytes T qui engagent le combat.

Commence alors la phase la plus violente de la guerre que notre système immunitaire leur livre. Mais de nombreux microbes ont, là encore, développé des stratégies de contre-attaque. L'un des exemples les plus spectaculaires et les plus dramatiques du pouvoir d'un agent infectieux à déclencher, quotidiennement, pendant des années, le suicide d'une partie de nos lymphocytes T, a été apporté par le virus de l'immunodéficience humaine – le virus du sida. Mais de nombreux virus, des bactéries et des parasites ont la capacité de déclencher, de manière transitoire et brutale, durant les premières semaines qui suivent leur invasion, le suicide d'une proportion importante de nos lymphocytes T. La brèche soudaine et momentanée qu'ils créent dans nos défenses immunitaires leur permet de se multiplier, d'augmenter la taille de leur population et de voyager à travers notre corps, pour gagner les territoires, les cellules et les organes où ils pourront persister, à l'abri de nos défenses.

Cette capacité à déclencher le suicide de nos lymphocytes T peut aussi procurer à certains microbes des avantages d'une autre nature. Il est un parasite – *Trypanosoma cruzi,* l'agent de la maladie de Chagas – qui se dédouble à l'intérieur des macrophages tout en provoquant, par des mécanismes indirects, le suicide d'une partie des lymphocytes T. En 2000, une équipe brésilienne révélait que l'ingestion des lymphocytes T mourants par les macrophages infectés provoque une modification de l'état de différenciation de ces macrophages qui profite aux parasites en augmentant, de manière considérable, leur capacité à se multiplier. Et en 2002, d'autres travaux suggéraient qu'une stratégie similaire était utilisée par le virus du sida.

Mais de quelle manière de nombreux microbes parviennent-ils à forcer au suicide certains des combattants du système immunitaire qui les menacent ?

Comme les cancers qui naissent en nous, les microbes qui nous envahissent de l'extérieur sont capables d'emprunter à nos corps certains de leurs chants de mort, et de les retourner contre nous.

Le suicide cellulaire et les sanctuaires :
le concept de « privilège immunologique »

L'œil, le cerveau et l'embryon

Lorsque les combats que livre notre système immunitaire au non-soi se déroulent dans un organe dont le fonctionnement est essentiel à notre survie, ce sont ces combats qui à eux seuls peuvent causer des catastrophes.

Il est en particulier une circonstance où l'interdiction d'attaquer le non-soi a été une condition indispensable à la propagation de toutes les espèces mammifères, dont la nôtre : la grossesse. Parce que chaque nouvelle cellule-œuf – et l'embryon auquel elle donne naissance – possède une moitié de gènes provenant de la mère et une moitié de gènes provenant du père, chaque embryon est constitué, pour le système immunitaire de la mère qui le porte, d'une moitié de non-soi, dont l'origine est un père, étranger.

Chacun d'entre nous, comme l'ensemble des mammifères qui nous ont précédés et qui nous entourent, est à l'évidence le descendant d'une longue lignée de mères dont le système immunitaire a toléré la présence d'au moins un embryon sans l'attaquer. De la conception à l'accouchement, l'embryon, protégé par le placenta, est interdit au système immunitaire, même si, par hasard, un micro-organisme infectieux réussit à s'y établir.

D'autres organes de notre corps sont aussi interdits, en permanence, à notre système immunitaire, même lorsqu'un virus, une bactérie ou un parasite a réussi à s'y réfugier. Sans doute parce que les combats qu'y livrerait l'armée chargée de nous défendre provoqueraient, à eux seuls, quelle que soit l'issue de la bataille, une maladie invalidante ou la mort. Tel est le cas de notre cerveau et de nos yeux. Il est probable que ceux de nos lointains ancêtres dont le corps n'interdisait pas à leur système immunitaire l'entrée de ces territoires sont devenus aveugles, paralysés ou sont morts dans leur petite enfance des ravages causés par ces combats.

Nous sommes les descendants de ceux qui ont, un jour, par hasard, fermé ces territoires au système immunitaire. Le cerveau, l'œil et l'embryon qui se développe dans l'utérus d'une femme enceinte sont des sanctuaires dans lesquels le système immunitaire n'est pas autorisé à pénétrer pour y poursuivre et y détruire le non-soi. Ces sanctuaires, comme des ambassades, sont dotés d'un « privilège », le « privilège » d'échapper à la surveillance du système immunitaire. L'existence de ce « privilège immunologique », identifié il y a plus de cinquante ans par le biologiste anglais Peter Medawar, avait été attribuée à la présence de barrières anatomiques infranchissables, comme le placenta qui entoure l'embryon ou la barrière particulière formée par les vaisseaux sanguins qui entourent notre cerveau, empêchant la pénétration des cellules du système immunitaire dans ces organes sanctuaires.

Mais en 1995, une collaboration entre deux équipes américaines, celle de Thomas Ferguson et celle de Doug Green, bouleversa le concept du privilège immunologique. Ce privilège ne résulte pas seulement de l'existence d'une barrière passive, qui interdit au système immunitaire l'entrée d'un territoire, il résulte aussi de l'existence d'une barrière active, constituée de cellules qui déclenchent le suicide des combattants du système immunitaire, interrompant brutalement leur afflux et les empêchant de poursuivre, dans le sanctuaire où il s'est réfugié, le microbe qu'ils traquent à travers le corps. Aussi étrange que cela puisse paraître, notre corps et notre système immunitaire sont engagés dans un combat mutuel. Et ce sont les chants de la mort qui sont les véritables gardiens des sanctuaires.

De l'utilisation des sanctuaires par les microbes

Nous avons tendance à croire que l'issue victorieuse des batailles livrées par notre système immunitaire contre un virus, une bactérie, un parasite, correspond toujours à l'élimination du microbe. Dans la plupart des cas il n'en est rien. Ce que nous appelons la guérison n'est le plus souvent qu'une demi-victoire, un compromis : notre système immunitaire a réussi à confiner le virus, la bactérie ou le parasite à certains territoires du corps et à l'empêcher de trop s'y reproduire et de s'en échapper. Ainsi, parmi d'innombrables exemples, le virus d'Epstein-Barr, le bacille de la tuberculose ou le virus qui cause la varicelle persistent le plus souvent en nous tout au long de notre existence. Lorsque, des dizaines d'années après notre demi-victoire initiale, survient une défaillance momentanée de notre système immunitaire (à la suite d'une maladie ou d'un traitement médicamenteux), l'agent infectieux qui sommeillait en nous va soudain nous envahir de nouveau, de l'intérieur. Peuvent alors survenir un cancer, une tuberculose, un zona…

Certains microbes utilisent le privilège immunologique dont sont dotés certains de nos organes pour y établir leur résidence de manière permanente. Il en est ainsi d'un parasite, le toxoplasme, qui se transmet par voie digestive lorsque nous ingérons de la viande mal cuite provenant d'un animal infecté ou lors d'un contact avec un chat infecté. Le toxoplasme, micro-organisme composé d'une seule cellule, se dédouble alors rapidement dans notre corps, entraînant la naissance de milliards de descendants et une réponse rapide et brutale du système immunitaire qui élimine en quinze jours la quasi-totalité des parasites. Mais une petite minorité d'entre eux va réussir à s'échapper en gagnant notre cerveau. Là, les toxoplasmes vont se différencier en cellules qui se dédoublent peu, sommeillant dans notre cerveau durant toute notre existence, hors d'atteinte du système immunitaire. L'infection est extrêmement répandue dans toute l'Europe du Sud et plus de quatre-vingts pour cent de la population humaine y est infectée. En dehors de circonstances très particulières (la survenue d'un déficit immunitaire, comme le sida), la persistance du toxoplasme dans notre cerveau ne provoque aucune maladie.

Le toxoplasme est un véritable spécialiste de l'invasion, dans nos corps, des territoires dotés d'un privilège immunologique. Si une femme est enceinte lorsqu'elle est infectée pour la première fois, le toxoplasme se réfugie non seulement dans son cerveau, mais aussi dans l'embryon qu'elle porte où, à l'abri du système immunitaire de la mère, il peut causer des lésions graves.

Une fois que la première infection a eu lieu et que le toxoplasme s'est déjà établi dans notre cerveau, la mémoire de notre système immunitaire lui permet de répondre rapidement et brutalement à toute infection ultérieure, éliminant les parasites nouveaux venus en quelques jours avant qu'ils aient le temps d'envahir le corps et de s'y réfugier. Mais le « premier occupant » dort déjà en nous – dans notre cerveau – et notre système immunitaire, qui ne peut le chasser, ne peut plus désormais que protéger notre corps contre de nouveaux arrivants.

De la création d'un sanctuaire par les microbes

L'œil, le cerveau, l'embryon qui se développe dans une femme enceinte sont des sanctuaires naturels de nos corps, repoussant les combattants du système immunitaire qui s'en approchent à la poursuite du non-soi. Mais la plupart des organes et des tissus de notre corps ne possèdent pas ce privilège immunologique et sont ouverts en permanence à notre système immunitaire.

Notre corps est ainsi divisé en deux régions très différentes, dont les tailles respectives sont sans aucune commune mesure. De petits territoires, où l'inviolabilité du sanctuaire prime sur la lutte contre les agents infectieux. Et un énorme territoire, le reste de notre corps, où le risque de survenue des lésions que peut causer l'armée qui nous défend s'efface devant la nécessité de protéger notre intégrité. Là se déroulent les combats que livre notre système immunitaire aux virus, aux bactéries et aux parasites pour les éliminer et leur couper la route avant qu'ils puissent se réfugier dans un sanctuaire. Dans ces deux territoires de notre corps, les relations entre le système immunitaire et le suicide cellulaire offrent une image inversée, une image en miroir. Dans les organes sanctuaires, ce sont les cellules de l'organe infecté qui forcent les cellules du système immunitaire au suicide. Dans le reste de notre corps, c'est le système immunitaire qui force les cellules infectées au suicide.

Le privilège immunologique est conféré à un organe par les cellules qui le composent. Un organe doté du privilège immunologique est un organe entouré d'une fortification constituée de cellules qui fabriquent continuellement à la fois des protéines – dont le ligand de Fas – qui agissent comme des signaux – des chants – de mort, et des protéines qui permettent à ces cellules de s'en protéger et d'y survivre. Il suffit donc que n'importe laquelle de nos cellules commence par hasard à fabriquer ces protéines, pour qu'elle acquière brutalement le statut de sanctuaire. Ce sont des modifications de ce type qui permettent aux cellules cancéreuses de se doter d'un privilège immunologique anormal et d'acquérir la propriété de semer la mort autour d'elles. Et certains microbes font de même, forçant les cellules infectées à fabriquer les armes qui les transforment en sanctuaires. La possibilité de transformer certaines cellules de notre corps en sanctuaire doté d'un privilège immunologique ouvre aux virus, aux bactéries et aux parasites d'extraordinaires possibilités d'échappement.

Les cellules infectées peuvent alors devenir des attaquants, restreignant l'étendue des régions où règne notre système immunitaire et faisant apparaître, dans le paysage de notre corps, une mosaïque mouvante de petites régions que les microbes transforment, pour un temps ou pour toujours, en de nouveaux sanctuaires.

Le suicide cellulaire et les sanctuaires : les espoirs de la médecine

Il est des circonstances où c'est la médecine qui souhaiterait pouvoir restreindre l'étendue des territoires où règne le système immunitaire : lorsque l'état d'un malade nécessite une greffe d'organe, une greffe de rein, de cœur, de foie, de poumon… Hormis les rares cas où l'organe greffé provient d'un jumeau vrai ou d'un parent génétiquement très proche, le système immunitaire perçoit à juste titre l'organe greffé comme étranger au soi. Il l'attaque et le rejette, causant dans ce cas la mort du patient qu'il « protège ». Les seuls traitements qui permettent aujourd'hui d'empêcher le rejet de la greffe sont des traitements immunosuppresseurs qui agissent en bloquant globalement la capacité du système immunitaire à fonctionner. Oblitérer les fonctions de l'ensemble du système de défense de notre corps pour empêcher le rejet d'un cœur, d'un foie ou d'un rein est un traitement efficace, qui permet, dans un très grand nombre de cas, la prise de la greffe et donc la guérison. Mais ce traitement a des inconvénients considérables : il favorise le développement des infections et des cancers.

Il y a bien sûr des exceptions : la greffe de tissus étrangers à l'intérieur des organes de notre corps qui sont naturellement dotés d'un privilège immunologique n'entraîne pas de rejet. Ainsi, le privilège immunologique de l'œil permet de réaliser des greffes de cornée à partir de donneurs non apparentés. Ainsi, le privilège immunologique du cerveau a permis, depuis 1990, des tentatives de traitement de la maladie de Parkinson à partir de greffes de neurones embryonnaires génétiquement différents du receveur.

La découverte récente des mécanismes du privilège immunologique a fait naître l'espoir d'une stratégie thérapeutique radicalement nouvelle : transformer artificiellement l'organe greffé en sanctuaire, sans compromettre les fonctions globales du système immunitaire. Manipuler l'organe, avant la greffe, pour lui permettre de produire les protéines – les signaux – qui lui conféreront un privilège immunologique. Et, depuis la fin de l'année 1998, des résultats obtenus chez l'animal suggèrent qu'une telle approche est réalisable.

Mais cette stratégie thérapeutique pose un problème théorique considérable. Les sanctuaires naturels érigés par nos corps, qui protègent l'embryon de la femme enceinte, le cerveau et l'œil, évitent la destruction par le système immunitaire de cellules essentielles à la survie de chaque individu ou à la propagation de l'espèce. Mais ils ont un coût : un microbe qui aura réussi à s'y réfugier pourra y persister à l'abri du système immunitaire. Transformer artificiellement un organe greffé en sanctuaire, c'est lui conférer à la fois ce privilège (la capacité de se battre contre le système immunitaire) et lui imposer ce risque (devenir un abri potentiel pour un agent infectieux). Que deviendrait un individu dont un rein, un poumon, le foie, le cœur ou la peau constitueraient soudain un abri pour les virus, les bactéries, les parasites qui les envahissent et que le système immunitaire est devenu incapable de combattre ? Personne ne connaît la réponse. Mais il s'agit d'une question importante. Le privilège immunologique « naturel » qui protège l'œil, le cerveau, l'embryon est apparu et s'est pérennisé au cours d'une évolution de plusieurs dizaines de millions d'années. L'émergence soudaine, en raison des progrès de la médecine, de nouveaux sanctuaires ouvrirait aux agents infectieux un champ d'opportunités entièrement nouveau, auxquelles aucun de nos ancêtres n'a jamais été confronté et dont il est difficile d'imaginer les conséquences.

Ainsi avancent désormais les connaissances dans le domaine du suicide cellulaire comme dans tous les domaines de la science en pleine expansion. À pas de géant, bouleversant les représentations anciennes de la biologie et de la médecine, ouvrant de nouvelles perspectives insoupçonnées, mais posant dans le même temps de nouveaux problèmes. Sources d'émerveillement, mais sources aussi de craintes. Un questionnement permanent.

De la sculpture permanente de notre identité

 Dans l'écriture chinoise, l'idéogramme qui signifie « moi » dessine deux hallebardes qui s'affrontent.

La découverte du privilège immunologique a eu une autre implication importante : elle a éclairé d'un jour nouveau le concept de notre identité, la notion de soi et les notions de distinction entre le soi et le non-soi.

Le soi n'est pas simplement ce qui est toléré, reconnu, accepté par notre système immunitaire, cette identité à laquelle notre corps l'a confronté au moment de sa naissance – la ligne mélodique du soi dont la reconnaissance quotidienne est indispensable à chaque lymphocyte pour survivre. Le soi est aussi ce que notre corps interdit chaque jour à notre système immunitaire, sous peine de mort, d'attaquer.

Les cellules des sanctuaires forcent au suicide les combattants qui s'y précipitent pour y pourchasser les dissonances potentiellement dangereuses qu'ils ont perçues sur la ligne mélodique du soi. La coexistence entre notre corps et notre système immunitaire résulte d'un équilibre dynamique, d'un combat permanent. Un corps qui se protégerait trop bien contre son gardien en le détruisant se détruirait lui-même. Un système immunitaire qui protégerait trop bien le corps en le détruisant se détruirait lui-même. Le maintien de notre intégrité et de notre identité résulte d'un rapport de forces complexe, d'une paix armée entrecoupée de brusques combats.

Les combats de notre système immunitaire contre les cellules et les organes habités par les agents infectieux (le non-soi dangereux qui surgit de l'extérieur) et contre les cancers (le non-soi dangereux qui surgit de l'intérieur) sculptent notre corps à intervalles réguliers. Inversement, l'interdiction faite par notre corps au système immunitaire de pénétrer dans certains organes pour y combattre ces dangers, sculpte par intermittence notre système immunitaire.

Une nouvelle vision des frontières entre le soi et le non-soi est en train d'émerger : fragiles, perpétuellement remises en cause, recomposées jour après jour dans notre corps par le suicide cellulaire. Et c'est cette vision d'un univers mouvant, perpétuellement changeant, qui nous permet aujourd'hui de commencer à réinterpréter certains des dérèglements du fonctionnement de notre système immunitaire qui conduisent au développement de nombreuses maladies. Il en est ainsi des cancers et des maladies infectieuses, qui, par l'instauration d'un privilège immunologique anormal, empêchent nos défenses d'opérer en leur interdisant le combat. Mais il en est aussi de même, comme une image inversée, des maladies auto-immunes, au cours desquelles la perte anormale du pouvoir de certains de nos organes à maintenir le privilège immunologique qui les protège livre ces sanctuaires devenus soudain sans défense aux attaques de notre système immunitaire.

Changer de perspective

Nous avons découvert que nos corps sont composés de cellules condamnées à vivre ensemble ou à mourir. Nous avons distingué, ancrées au cœur de chacune des cellules qui nous composent, les armes qui leur permettent de s'autodétruire. Nous avons compris que vivre, pour chacune de nos cellules, c'est réprimer chaque jour le déclenchement du suicide. Et nous avons découvert la puissance, la complexité, mais aussi la fragilité que confère à nos corps ce pouvoir de s'autodétruire.

Pourtant le déploiement d'un langage scientifique riche de résonances anthropomorphiques – « suicide cellulaire », « mort programmée », « décision de vivre ou de mourir », « contrôle social de la vie et de la mort » – traduit l'existence d'une difficulté profonde à appréhender la nature réelle de ces phénomènes. La fascination exercée par ces nouveaux concepts et la richesse de leurs applications médicales possibles ont eu pour effet à la fois de focaliser et de figer la réflexion.

« Le soleil ni la mort, a écrit La Rochefoucauld, ne se peuvent regarder fixement. » Oscillant entre une impression de révélation magique et une impression de banalité de ce qui apparaît soudain comme évidence, la tentation est née de manipuler les mécanismes qui contrôlent le suicide cellulaire plutôt que d'essayer d'en comprendre la nature. À la question « comment se fait-il que nos cellules aient le pouvoir de s'autodétruire ? » s'est substituée, et confusément imposée, dans une vision panglossienne du « meilleur des mondes possibles », l'idée que la raison d'être du suicide cellulaire était de nous permettre de construire nos corps.

Mais il est, nous l'avons vu, une autre manière d'aborder cette question. Les phénomènes de suicide cellulaire ne sont pas nés en nous. Ils sont nés dans les corps de nos ancêtres et ont été sculptés de génération en génération. Nous som-

mes, chacun, les descendants d'une longue lignée d'ancêtres qui se sont tous reproduits avant de disparaître. Nous
avons chacun une histoire, dont le début remonte longtemps
avant l'instant de notre naissance.

« Rien n'a de sens en biologie, a écrit le biologiste Dobzhansky, si ce n'est à la lumière de l'évolution. » Si nous
voulons véritablement appréhender la raison d'être d'une
caractéristique de notre corps, il vaut mieux essayer de
comprendre, non pas à quoi elle nous sert, mais d'où elle
nous vient.

Et c'est cette dimension que nous allons maintenant aborder.

Nous allons effectuer une plongée dans le temps, un
voyage au long de l'évolution du vivant, à la recherche de
l'origine du suicide cellulaire.

Un voyage à travers quatre milliards d'années, à la recherche de l'origine du suicide cellulaire

« Le problème le plus passionnant, plus mystérieux encore que celui de l'origine de la vie, est bien celui de l'origine de la mort. »

Edgar Morin, *L'Homme et la mort*.

9

Le début du voyage

Une vue du sommet

Quand, dans l'arbre généalogique du vivant, est apparue pour la première fois la potentialité du suicide cellulaire ? Y a-t-il eu une période d'« avant le suicide », durant laquelle la mort n'a pu résulter que des agressions de l'environnement extérieur ou d'une incapacité de chaque cellule à assurer sa propre pérennité ? Et une période d'« après la naissance du suicide », durant laquelle la capacité de « mourir avant l'heure », de déclencher et de contrôler l'autodestruction est soudain devenue une propriété du vivant ? Et quand naît cette frontière entre le temps de « la mort qui ne peut venir que du dehors » et le temps de « la mort qui peut venir du dedans » ?

Nous allons maintenant commencer un long voyage. Nous allons essayer de remonter le temps. C'est une entreprise difficile, parce que le passé véritable du vivant nous est, à jamais, fermé. Mais nous allons suivre un chemin de traverse, le seul qui nous soit accessible, pour tenter de distinguer, dans le présent, des reflets du passé. Nous allons parcourir le monde foisonnant des espèces qui nous entourent, pour essayer d'identifier celles qui ont acquis, il y a peu de temps, leur incarnation contemporaine et celles qui sont restées le plus semblables à nos ancêtres les plus lointains.

Imaginons l'ensemble des espèces vivantes qui peuplent aujourd'hui notre planète comme la cime du vaste buisson de l'évolution du vivant. Nous sommes tous aujourd'hui très loin du sol, au sommet, comme ces explorateurs qui

posent leur radeau sur la cime des arbres des forêts ama-
zoniennes. Imaginons que le sommet constitue un vaste
cercle et que la position, à l'intérieur de ce cercle, de l'extrémité d'une branche, corresponde à l'endroit, plus ou moins
proche du sol, où la branche s'est séparée des autres. Imaginons par exemple que les extrémités des branches qui se
sont séparées il y a le plus longtemps (le plus près du sol
– du passé) soient à la périphérie du cercle et que les extrémités de celles qui se sont séparées le plus récemment (le
plus près du sommet – du présent) soient proches du centre
du cercle.

Notre machine à « remonter le temps » est bizarre et
complexe : elle fait appel à l'étude des fossiles, à l'analyse
du degré de parenté entre des gènes, à des horloges biologiques qui tentent d'apprécier le rythme auquel les mutations aléatoires des gènes sont propagées de génération en
génération, à l'exploration comparative des différentes étapes du développement des embryons et à d'autres moyens
encore, pour essayer de déterminer le moment où les branches dont les extrémités nous atteignent se sont séparées
les unes des autres. Et notre machine a le pouvoir de nous
faire entrevoir, dans le présent, les reflets imprécis du
moment où les espèces qui nous entourent ont acquis
l'incarnation qui est aujourd'hui la leur.

Elle nous permet aussi de découvrir, ou d'imaginer, certaines des innombrables branches qui se sont brisées il y a
longtemps. Le sommet que nous parcourons – le présent –
est riche d'extravagantes inventions, mais pauvre de
l'absence de la plupart d'entre elles, qui se sont éteintes à
jamais. Le voyage vers les origines du vivant révèle des
épisodes merveilleux et terribles. Il nous faut appréhender,
suivre et reconstruire des branches qui se sont brutalement
interrompues et d'où sont nés des rameaux continuant leur
poussée vers le présent, donnant à leur tour naissance à de
nouveaux buissons. Parfois, souvent, le rameau qui a atteint
le présent n'a apparemment rien de commun avec les
fossiles qui témoignent de la branche qui s'est éteinte.

Les dinosaures ont disparu il y a plusieurs dizaines de
millions d'années. Nous admirons dans les musées leurs

squelettes que les paléontologues ont patiemment reconstitués. Nous tremblons de peur et de joie comme des enfants à l'idée d'un Jurassic Park qui les ferait renaître. Mais notre machine à remonter le temps nous fait entrevoir la possibilité d'une réalité plus surprenante encore. Au moment où s'éteignait la quasi-totalité des espèces de dinosaures qui régnaient sur notre planète, il semble qu'un rameau ait réussi à émerger de la branche en train de mourir et ait commencé à pousser vers le sommet. Et ce rameau donnait naissance peu à peu à un buisson touffu, dont les descendants aujourd'hui nous entourent.

Jurassic Park n'est pas seulement un rêve mais aussi probablement une réalité. Les chants des oiseaux sont les chants des descendants des dinosaures. Rossignols, hirondelles, pélicans, aigles, moineaux, Jurassic Park peuple notre ciel, nos arbres, nos jardins. Et l'évolution du vivant apparaît plus merveilleuse que les inventions de la fiction.

Avant de commencer notre voyage, jetons un regard rapide autour de nous. Les êtres vivants qui habitent aujourd'hui notre planète forment le peuple des rescapés de la longue histoire qui nous a donné naissance. Aucun n'est notre ancêtre. Ils sont tous nos contemporains. Ils ont tous évolué, à mesure qu'ils voyageaient à travers le temps. Ils appartiennent à quatre grands royaumes. Deux d'entre eux sont les royaumes des animaux et des plantes multicellulaires, dont les premiers ancêtres sont nés il y a environ huit cents millions à un milliard d'années. Les deux autres grands royaumes sont ceux des êtres unicellulaires dont les premiers ancêtres sont nés il y a environ quatre milliards d'années. Le royaume des eucaryotes d'abord, dont les cellules sont semblables à celles qui composent les corps des animaux et des plantes et dont la bibliothèque des gènes est enfermée dans un noyau. Comme nos cellules, les cellules eucaryotes possèdent des mitochondries qui leur permettent de produire de l'énergie à partir de l'oxygène. Certains eucaryotes (les ancêtres des plantes) possèdent aussi des chloroplastes, qui permettent la photosynthèse. Il nous reste un dernier royaume à découvrir, celui des bactéries, la forme la plus simple des cellules vivantes. Elles sont minuscules, beaucoup plus petites que nos cellules et que toutes les cellules eucaryotes. Elles ne possèdent pas de noyau : le long ruban circulaire d'ADN qui constitue la bibliothèque de leurs gènes flotte à l'intérieur de leur corps cellulaire.

Nous allons maintenant nous reposer la question : où – et quand – pouvons-nous entrevoir la naissance du suicide cellulaire ? Où – et quand – apparaît la capacité des cellules à s'autodétruire ?

En parcourant le royaume des espèces animales

Des vers, des insectes, des souris et des hommes...

> « Bichat disait autrefois : "La vie est l'ensemble des fonctions qui résistent à la mort." Aujourd'hui on aurait plutôt tendance à dire que "la vie est l'ensemble des fonctions capables d'utiliser la mort". »
>
> Henri Atlan, *Entre le cristal et la fumée.*

Il n'existe pour l'instant aucune espèce animale dans laquelle on n'ait pas détecté l'existence de phénomènes de suicide cellulaire. Dans les espèces où ils ont été à ce jour étudiés – le petit ver *Caenorhabditis elegans*, la mouche du vinaigre *Drosophila melanogaster*, la souris et l'homme – le degré de parenté entre les protéines qui participent au contrôle de la vie et de la mort des cellules (et les informations génétiques qui permettent de les produire) est, nous l'avons vu, considérable, exceptionnel. Et il semble pour cette raison hautement probable que les armes du suicide sont apparues et se sont propagées très tôt, dans certains des premiers ancêtres qui allaient donner naissance à l'ensemble du règne animal.

Ce degré de conservation suggère aussi que la capacité à déclencher le suicide cellulaire a pu jouer un rôle important dans l'évolution du vivant. Qu'elle s'est transmise, de génération en génération, à travers des centaines de millions d'années, parce qu'elle était indispensable au développement, au fonctionnement et à la reproduction des corps des animaux.

Mais comment savoir ?

Une des façons d'essayer de répondre consiste à poser la question à l'envers. À se demander quelles seraient les conséquences, aujourd'hui, pour un individu, d'une perte de certaines des informations génétiques permettant à ses cellules de s'autodétruire. À explorer le destin des mutants génétiques qui ont été obtenus artificiellement dans certaines espèces animales, et qui sont incapables de produire certaines des protéines qui participent au déclenchement du suicide.

Il existe chez la drosophile un gène nommé *reaper*, qui contient les informations permettant la production d'une protéine qui déclenche l'activation des ciseaux de l'exécuteur dans toutes les cellules qui s'autodétruisent au cours du développement embryonnaire de la drosophile. L'altération artificielle du gène *reaper* dans une cellule-œuf entraîne la survie de toutes les cellules qui, normalement, devraient disparaître : la conséquence en est la mort de l'embryon. L'altération artificielle du gène *dcp* qui permet aux cellules de drosophile de fabriquer l'un des ciseaux des exécuteurs a le même effet : elle provoque la mort de l'embryon.

Chez la souris, l'altération artificielle dans une cellule-œuf de certains des quinze gènes correspondant aux ciseaux des exécuteurs (la caspase-3, la caspase-8 ou la caspase-9) bloque le suicide de certaines familles cellulaires et provoque des anomalies profondes du développement, entraînant la mort de l'embryon ou du nouveau-né. Et l'altération artificielle du gène *aif* (« facteur induisant l'apoptose ») empêche le déroulement des toutes premières étapes du développement de l'embryon.

Ainsi, chez la drosophile et la souris, certaines altérations génétiques accidentelles qui abolissent la capacité des cellules à fabriquer les armes du suicide ne peuvent se propager : elles disparaissent avec les corps des embryons dans lesquels elles surviennent. La mort cellulaire semble nécessaire à la vie.

Le paradoxe du petit ver transparent

Qu'en est-il de *Caenorhabditis elegans*, le modèle, le paradigme du contrôle de la vie et de la mort cellulaires au cours du développement de l'embryon ? L'altération artificielle du gène *ced-3*, qui permet la fabrication des ciseaux de l'exécuteur, ou du gène *ced-4*, qui permet de fabriquer l'activateur, abolit tout phénomène de mort cellulaire au cours du développement de l'embryon. Le corps de ces mutants possède à la naissance cent trente et une cellules de plus que les nouveau-nés normaux. Mais ces mutants sont viables, ont une longévité normale et ne présentent aucune anomalie majeure dans leur mode de vie, à part un certain degré de ralentissement de leur activité.

Il y avait là un paradoxe majeur. En 1986, dans une espèce vivante où, pour la première fois, les mécanismes de contrôle du suicide cellulaire étaient décryptés, se révélait dans le même temps leur apparente inutilité. Pourquoi le petit ver ancestral possède-t-il quatre gènes permettant la fabrication de quatre protéines – Ced-3, Ced-4, Ced-9 et Egl-1 – dont le seul effet paraît être de permettre le déclenchement et la répression du suicide cellulaire, et au moins six protéines dont le seul effet paraît être de régler le ballet des funérailles des cellules qui se suicident, si l'absence de mort cellulaire au cours du développement n'entraîne aucune conséquence délétère ?

Ce paradoxe dérangeant, pour lequel n'existait aucune réponse, fut, comme beaucoup d'autres paradoxes, négligé. Peut-être le ralentissement de l'activité des mutants représentait-il, après tout, un inconvénient suffisant pour expliquer l'existence et la conservation dans le petit ver ancestral des gènes qui déclenchent et répriment le suicide.

C'est seulement dix ans plus tard, en 1996, qu'une autre réponse fut proposée. Le suicide cellulaire permettrait au petit ver de bien se reproduire : il pourrait contribuer, non à la pérennité des individus, mais à la pérennité de l'espèce.

Au cours de la maturation des ovules de *Caenorhabditis elegans*, des cellules nourricières se suicident, leur apportent des ressources énergétiques. Les vers mutants, dépourvus des gènes qui permettent de déclencher le suicide cellulaire, ont moins de descendants.

Ainsi, de manière étrange, la mort des cent trente et une cellules du corps de l'embryon en train de se construire ne représente peut-être chez *Caenorhabditis elegans* qu'une variation anecdotique sur un thème essentiel : participer à la formation d'ovules ; participer à la perpétuation de l'espèce, de génération en génération, à travers le temps.

De la sculpture des corps à la sculpture des espèces

La conservation du suicide cellulaire à travers les espèces pourrait avoir joué un rôle non seulement dans la pérennité des individus et des espèces à travers le temps, mais aussi dans la naissance des embranchements nouveaux qui ont peu à peu enrichi le buisson de l'évolution du vivant.

L'émergence d'espèces nouvelles est liée à la survenue aléatoire de modifications dans le déroulement de certaines étapes de la construction de l'embryon, aboutissant à une nouvelle architecture de son corps. À l'intérieur d'une même espèce, les contraintes exercées par les modalités du développement des embryons leur permettent de s'auto-organiser de manière relativement similaire. Mais un changement accidentel dans ces règles du jeu peut, parfois, un jour, aboutir à la construction d'embryons différents. La plupart des changements importants auront pour conséquence une interruption prématurée de l'existence de l'embryon. Mais certaines modifications, à condition qu'elles soient compatibles avec les contraintes multiples exercées – à des niveaux différents – par les modalités d'auto-organisation de l'embryon, peuvent faire soudain surgir la nouveauté. Nous avons vu comment le déclenchement ou la répression du suicide dans les cellules qui séparent les doigts avait permis de sculpter, dans de nombreuses espèces, la forme des pattes et des ailes. De telles modifications dans le déclenchement ou la répression du suicide d'autres familles cellulaires ont pu jouer aussi un rôle important dans la sculpture, au cours de l'évolution, des potentialités de nombreux organes, dont le système nerveux et le cerveau. Des mutations génétiques qui empêchent certains neurones de fabriquer les armes qui leur permettent de s'autodétruire au moment de la construction d'une région du cerveau aboutiront à une augmentation du nombre de leurs partenaires qui pourront survivre. De nouvelles configurations vont apparaître, de nouveaux réseaux, de nouvelles connexions, de nouvelles fonctions, de nouvelles potentialités.

Parce que, dans chaque embryon, des cellules, en permanence, sont produites en excès puis s'autodétruisent, une réserve potentielle de cellules est, à tout moment, immédiatement disponible pour s'intégrer dans une configuration émergente. De nouvelles modalités de construction du corps, de nouvelles formes, de nouveaux organes, de nouvelles activités, sont en permanence inscrits dans le champ des possibles, dont seul le suicide cellulaire interdit l'incarnation. Un jour, par hasard, des mutations génétiques accidentelles, qui se traduiront, au niveau de certaines cellules, en termes de vie ou de mort, permettront soudain cette incarnation, donnant naissance à un être nouveau. Un jour, par hasard, un organe – une portion d'organe – disparaîtra, ouvrant soudain la possibilité de construire la nouveauté. Le suicide cellulaire est un réservoir où l'évolution a probablement abondamment puisé pour arpenter le champ des possibles.

L'autre royaume : à la découverte du suicide cellulaire dans le monde des plantes

Il y a environ un milliard d'années, durant la période où apparaissent les premiers ancêtres des animaux, naissaient probablement les premiers ancêtres d'un autre royaume, celui des plantes multicellulaires dont les innombrables descendants – des fleurs chatoyantes et éphémères aux arbres millénaires – aujourd'hui nous entourent. Et dans de nombreuses plantes allaient être récemment révélés la présence et le rôle du suicide cellulaire, et son visage apoptotique.

Il y a plus de trois siècles, en 1665, Robert Hooke, utilisant l'un des premiers microscopes, rapportait à la Société royale de Londres qu'une portion d'un être vivant – une plante – est faite d'une multitude de petites structures régulières, des alvéoles invisibles à l'œil nu : des cellules. La portion de plante dont il s'agissait était l'écorce d'un arbre, le liège. Nous savons aujourd'hui que l'écorce d'un arbre est composée de cellules mortes, de cadavres intègres, qui résultent du déclenchement du suicide cellulaire. Ainsi, Hooke décryptait un des secrets de la vie en observant, sans le savoir, le travail de la mort au cœur du vivant : la construction d'une écorce protectrice par la superposition de couches de cellules mortes.

En 1996, plusieurs laboratoires découvrirent que le suicide cellulaire présentait, dans les plantes, un visage très semblable à celui de l'apoptose. Il s'accompagne, comme dans les cellules de notre corps, d'une condensation et d'une fragmentation du noyau et de l'ensemble de la bibliothèque des gènes qu'il contient, et d'une condensation du corps cellulaire, suivie ou non, suivant les cas, d'une fragmentation en petits corps apoptotiques.

Il semble exister néanmoins une différence importante entre l'apoptose des cellules végétales et l'apoptose des cellules animales qui explique l'observation ancienne de Hooke. Les cellules des plantes, qui sont entourées d'une enveloppe rigide, ne sont pas, lorsqu'elles meurent, englouties par les cellules voisines. En l'absence de rites funéraires, elles vont, selon les cas, se fragmenter, se dessécher, se dissoudre et rapidement disparaître ; ou persister, comme des corps sans vie, embaumés, momifiés, participant à la survie de la plante, comme l'écorce protectrice des arbres.

Le suicide participe à différents aspects essentiels du développement, de la vie, de la reproduction et des mécanismes de défense des plantes. La « stratégie de la terre brûlée » leur permet de se protéger contre les microbes en faisant disparaître leurs cellules à mesure qu'elles risquent d'être envahies. Dans les plantes « vasculaires », les vaisseaux à travers lesquels s'écoule l'eau (le xylème) et ceux où s'écoulent les aliments (le phloème) sont des tubes creux formés par la mort des cellules qui les composent : seule persiste l'enveloppe des cellules, qui constitue la paroi de ces tuyaux.

Dans de nombreuses fleurs, les ébauches des organes reproducteurs mâle et femelle émergent initialement ensemble, comme dans nos corps, puis, selon le sexe de la fleur, le suicide cellulaire entraîne la disparition de l'une ou de l'autre des ébauches, sculptant un mâle ou une femelle.

Et c'est la mort des cellules qui constituent une partie de leur tige qui provoque, à l'automne, la chute des feuilles et leur donne leurs couleurs flamboyantes. Ainsi, de manière inattendue, la métaphore choisie il y a trente ans pour nommer le suicide cellulaire – l'apoptose – rejoint la réalité : c'est l'apoptose – l'autodestruction – des cellules végétales qui cause « la chute des feuilles des arbres en automne ».

Des travaux très récents suggèrent qu'il pourrait exister dans les plantes des informations génétiques qui ressemblent à celles que les cellules animales utilisent pour fabriquer les ciseaux des exécuteurs et les activateurs des ciseaux.

Mais le degré de parenté entre ces gènes – et ces protéines – dans les cellules animales et les cellules végétales est encore inconnu et reste à découvrir. S'agit-il de gènes différents, apparus de manière indépendante et parallèle dans les deux royaumes ? Ou s'agit-il des descendants d'une même famille de gènes, qui ont été transmis de génération en génération, dans l'ensemble de l'univers des animaux et des plantes ?

Les premières espèces multicellulaires qui sont apparues et ont commencé à se reproduire sur la Terre ont sans doute aujourd'hui à jamais disparu. Ces premiers animaux et ces premières plantes multicellulaires étaient-ils déjà dotés de la capacité de s'autodétruire ? Et étaient-ils les premiers êtres vivants à posséder ce pouvoir ?

10

Le voyage interrompu
Le dogme de l'émergence simultanée du suicide cellulaire et des corps multicellulaires

Le voyage dans le passé, à la recherche de l'origine du suicide cellulaire, s'est interrompu, pendant longtemps, à la date butoir de la naissance des premiers corps multicellulaires des animaux et des plantes, il y a environ un milliard d'années. Non pas parce que la biologie n'avait pas les moyens d'essayer de remonter plus loin à travers le temps. Mais à cause d'une idée, qui était devenue un dogme : le suicide cellulaire ne pouvait pas être né plus tôt.

Terra incognita

> « La contribution la plus importante [de l'*Atlas catalan*] était peut-être ce qu'il omettait. Sur d'autres cartes, les régions inconnues du Sud et du Nord étaient incluses comme lieux de mythe, de monstres, d'anthropophages, et de serpents de mer. Mais, recherchant la vérité, fidèle aux faits, l'*Atlas catalan* laissait au contraire vides les parties inconnues de la Terre. Ce vide était nommé, simplement et de manière effrayante, *Terra incognita* […]. »
>
> Anne Michaels, *Fugitive Pieces.*

La motivation la plus profonde de la recherche scientifique n'est pas l'exploration de l'inconnu : l'inconnu est trop vaste. Tout chercheur part à la découverte de ce qu'il a déjà entrevu, imaginé, de ce qu'il pense présent mais caché aux regards. D'où l'importance en science des hypothèses, des théories, des paradigmes, des constructions et des projections intellectuelles. La découverte est presque toujours une redécouverte. Même si souvent elle ne correspond pas à ce qu'on attendait.

Sur le chemin qu'emprunta Christophe Colomb, l'Amérique – *Terra incognita* – coupait l'Océan entre l'Espagne et les Indes. Il crut, découvrant les Antilles, avoir abordé les Indes. Il voyait s'incarner devant lui le but de son voyage, la terre qu'il avait imaginée de l'autre côté de la mer. Si son erreur a fait sa gloire posthume, l'important est qu'il soit un jour parti parce qu'il croyait savoir où il allait. Il n'errait pas sur les mers à la recherche de terres encore inconnues. Il voulait parcourir un chemin dont lui, et d'autres avant lui, avaient imaginé l'existence.

Découvrir – redécouvrir – ce qu'on a déjà inventé est une entreprise exaltante. Partir pour confirmer l'inexistence de ce dont on a imaginé l'absence est un périple difficile, épuisant, incertain et frustrant. Pour cette raison, délimiter les territoires où l'on pense qu'il n'y a rien à découvrir est en science une activité aussi importante que de dresser la carte des territoires dont on imagine les contours. Cette démarche, toujours recommencée, qui construit et reconstruit notre représentation du monde, fait naître à chaque instant, à chaque époque, dans chaque discipline, les royaumes du possible, les régions, les frontières, les directions où l'exploration a le plus de probabilités d'être fructueuse. Mais elle a aussi obligatoirement un inconvénient. Elle aboutit sans cesse à exclure sans certitude, à affirmer sans savoir. La conviction qu'un phénomène ne peut pas exister peut conduire à la certitude qu'il n'y a pas lieu d'essayer de confirmer – ou d'infirmer – son absence. Ainsi naissent et renaissent pour un temps les paradigmes et les dogmes.

Le dogme de l'émergence du suicide cellulaire il y a environ un milliard d'années ne provenait pas de tentatives infructueuses de plonger plus avant dans le passé pour en rechercher la trace. Il provenait d'un raisonnement logique, d'une représentation du vivant qui semblait exclure formellement la possibilité d'une émergence antérieure, et cela pour deux raisons essentielles.

Deux raisons pour un même dogme

*La naissance des corps
ou la naissance de l'« altruisme » cellulaire*

Chaque corps multicellulaire est une société de cellules condamnées à cohabiter dans une entité limitée dans l'espace et le temps. Que ces corps multicellulaires se reproduisent par scissiparité – comme certaines anémones de mer ou l'hydre d'eau douce – ou, dans la plupart des cas, à partir d'une cellule-œuf unique, née d'une parthénogenèse ou de la fusion d'un spermatozoïde et d'un ovule, les cellules qui composent un corps partagent son destin. Elles ne peuvent abandonner la société à laquelle elles appartiennent et lui survivre que si elles ont la capacité d'en reconstruire une autre. Aucune de nos cellules ne peut survivre en l'absence d'un corps, qu'il s'agisse du corps qu'elles habitent ou du corps auquel elles vont donner naissance. Le couplage de la répression du suicide cellulaire à des signaux émis par la collectivité a la propriété de rendre chaque cellule dépendante du destin de la collectivité à laquelle elle appartient. De conférer à la cellule un comportement apparemment « altruiste », de l'obliger à se sacrifier à la société qui lui donné naissance. De la forcer à s'effacer au profit de la pérennité de l'individu qu'elle contribue à construire.

L'un des premiers à formuler clairement cette idée fut le biologiste russe Umansky. En 1982, il proposa l'hypothèse que « le programme de mort cellulaire est apparu durant les toutes premières étapes de la formation des organismes multicellulaires, quand la viabilité du corps entier devint dépendante d'un fonctionnement normal de ses cellules ». Dix ans plus tard, ce concept avait pris valeur d'évidence et tenait lieu d'introduction à toutes les communications et articles scientifiques mentionnant l'origine et le rôle du suicide cellulaire.

L'émergence de phénomènes de suicide cellulaire permettant une forme de « contrôle social », « altruiste », de la vie et de la mort cellulaires a donc été perçue comme un des événements majeurs qui ont permis de résoudre au cours de l'évolution le problème complexe de la naissance des organismes multicellulaires. Parce qu'il est tentant de considérer que les solutions apparaissent au moment où elles permettent de résoudre un problème et non pas avant (que signifierait l'émergence d'une solution à des problèmes qui ne se sont pas encore posés et qui ne se poseront peut-être jamais ?), l'idée s'est tout naturellement imposée que la date de naissance de la solution (le suicide cellulaire « altruiste ») avait été contemporaine de la date de naissance du problème qu'elle avait permis de résoudre (l'obligation de coopérer des cellules qui composent un corps).

Et cette idée fut renforcée par une autre idée, complémentaire : il était impossible que le suicide ait émergé plus tôt.

« L'âge d'or » des origines ou la promesse d'immortalité

> « L'existence d'un programme de suicide dans un organisme unicellulaire n'a pas de sens : le suicide cellulaire correspondrait à la mort de l'organisme. »
>
> Gerard Evan, *Trends in Cell Biology*, 1994.

Dans l'univers des êtres unicellulaires – les bactéries, les levures, les amibes… –, chaque cellule semble constituer à elle seule un individu. N'importe lequel de ces individus peut donner naissance en se dédoublant à une descendance potentiellement infinie. Chaque être unicellulaire semble porter en lui depuis l'origine la promesse d'un voyage sans fin à travers le temps. Bien sûr, l'immense majorité des descendants des organismes unicellulaires ont un jour ou l'autre dû interrompre brutalement leur course vers l'éternité. Pour chacun d'entre eux, la famine, le froid, la chaleur, la sécheresse, les guerres brutales entre les espèces ont représenté à chaque instant la menace d'une disparition possible. Mais la mort ne paraît pas inscrite en eux. Elle vient du dehors.

Dans l'univers des êtres unicellulaires, chaque cellule – chaque individu – est l'équivalent d'une cellule-œuf et a une probabilité théorique égale de se projeter dans les générations futures. Dans un tel univers, le sacrifice, l'« altruisme » d'une cellule au profit d'une autre, représenterait l'abdication par un individu de sa chance d'immortalité. Toute mutation génétique dont l'effet aurait été de favoriser par hasard dans une cellule l'émergence du pouvoir de s'autodétruire – de mourir « avant l'heure » – aurait été, si elle était apparue – et dès qu'elle serait apparue –, rapidement et obligatoirement éliminée avec la cellule elle-même. En d'autres termes, elle aurait conduit à la disparition immédiate de l'individu mutant au profit de la pérennité de tous les individus « égoïstes » qui en étaient exempts.

Cette vision découpait le buisson du vivant en deux univers. Le premier, celui des organismes unicellulaires, dont les branches se ramifient sans fin depuis quatre milliards d'années, est un univers dont chaque membre porte en lui une promesse d'éternité. Le second, celui des organismes multicellulaires, dont les branches naissent il y a environ un milliard d'années, porte en lui les informations génétiques qui permettent aux cellules à tout moment de déclencher leur mort « avant l'heure », au profit de la pérennité des corps qu'elles construisent et qu'elles habitent. Au début était l'immortalité potentielle. Au début était l'a-mortalité. Puis un jour la mort s'est inscrite au cœur de l'univers du vivant. La mort est le prix qu'ont payé les cellules pour passer de la simplicité originelle à la complexité des corps.

Il est d'autant plus facile d'adhérer intuitivement à cette représentation qu'elle fait implicitement référence à une vision mythique universelle, celle d'un « âge d'or » originel. Au début était l'âge d'or de la simplicité et de la promesse d'immortalité. Et le peuple innombrable des organismes unicellulaires continue à nos côtés de témoigner de l'existence et de la pérennité de cet âge d'or.

Ainsi, l'idée que l'émergence du suicide cellulaire a été impossible avant l'émergence des premiers corps multicellulaires est venue renforcer l'idée que le pouvoir de s'auto-détruire et la multicellularité étaient nés ensemble. De la puissance apparente de ces deux concepts complémentaires est née une certitude, un dogme. Et la fragilité de ce dogme est longtemps restée méconnue.

11

Anatomie d'un dogme
Les pièges de la fascination
pour une fonction

> « Je connais un labyrinthe […] qui est une ligne unique, droite. Sur cette ligne, tant de philosophes se sont égarés qu'un pur détective peut bien s'y perdre. »
>
> Jorge Luis Borges, *La Mort et la boussole*.

L'idée que le suicide cellulaire a joué un rôle essentiel dans la naissance et la propagation des espèces multicellulaires suggère implicitement l'idée que sa « raison d'être » est liée à la « fonction » – au « rôle » – qu'il paraît exercer : la construction et la reproduction de sociétés cellulaires « altruistes » que nous appelons des « corps ».

Cette idée renvoie à l'une des interrogations les plus anciennes sur le vivant, qui a resurgi sous des formes sans cesse renouvelées : la question de la nature des relations entre l'existence – l'origine – d'une caractéristique particulière des êtres vivants – un organe, une structure, une forme, une protéine – et sa capacité à assurer une « fonction ». Depuis plus de deux mille ans, Aristote et beaucoup d'autres ont défendu la notion que la « raison d'être » de tout organe est directement liée à la fonction qu'il exerce ; que l'œil, par exemple, est apparu pour permettre la vue, les ailes et les plumes pour permettre le vol… « La preuve que l'œil a été créé pour voir est exactement de même nature que [la preuve] qui permet de démontrer que le télescope a été créé pour aider l'œil à voir », affirmait en 1802 William Paley dans *Théologie naturelle ou Évidences de l'existence des attributs de la divinité recueillies grâce aux apparences de la Nature*.

Pourtant, un siècle avant notre ère, dans *De natura rerum*, Lucrèce écrivait déjà : « Il existe un grave vice de pensée, une erreur qu'il faut absolument éviter. Le pouvoir des yeux ne nous a pas été donné, comme nous pourrions croire, pour nous permettre de voir. Toute explication de ce genre est à contresens et prend le contre-pied de la vérité. Rien en effet ne s'est formé dans le corps pour notre usage, mais ce qui s'est formé, on en use. Aucune faculté de voir n'exista avant la constitution des yeux, aucune parole avant la création de la langue : c'est au contraire la langue qui a précédé de beaucoup la parole, et les oreilles ont existé bien avant l'audition des sons. Tous nos organes existaient, à mon sens, avant qu'on en fît usage, ce n'est donc pas en vue de nos besoins qu'ils ont été créés. »

La théorie de l'évolution ne fait pas appel à un « Grand Architecte », à un « Grand Horloger », pré-scient, dotant la vie d'un projet. « Le Grand Horloger, a écrit Richard Dawkins, est aveugle. » La vie est un univers d'« horloges vivantes », nées par hasard, se modifiant par hasard, se confrontant sans cesse à leur environnement et dans lequel la sélection naturelle élimine une à une celles dont la structure, les activités et les interactions avec l'environnement leur interdisent de se pérenniser et de se propager. Aujourd'hui nous pensons que chaque incarnation nouvelle du vivant est née de la survenue aléatoire et accidentelle de modifications génétiques. Que certaines de ces modifications ont favorisé, un jour, par hasard, dans un environnement particulier l'émergence de nouveaux organes. Et que, lorsque les « fonctions » de ces organes ont conféré un avantage adaptatif – ou n'ont tout simplement provoqué aucun désavantage majeur –, les informations génétiques qui permettaient de les construire ont été – pour un temps – propagées de génération en génération.

Nous pensons aujourd'hui que ce n'est pas la « fonction » qui crée l'organe, mais l'organe qui est à l'origine de ce que nous nommons sa « fonction ». Pourtant, affleure toujours à la surface l'étonnement devant l'origine mystérieuse et paradoxale de l'harmonie qui règne entre la nature des composantes particulières d'un corps et les réalisations qu'elles lui permettent d'accomplir.

De l'ambiguïté de la notion de fonction

> « Mais quelle est la nature du problème auquel cette réponse apporte une solution ? »
>
> Günter Wagner,
> « Complexity matters », *Science*, 1998.

Dans son usage le plus répandu, le terme de « fonction » est associé à la notion de rôle. La fonction d'un organe cesse alors de définir une activité, « ce que fait » l'organe, pour signifier « ce à quoi il sert ». Et c'est dans le sentiment de fascination provoqué par le caractère utile, apparemment indispensable, d'une fonction – et par l'existence d'un « programme » génétique, d'une forme de prédétermination, qui permet de l'exercer et de la pérenniser – que persiste le plus souvent encore, de manière implicite et confuse, l'idée d'une relation obligatoire entre l'existence de la plupart des composantes d'un être vivant et les rôles qu'elles paraissent remplir.

Considérons la question ancienne des relations entre l'œil (l'organe) et la vue (la fonction). Au cours de la longue évolution des espèces multicellulaires, l'apparition des yeux est un événement relativement récent. De très nombreuses espèces animales, et l'ensemble des plantes, en sont dépourvues. Un œil est un organe extrêmement sophistiqué, dont la construction requiert la mise en jeu d'une série de phénomènes complexes, impliquant des interactions séquentielles entre de nombreuses populations cellulaires différentes et, dans chaque cellule, la fabrication séquentielle de nombreuses protéines à partir des informations contenues dans de nombreux gènes. Il est facile de concevoir qu'une fois apparues, de telles potentialités – et de telles congrégations de gènes – aient été propagées en raison des avantages multiples qu'elles conféraient aux descendants capables de les mettre en jeu et de les utiliser.

Mais comment de telles potentialités et de tels gènes auraient-ils pu être pérennisés de génération en génération avant que n'existe un œil capable d'exercer la vue ?

Une des solutions à ce paradoxe est l'idée d'émergence : ces capacités – et ces informations génétiques nouvelles – seraient apparues, brutalement, de manière accidentelle, à un même moment et à un même endroit, dans un corps d'embryon dont le degré minimal de complexité rendait possible l'exercice de la vue. Les yeux apparaissent dans un animal que l'évolution a déjà « préparé » à voir. Les ailes apparaissent dans un animal que l'évolution a déjà « préparé » à voler ; les poumons, dans un animal déjà « prêt » à gagner la terre ferme ; et les programmes de suicide, dans des cellules déjà « prêtes » à s'engager sur le chemin difficile de la construction des corps multicellulaires.

De tels concepts sont intuitivement séduisants. Mais ils correspondent le plus souvent à une vision sommaire de l'évolution du vivant.

Le mystère des origines

Distinguer la lumière de l'ombre,
ou à quel moment débute une fonction

> « S'il pouvait être démontré qu'il existe un organe complexe qui n'aurait pas pu être formé par une succession de nombreuses petites modifications, alors ma théorie s'effondrerait totalement. »
>
> Charles Darwin, *De l'origine des espèces*.

Les yeux des insectes, constitués de plusieurs milliers ou dizaines de milliers de petites facettes comportant chacune une petite lentille (les ommatides), et les yeux des mammifères et des oiseaux fonctionnant à l'aide d'une seule lentille (le cristallin) sont tellement différents qu'il était logique de penser qu'ils avaient été « inventés » – qu'ils étaient apparus – de manière indépendante dans des ancêtres communs aux insectes et dans des ancêtres communs aux oiseaux et aux mammifères, à partir de l'utilisation de deux familles d'informations génétiques distinctes. Pourtant, en 1995, il fut découvert que la protéine architecte Eyeless, qui participe à l'assemblage des facettes des yeux des insectes, est une proche parente de la protéine architecte Pax-6, qui participe à l'assemblage des cellules de nos yeux. Ainsi, *eyeless* et *pax-6* semblent être les descendants d'un même gène ancestral, dont l'apparition, il y a plusieurs centaines de millions d'années, avait vraisemblablement précédé celle des yeux.

Mais oublions un instant le problème de l'origine des protéines participant aux interactions entre les différentes familles cellulaires qui composent l'œil pour considérer un aspect primordial et universel des yeux : la capacité de percevoir la lumière et d'y répondre.

Une des conditions essentielles à la vue est l'existence de cellules sensibles à la lumière : les photorécepteurs. Les photorécepteurs contiennent des protéines associées à des pigments qui changent de conformation en réponse à la lumière. Et ce changement de conformation déclenche à l'intérieur du photorécepteur un signal.

Dans toutes les espèces animales, les yeux – qu'il s'agisse de l'œil aux innombrables facettes des insectes ou de nos yeux fonctionnant comme une lentille – comportent tous des photorécepteurs. Sans photorécepteurs, il n'y a pas d'œil et pas de vision.

Mais les photorécepteurs sont répandus dans l'ensemble de l'univers du vivant. Les plantes, qui ne possèdent pas d'yeux, possèdent des pigments qui captent la lumière. Elles les utilisent pour assurer la photosynthèse, produisant de l'énergie et libérant de l'oxygène à l'aide de la lumière. Elles les utilisent aussi pour orienter leur corps, le déplacer vers la lumière. De nombreuses plantes héliotropes, comme les tournesols, bougent tout au long de la journée pour s'exposer à la lumière du soleil. Les plantes, d'une certaine manière, « voient » ; elles distinguent l'ombre de la lumière ; elles perçoivent la source de la lumière et lui répondent.

Il y a plus surprenant encore. De très nombreux êtres unicellulaires sont capables de se comporter comme des photorécepteurs. Ils possèdent des pigments qui répondent à la lumière et la transforment en signal. Dans certaines espèces d'organismes unicellulaires, la lumière est utilisée, comme dans les plantes, pour la photosynthèse. C'est l'activité de photosynthèse exercée par les cyanobactéries à partir de la lumière du soleil qui a entraîné, il y a deux milliards d'années, l'accumulation d'oxygène dans l'atmosphère de notre planète et permis l'émergence de la respiration, l'utilisation de l'oxygène comme source d'énergie dans l'univers vivant. D'autres organismes unicellulaires utilisent la lumière pour s'orienter. Ils se déplacent en fonction de la présence et de la position de la source de lumière. Comme les plantes, ils « voient », ils distinguent l'ombre de la lumière et leur répondent. Et de nombreux organismes unicellulaires, comme la plupart des animaux et des plantes, utilisent l'ombre et la lumière pour régler leurs horloges biologiques internes sur les rythmes célestes de la course des planètes, le jour, la nuit et les saisons.

Ainsi, longtemps avant l'émergence des premiers corps multicellulaires et bien longtemps avant l'émergence des yeux, des potentialités de différenciation cellulaire étaient apparues de manière aléatoire et avaient été propagées dans la plupart des branches du vivant, qui permettaient aux cellules de capter la lumière et d'y répondre. Et quand dans un embryon, pour la première fois, a commencé à se construire un œil, c'est dans des informations génétiques – et des potentialités de différenciation cellulaire – que possédaient déjà sans doute certains de ses ancêtres les plus lointains, que ses cellules ont puisé pour donner naissance à une « nouvelle » fonction.

Ce bref parcours à travers l'évolution a plusieurs implications. La première est que nous ne savons le plus souvent pas de quoi nous parlons quand nous utilisons le terme de « fonction ».

« Voir », au sens d'être capable de capter et d'utiliser la lumière, est sans doute une potentialité – une « fonction » – ubiquitaire dans l'univers du vivant. « Voir » au sens anthropomorphique où nous utilisons ce terme nécessite un capteur de lumière (l'œil) mais aussi et surtout un cerveau, capable de recomposer une représentation du monde qui nous entoure. Nos yeux perçoivent, mais c'est notre cerveau qui « voit ». La « fonction » que nous appelons habituellement « voir » n'est pas exercée par des yeux, elle est exercée par un cerveau. Elle a requis au préalable l'apparition de modalités d'interactions cellulaires complexes permettant la construction d'un corps, d'un cerveau et d'un œil. Mais elle s'est développée aussi et avant tout à partir de l'existence ancestrale de photorécepteurs capables de capter la lumière et d'y répondre.

Si la notion de fonction est profondément ambiguë, cette ambiguïté ne tient pas uniquement à la difficulté qu'il y a à essayer de retracer sa généalogie pour tenter de distinguer le moment où elle semble pour la première fois apparaître. La plongée que nous venons d'accomplir à la recherche de la naissance de la fonction « voir » donne l'impression de révéler un lent progrès, continu, un même ouvrage cent fois remis sur le métier : la capacité pour un être vivant de répondre à la lumière et de l'utiliser à son profit. Mais cette impression est trompeuse. Il est des cas où apparaît soudain clairement l'existence d'un hiatus – d'une dissociation complète – entre le bénéfice que peut conférer aux individus d'une espèce l'existence d'une propriété particulière et la raison d'être – la cause première –, l'origine de l'apparition de cette propriété.

L'étude des événements qui ont conduit à la naissance du système immunitaire – dont la « fonction » la plus évidente est de protéger les corps contre les organismes infectieux qui les menacent – en a très récemment apporté une illustration spectaculaire.

Le système immunitaire ou comment débute une fonction

Nous possédons des centaines de millions de lymphocytes T portant chacun à sa surface des récepteurs différents de tous les autres. Cette extraordinaire diversité – qui nous permet de combattre la plupart des innombrables virus, bactéries et parasites qui nous pénètrent en permanence –

résulte, nous l'avons vu, de la capacité de chaque lymphocyte T, au moment de sa naissance, à construire un récepteur
différent en explorant le champ des possibles – en consultant
au hasard les informations contenues dans plusieurs gènes
appartenant chacun à plusieurs familles différentes, localisées à différents endroits dans la bibliothèque de nos gènes.
Mais avant d'être consultés, ces gènes vont, dans chaque
lymphocyte T, être rassemblés de manière concrète à l'aide
d'une opération de microchirurgie. Des protéines – des enzymes – se fixent à ces gènes, les séparent de leurs voisins et
les regroupent. En d'autres termes, ces enzymes permettent
de déplacer et de réunir côte à côte – de recombiner –, dans
la bibliothèque des gènes d'un lymphocyte T, plusieurs livres
pris au hasard dans plusieurs collections de livres différentes.
Ces enzymes – et les informations génétiques qui permettent
de les produire – sont présentes dans toutes les espèces animales possédant des lymphocytes T : les mammifères, les
oiseaux et certains poissons. Deux de ces gènes ont reçu le
nom de *rag-1* et *rag-2* (*recombinating-activating genes* ou
« gènes impliqués dans la recombinaison »). Il existe des
altérations des gènes *rag-1* et *rag-2* qui empêchent, au cours
du développement d'un embryon, la production des protéines RAG-1 et RAG-2. Les lymphocytes T, incapables de
recombiner les gènes qui leur permettent de construire leurs
récepteurs, sont incapables de percevoir les signaux qui normalement, par l'intermédiaire de leurs récepteurs, leur permettent de réprimer leur suicide. Aucun des lymphocytes T
ne peut survivre, les nouveau-nés sont dépourvus de
lymphocytes T et sont incapables de se protéger contre les
microbes. La fabrication des protéines RAG-1 et RAG-2 –
et donc la présence des gènes *rag-1* et *rag-2* – est indispensable à la vie. Mais quelle est l'origine de ces gènes ?

La réponse a été découverte durant l'été 1998. Et elle a
causé une grande surprise. Les gènes *rag-1* et *rag-2*
n'appartenaient pas initialement à nos ancêtres, mais à un
microbe. À une des formes les plus simples de micro-organismes infectieux, qui ressemble à un virus et qui insère
ses gènes à l'intérieur des chromosomes des cellules qu'il
infecte – un transposon. Celui-ci est incapable par lui-même

de se dédoubler. Ce sont les cellules qu'il a infectées qui fabriquent, à partir des informations contenues dans ses gènes, de nouvelles copies du transposon. Et il se répand peu à peu dans les chromosomes, en recombinant – en transposant –, en découpant, déplaçant et associant de nouveaux exemplaires de ses gènes à l'intérieur de la bibliothèque des gènes des cellules qu'il infecte.

Ainsi, il y a environ quatre cents millions d'années, un transposon s'inséra dans des cellules germinales – des spermatozoïdes ou des ovules – ou dans des cellules-œufs d'un animal qui allait devenir l'ancêtre commun aux mammifères, aux oiseaux et à certains poissons. Peu à peu, deux des gènes de ce transposon – *rag-1* et *rag-2* – furent utilisés par certaines cellules des descendants de cet ancêtre pour commencer à construire la diversité du système immunitaire.

Aujourd'hui, quatre cents millions d'années plus tard, c'est à un microbe que nous devons la présence dans nos corps d'un système immunitaire dont la « fonction » évidente semble être de nous défendre contre l'ensemble des microbes qui nous menacent en permanence. Et, de manière étrange, paradoxale, cette « fonction » a pour origine une victoire – rétrospectivement heureuse – d'un microbe sur le corps de l'un de nos lointains ancêtres.

Ainsi s'efface et disparaît l'illusion que l'origine d'une propriété nouvelle a un rapport direct avec les bénéfices que pourront, un jour peut-être, en tirer les corps dans lesquels elle est par hasard apparue. Ainsi disparaît l'illusion, même rétrospective, d'un « projet » à l'œuvre dans l'évolution du vivant.

Dans son sens le plus neutre possible, le terme de « fonction » appliqué à un organe, une structure, une forme, une protéine… devrait désigner tout simplement l'une des conséquences observables de leur présence. Mais, même à ce niveau, le terme conserve encore toute son ambiguïté. La nature des conséquences de la présence d'un organe, d'une structure, d'une forme, d'une protéine… dépend entièrement de l'environnement intérieur et extérieur de ce corps. L'idée même de fonction est indissociable de la notion de contexte.

Ce que nous appelons habituellement une fonction est, parmi les innombrables modalités possibles d'auto-organisation du vivant, l'une des conséquences observables d'une cristallisation aléatoire et singulière dont la stabilité et la pérennité ont été favorisées à un moment donné par les contraintes externes qui s'exercent en permanence sur la collectivité des cellules, des protéines et des gènes qui composent les individus d'une espèce. Que le contexte se modifie, et la « fonction » changera.

L'observateur et la notion de fonction

> « Tchoang-tzeu et Hoei-tzeu prenaient leur récréation sur la passerelle d'un ruisseau. Tchoang-tzeu dit : Voyez comme les poissons sautent ! C'est là le plaisir des poissons. – Vous n'êtes pas un poisson, dit Hoei-tzeu ; comment savez-vous ce qui est le plaisir des poissons ? – Vous n'êtes pas moi, dit Tchoang-tzeu ; comment savez-vous que je ne sais pas ce qui est le plaisir des poissons ? – Je ne suis pas vous, dit Hoei-tzeu, et par suite je ne sais pas tout ce que vous savez ou ne savez pas, je l'accorde ; mais, en tous cas, je sais que vous n'êtes pas un poisson, et il demeure établi, par conséquent, que vous ne savez pas ce qui est le plaisir des poissons. – Vous êtes pris, dit Tchoang-tzeu. Revenons à votre première question. Vous m'avez demandé : "Comment savez-vous ce qui est le plaisir des poissons ?" Par cette phrase, vous avez admis que je le savais ; car vous ne m'auriez pas demandé le comment de ce que vous saviez que je ne savais pas. Et maintenant, comment l'ai-je su ? Par voie d'observation directe, sur la passerelle du ruisseau. »
>
> Léon Wieger, *Les Pères du système taoïste.*

Il y a une dernière raison à l'ambiguïté de la notion de fonction. Même dans son acception la plus neutre, elle est profondément subjective. Tenter de définir une fonction correspond à une interprétation des manifestations perceptibles des relations entre un être vivant – ou certaines de ses composantes – et l'environnement dans lequel il est plongé. Et l'observateur lui-même est partie intégrante de l'environnement qu'il analyse. Toute interprétation dépend de l'observateur. Elle est création intellectuelle. Elle est recherche d'une signification, d'un sens. Et cette recherche – ce questionnement même – présuppose implicitement l'existence d'une réponse cachée à découvrir.

Notre cœur, lors de chacune de ses contractions, émet des bruits distincts que l'auscultation permet de percevoir et d'analyser. « Pourquoi ne pas proposer, me dit un jour en souriant Henri Atlan au cours d'une de nos discussions sur l'évolution du vivant, que la "raison d'être" des bruits que produit le cœur – leur "fonction" – est de permettre aux médecins de soigner les patients qui développent une maladie cardiaque ? »

De même que la notion de beauté (et de laideur) est toujours une création de l'esprit de celui qui contemple, la notion de fonction est toujours – à un certain degré – une création de l'esprit de celui qui observe.

Nous en savons maintenant assez pour reprendre notre voyage et revenir, avec un regard nouveau, à la question que nous avions posée : celle de l'origine du suicide cellulaire au cours de l'évolution du vivant.

Le pouvoir de s'autodétruire est-il né dans les corps multicellulaires qu'il permet de construire ? Ou se pourrait-il qu'il n'y ait aucun lien entre l'origine du suicide cellulaire et le rôle essentiel qu'il nous paraît jouer dans la sculpture, la pérennité et la propagation des corps multicellulaires des animaux et des plantes ?

12

L'effondrement d'un dogme
Le suicide cellulaire
et les organismes unicellulaires

Naissance d'une hypothèse

Et si le raisonnement avait, depuis le début, été fait à l'envers ? Et si une des erreurs avait concerné la manière même dont était habituellement appréhendé un organisme unicellulaire ?

Nous sommes au début de l'année 1990. Nous sommes plongés, avec Fabienne, ma femme, dans des discussions fiévreuses sur les implications possibles de l'idée qui m'habite depuis plusieurs jours, l'idée que les maladies qui causent l'effondrement de nos corps pourraient être dues au dérèglement des phénomènes de suicide cellulaire qui permettent de construire l'embryon. Nous repoussons une à une les frontières qui cantonnent le suicide cellulaire au développement de l'embryon. Nous imaginons la présence et la participation possible du suicide cellulaire dans la sculpture du corps adulte et dans le développement des maladies qui le menacent. Puis Fabienne repousse la dernière frontière, le dernier dogme, celui qui fait coïncider la naissance du suicide cellulaire et celle des premiers corps multicellulaires.

Considérer un organisme unicellulaire comme un individu isolé nous apparaît soudain comme une vision tronquée, et trompeuse, de la réalité.

Les organismes unicellulaires se dédoublent. Et pour cette raison, durant la plus grande partie de leur existence, ils vivent en société, en colonies. Bien sûr, les cellules ne sont pas condamnées physiquement à vivre ensemble dans un corps aux limites établies. Mais, nées du dédoublement d'une cellule et donnant elles-mêmes naissance à des doubles, elles sont le plus souvent entourées de leurs ancêtres, de leurs sœurs et de leurs descendants. La capacité de la colonie à traverser le temps ne dépend pas de la survie de chacun de ses membres, mais de la survie de l'un au moins des membres de la colonie. Et il nous apparaît soudain possible – probable – que les organismes unicellulaires qui ont réussi à voyager à travers le temps jusqu'à nous aient pu appartenir à des sociétés capables, dans certaines circonstances, de bénéficier de l'autodestruction de certaines des cellules qui les composent.

En 1995, j'apportai, avec mon équipe, la preuve de l'existence de phénomènes de suicide cellulaire dans un organisme unicellulaire eucaryote. La branche à laquelle il appartenait était née il y a environ deux milliards d'années.

Un organisme unicellulaire d'origine très ancienne : *Trypanosoma cruzi*

L'univers des eucaryotes unicellulaires qui nous entourent – ou nous habitent – est d'une extraordinaire diversité. Certains organismes possèdent un ou plusieurs prolongements – une ou plusieurs petites queues –, les flagelles, et se déplacent en fouettant l'environnement liquide dans lequel ils se trouvent. D'autres possèdent d'innombrables petits cils qui bordent l'enveloppe de leur corps cellulaire, qu'ils utilisent comme des rames pour se déplacer. La forme – sphérique, elliptique, filamenteuse – des cellules qui composent cet univers est d'une très grande diversité. Ainsi que leur taille. La plupart ne mesurent que quelques dixièmes ou centièmes de millimètre de longueur. Mais certains, comme l'algue unicellulaire *Acetabularia*, peuvent mesurer jusqu'à deux ou quatre centimètres de longueur (une cellule à elle seule de vingt à quarante fois plus longue que le corps entier du petit ver *Caenorhabditis elegans*, composé de près de mille cellules). La plupart des organismes unicellulaires possèdent, comme nos cellules, un seul noyau. Mais certains en possèdent deux. La plupart possèdent, comme nos cellules, plusieurs dizaines ou centaines de mitochondries, qui leur permettent d'utiliser l'oxygène pour produire de l'énergie. Mais certains n'ont qu'une seule mitochondrie, géante. Certains enfin ont, en plus de leurs mitochondries, des plastes, les petits compartiments qui permettent la photosynthèse : ce sont les ancêtres des plantes. Cet univers qui nous entoure, d'une extraordinaire richesse, est invisible – dans sa quasi-totalité – à l'œil nu.

Les ancêtres communs aux organismes unicellulaires eucaryotes qui peuplent aujourd'hui notre planète sont probablement nés il y a environ deux milliards d'années. Ils se sont ramifiés pendant plus d'un milliard d'années avant que certains d'entre eux ne commencent à donner naissance aux corps multicellulaires des animaux et des plantes. Les eucaryotes unicellulaires ont progressivement colonisé tous les recoins de la Terre. Beaucoup ont aussi colonisé leurs lointains parents – les animaux et les plantes multicellulaires – au fur et à mesure que ces derniers apparaissaient au cours de l'évolution du vivant. Beaucoup sont devenus des parasites. Certains sont devenus des parasites permanents : ils ne peuvent plus vivre en dehors des corps multicellulaires qu'ils habitent. Certains de ces parasites causent des maladies graves, souvent mortelles : le paludisme, la maladie du sommeil, l'amibiase…

Trypanosoma cruzi est un parasite eucaryote unicellulaire répandu en Amérique du Sud, qui cause chez l'homme la maladie de Chagas, caractérisée par une atteinte grave, parfois mortelle, des nerfs, du cœur et des muscles. *Trypanosoma cruzi* est un descendant de l'une des branches les plus anciennes du buisson des eucaryotes unicellulaires, les kinétoplastides, probablement apparue il y a environ deux milliards d'années, et qui contient aujourd'hui plus de sept cents sous-espèces différentes. *Trypanosoma cruzi* est un parasite permanent, dont le cycle de vie est complexe. Il habite deux hôtes différents : un insecte (un triatome – une blatte, une punaise qui se nourrit de sang) et de très nombreux mammifères (dont l'homme). Il ne peut pas se propager directement d'un insecte à un autre insecte ou d'un mammifère à un autre mammifère. Il doit, pour se pérenniser, voyager sans cesse d'un insecte à un mammifère et d'un mammifère à un insecte.

Au cours de leurs pérégrinations d'un hôte à l'autre, les cellules de *Trypanosoma cruzi* se différencient. La différenciation cellulaire – une des conditions indispensables à la construction d'un corps multicellulaire d'animal ou de plante – dépend notamment de la capacité d'une cellule à ne consulter que certains des livres qui composent la bibliothèque de ses gènes. Aussi surprenant que cela puisse paraître, les cellules qui constituent l'univers des organismes unicellulaires peuvent elles aussi n'utiliser – pour fabriquer leurs protéines – qu'une partie des informations génétiques qu'elles possèdent et acquérir ainsi des propriétés distinctes. Ainsi, une cellule de *Trypanosoma cruzi* peut consulter selon les circonstances au moins trois configurations différentes de la bibliothèque de ses gènes. Le « je » génétique peut être morcelé par les cellules pour donner naissance à trois familles cellulaires différentes. Ces trois familles cellulaires se distinguent par leur forme, leurs capacités fonctionnelles et leur capacité de dédoublement.

Dans chacune des deux espèces qu'elle infecte – l'insecte et l'homme – la cellule de *Trypanosoma cruzi* se différencie en une famille de cellules distinctes : l'épimastigote chez l'insecte, l'amastigote chez l'homme. Chacune de ces deux familles cellulaires, qui se dédoublent en permanence, peut donner naissance soit à des cellules-filles identiques, soit à une troisième famille cellulaire : le trypomastigote, qui ne se dédouble pas. C'est le trypomastigote – la cellule qui a arrêté de se dédoubler – qui voyage de corps en corps. Lorsque le trypomastigote pénètre un nouveau corps, il se différencie en un épimastigote (chez l'insecte) ou en un amastigote (chez l'homme) et commence alors à se dédoubler.

La course de *Trypanosoma cruzi* à travers l'espace et le temps est une course sans fin, en zigzag, d'un corps d'insecte au corps d'un homme et du corps d'un homme à un corps d'insecte. Chacune de ses trois formes de différenciation cellulaire participe à la pérennité de *Trypanosoma cruzi* : le trypomastigote, qui se propage de corps en corps, l'épimastigote, qui colonise un corps d'insecte, et l'amastigote, qui colonise un corps humain. Habiter un corps d'insecte, dont la température est de 25 °C, ou habiter un corps humain, dont la température est de 37°, requiert des capacités d'adaptation très différentes. Les trois incarnations de *Trypanosoma cruzi* qui voyagent à travers l'espace et le temps voyagent aussi à travers les quelques centaines de millions d'années d'évolution qui séparent la branche du vivant qui a donné naissance aux insectes de celle qui a donné naissance à l'homme.

L'insecte se nourrit de sang. Lorsqu'un être humain est infecté, le trypomastigote présent dans son sang est ingéré par l'insecte. Dans le tube digestif de l'insecte, le trypomastigote se différencie rapidement en un épimastigote qui commence à se dédoubler. Les épimastigotes ne sont présents que dans la moitié supérieure du tube digestif de l'insecte. Ceux qui gagnent la moitié inférieure de l'intestin s'y différencient en trypomastigotes qui attendent sans se dédoubler de pouvoir envahir un autre corps. L'insecte, au moment où il pique un homme, une femme ou un enfant pour prendre son repas de sang, répand ses déjections digestives sur la peau. Les déjections, qui sont irritantes, provoquent le grattage. Le grattage entraîne de petites lésions. C'est alors que le trypomastigote pénètre à travers la peau humaine, gagnant le sang, et envahit une cellule à l'intérieur de laquelle il se différencie en un amastigote, qui commence à se dédoubler. Puis les amastigotes quittent la cellule infectée, se différenciant en trypomastigotes qui vont soit infecter une cellule voisine et se retransformer en amastigotes, soit circuler dans le sang en attendant le jour où ils seront, peut-être, absorbés par un nouvel insecte.

Les deux hôtes – l'insecte et l'être humain –, une fois infectés, le demeurent (en l'absence de traitement) durant toute leur existence. Les deux hôtes constituent des réservoirs permanents, où se différencient les trypomastigotes, pont jeté entre les deux espèces animales, voyageant d'un hôte à l'autre, participant à la propagation des parasites à travers l'espace et le temps.

De l'hypothèse à la réalité

Nos travaux ont révélé que, lorsque les épimastigotes sont placés dans des conditions qui favorisent le déclenchement de leur différenciation en trypomastigotes, la très grande majorité des parasites s'autodétruisent. Seuls survivent les quelques épimastigotes qui sont parvenus à se différencier en trypomastigotes. Et la mort des épimastigotes présente toutes les caractéristiques de l'apoptose, le visage du suicide des cellules de notre corps.

Nous avons montré que, lorsque des épimastigotes sont en présence de nutriment, mais à distance les uns des autres, ils déclenchent rapidement leur suicide. Plus on augmente le nombre d'épimastigotes par unité de volume (plus on les rapproche les uns des autres) et plus on réduit le phénomène d'autodestruction. Comme les cellules de notre corps, les épimastigotes ont besoin pour survivre, pour se dédoubler et pour se différencier, de la présence continuelle de signaux émis par leurs voisins, qui répriment le déclenchement de leur suicide. Comme dans les cellules de notre corps, il existe dans les cellules qui composent un organisme unicellulaire un « contrôle social de la vie et de la mort ».

Essayons de nous représenter comment ces phénomènes se déroulent à l'intérieur du tube digestif d'un insecte infecté. Les épimastigotes, présents dans la moitié supérieure du tube digestif, s'y dédoublent en permanence. Leur capacité à survivre et à se dédoubler dépend de leur densité, c'est-à-dire de leur proximité les uns des autres. Ils forment une colonie compacte qui s'étend de proche en proche, remplissant la moitié supérieure du tube digestif. Les membres de la colonie qui s'engagent dans la partie inférieure de l'intestin changent d'environnement. Les signaux auxquels ils sont alors exposés vont entraîner leur suicide, « sauf si » les épimastigotes réussissent à fabriquer les protéines qui leur permettent de se différencier en trypomastigotes. Ainsi, l'extrémité inférieure de l'intestin ne contiendra que des trypomastigotes. La mort cellulaire permet la construction d'une frontière invisible, qui compartimente le tube digestif de l'insecte en deux territoires géographiquement distincts.

Nous avons découvert d'autres signaux qui contrôlent le suicide du parasite. Ce sont des signaux émis par le corps de l'hôte que le parasite habite. L'un de ces signaux est la température. La température du corps de l'insecte est de 25 °C. La température d'un être humain est de 37°. Un trypomastigote, l'incarnation de *Trypanosoma cruzi* qui voyage d'une espèce à l'autre, est capable de survivre aux deux températures. Mais les épimastigotes, qui n'habitent que les corps d'insectes, déclenchent rapidement leur auto-destruction si la température passe de 25 à 37°. Même s'ils réussissaient à pénétrer dans un corps humain (ou à s'y différencier à partir d'un trypomastigote ou d'un amasti-gote), les épimastigotes ne pourraient y survivre. L'épimas-tigote, bâtisseur de la colonie de *Trypanosoma cruzi* dans la partie supérieure du tube digestif des insectes, ne peut survivre dans un autre environnement.

L'individu, la colonie et le suicide : réflexions sur la notion d'organisme unicellulaire

Ce que révèle l'existence d'un contrôle social de la vie et de la mort des cellules de *Trypanosoma cruzi*, c'est qu'un être unicellulaire fait autre chose que simplement produire des descendants : il participe à la construction d'une société complexe.

Délocalisée dans le temps et l'espace, la colonie de *Try-panosoma cruzi* constitue une forme étrange de société. Chaque cellule de *Trypanosoma cruzi* peut donner naissance à trois familles de cellules très différentes. Depuis des dizai-nes et des dizaines de millions d'années, *Trypanosoma cruzi* voyage à travers des corps qui lui sont étrangers – des corps d'insectes et des corps de mammifères – à l'intérieur des-quels il s'installe, se dédouble et se différencie. Dans chacun de ces corps étrangers, il répartit ses différentes « incarna-tions » dans des territoires distincts dont le suicide cellulaire sculpte les frontières, les empêchant de se côtoyer.

Parce que la cohabitation de ses trois incarnations possibles lui est interdite, la société cellulaire que construit *Trypanosoma cruzi* est éclatée dans l'espace, fragmentée, sans cesse recomposée. Le cycle des métamorphoses de *Trypanosoma cruzi* réalise, de fait, l'équivalent d'un phénomène de développement. Il ne donne pas naissance à un embryon au sens où nous l'entendons habituellement. Mais il en a les caractéristiques essentielles : la différenciation cellulaire, la migration cellulaire, la répartition géographique et temporelle des descendants et le suicide cellulaire comme alternative à la différenciation et la migration. C'est une forme étrange de « développement embryonnaire », qui donne naissance à une forme étrange de « corps ».

Les insectes qu'infecte *Trypanosoma cruzi* vivent au maximum deux ans. Au bout de deux ans, les dizaines de millions d'épimastigotes qui se dédoublent dans la moitié supérieure du tube digestif de l'insecte disparaissent avec leur hôte. Seuls auront survécu les quelques épimastigotes qui seront descendus le long de l'intestin, auront pu se différencier en trypomastigotes et auront peut-être pu quitter le corps de l'insecte pour envahir le corps d'un être humain. Les êtres humains qu'infecte *Trypanosoma cruzi* vivent au maximum un peu plus d'un siècle. L'ensemble des amastigotes qui se dédoublent dans un corps humain vont disparaître avec l'être humain qu'ils habitent ; seuls quelques-uns des trypomastigotes auxquels ils auront pu donner naissance survivront s'ils ont réussi à envahir un nouveau corps d'insecte. Ainsi, la course de *Trypanosoma cruzi* à travers l'espace et le temps est jonchée de cadavres, des populations entières de ses ancêtres et de ses descendants demeurés irréversiblement prisonniers des corps où ils se dédoublent.

Les épimastigotes chez l'insecte et les amastigotes chez l'homme ressemblent aux cellules somatiques qui construisent et composent nos corps et qui disparaîtront avec nous. Les trypomastigotes ressemblent à des cellules germinales, des spermatozoïdes ou des ovules – ou à des cellules-œufs – qui construisent de nouvelles sociétés cellulaires, abandonnant celles qui leur ont donné naissance.

La différence entre la société cellulaire de *Trypanosoma cruzi* et celle de nos corps est qu'aucune cellule de *Trypanosoma cruzi* n'est irréversiblement engagée dans le destin d'une cellule somatique (périssable) ou d'une cellule germinale (fondatrice d'une nouvelle colonie). Chaque cellule peut, tant qu'elle survit, se transformer en – ou donner naissance à – une cellule somatique ou une cellule germinale.

Le « corps » étrange formé par *Trypanosoma cruzi* nous apparaît alors maintenant à la fois dans sa dimension la plus proche du nôtre et dans sa dimension la plus éloignée. Un « corps » délocalisé dans l'espace et le temps, fragmenté, morcelé, en perpétuelle recomposition, constitué de cellules somatiques et de cellules germinales, pouvant chacune donner naissance à l'une ou à l'autre, mais sans jamais pouvoir se côtoyer. Et le suicide cellulaire rythme ce ballet et redessine sans cesse ces frontières.

Le fait que *Trypanosoma cruzi* soit un micro-organisme infectieux – un parasite – a plusieurs implications. La première est que la potentialité de s'autodétruire est ancrée au cœur de certains de nos prédateurs les plus dangereux et participe sans doute à leur capacité à s'adapter aux hôtes qu'ils exploitent. S'ouvre alors la possibilité de stratégies thérapeutiques nouvelles jusque-là insoupçonnées : au lieu d'essayer de détruire un micro-organisme infectieux, tenter de découvrir la nature des signaux capables de le forcer à déclencher son suicide.

La deuxième implication concerne la question de l'origine du suicide dans l'univers des eucaryotes unicellulaires. À quel moment, dans la branche des kinétoplastides, qui traverse le temps depuis peut-être deux milliards d'années, la potentialité de s'autodétruire est-elle pour la première fois apparue ? Dès l'origine, ou beaucoup plus tard, lors de la transformation des ancêtres de *Trypanosoma cruzi* en parasites, c'est-à-dire lors de l'émergence de leurs premiers hôtes ? Est-ce que le pouvoir de s'autodétruire ne s'est pérennisé que lorsque – et parce que – *Trypanosoma cruzi,* devenant un parasite des insectes et des mammifères, a dû partager les règles de base du fonctionnement de ces corps dont il devenait soudain un occupant définitif ? A-t-il dérobé un jour par hasard certains de leurs gènes aux corps des animaux qu'il infectait, et acquis ainsi certaines de leurs potentialités ?

Nous abordons ici de nouveau une des caractéristiques essentielles de l'évolution, qui rend son déchiffrage difficile : la coévolution des espèces. À mesure que le buisson du vivant se diversifie et donne naissance à des branches nouvelles, l'environnement auquel est confrontée chaque espèce se transforme. La lente émergence du foisonnement de la diversité du vivant a été en elle-même un facteur essentiel de l'évolution, autant que la survenue de changements climatiques brutaux, de bombardements de météores, de la dérive des continents, de la formation et de l'érosion des montagnes. L'ancêtre originel des colonies de *Trypanosoma cruzi* qui peuplent aujourd'hui notre planète a sans doute à jamais disparu depuis longtemps. Nous ne pouvons pas pénétrer le passé dans sa réalité entière et première. Nous ne pouvons qu'essayer d'en distinguer des reflets dans les descendants auxquels il a donné naissance et, à partir de ces reflets, tenter de le reconstruire.

Mais nous savons aujourd'hui que *Trypanosoma cruzi* n'est pas le seul eucaryote unicellulaire à posséder le pouvoir de s'autodétruire. Le royaume du suicide cellulaire s'étend, majestueux, à travers les branches du buisson du vivant.

En parcourant les branches du vivant

Habiter des corps : le suicide cellulaire et le métier de parasite

Dans la branche ancestrale des kinétoplastides qui a donné naissance à *Trypanosoma cruzi* ont émergé deux autres parasites qui causent des maladies graves chez l'homme. Ils voyagent eux aussi en permanence du corps d'un insecte à celui d'un être humain et ont conquis de larges territoires de notre planète.

Trypanosoma brucei infecte la mouche tsé-tsé et cause chez l'homme la maladie du sommeil, une forme de torpeur progressive qui peut conduire à la mort. Les leishmanies infectent différentes variétés de mouches des sables et causent chez l'homme une maladie de la peau ou une atteinte grave, parfois mortelle, du foie et de la rate, le kala-azar. Le mode de vie et les capacités de différenciation de ces deux parasites sont, à des nuances près, très semblables à ceux de *Trypanosoma cruzi*. En 1996, Barcinski au Brésil et Suzan Welburn en Angleterre montraient que ces parasites partagent avec *Trypanosoma cruzi* la capacité de s'autodétruire, que leur suicide a le visage de l'apoptose et que la vie et la mort de ces parasites sont contrôlées par certains signaux émis par les corps qu'ils infectent.

Ainsi, dans la grande famille des kinétoplastides, *Trypanosoma cruzi* n'était pas une exception, il était l'exemple d'une règle. Si nous ne savons toujours pas quand les premiers kinétoplastides ont « inventé » le suicide cellulaire, c'est probablement très tôt, avant que leurs descendants ne divergent le long des deux espèces que constituent les trypanosomes et les leishmanies. Mais il ne peut être exclu que la potentialité du suicide soit apparue plusieurs fois, de manière indépendante, dans plusieurs espèces d'une même branche.

Construire des corps : le suicide cellulaire
et le sommeil des spores

Il y a probablement plus d'un milliard d'années naît une autre branche d'eucaryotes unicellulaires, celle des amoeboïdes, dont un des descendants actuels est *Dictyostelium discoideum*, qu'on appelle communément une moisissure.

Dictyostelium n'est pas un parasite. La colonie qu'il forme s'étend à la surface du sol, composée de cellules qui se dédoublent, se nourrissant de bactéries. Mais la colonie a un pouvoir étrange : elle peut, lorsque l'environnement devient défavorable, former un corps compact. Ce corps, rassemblant progressivement plusieurs centaines de milliers de cellules, commence à se déplacer comme une limace, puis, au bout de vingt-quatre heures, se dresse – vertical – au-dessus du sol. C'est un véritable corps, au sens où il est formé d'un agrégat de cellules attachées les unes aux autres dans l'espace. Mais c'est un corps transitoire qui, lorsque l'environnement redeviendra favorable, se redissociera pour redonner naissance à une colonie cellulaire, formée de cellules-individus, qui, un jour peut-être, reformeront pour un temps un nouveau corps. Comment s'opère cette transition brutale entre la vie au stade unicellulaire et la formation d'un corps multicellulaire ?

Lorsque la colonie commence à épuiser ses ressources, atteint des territoires inhospitaliers, ou lorsque l'environnement soudain se modifie et lui devient défavorable, les cellules de *Dictyostelium* changent brutalement de comportement. Certaines cellules commencent alors à émettre des signaux chimiques, à libérer des molécules qui attirent vers elles leurs voisines. Les cellules migrent vers ces attracteurs, s'en rapprochant par vagues concentriques, constituant des guirlandes de spirales mouvantes. Ces guirlandes sont tout d'abord constituées de cellules individuelles qui se déplacent en file indienne. Puis, une deuxième transformation s'opère : à mesure que leur densité augmente, les cellules commencent à se fixer, à s'attacher les unes aux autres. Un corps, en quelques heures, soudain, se forme. Ce corps commence à se mouvoir sur le sol, puis il s'élèvera, tournant sur lui-même comme une toupie, et s'immobilisera, haut de quelques millimètres, visible à l'œil nu. Ce corps ressemble à une minuscule « fleur » : il est formé d'une tige, au sommet de laquelle repose une sphère.

La formation d'un corps permet à la colonie de cellules-individus de se transformer en un individu nouveau ; en une machine à voyager à travers l'espace et le temps. Mais pour comprendre la nature de ce corps étrange qui a fui la mort, il nous faut découvrir un dernier mystère. Un tiers environ des cellules qui composent ce corps sont des cadavres, des cellules mortes.

Les signaux qui ont déclenché l'attraction et l'agrégation des cellules conduisent à deux modalités de différenciation radicalement distinctes. Une partie des cellules qui se rejoignent va progressivement mourir, constituant la trame rigide du corps, la tige de la « fleur ». Les cellules vont se transformer en « spores » – l'équivalent de graines –, des cellules résistantes amassées dans la sphère au sommet, à l'abri du sol, consommant peu ou pas d'énergie, capables de supporter le jeûne et ayant cessé de se dédoubler. Ce sont ces spores qui, lorsque l'environnement sera redevenu favorable, se transformeront de nouveau en cellules actives, se nourrissant, se dédoublant, donnant naissance à une nouvelle colonie de cellules-individus, séparées les unes des autres.

Au moment même où se construit le corps de *Dictyostelium*, il est constitué de cellules qui vont mourir et de cellules qui vont survivre. En 1994, Pierre Golstein, au Centre d'immunologie de Marseille-Luminy, révèle que la mort des cellules du *Dictyostelium* présente de nombreuses ressemblances avec l'apoptose. Et il identifie certains des signaux qui déclenchent la mort. Au moment où les cellules de la colonie « choisissent », « décident » de construire un corps, une frontière invisible se met en place, partageant la colonie, jusque-là identique, en deux groupes radicalement distincts : celui des cellules qui vont s'autodétruire et celui des cellules qui vont se plonger dans le long sommeil des spores. Avant le moment de cette décision ultime, chaque cellule a, théoriquement, autant de chances de survivre et de se dédoubler qu'une autre. Aucune ne semble prédestinée à devenir, lors de la formation d'un corps, un mort ou un survivant. C'est alors que le corps commence à se constituer que l'alternative, brutalement, apparaît.

La quasi-totalité des cellules qui nous composent sont des cellules somatiques, dont aucune ne survivra à notre disparition. Une infime minorité, nos cellules germinales, survivront à nos corps si elles ont réussi à participer à la naissance d'une cellule-œuf qui construira un nouveau corps. Dans les corps multicellulaires transitoires que construit la société de *Dictyostelium*, la distinction entre cellules somatiques et cellules germinales est encore plus extrême : les cellules somatiques ne sont pas des cellules qui mourront avec le corps qu'elles habitent, ce sont des cellules qui meurent au moment où se forme ce corps. Les spores – les cellules germinales, les cellules-œufs –, d'où renaîtra la colonie, sont les seules cellules vivantes à l'intérieur de ce corps.

Le suicide cellulaire et la construction des sociétés

Qu'il s'agisse de *Trypanosoma cruzi*, de *Trypanosoma brucei*, des leishmanies ou de *Dictyostelium*, les organismes eucaryotes unicellulaires que nous venons d'explorer ont une caractéristique commune importante : ils entretiennent des relations étroites avec l'univers des corps multicellulaires. Les kinétoplastides sont des parasites obligatoires, condamnés depuis longtemps à habiter les corps des espèces animales dans lesquelles ils se propagent. *Dictyostelium* n'est pas un parasite, mais il a la capacité de construire lui-même un corps multicellulaire transitoire. Mais un « véritable » organisme unicellulaire, qui n'habite ni ne construit des corps, est-il capable de s'autodétruire ?

La branche des ciliés, apparue il y a plus d'un milliard d'années, a donné naissance à de très nombreuses espèces d'eucaryotes unicellulaires qui se déplacent en remuant les cils qui bordent leur membrane. *Tetrahymena thermophilia* est un cilié. Contrairement aux kinétoplastides, *Tetrahymena* n'est pas un parasite. Et, contrairement à *Dictyostelium*, *Tetrahymena* est incapable de former, même transitoirement, un corps compact multicellulaire. Les cellules qui composent cet organisme vivent en colonie, proches les unes des autres, mais séparées en permanence. Elles se dédoublent et la colonie s'étend progressivement.

Dans cet organisme qui semble n'entretenir aucun rapport particulier avec les corps multicellulaires, un jeune chercheur danois, Søren Christensen, montre, en 1995, que la survie de chaque cellule dépend de la réception, en permanence, de signaux émis par les cellules voisines. En leur absence, elles s'autodétruisent. Le destin de chaque cellule de la colonie dépend de celui de la société qu'elle construit et à laquelle elle appartient. Chaque cellule de *Tetrahymena* est intégrée à une société, à une collectivité qui constitue un individu.

De la notion de « corps »

Tetrahymena, comme *Dictyostelium* et comme *Trypanosoma cruzi*, révèle l'interdépendance étroite qui unit entre elles les cellules qui composent ce que nous nommons des organismes unicellulaires. Ils illustrent aussi la variété des formes que peut prendre ce que nous appelons habituellement un « corps ». Nous avons vu apparaître, en explorant les incarnations de *Trypanosoma cruzi*, la notion curieuse d'un « corps » fragmenté, éparpillé, composé de cellules habitant des territoires séparés dans l'espace et le temps. *Trypanosoma cruzi* et *Tetrahymena* nous ont révélé la forme la plus simple que peut prendre un « corps » : une colonie, composée, en apparence, de cellules autonomes, indépendantes les unes des autres ; en réalité, une colonie-individu, parcourue de signaux qui tissent les liens invisibles de l'interdépendance, faisant dépendre la survie de chaque cellule de la présence, de la proximité et de l'activité des cellules qui l'entourent. Et nous avons découvert, en observant *Dictyostelium*, que des cellules peuvent révéler les liens profonds qui les unissent en composant soudain un « corps » multicellulaire compact et transitoire.

Les corps multicellulaires des animaux et des plantes ne représentent que l'une des formes extrêmes – parce que irréversibles – que peuvent prendre les interactions étroites qui lient les membres d'une société cellulaire. Mais il n'y a sans doute pas eu, au cours de la longue évolution du vivant, un univers « avant l'invention des corps » et un univers « après l'invention des corps ». Il y a eu des variations multiples sur un thème flou, d'une grande richesse : la construction de sociétés cellulaires interdépendantes.

À la recherche des protéines qui participent au contrôle du suicide cellulaire

La branche des levures est née il y a environ un milliard d'années, durant la période où émergeaient les premiers ancêtres multicellulaires des animaux et des plantes. Elle contient *Saccharomyces cerevisae*, la levure des boulangers et des brasseurs de bière, mais aussi de nombreux micro-organismes infectieux, comme *Candida albicans*, qui causent les candidoses et d'autres maladies humaines « à champignons ».

Les levures présentent une particularité extrêmement intéressante pour les biologistes : on peut très facilement y introduire des gènes humains, et provoquer la fabrication, par les levures, des protéines correspondantes pour étudier leur effet. Et l'utilisation des levures a permis, durant les dix dernières années, des progrès considérables dans l'identification des protéines qui participent au contrôle des mécanismes de dédoublement de nos cellules.

Puis, récemment, les levures ont commencé à être utilisées comme modèles pour étudier le suicide cellulaire. En 1995, John Reed, qui explorait dans un institut californien les relations entre le suicide cellulaire et les cancers, introduisit dans des cellules de levure le gène humain *bax*. Il découvrit que la production de grandes quantités de la protéine Bax, qui provoque le suicide des cellules humaines, déclenche aussi la mort de cellules de levure ; et que l'introduction simultanée dans les cellules de levure du gène humain *bcl-2* (qui permet la fabrication du protecteur Bcl-2 qui capture Bax et l'empêche d'agir) permet, comme dans les cellules humaines, d'empêcher Bax d'entraîner la mort des cellules de levure.

À la fin de l'année 1997, Evan montra que l'introduction du gène *ced-4* du petit ver *Caenorhabditis elegans* – qui permet la fabrication de l'activateur des ciseaux de l'exécuteur du suicide Ced-3 – provoque dans les cellules de levure une mort qui présente certaines caractéristiques de l'apoptose ; et que l'introduction simultanée du gène *ced-9* de *Caenorhabditis elegans*, qui permet la fabrication du protecteur Ced-9, empêche l'activateur de déclencher l'apoptose.

Ces résultats suggèrent la présence, dans les cellules des levures, d'exécuteurs du suicide capables de dialoguer avec des protéines qui participent au contrôle de la vie et de la mort dans les cellules de *Caenorhabditis elegans* et les cellules humaines. Mais cette aventure de la recherche des exécuteurs et des protecteurs dans l'univers des organismes unicellulaires a conduit à une découverte surprenante. L'ensemble de la bibliothèque des gènes de la levure du boulanger a été décrypté. Et on n'y a, pour l'instant, découvert aucun parent de la famille *ced-3*, les gènes qui contiennent les informations permettant la fabrication des ciseaux des exécuteurs.

Les levures possèdent-elles d'autres exécuteurs d'origine plus ancienne ? Et, si de tels exécuteurs sont capables de dialoguer avec des protéines qui participent au contrôle du suicide des cellules humaines, sont-ils aussi présents en nous ? Et si tel est le cas, quelle peut être leur nature ?

Les êtres unicellulaires nous révélaient soudain qu'il y avait peut-être – sans doute – des pans entiers du contrôle de la vie et de la mort au cœur de nos cellules qui nous étaient restés inconnus. Mais, pour comprendre, il nous faut poursuivre notre voyage.

Révélations et redécouvertes

Des réponses prématurées

Nous avons assisté à l'effondrement récent d'un dogme et à la naissance d'un nouveau paradigme. Mais les chemins que suit la démarche scientifique sont souvent sinueux, contingents et imprévisibles. Certaines observations faites durant les années 1950 et au début des années 1960 (au moment où les recherches sur la mort cellulaire au cours du développement embryonnaire des animaux venaient à

peine de commencer) auraient pu suggérer que la potentialité du suicide cellulaire existait dans l'univers des organismes unicellulaires. Mais cette interprétation n'avait été
faite ni par ceux qui avaient réalisé ces observations et dont
les centres d'intérêt étaient très éloignés du suicide cellulaire, ni par ceux dont le suicide cellulaire était le centre
d'intérêt et qui les ont ignorées ou négligées. Chacun
« savait » que le suicide cellulaire ne pouvait exister en
dehors du royaume des corps multicellulaires des animaux
et des plantes. Et pourtant…

Pourtant, le rôle que jouait la mort cellulaire dans la
construction des corps transitoires de *Dictyostelium* avait
été décrit dès les années 1950. Et *Dictyostelium* n'était pas
une exception. Certaines des formes les plus simples et les
plus ancestrales du vivant – des bactéries, les myxobactéries – sont capables, comme *Dictyostelium*, de former des
corps multicellulaires transitoires lorsque leur environnement devient défavorable. Les bactéries alors s'attirent, se
déplacent et se fixent les unes aux autres. La majorité des
cellules se différencient brutalement en cellules qui vont
mourir et dont les cadavres intègres vont constituer la
trame du corps ; une minorité de cellules se différencient
en spores.

Les corps que forment les myxobactéries sont constitués
de la réunion de très nombreuses bactéries. Décrits depuis
longtemps, ils sont d'une grande diversité et d'une grande
beauté, réalisant des formes étonnantes : un monticule, ou
une sorte d'« arbre » dont le « tronc » et les « branches »
sont formés de cellules mortes, et les « feuilles », les
« fleurs » ou les « fruits », de spores. Contrairement à celui
que compose *Dictyostelium*, leurs corps ne se déplacent
pas. Les arbres s'élèvent, dressés au-dessus du sol, et les
spores attendent, immobiles, groupées, sur place, que
l'environnement devienne plus favorable ou que le vent ou
un animal les emporte au loin. Si – et quand – les conditions
redeviennent propices, les spores se réveillent, se dédoublent et font naître une nouvelle colonie.

Un chaînon manquant

À l'évidence, ces phénomènes de contrôle social de la vie et de la mort suggéraient l'existence, dans certaines bactéries, de phénomènes de suicide cellulaire couplés aux signaux de l'environnement. Mais la construction des « arbres » – des « corps » – de myxobactéries est restée ignorée pendant plusieurs dizaines d'années par les chercheurs qui travaillaient sur le suicide cellulaire. Ces « corps » étaient une réponse prématurée à une question qui ne se posait pas : celle de l'existence possible du suicide dans l'univers des organismes unicellulaires qui peuplent notre planète depuis des milliards d'années.

Dans le monde ancestral, foisonnant et mystérieux des bactéries – dont l'immense majorité est incapable de construire des corps multicellulaires –, sommeillaient d'autres « réponses prématurées » à des questions non formulées. Les bactéries représentaient un des chaînons manquants pour comprendre la naissance du pouvoir de s'autodétruire.

Nous allons maintenant plonger dans leur univers. Et ce voyage va radicalement changer notre vision de l'origine et de la nature du suicide cellulaire.

13

De la « mort des autres » à la « mort de soi »
L'hypothèse du meurtre originel

> « Il rêva d'une longue partie d'échecs. Elle n'était pas disputée par deux personnes mais par deux familles. [...] La partie avait été commencée depuis des siècles ; nul n'était capable d'en nommer l'enjeu oublié, mais on murmurait qu'il était énorme [...]. »
>
> Jorge Luis Borges, *Le Miracle secret*.

Les bactéries : lutte pour la vie dans le microcosme

Les colonies de bactéries s'étendent, épuisant les ressources de leur environnement, le modifiant, puis se déplacent pour conquérir lentement un nouveau territoire. Parfois – souvent – deux colonies appartenant à deux espèces bactériennes différentes se croisent, se rencontrent. Invisibles à l'œil nu, ces rencontres peuvent être d'une violence terrible. Les colonies génétiquement différentes se livrent des combats mortels pour le contrôle des ressources de leur environnement. Les territoires où se livrent ces batailles sont jonchés de cadavres cellulaires.

Un renversement de perspective

Les bactéries d'une colonie attaquent leurs rivales en fabriquant et en envoyant autour d'elles des armes, des toxines. Ces toxines, d'une grande variété, font partie de la famille des antibiotiques (étymologiquement, des substances « anti-vie »). La pénicilline, le premier antibiotique, découvert par Fleming, est une toxine fabriquée par une moisissure, *Penicillium*, qui a la propriété de tuer des bactéries. Mais les bactéries, comme les moisissures, fabriquent aussi des antibiotiques. La streptomycine, par exemple, un des antibiotiques utilisés pour lutter contre la tuberculose, est fabriquée par la bactérie *Streptomyces*. La médecine utilise depuis quelques dizaines d'années, pour nous défendre contre les bactéries, des armes que fabriquent certaines bactéries depuis sans doute des milliards d'années.

Le mode d'action de ces armes – de ces toxines – est d'une très grande diversité. Certaines ont pour effet de découper directement en petits morceaux le long ruban d'ADN qui constitue la bibliothèque des gènes des bactéries ennemies. D'autres entraînent cette fragmentation de l'ADN par un mécanisme indirect : elles se fixent à une enzyme bactérienne, la gyrase (qui contrôle le degré de torsion du ruban d'ADN sur lui-même) : la modification brutale de l'activité de la gyrase entraîne des « cassures » de l'ADN. D'autres toxines provoquent l'ouverture de petits canaux qui contrôlent les mouvements de liquides à travers l'enveloppe qui entoure la bactérie, entraînant une entrée ou une sortie soudaine et importante de liquide qui provoque la mort.

La raison pour laquelle les bactéries qui fabriquent ces armes mortelles parviennent elles-mêmes à y résister est qu'elles fabriquent des boucliers – des antidotes qui neutralisent l'effet de la toxine, l'empêchant d'agir. Les bactéries libèrent la toxine, mais gardent en elles l'antidote. Les combats que se livrent les colonies bactériennes ressemblent aux guerres chimiques ou biologiques. Des soldats libèrent l'arme mortelle dans leur environnement et survivent grâce au masque à gaz et à la combinaison dont ils se sont revêtus auparavant.

Essayons un instant d'oublier l'usage que font les bactéries de ces toxines et de ces antidotes pour examiner simplement leurs effets. Les toxines qu'utilisent les bactéries pour conquérir des territoires en combattant d'autres espèces bactériennes sont des exécuteurs. Les antidotes qu'utilisent les guerriers pour résister à ces exécuteurs sont des protecteurs. Les bactéries possèdent des informations génétiques qui leur permettent de fabriquer des exécuteurs et des informations génétiques qui leur permettent de fabriquer des protecteurs, capables de bloquer l'effet de ces exécuteurs.

Ces modules toxine / antidote ressemblent, de manière surprenante, aux modules exécuteur / protecteur qui contrôlent la vie et la mort de nos cellules. Le pouvoir de s'autodétruire pourrait-il être né il y a longtemps du pouvoir de détruire les autres ? Si tel est le cas, les ancêtres des exécuteurs et des protecteurs qui contrôlent le suicide sont déjà présents, enfouis depuis la nuit des temps dans l'univers bactérien. Fabriquer simultanément une toxine et un antidote, c'est être capable de détruire un autre. Il suffirait un jour de continuer à fabriquer la toxine et d'interrompre soudain la fabrication de l'antidote, pour devenir capable de se tuer soi-même.

Parce qu'il apparaît comme une évidence aveuglante, quand on pense au suicide cellulaire en termes de « raison d'être », de « rôle », de « fonction », de considérer l'autodestruction comme un « comportement altruiste » d'une cellule qui se sacrifie au profit de la collectivité à laquelle elle appartient, la question de l'origine du suicide au cours de l'évolution du vivant a toujours été confondue avec la question de l'origine de l'« altruisme » cellulaire. Mais nous découvrons soudain que la question n'a pas lieu d'être posée de cette manière : l'origine de l'« altruisme » plonge peut-être ses racines dans un univers ancestral de comportements « égoïstes », qui se traduisent par le meurtre des autres.

De la notion d'identité

Nous n'avons fait que commencer notre voyage. Nous avons découvert les colonies bactériennes comme des armées en campagne, se livrant des luttes mortelles pour la conquête des territoires qu'elles envahissent. Nous allons maintenant nous poser une autre question, à première vue étrange : « à qui » appartiennent les informations génétiques qui permettent aux bactéries de livrer ces combats ?

Imaginons que nous puissions rendre transparent le corps cellulaire de chacune des bactéries d'une colonie. À l'intérieur de chacun de ces corps, imaginons que les gènes bactériens soient soudain devenus lumineux et brillent d'une lumière blanche. Nous découvrons le chromosome unique – le long ruban d'ADN qui contient la bibliothèque des gènes de la bactérie – qui flotte dans la cellule. Essayons maintenant de localiser les deux gènes dont les informations correspondent à la toxine et à l'antidote. Imaginons que chacun des deux gènes émette une lumière rouge. Nous distinguons alors, dans chaque bactérie, deux points rouges, lumineux. Mais ces points rouges ne sont pas localisés à l'intérieur du chromosome. Ils brillent à distance du ruban de lumière blanche. Ces deux gènes sont bien dans le corps cellulaire de chaque bactérie, mais non dans son chromosome. Ils font partie d'un petit cercle d'ADN, un chromosome minuscule, refermé sur lui-même. Et ce petit cercle d'ADN habite chacune des bactéries de la colonie.

Les informations – les deux gènes – qui permettent à la bactérie de fabriquer ses armes n'appartiennent pas à la bibliothèque de ses gènes. Elles appartiennent à des microbes qui infectent les bactéries.

Des prédateurs et des proies dans le microcosme

Dans le microcosme bactérien, la compétition pour la maîtrise des ressources de l'environnement ne se limite pas à une compétition entre différentes espèces bactériennes. Les bactéries constituent elles-mêmes un environnement et une ressource pour une multitude d'organismes vivants d'une taille encore plus réduite que la leur, des virus (des bactériophages – étymologiquement, des « mangeurs de bactéries ») et des plasmides. Ce sont de minuscules microbes qui représentent la forme ultime, la plus extrême, du parasitisme. Ce ne sont pas des cellules, mais de simples petits rubans d'ADN, de petites bibliothèques de gènes entourées d'un manteau de protéines. Les virus et les plasmides ne peuvent se pérenniser et se reproduire qu'à la condition d'envahir et d'habiter des cellules. C'est de leur capacité à envahir des bactéries – et à s'y pérenniser – que dépend leur voyage à travers le temps. Ce sont les bactéries qui, seules, peuvent effectuer le dédoublement de leurs gènes et fabriquer – à partir des informations contenues dans ces gènes – le manteau de protéines qui les entoure.

Ainsi, au combat entre les colonies bactériennes dont l'enjeu est la maîtrise des ressources de leur environnement, se surimpose un combat entre virus, plasmides et bactéries dont l'enjeu est la maîtrise des cellules bactériennes.

Les plasmides ont un mode de vie plus sédentaire que les virus. Une fois qu'ils ont pénétré une bactérie, ils y demeurent en permanence. Mais une bactérie infectée est aussi une base d'où s'échappent des copies du plasmide à la conquête d'autres bactéries. Le devenir des plasmides dans une colonie bactérienne dépend à la fois de leur capacité à persister dans chaque bactérie qu'ils ont infectée et de leur capacité à envahir de nouvelles bactéries dans la colonie. Même lorsque les plasmides ont réussi à s'établir dans toutes les cellules de la colonie, leur victoire peut à chaque instant être remise en question. Qu'une bactérie réussisse à « guérir », à se débarrasser du plasmide qui l'infecte, à le détruire, et sa descendance peut engager une course, une compétition avec la population infectée, remettant en cause l'emprise des plasmides sur la colonie.

Pour appréhender le dynamisme extraordinaire de l'évolution de ces infections, il faut réaliser la rapidité des phénomènes de dédoublement des bactéries. Dans certaines espèces, lorsque l'environnement est favorable, la durée qui sépare deux dédoublements cellulaires est de trente minutes et une bactérie peut, à elle seule, se transformer en un million de bactéries en une demi-journée. De ce fait, tout désavantage – tout coût énergétique supplémentaire, même minime – que provoque dans la bactérie infectée la présence d'un passager plasmidique peut avoir des conséquences désastreuses sur la dynamique de dédoublement cellulaire de la population infectée – par rapport à celle de la population non infectée – et donc des conséquences désastreuses pour la pérennité des plasmides.

Pourtant, la plupart des colonies bactériennes sont infectées de manière persistante. Et pour comprendre comment les plasmides remportent cette victoire, il nous faut maintenant revenir aux toxines et aux antidotes.

Dès qu'un plasmide a envahi une bactérie, elle commence à fabriquer les protéines correspondant aux informations génétiques que contient ce plasmide. Et la bactérie commence ainsi à produire en elle la toxine et l'antidote. La toxine sort de la bactérie infectée et pénètre toutes les bactéries voisines. L'antidote, en revanche, ne diffuse pas à l'extérieur : il ne protège que la cellule infectée contre la toxine qu'elle fabrique. Une bactérie infectée tue donc autour d'elle toutes ses sœurs non infectées. Plus la bactérie infectée se dédouble et plus augmente l'armée de ses descendants qui fait disparaître autour d'elle les bactéries que les plasmides n'ont pas réussi à infecter. Progressivement, il ne reste plus dans la colonie que des cellules infectées.

Imaginons maintenant une bactérie dans laquelle apparaît par hasard le pouvoir de détruire ou d'expulser le plasmide qui l'infecte. Cette bactérie mutante soudain est « guérie ». Mais cette guérison sera de courte durée. Dépourvue du plasmide et donc de ses gènes, elle ne peut plus fabriquer ni la toxine ni l'antidote. Privée d'antidote, elle sera détruite par la toxine libérée par ses voisines, infectées.

Le module toxine / antidote, enfoui au cœur du plasmide, lui permet non seulement de se propager avec une brutalité extrême dans une colonie dont il commence à infecter certains membres, mais aussi, une fois qu'il s'y est établi, d'interdire tout retour en arrière. Toute bactérie mutante qui réussit par hasard à « guérir », à se défaire du plasmide qui l'a envahie, disparaît à son tour. La cellule infectée a été transformée en une cellule guerrière qui détruit aveuglément autour d'elle tous ses ancêtres, ses descendants et ses sœurs qui réussissent à « guérir » de l'infection. Une fois la colonie entière infectée, les plasmides pourront se pérenniser aussi longtemps que la colonie aura des descendants. Ils ont pris le pouvoir. Ils sont devenus une composante à part entière de toute la colonie. Les modules toxine / antidote sont des armes plasmidiques que les plasmides offrent en « cadeau » aux bactéries qu'ils pénètrent. Et ces armes confèrent aux bactéries infectées le pouvoir de survivre aux dépens de leurs semblables non infectées.

À ce stade, nous sommes revenus à notre point de départ. Chaque cellule de la colonie fabrique désormais une toxine et un antidote. Chaque cellule de la colonie peut utiliser la toxine qui l'asservit comme une arme pour combattre une colonie étrangère. Les toxines qui ont réduit les bactéries en esclavage sont des armes qui leur permettent de se répandre à leur tour comme une armée aux dépens de leurs rivales. Et en se répandant, elles répandent le plasmide qui les habite.

Si nous rendons opaques les cellules bactériennes, nous ne voyons que des armées de bactéries au combat contre d'autres armées de bactéries pour s'approprier les territoires qu'elles atteignent. Mais si nous rendons les cellules transparentes, nous distinguons des armées de plasmides à la conquête des colonies bactériennes qu'ils infectent.

Quand « je » devient « nous » : l'interdépendance ou la mort

> « [...] ainsi en est-il de nous :
> Ni vous sans moi, ni moi sans vous. »
>
> Marie de France, *Le Lai du chèvrefeuille*.

Les « modules de dépendance »

Il existe une grande variété de modules toxine / antidote plasmidiques, constitués d'une très grande variété de toxines et d'une très grande variété d'antidotes. Les modules plasmidiques que nous avons explorés jusqu'ici ont tous une caractéristique commune : la toxine quitte la cellule infectée et pénètre dans les cellules voisines ; l'antidote, lui, reste à l'intérieur de la cellule infectée, qu'il protège.

Mais il ne s'agit là que d'une des deux grandes familles de modules toxine / antidote des plasmides. La seconde famille présente une caractéristique différente : les toxines, comme les antidotes, restent toutes deux à l'intérieur des cellules infectées qui les produisent. Les toxines ne peuvent tuer à distance. Elles sont toutes des protéines très stables, qui, une fois fabriquées, persistent longtemps et se dégradent très lentement. Les antidotes, en revanche, sont peu durables : ils sont très vite dégradés et persistent très peu de temps.

Observons un plasmide qui possède un tel module et vient d'envahir une bactérie. La bactérie commence à fabriquer la toxine, et l'antidote qui empêche la toxine de tuer. La bactérie infectée se dédouble, donnant naissance à des descendants infectés, qui, chacun, à leur tour, fabriquent la toxine et l'antidote. Imaginons qu'une bactérie mutante acquière soudain, par hasard, le pouvoir de « guérir », de détruire ou d'expulser le plasmide. Une fois le plasmide disparu, la bactérie est devenue incapable de fabriquer la toxine et l'antidote. Ne persiste plus en elle que la quantité de toxine et d'antidote qu'elle avait produite avant la guérison. La protéine antidote, rapidement dégradée, disparaît la première. La protéine toxine, restée seule, déclenche alors l'exécution de la cellule qui vient de « guérir ». Toute cellule qui « guérit » est une cellule condamnée à mort à court terme. Toute bactérie infectée par un tel plasmide est programmée pour mourir « avant l'heure » si elle rejette le plasmide qui l'infecte. La présence permanente du plasmide est désormais devenue nécessaire à la survie de la bactérie.

Les plasmides exploitent les bactéries comme certaines organisations criminelles exploitent les commerçants en leur demandant une « prime de protection ». Si le commerçant ne paie pas, son magasin est incendié par les « protecteurs ». Le commerçant paie une prime au « protecteur » pour se protéger contre le « protecteur » lui-même. Tout commerçant qui ne paie pas disparaît. Tout commerçant qui décide, un jour, de cesser de payer, disparaît. Le « coût » de la prime versée est dérisoire par rapport au désavantage radical auquel se trouve confronté le commerçant qui refuse – ou cesse – de la verser.

Les modules toxine / antidote ont été appelés « modules de dépendance » parce qu'ils rendent toute bactérie infectée dépendante de la persistance de ce module plasmidique.

Des combats aux symbioses

Le pouvoir conféré par ces « modules de dépendance » aux plasmides est un pouvoir radical, absolu : ils agissent comme une drogue. Le « manque » causé par la disparition du plasmide est mortel : c'est un manque d'antidote. La disparition de l'un des deux partenaires, le prédateur (le plasmide) ou la proie (la bactérie), conduit obligatoirement à la disparition de l'autre. La toxine et l'antidote – l'exécuteur et le protecteur – sont des outils qui créent une interdépendance absolue entre l'« autre » infectieux et le « je » de la cellule infectée, ou entre le « je » infectieux et l'« autre » infecté. La bactérie infectée est devenue une collectivité, où l'absence d'une des deux composantes aboutit à l'autodestruction de l'ensemble. Sous la contrainte, une nouvelle identité est née. Et cette fusion définitive, sans alternative, de deux êtres distincts en un être nouveau correspond à ce qu'on appelle une symbiose.

On considère habituellement une symbiose – une union définitive, irréversible entre deux êtres vivants – comme une coopération, un mariage, une mise en commun des ressources individuelles au bénéfice de chacun des partenaires, comme une « union qui fait la force ». Mais une symbiose peut naître, beaucoup plus simplement et beaucoup plus radicalement, comme nous venons de le voir, d'une impossibilité de faire autrement. Pour toute bactérie infectée, la présence du « passager » plasmidique qui l'utilise comme « véhicule » – qui la force en permanence à puiser dans ses ressources pour dédoubler le plasmide et fabriquer de nouvelles protéines plasmidiques – se traduit par un coût énergétique, et entraîne donc un désavantage, un inconvénient. Mais, quelle que soit l'importance de ce « coût », de cet inconvénient, il est dérisoire par rapport au désavantage radical auquel se retrouvent confrontés les « véhicules » privés soudain de leurs « passagers » : la mort.

Ainsi, dans un renversement complet de perspective, nous découvrons des modules exécuteur / protecteur au centre des combats sans merci que se livrent, depuis la nuit des temps, les êtres vivants les plus simples de notre planète. Ces modules constituent les armes d'un combat « égoïste » pour la survie et l'exploitation d'une proie par un prédateur. Mais, de ces combats sans merci, naissent peu à peu des êtres nouveaux, des sociétés symbiotiques à l'échelle d'une seule cellule.

Et nous entrevoyons ces premières formes ancestrales de modules exécuteur / protecteur en train de participer à une œuvre que nous connaissons bien : la construction de nouvelles « sociétés », dont l'interdépendance absolue n'a pour alternative que la mort.

Deux partitions pour un même interprète
ou de l'ambiguïté de la notion de programme

L'efficacité du module de dépendance repose sur un mécanisme d'une merveilleuse simplicité : l'existence d'une différence de stabilité dans le temps entre l'exécuteur – la toxine –, capable de détruire la bactérie, et l'antidote – le protecteur –, capable de neutraliser l'effet de la toxine.

La raison pour laquelle l'antidote disparaît plus vite que la toxine est que la protéine antidote est rapidement dégradée, découpée en morceaux, par une enzyme, une protéase, un « ciseau » moléculaire. Ainsi, comme le suicide des cellules de notre corps, l'autodestruction des bactéries infectées par les plasmides implique des protéases, des « ciseaux » moléculaires. Et, dans des branches de l'arbre du vivant nées à plusieurs milliards d'années d'intervalle, se retrouvent des outils semblables, assemblés, telles des pièces d'un puzzle, de manière différente. Comme si, au cours du temps, s'étaient réalisées des variations multiples sur un même thème.

Dans les bactéries infectées par les plasmides, la protéase (Lon, ou ClpP, selon les cas), qui inactive l'antidote en le fragmentant, n'est pas fabriquée à partir des informations contenues dans la bibliothèque des gènes du plasmide mais à partir de celles qui sont contenues dans son propre chromosome. Ainsi, de manière surprenante, la bactérie contribue à son propre asservissement.

Il suffirait que ce gène bactérien s'altère accidentellement pour que la bactérie, devenue incapable de produire la protéase, cesse de dégrader l'antidote et puisse soudain se libérer de l'étreinte de son passager. Mais cette protéase participe à des activités essentielles à la pérennité de la bactérie et lui est nécessaire, en particulier pour se dédoubler. Une bactérie qui perd par hasard le pouvoir de fabriquer cette protéase peut se libérer du plasmide, mais la « guérison » s'accompagnera de la stérilité de la bactérie, devenue incapable de se dédoubler.

Le « programme » qui condamne la bactérie et le plasmide à l'interdépendance est un programme interactif qui se met en place dans la bactérie infectée et auquel elle participe pleinement. Et se révèle de nouveau l'ambiguïté et la complexité de la notion de « programme ». La réalisation de ce « programme » implique un exécuteur d'origine plasmidique, un protecteur d'origine plasmidique et une protéase d'origine bactérienne qui active l'exécuteur en détruisant le protecteur. Une fois que des protéines ont été fabriquées par une cellule, leur devenir – leur activité, leur durée d'existence – dépend de la nature des autres protéines présentes dans leur environnement. La réalisation du « programme » dépend des modalités du dialogue – des interactions – entre les protéines à l'intérieur de la cellule. Ainsi, ce dialogue en lui-même n'a pas été « pré-écrit ». Il résulte de la lecture simultanée par la bactérie de deux partitions génétiques différentes – la sienne et celle du plasmide – faisant naître des protéines dont le devenir est modifié par leur rencontre ; cristallisant ainsi une forme d'interdépendance nouvelle dont la rupture semble ne pouvoir conduire qu'à la mort.

La rupture de l'Alliance et la naissance du suicide cellulaire

Trois scénarios pour une rupture

Rien – ou presque rien – de ce qui émerge au cours de la longue histoire du vivant n'est de nature définitive.

L'évolution est une succession infinie d'accidents, construisant, déconstruisant et reconstruisant sans cesse, faisant naître la nouveauté. Faisons une expérience en pensée. Essayons d'imaginer s'il pourrait exister des accidents qui auraient pour effet de délivrer une bactérie infectée de l'étreinte d'un plasmide qui l'asservit, et de permettre à la bactérie de survivre.

Considérons de nouveau le problème de l'interdépendance qui lie le destin de la bactérie à celui du plasmide. Ce n'est pas de la présence continuelle du plasmide que dépend réellement la survie de la bactérie infectée, mais de la présence des informations génétiques du plasmide, qui permettent à la bactérie de fabriquer en permanence l'antidote et de contrer ainsi l'effet de la toxine. Et pour cette raison, il existe théoriquement au moins trois circonstances qui pourraient permettre à la bactérie de se débarrasser du plasmide en échappant à la mort.

La première serait la survenue accidentelle d'une altération du gène plasmidique correspondant à la toxine, aboutissant à une impossibilité pour la bactérie de fabriquer la toxine. Il faudrait que cette altération ne touche que le gène qui contient les informations correspondant à la toxine sans porter atteinte au gène correspondant à l'antidote. Parce que ces deux gènes se jouxtent le long de l'ADN du plasmide, la probabilité que seul l'un des deux soit atteint est faible. Mais elle est loin d'être nulle.

La deuxième circonstance qui permettrait théoriquement à la bactérie de guérir serait la survenue d'une modification accidentelle du gène plasmidique correspondant à l'antidote, aboutissant à la fabrication par la bactérie d'un antidote devenu résistant à la dégradation par la protéase. L'antidote mutant persisterait alors aussi longtemps que la toxine, et une bactérie qui réussirait à se libérer du plasmide survivrait à sa victoire.

Ces deux événements aboutiraient, pour la bactérie qui parviendrait à se libérer de l'emprise du plasmide, à un véritable retour en arrière, au temps d'« avant l'infection ».

Mais il y a une troisième circonstance, d'une tout autre nature, qui permettrait théoriquement à une bactérie de se libérer du plasmide. Elle ne correspondrait pas, pour la bactérie qui guérirait, à une véritable victoire, à un véritable retour en arrière au temps d'« avant l'infection ». Elle correspondrait à une plongée dans la nouveauté.

Une expérience en pensée : la naissance
d'un « programme sans fonction »

Toute bactérie qui par hasard capturerait dans son chromosome les gènes plasmidiques du module toxine / antidote pourrait désormais se défaire du plasmide et survivre à sa disparition. L'alliance apparemment indissoluble née de la fusion des plasmides et des bactéries se romprait alors, brutalement. La société se déconstruirait.

Mais une telle rupture de l'alliance, si elle était possible, ne permettrait pas à la bactérie de revenir à son état premier. La « guérison » aurait un coût. La bombe à retardement serait toujours présente, amorcée. La bactérie fabriquerait désormais en permanence deux protéines – un exécuteur et un protecteur – dont le seul effet serait de se neutraliser.

Des combats des plasmides contre les bactéries et des contre-attaques des bactéries, de cette course de la Reine Rouge qui débute à l'aube du vivant, émergerait alors un « programme » de nature étrange : un « programme » sans « fonction » apparente dont la seule « raison d'être » serait liée à la contingence des combats tumultueux qui lui ont donné naissance.

Mais une transition capitale aurait eu lieu. Les outils du suicide seraient désormais présents, ancrés dans la cellule. La bactérie se dédoublerait, voyageant à travers le temps, transmettant à chacun de ses descendants ce « programme » qui semble, à l'observateur, en quête d'une « fonction ».

Dans cette bactérie dont nous avons imaginé la demi-victoire, la « vie » a soudain acquis un coût additionnel, apparemment absurde : la nécessité de réprimer à chaque instant le déclenchement du suicide, de la mort qui surgit de l'intérieur.

Interrompons ici notre expérience en pensée. De tels événements ont-ils pu réellement se produire dans l'univers bactérien ? Existe-t-il des bactéries qui auraient un jour capturé et introduit dans leur propre chromosome, dans la bibliothèque de leurs gènes, un « module de dépendance » appartenant à un plasmide dont elles auraient réussi ensuite, à se défaire ?

Un chaînon manquant

En 1996, à l'Institut Weizmann, en Israël, Aizenman, Engelberg-Kulka et Glaser décrivent dans une espèce bactérienne la présence de deux gènes : l'un, qu'ils ont nommé *mazF*, permet aux bactéries de fabriquer une toxine ; l'autre, qu'ils ont nommé *mazE*, de fabriquer un antidote. Ces deux gènes qui se jouxtent n'appartiennent pas à un plasmide. Ils sont présents dans le chromosome d'une des espèces bactériennes les plus répandues, *Escherichia coli*, dont certaines sont les hôtes naturels de nos intestins et nous aident à digérer.

Hanna Engelberg-Kulka me racontera plus tard qu'ils avaient découvert Maz-E – l'antidote – avant la toxine, qu'ils ont donc nommée en utilisant la lettre suivante de l'alphabet, Maz-F. Mais ils ne savaient pas, au moment où ils identifiaient Maz-E, qu'il s'agissait d'un antidote ; ils n'avaient, de fait, aucune idée sur ce dont il pouvait s'agir. D'où le nom « Ma zé », qui, en hébreu, signifie : « Qu'est-ce que c'est ? ».

La toxine, MazF, est stable et persiste longtemps dans la bactérie. C'est un exécuteur capable de provoquer l'autodestruction de la bactérie. L'antidote, MazE, qui empêche la toxine d'agir, est lui-même détruit en permanence par la protéase bactérienne ClpP. La toxine MazF, l'antidote MazE et la protéase ClpP sont produits continuellement par la bactérie, aboutissant à un équilibre dynamique qui permet à la bactérie de survivre. Ce module toxine / antidote est probablement le vestige et le témoin, l'empreinte toujours active, de la présence ancienne d'un « autre », d'un plasmide aujourd'hui disparu. Ce module représente tout ce qui reste de l'« autre ». Le jour où la bactérie a réussi à éliminer le plasmide en capturant son module de dépendance, sa demi-victoire a eu un « coût » : vivre, pour la bactérie, a désormais requis d'être chaque jour en mesure d'empêcher le déclenchement du suicide, de la « mort avant l'heure ».

Camus a décrit dans *Le Mythe de Sisyphe* le destin de Sisyphe aux Enfers, condamné par les dieux de l'Olympe à pousser son rocher vers le sommet, à le regarder ensuite dévaler la pente vers la vallée, à le caler de nouveau contre son épaule, pour, sans fin, le repousser vers le sommet. Le destin des bactéries condamnées à fabriquer sans fin l'exécuteur et sans fin le protecteur qui le neutralise, et à détruire sans fin ce protecteur pour le refabriquer, partage, avec celui de Sisyphe, une dimension absurde.

« Il faut imaginer Sisyphe heureux », a écrit Camus. Que peut signifier une telle phrase dans l'univers des bactéries ? Nous allons essayer de la formuler autrement. Des colonies de bactéries condamnées à fabriquer sans fin l'exécuteur et le protecteur ont-elles pu, à un moment donné, en tirer un avantage, un bénéfice ? Ont-elles pu, un jour, intégrer ce programme « absurde » à ce que nous appelons une « fonction » ?

De la perception de l'environnement
à la décision de mourir « avant l'heure »

> « Car mourir pour mourir,
> je ne veux pas attendre,
> et partir pour partir,
> je choisis l'âge tendre… »
>
> Barbara, *À mourir pour mourir*.

Comme toute bactérie – comme toute cellule – *Escherichia coli* fabrique de très nombreuses protéines qu'elle exporte à sa surface et qui agissent comme des récepteurs, capturant différentes composantes de son environnement et répondant à cette fixation en émettant un signal. Parmi ces récepteurs, certains capturent des nutriments essentiels à la bactérie.

Une bactérie se comporte à l'égard des nutriments présents dans son environnement de deux manières distinctes.

Elle en ingère la quasi totalité comme des aliments, les « consommant », les transformant en énergie, les mettant en réserve ou les utilisant pour remplacer les constituants qui la composent à mesure qu'ils s'abîment ou sont détruits. Mais une infime proportion de ces nutriments n'est pas ingérée : elle est capturée par des récepteurs de surface qui délivrent un signal à la bactérie.

Ainsi, chaque nutriment est à la fois utilisé par la bactérie comme un aliment dont elle se nourrit et comme un signal qu'elle transforme en langage. Immergée dans son environnement, en tirant les ressources qui lui permettent de survivre, la bactérie perçoit, à mesure qu'elle les consomme, la quantité des ressources extérieures qui restent disponibles. Évaluer, mesurer la quantité de nourriture présente tout en se nourrissant, c'est, d'une certaine manière, être capable de « prévoir », disposer de la possibilité d'anticiper sa réponse. Ce pouvoir d'anticiper repose sur l'existence d'un découplage, d'une dissociation : il suffit que la quantité minimale de nutriment (le seuil) qui déclenche un signal qui signifie le « manque », la « faim », soit beaucoup plus élevée que le seuil qui condamne la bactérie à la famine, pour que la possibilité d'anticipation – de réponse à l'avance à un futur probable – soit soudain ouverte. Au lieu de subir passivement les conséquences de la famine, la bactérie, alors qu'elle est encore capable de se nourrir, peut alors répondre à la probabilité d'une famine « à venir ».

Les bactéries, comme toutes les cellules, possèdent la capacité de se différencier – de verrouiller ou de déverrouiller certains de leurs gènes – en réponse à certaines modifications de leur environnement. Aizenman, Engelberg-Kulka et Glaser découvrirent que, tant que les conditions environnantes sont favorables, les cellules d'*Escherichia coli* fabriquent continuellement l'exécuteur MazF et le protecteur MazE. Mais lorsque la quantité de certains nutriments diminue au-dessous d'un seuil minimal, les récepteurs qui captent ces nutriments transmettent le signal du « manque ». Ce signal entraîne le verrouillage brutal des gènes du module exécuteur / protecteur et la bactérie interrompt la fabrication de l'exécuteur MazF et du protecteur

MazE. Parce que la protéase ClpP, qui dégrade le protecteur MazE, continue, elle, à être produite, le protecteur disparaît rapidement. L'exécuteur persiste, causant l'autodestruction – le suicide – de la bactérie.

Ainsi, le couplage de la fabrication du module exécuteur / protecteur au langage des signaux émis par les récepteurs qui traduisent à chaque instant la quantité de ressources présentes dans l'environnement, permet à des bactéries de s'autodétruire en réponse à l'anticipation d'une famine « à venir ». Les bactéries qui sont mortes ne sont pas mortes de faim, elles ont déclenché un programme d'autodestruction, qui a conduit à leur « mort avant l'heure ». Un « programme » initialement « sans fonction », né de la capture par une bactérie des armes de l'agent infectieux qui l'asservissait, s'est métamorphosé en un programme de « suicide » couplé à la perception des signaux de l'environnement.

Mais comment de tels programmes peuvent-ils être pérennisés ?

Toute colonie bactérienne dont la totalité des cellules aurait, ne serait-ce qu'une seule fois, répondu à la famine « à venir » en déclenchant son suicide a dû à l'évidence – si elle a jamais existé – disparaître depuis longtemps. De tels programmes n'ont pu être propagés de génération en génération que s'ils permettaient à une partie au moins des bactéries de la colonie de survivre. Mais comment chaque cellule bactérienne peut-elle décider, à un niveau individuel, de déclencher son suicide sans mettre par là même en péril la pérennité de l'ensemble de la colonie ?

Le contrôle social de la vie et de la mort des bactéries

Les expansions et les contractions des colonies

Essayons de nous représenter une colonie d'*Escherichia coli* dans un environnement qui contient une quantité importante mais limitée de nutriments. Les cellules se nourrissent, se dédoublent et la colonie s'étend. La quantité de nutriments va progressivement diminuer. Mais cette diminution ne sera pas homogène. Imaginons que la colonie s'accroît progressivement en cercles concentriques. Le centre est l'endroit où les premiers arrivants ont commencé à se dédoubler. Les cellules-filles s'écartent progressivement du centre, comme les ondes qui s'éloignent du point d'impact d'un caillou à la surface d'un lac. Le centre de la colonie est la région où les aliments vont diminuer le plus rapidement parce que c'est l'endroit où la consommation a été maximale. La diminution des nutriments sera donc d'abord perçue par les cellules qui occupent le centre : elles déclencheront leur suicide et disparaîtront « avant l'heure ».

Cette disparition prématurée de certaines bactéries résultant de manière aléatoire de la position qu'elles occupent au sein de la colonie procurera à leurs voisines de la périphérie plusieurs avantages. Les bactéries qui ont déclenché leur suicide se sont tuées au moment même où elles percevaient une diminution de leurs ressources : elles n'avaient pas encore consommé la totalité des nutriments disponibles. Les bactéries survivantes de la périphérie disposent donc désormais d'un surplus de ressources. Le suicide d'une partie des bactéries procure un avantage supplémentaire aux survivantes : les bactéries mortes sont devenues elles-mêmes un nutriment supplémentaire qui va pouvoir être ingéré.

Au lieu d'épuiser la totalité des ressources jusqu'à devenir une colonie composée en quasi-totalité de mourants en train de se partager des restes avant de disparaître, la colonie s'est brutalement recomposée en une nouvelle entité. Cette nouvelle colonie est entièrement constituée de cellules robustes, qui n'ont pas encore commencé à souffrir de la faim et qui ont chacune à leur disposition une quantité plus importante de nutriments. Le déclenchement du suicide a sculpté la colonie, transformant d'une manière soudaine ses membres en survivants opérationnels ou en morts prématurés, source eux-mêmes de nourriture.

Ces épisodes brutaux, qui se déroulent, à l'échelon individuel des cellules, comme des phénomènes de tout ou rien, vont se répéter de manière aléatoire. À chacun de ces épisodes, la taille de la colonie se réduira brutalement, mais une nouvelle colonie renaîtra, composée en totalité de survivants robustes, à la recherche d'un environnement plus riche. Une succession de vagues d'expansion et de contraction brutales parcourt la colonie, éliminant en permanence ceux qui ont la plus grande probabilité de disparaître et sélectionnant en permanence parmi les vivants ceux qui ont la plus grande probabilité de se pérenniser. Il faut essayer d'imaginer le nombre et la succession rapprochée de ces épisodes de sculpture brutale, de contraction et d'expansion, auxquels peut être soumise une colonie bactérienne. De tels événements peuvent se produire plusieurs fois par jour. Les colonies bactériennes dont les descendants ont traversé le temps jusqu'à nous, ont dû connaître – et survivre à – des milliers de milliards d'épisodes semblables.

Mais les bactéries qui ont réalisé cet immense et terrible périple ne l'ont pas accompli comme une cohorte de rescapés individuels, répondant chacun séparément aux innombrables coups de boutoir de leur environnement. Ce sont de véritables sociétés bactériennes qui ont voyagé à travers le temps, poussant à des degrés de raffinement extrême le contrôle exercé par la collectivité sur le destin de chacune des cellules qui les composent.

Les démocraties bactériennes :
le « langage », le « quorum » et le « vote »

> « Notre régime politique ne prend pas pour modèle la loi des autres : loin d'imiter autrui, nous sommes nous-mêmes un exemple. Quant au nom [de notre régime], comme les choses dépendent [...] de la majorité, cela s'appelle une démocratie. »
>
> Thucydide,
> *Histoire de la guerre du Péloponnèse.*

Les lois qui régissaient le Sénat de la Rome antique stipulaient qu'une décision ne pouvait être adoptée qu'à deux conditions : qu'elle recueille une majorité des voix ;

et qu'un minimum, jugé indispensable, de sénateurs soient présents pour que le vote soit considéré comme représentatif. La première condition, comme tout vote démocratique, fait appel à la notion de vote majoritaire. La deuxième condition fait appel à la notion de nombre minimal de votants : le *quorum*.

Les sociétés bactériennes possèdent des règles de fonctionnement semblables à celles du Sénat romain : les décisions qui engagent l'avenir de la collectivité résultent d'un vote représentatif et majoritaire.

Reprenons l'exemple de notre colonie bactérienne, qui s'étend du centre vers la périphérie. Une cellule du centre vient de percevoir individuellement, par l'intermédiaire de ses récepteurs, la survenue d'une diminution de nutriments. Les récepteurs provoquent, à l'intérieur de la bactérie, l'émission d'une molécule qui entraîne, à son tour, la production par la bactérie d'un signal qui sort de la cellule à la rencontre des cellules voisines. La bactérie libère l'équivalent d'une hormone (une phéromone), qui va être captée par les bactéries environnantes. Chaque bactérie possède des récepteurs capables de capter ces hormones, mais la quantité maximale d'hormone que peut libérer une seule bactérie est très inférieure à la quantité minimale nécessaire pour déclencher la différenciation. Aucune bactérie ne peut, à elle seule, déclencher en elle-même ou dans ses voisines une réponse drastique aux modifications qu'elle a perçues de son environnement. La décision de s'engager ou non sur le chemin de la différenciation qui peut conduire au suicide sera donc le résultat d'une décision collective. Et cette décision collective résultera d'une consultation « démocratique ».

Les hormones que libère chaque bactérie en réponse à sa perception individuelle de son environnement ont été appelées, en 1996, par Dale Kaiser, des « hormones de *quorum* », parce que la quantité d'hormones nécessaire pour déclencher la différenciation des bactéries qui les perçoivent ne peut être atteinte que si un nombre minimal de bactéries – suffisamment proches les unes des autres – ont commencé, chacune, à un moment donné, à les fabriquer et à les libérer.

À ce moment, et à ce moment seulement, la somme des choix individuels se traduit en choix collectif. Comme tous les phénomènes de seuil, la réponse se fait selon une règle de tout ou rien. Ou bien une collectivité suffisamment compacte bascule dans la différenciation, ou bien aucune des cellules ne se différencie, quelle qu'ait été la nature de son interprétation individuelle des changements de son environnement. Ainsi, quelles que soient les fluctuations, les variations individuelles dans la perception et l'émission des signaux – les choix, potentiellement disparates et erronés, de chacun de ses membres –, l'avenir de la colonie dépend de l'intégration d'une somme de décisions individuelles prises dans un cadre spatial et temporel déterminé. La réponse est coordonnée, brutale et globale.

Contrairement à la plupart des idées habituelles, réductionnistes, sur les modalités de la vie des bactéries, le comportement d'une colonie ne peut être simplement réduit à la somme des comportements individuels de ses membres. Il s'agit d'un comportement collectif, doté d'une puissance d'adaptation et d'une robustesse sans commune mesure avec celles de chacun de ses membres. Les sociétés bactériennes transforment en langage les signaux qu'elles perçoivent de l'environnement. Et les bactéries dialoguent en permanence.

Il y a quelque chose de troublant dans ces ressemblances et ces résonances que nous découvrons entre certaines des règles de vie sociale des formes les plus simples et les plus ancestrales du vivant et certaines des règles de vie sophistiquées des sociétés humaines que nous croyons avoir inventées et qui constituent la base des lois que nous considérons comme les plus civilisées. Il y a, bien sûr, une différence capitale entre les « démocraties » bactériennes et la plupart des démocraties humaines. Le destin individuel de chacun des membres de la colonie, une fois la décision démocratique prise, est sans doute totalement indifférent à la collectivité. Si la notion de « démocratie » semble inscrite au fronton des sociétés bactériennes, la notion des « droits » de chaque individu leur est en revanche apparemment restée étrangère.

Mais interrompons ici cette métaphore pour revenir au moment où la décision collective a été brutalement prise par la colonie bactérienne de s'engager vers la différenciation qui conduit soit à la vie, soit à la mort. Comment cette décision collective peut-elle se traduire par un couplage entre le suicide d'une partie et la survie d'une autre ?

Nous avons parcouru un long chemin, mais nous sommes encore une fois revenus à notre question initiale. Comment la décision est-elle exécutée de telle manière que la mort d'une partie puisse bénéficier à la survie d'une autre ? Quelle est la nature des phénomènes qui peuvent permettre à une partie au moins de la colonie de survivre ?

La brisure de la symétrie : une solution au paradoxe du suicide dans les organismes unicellulaires

> « Si tu peux plonger ton regard dans les semences du futur
> Et dire quelle graine germera et quelle [graine ne germera] pas
> Alors parle-moi. »
>
> Shakespeare, *Macbeth*.

Pour essayer de trouver une réponse à cette question, il nous faut aller à la rencontre d'une autre espèce bactérienne, *Bacillus subtilis*. Comme beaucoup de bactéries, les cellules de *Bacillus subtilis* n'ont pas une forme sphérique, mais une forme allongée, pseudo-cylindrique, en bâtonnets. Dans un environnement favorable, les cellules de *Bacillus subtilis* se dédoublent en permanence. Le dédoublement du corps cellulaire, comme dans la plupart des espèces bactériennes, est symétrique : la cellule-mère double le volume de son corps cellulaire, recopie son chromosome et répartit chacun des deux exemplaires à un pôle opposé de son corps cellulaire. Puis le corps se sépare en deux cellules de forme et de volume identiques, possédant chacune la même bibliothèque de gènes. Ce dédoublement symétrique du corps cellulaire est effectué par une série d'enzymes qui se positionnent au centre du bâtonnet entre les deux pôles et commencent de part et d'autre à séparer le corps de la cellule-mère en deux moitiés égales.

Lorsque l'environnement devient défavorable, les cellules de la colonie perçoivent ces modifications sous la forme d'un signal qu'elles traduisent dans le langage des hormones, et les bactéries commencent à dialoguer. Si le nombre – et la densité – de cellules ayant perçu le changement dépasse le seuil du *quorum*, l'ensemble de la colonie bascule brutalement dans un processus de différenciation qui aboutit à une forme spectaculaire de « contrôle social » de la vie et de la mort.

La première étape est la perte par chacune des cellules de la colonie de la capacité d'effectuer un dédoublement symétrique. Une fois que chaque cellule a dupliqué son chromosome et l'a réparti à ses deux extrémités, des protéines viennent se positionner au centre du bâtonnet, empêchant la fixation des enzymes qui permettent la séparation du corps cellulaire. Les enzymes de séparation, ne pouvant plus se positionner au centre, vont devoir se fixer au voisinage de l'un ou de l'autre des deux pôles du bâtonnet. La symétrie est brisée.

La séparation commence alors, préfigurant la naissance de deux cellules asymétriques, une petite et une grande. Mais un deuxième phénomène se produit : cette séparation va s'interrompre avant que l'individualisation complète des deux cellules ait été achevée. Chaque cellule-mère est encore entière, mais possède désormais en elle deux territoires distincts – deux futures cellules – séparés par une enveloppe, une frontière. Le dédoublement asymétrique a été gelé avant la séparation, et va demeurer gelé.

Le grand territoire (la future grande cellule) et le petit territoire (la future petite cellule) vont alors se mettre à dialoguer. Ces deux territoires possèdent chacun les mêmes informations génétiques, une copie du même chromosome. Les deux territoires contiennent probablement une même concentration (une même quantité par unité de volume) de constituants – de protéines, de sucres, de graisses. Mais parce que le volume des deux territoires est différent, ils contiennent chacun une quantité totale différente de chaque protéine. Parce que la nature des informations génétiques que peut consulter et utiliser un corps cellulaire ne dépend pas seulement de la nature des protéines qu'il contient ni de leur concentration, mais aussi de leur quantité totale, les deux territoires ne vont pas consulter les mêmes informations génétiques et ne vont donc pas fabriquer les mêmes protéines. Ils vont, chacun, s'engager sur un chemin de différenciation distinct. Cette différenciation va faire naître une asymétrie dans la nature des signaux émis et perçus par chacun des deux territoires. Et, à mesure que les signaux vont être échangés à travers la paroi, les différences vont s'accentuer.

Le déclenchement d'un phénomène de dédoublement asymétrique conduit à un dialogue asymétrique, où chaque phrase prononcée dans l'un des deux territoires entraîne une réponse différente dans chacun des deux territoires. Parce que ce dialogue se déroule à la manière d'un match de ping-pong, sous forme d'une séquence de questions et de réponses successives, d'ordres et d'exécutions, les transformations respectives des deux territoires sont coordonnées, intégrées et ne peuvent être découplées l'une de l'autre.

Et cette séquence de transformations réciproques aboutit à un résultat fascinant. La plus grande des deux futures cellules participe à la transformation de la plus petite en une spore, une cellule résistante, à paroi épaisse, capable de persister dans un environnement défavorable. Une fois que la spore a été construite, la grande cellule se détruit, libérant la spore, qui porte en elle l'avenir de la colonie. Et, plongée dans son sommeil, la spore attendra, sans se nourrir ni se dédoubler, que l'environnement redevienne favorable pour donner naissance à une nouvelle colonie.

Une exception ou l'exemple d'une règle

Ces deux cellules asymétriques, rattachées l'une à l'autre, constituent la représentation la plus simple qu'on puisse imaginer d'un corps multicellulaire : deux cellules différentes, nées d'une même cellule, fixées l'une à l'autre et possédant la même bibliothèque de gènes. L'une des deux, celle qui va disparaître après avoir permis de construire une spore, est l'équivalent d'une cellule somatique. La spore est l'équivalent d'une cellule germinale ou d'une cellule-œuf. Avec infiniment plus de simplicité et de lisibilité que les corps multicellulaires transitoires construits par les myxobactéries ou par *Dictyostelium*, se dévoile chez *Bacillus subtilis,* dans une forme de nudité première, ce que peuvent être les déterminants de base de la construction d'un corps : l'ébauche, à l'intérieur d'une cellule qui s'est engagée dans un phénomène de dédoublement asymétrique inachevé, d'un développement embryonnaire liminaire aboutissant à la naissance d'une cellule somatique et d'une cellule germinale, d'une cellule qui va mourir et d'une cellule qui va quitter le corps pour entreprendre un long voyage vers le futur et reconstruire un jour peut-être une nouvelle colonie.

Bacillus subtilis nous révèle comment, à l'échelon de chaque cellule individuelle, la brisure de la symétrie, l'émergence aléatoire d'une différence au sein d'un univers de doubles, peut conduire, par l'intermédiaire d'un dialogue complexe – d'une cascade d'interactions séquentielles –, à ce que le sacrifice d'une moitié de la population de la colonie aboutisse obligatoirement à la naissance d'une autre population, dotée d'une plus grande capacité à survivre.

L'idée que je veux suggérer est que le dialogue, chez *Bacillus subtilis*, entre les cellules qui vont survivre et les cellules qui vont mourir, que le couplage de la construction d'une moitié de survivants – les spores – au déclenchement de la mort de l'autre moitié de la colonie, ne représentent sans doute pas une exception, mais l'exemple d'une règle universelle.

Revenons un instant au corps multicellulaire transitoire de *Dictyostelium*, avec sa tige faite de cellules mortes qui s'élève au-dessus du sol, et sur laquelle reposent les spores. Quel que soit le nombre de cellules qui composent initialement la colonie et qui, soudain, collectivement, vont commencer à construire un corps, la proportion de cellules qui vont mourir ou se transformer en spores est toujours la même. Mais, contrairement à *Bacillus subtilis*, la brisure de symétrie ne résulte pas, au niveau de chaque cellule, du déclenchement d'un phénomène de dédoublement asymétrique inachevé. Et, contrairement à *Bacillus subtilis*, le nombre de cellules qui vont survivre n'est pas égal au nombre de cellules qui vont mourir. La proportion de survivants est d'environ deux tiers. Il semble que chacune des cellules de la colonie, au moment où elles commencent à se rejoindre, ait initialement la même probabilité de s'engager dans la différenciation qui va conduire à la vie ou dans celle qui va conduire à la mort. Chaque cellule, au hasard, s'engage sur l'un ou l'autre chemin. Et, pendant un temps, persiste la possibilité de basculer d'un état de différenciation à l'autre en fonction des signaux émis par les cellules voisines. Une cellule qui commence à se transformer en spore émet, à mesure qu'elle se différencie, un signal particulier. Au moment où la proportion des cellules qui se sont transformées en spores atteint un certain seuil, la quantité de signal émis empêche, dans les cellules voisines, la différenciation en spores, déclenchant la différenciation qui conduit à la mort. Le même phénomène se produit au niveau de chaque cellule qui s'est engagée sur la voie qui mènera à la mort. Elle émet un signal qui, au-delà d'un certain seuil, favorise, dans les cellules voisines, la transformation en spore. Ainsi, en quelques heures, s'ajuste la proportion des cellules qui vont mourir (environ un tiers) à la proportion des cellules qui vont survivre (environ deux tiers). Ainsi, dans chaque colonie soudain confrontée à un environnement défavorable, s'auto-organisent, à partir d'une cascade de dialogues, à partir d'un phénomène de différenciation initialement ouvert et aléatoire, les corps multicellulaires qui permettent à *Dictyostelium* de se pérenniser.

Les formes que peuvent adopter les sociétés cellulaires, et la nature des interactions qui s'établissent entre les cellules qui les composent, représentent autant de variations qu'a accomplies le vivant sur le thème de la construction des sociétés cellulaires. À chacune de ces variations correspond vraisemblablement une manière différente de briser la symétrie. Et c'est le long de cette ligne de brisure que se séparent les vivants et les morts, et que le suicide sculpte la pérennité des sociétés cellulaires.

Des organismes unicellulaires aux organismes multicellulaires : à la recherche de la parenté

> « Si tu veux du regard embrasser mille lieues
> Monte encore un étage. »
>
> Wang Zhihuan,
> *Montée au pavillon des Cigognes.*

Nous avons entrevu, dans la nuit des temps, la naissance des phénomènes de suicide cellulaire au cours des combats brutaux et sans merci que se sont livrés les prédateurs plasmidiques et leurs proies bactériennes. Puis, le couplage de la capacité de s'autodétruire à la nature des signaux perçus dans l'environnement a vraisemblablement constitué un des socles sur lesquels se sont bâties l'interdépendance et la complexité, favorisant l'émergence des sociétés d'organismes unicellulaires qui ont réussi à voyager jusqu'à nous, à travers le temps.

Mais y a-t-il un lien entre les phénomènes d'autodestruction qui ont sculpté ces sociétés ancestrales, et ceux qui déterminent le destin de nos cellules ? Pour aborder cette question, nous allons reprendre notre voyage à travers les branches du buisson de l'évolution du vivant. Nous allons quitter l'univers des bactéries et remonter vers le présent, à la rencontre de nous-mêmes. Nous allons plonger à l'intérieur de nos corps pour explorer attentivement, de nouveau, les cellules qui nous composent. Et découvrir l'extraordinaire degré de parenté qui nous lie à l'univers des cellules les plus simples qui nous entourent – les bactéries.

Des bactéries à l'homme

> « Plantes, champignons, animaux [et êtres humains] […] nous sommes tous, au-delà de nos différences superficielles, des communautés de bactéries. »
>
> Lynn Margulis, Dorion Sagan, *Microcosmos : 4 Billion Years of Microbial Evolution.*

Anatomie de nos cellules : la lumière des étoiles disparues

Chacune de nos cellules est constituée d'un corps cellulaire – le cytoplasme – entourant le noyau, qui renferme la bibliothèque de nos gènes. Mais chacune de nos cellules renferme aussi, à l'intérieur de son cytoplasme, plusieurs dizaines ou centaines de mitochondries, qui permettent à nos cellules de respirer, utilisant l'oxygène pour produire des réserves énergétiques. Chaque mitochondrie libère les réserves d'énergie qu'elle produit dans son environnement extérieur, qui est en fait l'environnement intérieur du cytoplasme de nos cellules. Chaque mitochondrie est elle-même une cellule à part entière, entourée par une enveloppe, et contenant une minuscule bibliothèque de gènes qui lui est propre. Chaque mitochondrie se reproduit à l'intérieur du corps de nos cellules en dédoublant son corps et ses gènes. La taille des mitochondries est celle des bactéries. Comme une bactérie, la mitochondrie est une petite cellule sans noyau : la minuscule bibliothèque de ses gènes est constituée d'un ruban d'ADN, unique, formant un seul chromosome flottant dans son corps cellulaire.

Chacune de nos cellules contient des petites cellules qui ont toutes les caractéristiques des bactéries. Mais, contrairement à des bactéries, les mitochondries ne peuvent, semble-t-il, survivre à l'extérieur de nos cellules.

Ainsi se révèle, au cœur de chacune de nos cellules, un degré d'hétérogénéité étrange et radical. Comme des reflets dans un jeu de miroirs, comme des poupées russes qui s'imbriquent les unes dans les autres, nos corps révèlent une structure en fractale, une structure d'emboîtements. Nous sommes des sociétés composées d'une multitude de cellules dont chacune est elle-même une société composée de plusieurs petites cellules.

Mais d'où proviennent ces petites cellules – les mitochondries – qui habitent les nôtres et qui s'y reproduisent ? Il y a à cette question deux niveaux de réponse. Pour découvrir le premier, il nous faut remonter à l'instant de notre conception.

La cellule-œuf qui nous a donné naissance est elle-même née de la pénétration d'un spermatozoïde dans un ovule. À ce moment se sont constitués le noyau de la cellule-œuf et la bibliothèque de ses gènes, à partir de la fusion du noyau du spermatozoïde, contenant une moitié de la bibliothèque de notre père, et du noyau de l'ovule, contenant une moitié de la bibliothèque de notre mère. Mais le corps cellulaire – le cytoplasme – du spermatozoïde a sombré, disparaissant brutalement au moment de sa victoire. C'est le cytoplasme de l'ovule qui constitue le cytoplasme de la cellule-œuf. Le cytoplasme de la cellule-œuf nous est légué par notre mère. Et ce cytoplasme contient les mitochondries de notre mère.

Ainsi, à la question « D'où nous viennent les mitochondries qui peuplent les cellules de notre corps ? » la première réponse est : « de notre mère ». L'hétérogénéité radicale de nos cellules ne se manifeste pas uniquement au niveau de leur composition, mais aussi de leur mécanisme d'héritage. Nous héritons, chacun, une moitié des gènes de notre père et une moitié de notre mère. Mais les mitochondries, elles, nous sont – presque toujours – léguées, semble-t-il, par notre mère. Notre mère elle-même a reçu ses mitochondries de sa mère, qui elle-même les a reçues de sa mère… Et c'est là que se dessine la deuxième composante de la question. D'où viennent les mitochondries de notre mère et de la mère de notre mère, et celles de la mère de la mère de notre mère ? À quand remonte leur naissance première ?

Nous savons qu'un biologiste qui observe le corps d'un embryon en train de se construire entrevoit, comme un astronome qui contemple la lumière émise par une étoile distante, aujourd'hui disparue, un reflet lointain d'un passé révolu. Une trace de la longue histoire des métamorphoses des corps multicellulaires de nos ancêtres animaux les plus anciens, depuis huit cents millions à un milliard d'années.

Mais l'origine des mitochondries, elle, est encore beaucoup plus lointaine. Et un biologiste qui observe une simple cellule de notre corps entrevoit une période beaucoup plus ancienne, longtemps avant que n'émergent les premiers corps des animaux et des plantes.

Il nous faut maintenant reprendre notre voyage vers le passé, pour essayer d'approcher le moment où naissent les premières cellules habitées par des mitochondries.

Un retour dans le passé

Il y a environ deux milliards d'années, l'univers du vivant est uniquement composé d'êtres unicellulaires. La plupart sont des bactéries, d'autres sont des cellules eucaryotes qui, contrairement aux bactéries, et comme nos cellules, possèdent un noyau qui entoure et protège la bibliothèque de leurs gènes. Leur corps cellulaire est beaucoup plus volumineux que celui des bactéries et contient probablement déjà des mitochondries. Quand et comment ces cellules eucaryotes sont-elles apparues ? Il n'existe à l'heure actuelle que des hypothèses.

L'hypothèse proposée dans les années 1960 par Lynn Margulis, et considérée aujourd'hui par beaucoup comme la plus probable, postule que les bactéries sont les ancêtres communs de tous les êtres vivants qui peuplent aujourd'hui notre planète. Il y a plus de deux milliards d'années, des bactéries appartenant à deux grandes branches différentes (les « archaebactéries » et les « eubactéries ») auraient

fusionné pour donner naissance à une cellule plus volumi-
neuse, contenant un noyau renfermant une bibliothèque dont
chaque gène est soudain présent en deux versions différentes. Selon cette hypothèse, les cellules eucaryotes primitives, dotées d'un noyau, mais ne possédant pas encore de
mitochondries, sont nées de symbioses entre des bactéries.

Ces cellules eucaryotes primitives se répandent sur la
Terre. Elles sont à la fois des prédateurs qui se nourrissent
de bactéries et des proies qu'envahissent les bactéries pour
s'y nourrir, s'y protéger et s'y reproduire. Au cours de ces
combats de l'aube du vivant, les eucaryotes capturent et
tuent les bactéries, et les bactéries attaquent et détruisent
leurs prédateurs. Et de ces combats vont naître d'autres
symbioses.

Des cellules dans d'autres cellules

Mais revenons à la première symbiose. Au cours des deux
premiers milliards d'années de l'évolution du vivant, l'atmosphère qui entoure la Terre est très pauvre en oxygène. La vie
n'est pas fondée sur l'utilisation de l'oxygène : elle est anaérobie (littéralement « vie sans air », en fait, « sans oxygène »). Les bactéries captent et utilisent le soufre, l'azote,
l'hydrogène... pour produire et stocker leur énergie. Certaines bactéries – les cyanobactéries –, qui utilisent la lumière
du soleil pour produire de l'énergie, réalisent, comme les
plantes, aujourd'hui, la photosynthèse. Et comme les plantes,
au cours de la chaîne de réactions de la photosynthèse, elles
libèrent de l'oxygène dans l'atmosphère.

Peu à peu, l'activité de photosynthèse des cyanobactéries
qui couvrent la surface des océans a empli l'atmosphère
d'oxygène, pour atteindre, il y a environ deux milliards
d'années, une teneur proche de celle d'aujourd'hui. Mais
l'oxygène se révèle extrêmement dangereux pour les autres
organismes unicellulaires. Les réactions d'oxydation provoquent une libération anarchique de chaleur et d'énergie
chimique qui altère la plupart des constituants cellulaires –
les enveloppes, les protéines, les acides gras, et les gènes.

Durant cette période s'est sans doute produite une énorme catastrophe : l'extinction massive et définitive de la plupart des branches d'organismes unicellulaires qui peuplaient alors le buisson du vivant, un des nombreux épisodes d'extinction qui ont parsemé l'évolution. Les rares survivants appartiennent à deux univers distincts : les cellules anaérobies qui ont fui, dans les profondeurs des océans et du sol, l'oxygène qui les tue ; et les premières bactéries aérobies dans lesquelles la survenue de modifications génétiques accidentelles a permis par hasard la naissance de mécanismes permettant de contrôler les réactions d'oxydation et d'utiliser l'oxygène pour produire de l'énergie. Ces bactéries recherchent l'oxygène qu'elles consomment à la surface des océans et des sols.

Et c'est durant cette période tumultueuse que se situerait la naissance des premières cellules eucaryotes modernes. Les eucaryotes primitifs sont incapables de résister à l'oxygène et la quasi-totalité d'entre eux disparaissent. Mais certains capturent, dans leur corps cellulaire, des bactéries aérobies capables d'utiliser l'oxygène pour produire de l'énergie. Ils les réduisent en esclavage et les utilisent pour consommer – et résister à – l'oxygène. Ces bactéries désormais prisonnières des corps des premières cellules eucaryotes vont devenir des mitochondries. Et cette cohabitation va se métamorphoser en symbiose. Tel est le scénario proposé par Lynn Margulis il y a plus de trente ans.

En 1998, un scénario différent a été proposé par W. Martin et M. Müller. L'idée est que la symbiose bactérienne qui a donné naissance aux cellules eucaryotes modernes est plus ancienne encore. Elle ne serait pas liée initialement au problème de la résistance à l'oxygène, mais à une association entre une bactérie qui produisait de l'hydrogène et une bactérie qui utilisait l'hydrogène pour produire de l'énergie. Selon cette hypothèse, les cellules eucaryotes modernes, possédant un noyau et des mitochondries, résultent d'un seul épisode de symbiose bactérienne qui précède la catastrophe provoquée par l'oxygénation de l'atmosphère.

Mais il ne s'agit là que de variations autour d'un même thème. Ces hypothèses partagent une idée commune : depuis au moins deux milliards d'années, il existe sur notre planète des cellules eucaryotes dotées d'un noyau et possédant dans leur corps cellulaire des bactéries. Et, depuis ce temps, certaines de ces cellules eucaryotes ont transmis à la longue chaîne de leurs descendants unicellulaires puis multicellulaires ces bactéries prisonnières, qui nous permettent aujourd'hui d'utiliser l'oxygène que nous respirons pour produire de l'énergie et que nous appelons des mitochondries.

De symbioses en symbioses

> « Les religions et les mythes ont toujours été emplis de […] sirènes, de sphinx, de vampires, de loups-garous, de séraphins […], des êtres imaginaires nés de la combinaison de différentes portions d'animaux. La vérité étant plus étrange que la fiction, la biologie […] a découvert la […] réalité de l'existence d'êtres [vivants formés de la combinaison d'autres êtres vivants]. »
>
> Lynn Margulis, Dorion Sagan, *Microcosmos : 4 Billion Years of Microbial Evolution.*

La symbiose fondatrice, originelle, sur laquelle repose notre existence, n'a pas été un événement unique. D'autres symbioses sont nées des guerres perpétuelles que se livraient les bactéries et les premières cellules eucaryotes modernes qui venaient d'apparaître. Certains de ces eucaryotes ont capturé dans leur corps cellulaire d'autres bactéries, les cyanobactéries, capables de photosynthèse, qui sont devenues des chloroplastes. De cette deuxième symbiose est né l'univers des eucaryotes unicellulaires végétaux, possédant à la fois des mitochondries et des chloroplastes, qui a lui-même donné naissance plus tard à l'univers des plantes multicellulaires. Chaque cellule de plante contient dans son cytoplasme deux familles de petites cellules différentes d'origine bactérienne, pourvues d'une petite bibliothèque de gènes différente, elle aussi d'origine bactérienne : les mitochondries, qui assurent la respiration cellulaire, et les chloroplastes, qui assurent la photosynthèse.

La survenue d'autres épisodes, ultérieurs, de symbiose a été révélée récemment. Une branche d'eucaryotes unicellulaires d'origine très ancienne, née probablement il y a plus d'un milliard et demi d'années, les *apicomplexans*, comprend plusieurs espèces de parasites, dont le toxoplasme, et le parasite le plus dangereux pour l'espèce humaine, *Plasmodium*, l'agent du paludisme. Ces parasites unicellulaires possèdent dans leur corps cellulaire, en plus de leurs mitochondries, des plastes, qui ressemblent aux chloroplastes des plantes. Leurs plastes n'effectuent pas, semble-t-il, la photosynthèse, mais d'autres activités, actuellement inconnues. En 1997, il a été découvert que ces plastes proviennent de la capture, ancienne, par un eucaryote unicellulaire moderne, non pas d'une cyanobactérie, mais de l'un des premiers eucaryotes unicellulaires capables de photosynthèse, un des premiers ancêtres des plantes. Les apicomplexans seraient donc nés de la symbiose entre un eucaryote unicellulaire animal (contenant des mitochondries) et un eucaryote unicellulaire végétal (contenant des mitochondries et des chloroplastes). Ils sont nés de la symbiose entre deux eucaryotes symbiotiques. Et, de manière inattendue, certains des microbes les plus dangereux qui nous menacent semblent appartenir à la fois à l'univers des animaux et à celui des plantes.

Ainsi se brouille la frontière que nous considérons habituellement comme infranchissable entre le royaume des animaux et celui des plantes.

Ainsi se révèle, dans le monde foisonnant de nos contemporains, la diversité des symbioses successives – des associations devenues définitives, irréversibles – qui ont donné naissance à des cellules constituant chacune une société hétérogène, complexe et interdépendante.

Un aperçu des combats contemporains

Il existe d'autres exemples d'associations étroites (ou de combats) entre des bactéries et des cellules eucaryotes, qui se déroulent encore, aujourd'hui, sous nos yeux et dont l'origine au cours de l'évolution est beaucoup plus récente.

Dans certaines espèces de petits crustacés, le corps cellulaire des ovules des femelles est infecté par des bactéries qui se transmettent de génération en génération. Ces bactéries, présentes dans les ovules, persistent, après la fécondation, dans la cellule-œuf de crustacé et dans les premières cellules-filles qui naissent des dédoublements de la cellule-œuf, puis elles se localisent sélectivement dans la petite famille de cellules de l'embryon de crustacé qui donnera naissance aux ovules. Ces bactéries utilisent les ovules comme véhicules pour se propager, de génération en génération, et voyager à travers le temps.

D'autres bactéries infectent les cellules germinales (les ovules, mais aussi les spermatozoïdes) de quinze à vingt pour cent des insectes : des insectes mâles et des femelles ne peuvent se reproduire ensemble que s'ils sont tous deux infectés par des bactéries d'une même famille. L'identité des bactéries qui infectent leurs cellules germinales se surimpose à l'identité génétique des insectes. Et la propagation d'une infection bactérienne aboutit, dans une même espèce d'insectes, à la création artificielle de nouvelles sous-espèces d'insectes, incapables de s'interféconder, favorisant probablement l'apparition de nouvelles espèces.

Cette forme surprenante de parasitisme bactérien n'atteint pas que les crustacés et les insectes. Certains eucaryotes unicellulaires – des amibes – sont eux aussi infectés de manière permanente par des bactéries qui habitent leur corps cellulaire – leur cytoplasme. Ces bactéries sont-elles encore capables de vivre à l'extérieur de leur hôte ou en sont-elles devenues définitivement prisonnières, comme les mitochondries ? On l'ignore. Ce qu'on sait, c'est que, pour des raisons encore inconnues, les amibes infectées sont devenues dépendantes de la présence des bactéries qu'elles hébergent. Si l'on élimine ces bactéries par un traitement antibiotique, les amibes meurent.

Un très grand nombre de bactéries, comme le bacille tuberculeux, les salmonelles (qui provoquent la fièvre typhoïde) et les rickettsies (qui provoquent le typhus, et qui sont, parmi les bactéries contemporaines, celles qui ressemblent le plus aujourd'hui à nos mitochondries), sont capables de pénétrer dans nos cellules pour exploiter leurs ressources et s'y dédoubler. Mais ce sont des passagers transitoires. Elles n'habitent pas nos cellules germinales et ne sont pas transmises de génération en génération.

Ces combats brutaux, intermittents, entre les bactéries et les cellules de nos corps, qui causent aujourd'hui une grande partie des maladies infectieuses qui nous menacent, représentent sans doute un exemple des combats incessants qui ont pu parfois, il y a longtemps, conduire aux épisodes de symbiose dont nous venons de voir quelques exemples. Et de ces guerres dynamiques complexes, de cet enchevêtrement des armes et des combattants, ont émergé soudain par hasard la coexistence forcée, l'interdépendance et la complémentarité – la symbiose – comme une paix armée que rien ne peut plus venir rompre.

De l'évolution du suicide cellulaire

> « Nous sommes partagés, habités, occupés. À l'intérieur de nos cellules, leur procurant l'énergie [...] sont les mitochondries [...]. [À l'intérieur du noyau de nos cellules] sont des strates d'ADN qui y ont pénétré, à un moment ou un autre, lors de la fusion symbiotique de nos cellules ancestrales. [La bibliothèque de nos gènes] est un catalogue d'instructions provenant de toutes sortes de sources dans la nature, prêtes [à être utilisées] pour toutes sortes de contingences. »
>
> Lewis Thomas, *The Lives of a Cell*.

Des travaux récents ont révélé que les mitochondries participent au déclenchement du suicide des cellules de

notre corps. Je pense que cette participation peut difficilement être appréhendée si on ne la replace pas dans le
contexte des combats anciens qui ont donné naissance, il y
a deux milliards d'années, aux symbioses de nos ancêtres.
Ce que nous distinguons au cœur de nos cellules, comme
un phénomène de coopération entre les mitochondries et
les cellules qu'elles habitent, est peut-être un vestige lointain et profondément remanié d'un phénomène brutal
d'asservissement des corps cellulaires eucaryotes par des
bactéries qui se sont comportées comme des modules de
dépendance.

En 1996, j'ai proposé l'idée que les modules
toxine / antidote, qui ont joué un rôle essentiel dans les
symbioses entre les plasmides et les bactéries, pourraient
avoir joué un rôle semblable dans les symbioses successives
qui ont donné naissance aux cellules eucaryotes ; qu'ils
pourraient être les ancêtres des modules exécuteur / protecteur qui contrôlent le déclenchement et la répression du
suicide des cellules qui nous composent, liant inexorable-
ment le destin de chacune de nos cellules à celui de la
collectivité à laquelle elle appartient.

Il est possible qu'initialement les ancêtres bactériens des
mitochondries fabriquaient à la fois des toxines et des antidotes qu'ils libéraient dans les cellules qu'ils habitaient ; et
que ces toxines et ces antidotes aient constitué pour les
cellules eucaryotes un véritable module de dépendance.

Progressivement, a probablement eu lieu une contre-
attaque de la part des cellules eucaryotes infectées : une
capture des gènes bactériens qui permettent la fabrication
de la toxine et de l'antidote et leur insertion dans la bibliothèque des gènes du noyau de la cellule eucaryote. Les
cellules eucaryotes ont progressivement capturé et introduit
dans leur noyau la plupart des gènes de la mitochondrie,
rendant cette dernière incapable de se construire elle-même.
Aujourd'hui, les mitochondries se dédoublent dans nos cellules de manière autonome, mais à l'aide de constituants
qu'elles sont devenues incapables de fabriquer par elles-
mêmes. La plupart des protéines nécessaires au fonctionnement et au dédoublement des mitochondries sont à pré-

sent fabriquées dans – et par – le corps cellulaire (à partir d'informations génétiques désormais localisées dans le noyau) puis transportées sélectivement à l'intérieur des mitochondries.

Les mitochondries ne peuvent pas quitter la cellule eucaryote et revenir à leur état originel de bactérie parce que la majorité de leurs gènes n'est plus localisée en elles-mêmes. Elles sont devenues peu à peu les esclaves des cellules qu'elles habitent. La petite bibliothèque originelle de leurs gènes a été scindée en deux portions inégales : l'une, très petite, est encore située dans leur propre corps cellulaire ; l'autre, la plus importante, est désormais localisée dans le noyau de la cellule qu'elles habitent. Et la bibliothèque des gènes du noyau de la cellule eucaryote, comme son corps cellulaire, est devenue à son tour une mosaïque – le résultat d'une symbiose – possédant en son sein une partie des gènes qui initialement habitaient le corps cellulaire de la mitochondrie.

À cette contre-attaque des cellules a probablement alors répondu une contre-attaque des mitochondries. Cette contre-attaque, étonnante, a abouti à ce que les mots et les phrases des quelques livres qui demeurent dans la petite bibliothèque résiduelle des gènes du chromosome de la mitochondrie ne sont plus écrits dans la langue universelle des gènes, qui est restée la même dans la quasi-totalité des espèces vivantes contemporaines (y compris les bactéries). La mitochondrie est une des rares exceptions dans le monde vivant au caractère universel du code génétique – des modalités de lecture des informations contenues dans les gènes. Et l'apparition de ces changements a probablement dû interrompre le transfert des gènes de la mitochondrie dans le noyau de la cellule, à l'intérieur duquel ils se révélaient inintelligibles – inutilisables.

Ainsi s'est figé et stabilisé pour un temps le long combat, la succession d'attaques et de contre-attaques – la course de la Reine Rouge –, qui a donné naissance à nos cellules. Les protéines qui participent au contrôle de la vie et de la mort sont aujourd'hui fabriquées par le corps de nos cellules à partir d'informations génétiques contenues dans leur noyau. Ces protéines sont, pour certaines, transportées à l'intérieur de la mitochondrie où elles demeurent (tels le cytochrome C, l'AIF, Smac/Diablo, l'endonucléase G ou HtrA2) ou sont fixées à l'enveloppe extérieure de la mitochondrie (comme les frères ennemis de la famille Ced-9 / Bcl-2). À l'intérieur et à l'extérieur de la mitochondrie se répartissent certaines des armes qui contrôlent le suicide de la cellule qu'elle habite. Mais la mitochondrie a perdu le pouvoir de les produire.

La découverte, en 1996, de la forme en trois dimensions qu'adoptent les protéines humaines de la famille Bcl-2 a révélé une donnée surprenante : la portion des frères ennemis de la famille Bcl-2 qui leur permet de s'ancrer dans la paroi des mitochondries a la même structure que certaines toxines qui appartiennent aux modules toxine / antidote des plasmides bactériens.

Prises tout d'abord pour des coïncidences bizarres et sans signification particulière, ces ressemblances s'éclairent d'un jour nouveau si on les considère comme un vestige des relations anciennes d'interdépendance sur lesquelles se sont peut-être bâties les symbioses qui ont donné naissance aux cellules eucaryotes.

À la recherche d'une autre naissance

Nous avons tenté de plonger dans les profondeurs du temps, à la recherche de l'origine du suicide cellulaire, et nous sommes remontés à la surface avec une nouvelle vision. Les protéines qui participent au contrôle de la vie et de la mort de nos cellules sont peut-être les descendants des toxines et des antidotes qui ont commencé, il y a plusieurs milliards d'années, à contrôler la vie et la mort de nos lointains ancêtres bactériens. Le scénario dont nous avons suivi le déroulement nous a fait entrevoir la naissance du pouvoir de s'autodétruire à partir des combats brutaux et sans merci que se livrent, à l'aube du vivant, des prédateurs plasmidiques et leurs proies bactériennes. Il nous a complètement délivré de l'idée de « projet » et nous a fait

percevoir le caractère profondément ambigu des notions de
« fonction » et de « rôle ».

Quand une bactérie vole-t-elle pour la première fois les
informations génétiques qui lui permettent de fabriquer une
toxine et un antidote au plasmide qui l'habite, comme Prométhée vola le feu aux dieux de l'Olympe pour l'offrir aux
hommes ? Quand une cellule eucaryote vole-t-elle pour la
première fois à son tour ces informations génétiques à la
bactérie – à la mitochondrie – qui l'habite ? Nous n'en
savons rien.

Mais, quelle que soit la réponse à ces questions, le scénario que nous avons découvert postule l'existence de deux
périodes radicalement différentes au cours de la longue
évolution du vivant : une période initiale où les sociétés
cellulaires ne possédaient pas encore le pouvoir de s'autodétruire. Et une période où, à l'issue des combats entre les
plasmides et les bactéries, la potentialité de la mort « avant
l'heure » a commencé à se répandre dans l'univers du
vivant. Si cette vision repousse très loin dans le passé les
frontières d'un âge d'or originel, elle évoque l'existence
d'un temps ancien aujourd'hui révolu, où chaque être vivant
portait encore en lui une promesse d'immortalité.

Mais il y a un autre scénario possible, que j'ai proposé.
Il ne requiert pas d'imaginer l'existence d'un univers
d'« avant le suicide ». Il nous fait entrevoir la capacité
de s'autodétruire au cœur des premières cellules, dès la
naissance de la vie.

14

De l'autodestruction
comme conséquence inéluctable
de l'auto-organisation
L'hypothèse du « péché originel »

> « Mais je n'ai pas encore compris [...] si dans le mélange de contraintes et d'histoire qui a façonné l'univers, seule l'histoire apporte un élément de contingence, ou si, à l'origine, les contraintes premières ont pu, elles aussi, être le résultat d'une contingence [...]. »
>
> François Jacob,
> *La Souris, la mouche et l'homme.*

Il nous faut, pour pouvoir comprendre, changer une dernière fois notre manière d'appréhender le problème. Jusqu'à présent, nous avons toujours considéré les modules exécuteurs / protecteurs comme des modules dont l'unique effet possible – l'unique propriété – était de déclencher ou de réprimer la mort cellulaire. Nous allons maintenant aborder la question de manière différente. Nous allons essayer d'abandonner définitivement toute idée préconçue sur la nature des propriétés – des activités – que pouvaient manifester les premiers ancêtres des modules exécuteurs / protecteurs. Et, libérés de tout *a priori*, nous allons commencer par effectuer une « expérience en pensée ».

Une expérience en pensée
sur les premières cellules vivantes

Essayons de plonger au plus loin que nous le pouvons vers les racines du buisson du vivant. Tentons d'imaginer les cellules au moment où elles apparaissent pour la première fois sur notre planète. Ces cellules fabriquent probablement déjà des protéines qui leur permettent d'absorber des composants de leur environnement, de les transformer en énergie, de stocker cette énergie ; elles possèdent peut-être déjà une bibliothèque de gènes. Elles sont sans doute capables de dédoubler leur corps cellulaire. Toute tentative de représentation de ces premières cellules est arbitraire. Mais l'important n'est pas là. L'important, quelle qu'ait pu être leur nature, est d'essayer de percevoir si nous pouvons distinguer, obscurément, en elles, la présence d'exécuteurs et de protecteurs capables de déclencher et de réprimer le suicide cellulaire.

Imaginons certaines des opérations auxquelles se livrent peut-être déjà ces premières cellules pour assurer leur survie et leur pérennité. Commençons par considérer une étape cruciale du dédoublement cellulaire : le dédoublement de la bibliothèque des gènes. Imaginons que cette bibliothèque est déjà constituée d'un ruban d'ADN. Nous n'en savons rien mais, en l'occurrence, cela n'a pas d'importance. L'ADN est une double hélice, dont les deux brins sont enroulés l'un autour de l'autre comme les fils qui s'enchevêtrent pour former une corde. La double hélice peut être surenroulée, entortillée comme une corde qu'on fait tourner sur elle-même ou au contraire détendue. Des enzymes permettent de modifier le nombre de « tours » de l'hélice d'ADN. Le dédoublement des gènes, par exemple, nécessite de désenrouler l'ADN et de séparer les deux brins, qui servent chacun de matrice pour construire, en les recopiant, deux nouveaux brins identiques complémentaires. Des enzymes manipulent l'ADN, comme les fils enchevêtrés d'une corde, les séparant, les recopiant, puis les reliant de nouveau deux à deux.

Essayons de suivre le dédoublement du corps cellulaire qui suit le dédoublement de la bibliothèque des gènes. Des enzymes parcourent le corps cellulaire, le séparant en deux parties, pour donner naissance à deux cellules-filles.

Interrompons ici notre bref parcours. L'idée est la suivante : chacune de ces étapes essentielles implique l'activité d'enzymes « bâtisseurs » capables, chacune, si leur fonctionnement n'est pas étroitement contrôlé, de provoquer à elle seule la destruction de la cellule. Une enzyme qui modifie le degré de torsion de l'ADN peut, si son activité ne s'interrompt pas à temps, entraîner des cassures de l'ADN. Des enzymes qui découpent en deux le corps de la cellule-mère ont le pouvoir de le découper en d'innombrables morceaux. Les enzymes qui transforment les nutriments en énergie, stockent celle-ci et la libèrent, ont aussi le pouvoir de produire des cascades de réactions chimiques qui dénaturent les composants cellulaires, causant la destruction de la cellule. Les canaux qui traversent la membrane, permettant à la cellule de faire pénétrer les nutriments, les liquides, ou d'expulser les déchets, sont capables de modifier brutalement le contenu en liquide, faisant exploser la cellule ou entraînant son dessèchement.

L'idée est que chacune de ces enzymes « bâtisseurs » est potentiellement un exécuteur.

L'idée est que les réseaux de « bâtisseurs » n'ont pu être pérennisés et propagés que s'ils étaient associés à des réseaux d'inhibiteurs – de protecteurs – capables de restreindre ou d'interrompre à temps leur activité. Tout module constitué d'une enzyme puissante – à la fois nécessaire et dangereuse – et d'un inhibiteur – capable d'en limiter, d'en orienter, l'activité – préfigure déjà un ancêtre potentiel des modules exécuteur / protecteur. Et, quelle qu'ait pu être la nature des premières cellules, il est difficile d'imaginer qu'il n'en ait pas été ainsi des premiers composants qui leur ont permis de s'auto-organiser et de se propager. La raison pour laquelle ces modules se sont répandus n'a rien à voir avec leur pouvoir de déclencher la mort « avant l'heure » de la cellule qu'ils habitent. Ils sont présents, dans les premières cellules vivantes, comme une forme de « péché originel » du vivant, le pouvoir de s'autodétruire comme prix à payer pour le pouvoir de s'auto-organiser. Ils sont intrinsèquement liés à la nature même de la vie. Le terme de « péché originel » n'a, bien sûr, ici, aucune connotation d'ordre religieux ou moral. Il traduit simplement une impossibilité de faire autrement.

Une cellule se déconstruit et se reconstruit en permanence, ingérant et transformant des nutriments, stockant et produisant de l'énergie, renouvelant ses constituants, assemblant, détruisant et réassemblant les éléments qui la composent. Une cellule est une entité fluide, dynamique, en équilibre instable, échappant sans cesse à l'effondrement. Vivre, se construire en permanence, c'est utiliser des outils qui risquent de provoquer l'autodestruction, et être, dans le même temps, capable de réprimer cette autodestruction.

Nous avons maintenant accompli un très long chemin. À la question « quand », à la question du mystère de la naissance des outils qui permettent le suicide, apparaît une réponse d'une bouleversante simplicité : depuis toujours, depuis l'origine de la première cellule vivante. À la question « comment », apparaît une réponse d'une aussi grande simplicité : à partir des outils mêmes qui remplissent les fonctions essentielles à la pérennité du vivant. Les ancêtres des exécuteurs et des protecteurs qui contrôlent le suicide sont peut-être les architectes de la survie et du dédoublement cellulaire. Et les outils qui sculptent le visage de la vie cellulaire possèdent, peut-être dès l'origine, la potentialité de sculpter le visage de la mort.

Du « péché originel » à la complexité

> « Deux courants convergents ont conduit à se représenter aujourd'hui l'organisation d'un système vivant comme le résultat de processus antagonistes, l'un de construction, l'autre de déconstruction ; l'un d'ordonnancement et de régularités, l'autre de perturbations aléatoires et de diversité ; l'un de répétition invariante, l'autre de nouveauté imprévisible. »
>
> Henri Atlan, *Entre le cristal et la fumée.*

L'exemple de la dérive des informations contenues dans les gènes

Les modifications accidentelles, aléatoires, qui surviennent dans la structure, la composition et donc la nature des informations que contiennent les gènes, ont constitué, depuis son origine, un des moteurs essentiels de l'évolution et de la diversification du vivant. Ce sont ces changements qui ont fait naître, depuis quatre milliards d'années, les innombrables métamorphoses des espèces qui ont atteint le temps présent et de toutes celles qui ont soudain disparu à jamais. Les altérations, les erreurs, les substitutions, les duplications, dans les lettres, les mots, les phrases et les livres de la bibliothèque des gènes, sont, intrinsèquement, inévitables. Elles sont dues à des agressions extérieures, des rayons ultraviolets, des radiations, des variations brutales de température et à des erreurs que commet une cellule lors des phénomènes de copie, de dédoublement de l'ADN, qui précèdent le dédoublement cellulaire. La dérive de l'information génétique est, elle aussi, une forme de « péché originel » du vivant. L'acte de créer un nouveau « je » porte en lui le risque inévitable de donner naissance à « un autre ».

À partir de là, s'ouvrent au moins deux possibilités. La fabrication par la cellule, au hasard des mutations génétiques, de nouvelles protéines qui ont pour effet d'augmenter la fidélité de la copie de la bibliothèque des gènes et ainsi de diminuer la probabilité de donner naissance à un « autre ». Et la fabrication, au hasard d'autres mutations génétiques, de nouvelles protéines qui ont pour effet de diminuer la fidélité de la copie de la bibliothèque et ainsi d'augmenter la probabilité de donner naissance à un « autre ».

Depuis l'origine, ces deux évolutions apparemment contradictoires se sont produites dans toutes les branches du buisson du vivant, de manière le plus souvent concomitante et complémentaire. Le très grand nombre de réseaux de protéines capables d'optimiser le maintien de l'intégrité de la bibliothèque des gènes reflète l'émergence ancienne de répresseurs du « péché originel » de la dérive de l'identité. Ils sont les gardiens de la pérennité des ancêtres dans chacun de ses descendants.

Mais parallèlement sont apparus, se sont diversifiés et ont été conservés des réseaux de protéines qui favorisent la dénaturation, la modification, le brassage et le renouvellement des informations contenues dans les gènes. Ces réseaux sont des amplificateurs du « péché originel » de la dérive de l'identité. Ils permettent de rendre plus fréquente la naissance de l'altérité, la transformation du « je » en « autre ». Ils estompent la présence des ancêtres dans leurs descendants. Il existe dans toutes les espèces vivantes de nombreuses variations sur ce thème d'origines diverses, qui ont pour effet d'accélérer la dérive de l'information génétique : la recombinaison, la rétrotransposition, la conjugaison, la transduction, la sexualité...

Ainsi, un des « péchés originels » à l'origine même de l'évolution du vivant – l'impossibilité d'empêcher la dérive aléatoire de l'information génétique – a abouti à la naissance concomitante d'outils capables de réprimer – de freiner – cette dérive et d'outils capables, au contraire, de l'augmenter. Les « gardiens du temple » de la religion des livres originels, qui conservent intacte la tradition, côtoient les « hérétiques », qui la bouleversent, à intervalles réguliers, favorisant la fondation de nouvelles religions. Et nous comprenons une fois de plus qu'il n'y a nul besoin d'avoir recours à la notion d'un « projet » du vivant pour rendre compte de cette complexité et de cette diversité.

De l'impossibilité de faire autrement

J'ai proposé l'idée que l'évolution de la complexité des mécanismes qui contrôlent le suicide cellulaire a peut-être résulté – comme l'évolution de la complexité du contrôle de la dérive génétique – d'une impossibilité radicale de faire autrement. Dans les premières cellules vivantes, les bâtisseurs qui participent à la construction et au dédoublement des premières cellules font naître un bruit de fond aléatoire de suicide cellulaire. À l'incapacité des premières cellules d'éviter le déclenchement stochastique de leur autodestruction succède l'apparition aléatoire, puis la propagation et la sélection d'outils permettant, soit la répression, soit l'amplification de la mort « avant l'heure ». Des protecteurs puissants, capables de réprimer l'activité des exécuteurs du suicide, sont propagés en raison de l'avantage qu'ils confèrent en termes de survie cellulaire. Mais, dans le même temps, des exécuteurs puissants, capables de déclencher brutalement le suicide cellulaire, sont propagés parce qu'ils permettent de faire naître l'interdépendance et de provoquer la disparition d'une partie des cellules au profit de la survie de la collectivité.

Il y a environ quatre milliards d'années, au moment de leur naissance, les premières cellules vivantes portent sans doute déjà en elles deux potentialités, la potentialité de la dérive de leur identité et la potentialité de l'autodestruction ; le pouvoir de devenir « autre » et celui de disparaître « avant l'heure ». Le pouvoir de plonger dans l'altérité et celui de se dissoudre dans le néant. Et c'est à partir de cette « impossibilité de faire autrement » que s'ouvre peut-être, dès l'origine, la longue course du vivant vers la complexité.

Terra incognita : aux confins de la vie et de la mort

Un retour au présent : les mystères de nos corps

Nous allons maintenant tenter de porter un autre regard sur les cellules qui composent nos corps et nous demander si nous pouvons distinguer, dans les modules exécuteur / protecteur qui participent au contrôle du suicide, des vestiges de leurs ancêtres « bâtisseurs ». Jusqu'à présent, nous n'avions découvert dans nos cellules que deux effets antagonistes aux outils qui contrôlent la vie et la mort : le déclenchement ou la répression du suicide. En existe-t-il d'autres ?

Essayons d'observer attentivement une cellule qui s'engage sur la voie qui mène à l'autodestruction. À quel moment cette cellule est-elle encore vivante, et à quel moment a-t-elle cessé de l'être ? Quand, à quel instant subtil, s'opère la transition irrémédiable de la vie à la mort ? Une des questions les plus fascinantes de la biologie concerne la nature même de ce que nous appelons la vie. Observer le chemin que suit la plus petite entité vivante pour s'autodétruire et se demander à quel moment, à quelle étape ce chemin est devenu sans retour, c'est une des manières possibles de s'interroger sur ce qui constitue l'essence même de la vie.

L'exécution du suicide n'est pas un événement instantané, mais un phénomène évolutif, dynamique, séquentiel et complexe. Elle progresse par étapes successives, à la fois dans l'espace – s'attaquant en parallèle à plusieurs cibles distinctes – et dans le temps – réalisant une cascade de modifications qui s'auto-amplifient progressivement. L'atteinte de chacune des cibles semble théoriquement suffisante, à elle seule, pour conduire à la mort : la destruction du noyau et de la bibliothèque des gènes, qui contient l'ensemble des informations permettant la fabrication des protéines ; l'inactivation des mitochondries, qui permettent à la cellule de respirer et de produire de l'énergie ; le découpage du cytoplasme, qui prive peu à peu la cellule de son corps ; et l'émission des signaux qui permettent l'ingestion par les cellules voisines, qui aboutira à transformer le suicide, une fois déclenché, en un meurtre.

À quel moment précis le point de non-retour est-il franchi ? Est-ce lorsqu'un centième, un dixième, un cinquième de la bibliothèque des gènes a commencé à être détruit par les exécuteurs ? Est-ce lorsque dix, vingt, quarante mitochondries ont brutalement cessé toute activité ? Est-ce lorsque le corps cellulaire s'est découpé en deux, quatre, huit fragments ?

En fait, la question ne se pose pas en ces termes. De manière surprenante, la destruction par les exécuteurs de certaines de leurs cibles apparemment vitales ne conduit pas obligatoirement à la mort. Dans certaines circonstances, les exécuteurs ont le pouvoir mystérieux de sculpter le devenir de nos cellules sans les détruire.

Le suicide interrompu et la sculpture du vivant

Les globules rouges circulent à travers le réseau de nos vaisseaux sanguins, captant l'oxygène dans nos poumons pour le distribuer à tous les tissus de notre corps, emportant le gaz carbonique produit par nos cellules pour le libérer au niveau des poumons. Les globules rouges naissent dans la moelle de nos os, à partir de cellules-mères, de cellules-souches qui s'y dédoublent en permanence. Chaque cellule-souche donne naissance, en se dédoublant, à une nouvelle cellule-souche, et à une autre cellule-fille qui perd la capacité de se dédoubler et va se différencier progressivement, en quelques jours, en un globule rouge. La cellule-fille possède un noyau, un cytoplasme et des mitochondries. Puis elle subit brutalement une transformation spectaculaire. Son noyau est condensé, fragmenté et expulsé de la cellule. Privée de noyau, elle possède encore des mitochondries. Puis ses mitochondries disparaissent. Naît alors le globule rouge, une cellule sans noyau et sans mitochondrie, une cellule ne possédant aucun gène, qui va vivre cent vingt jours. Le stock de protéines dont dispose le globule rouge a été fabriqué par la cellule-fille avant qu'elle ne détruise son noyau. Dépourvu de mitochondries, le globule rouge recourt, pour produire l'énergie nécessaire à son existence, non plus à l'oxygène (ce qui lui est impossible) mais à une voie anaérobie (sans oxygène), fondée sur l'utilisation du sucre, une voie ancestrale qu'utilisent encore les quelques eucaryotes unicellulaires qui vivent en l'absence d'oxygène. Le globule rouge est une cellule vivante, active, dont la présence est essentielle à la survie de nos corps, mais qui est dépourvue de noyau, de mitochondries et de gènes.

Le phénomène de destruction du noyau ressemble à l'apoptose. Ainsi, il semble que la cellule qui donne naissance au globule rouge ait le pouvoir de déclencher l'activation de certains de ses exécuteurs – de certaines caspases – d'une manière telle que le cytoplasme reste intègre et que les signaux de la mort ne soient pas exposés à la surface de la cellule, empêchant l'ingestion du globule rouge en train de naître par les cellules qui l'entourent. Le globule rouge est une cellule étrange : un survivant naturel d'une forme de suicide interrompu à mi-chemin. Cette naissance des globules rouges est un caprice de l'évolution des mammifères, dont l'origine et la raison d'être ne nous sont pas connues. Dans de nombreuses espèces animales, tels les oiseaux et les batraciens, les globules rouges conservent leur noyau et leurs gènes durant toute leur existence.

C'est d'un phénomène aussi curieux que naît une autre famille de cellules qui permet la formation d'une structure essentielle de notre œil : le cristallin, la lentille qui nous permet de faire converger la lumière vers les photorécepteurs de notre rétine. Le cristallin est formé de fibres transparentes, finement agencées et superposées comme les couches successives de la pelure d'un oignon. Les fibres qui composent notre cristallin sont des cellules vivantes, actives, qui ont brutalement perdu leur noyau et leurs mitochondries. La fragmentation du noyau et de l'ensemble de la bibliothèque des gènes a toutes les caractéristiques de l'apoptose. Le noyau, détruit, n'est pas expulsé : il se dissout à l'intérieur de la cellule. Et ces cellules, dépourvues de noyau et de mitochondries, qui commencent à construire notre cristallin dans notre corps d'embryon, vont survivre des années, des dizaines d'années et pour certaines peut-être aussi longtemps que nous.

Il est d'autres variations sur ce thème, où une forme de déclenchement de l'exécution aboutit à la destruction du noyau et à la formation de pseudo-corps apoptotiques qui survivent, pendant une dizaine de jours, sans être ingérés par les cellules voisines. Ces pseudo-« corps apoptotiques » constituent une famille de cellules extrêmement actives, dépourvues de noyaux, mais qui ont conservé leurs mitochondries. Ce sont nos plaquettes sanguines, qui assurent la coagulation du sang et la fermeture rapide de toutes les brèches vasculaires accidentelles. Les plaquettes sanguines naissent, dans la moelle osseuse, des mégacaryocytes, qui naissent eux-mêmes des dédoublements de certaines cellules-souches. Les mégacaryocytes se différencient d'une manière particulière, dédoublant leur noyau en deux puis en quatre, faisant croître le volume de leur corps cellulaire, mais sans séparer ce corps en deux cellules-filles. Au bout de quelques jours, se déclenche un phénomène qui ressemble à l'apoptose : les noyaux se condensent et se fragmentent et le corps cellulaire se fragmente en petits ballonnets. Puis le phénomène s'interrompt, se fige : les petits ballonnets – les plaquettes sanguines – commencent à circuler dans le sang.

Ces trois exemples représentent des variations naturelles et mystérieuses sur le thème du suicide cellulaire. Ils révèlent, enfouis dans certains modules exécuteur / protecteur, des potentialités de bâtisseurs. L'exécution est déclenchée, puis suspendue. Ce que nous enseignent ces formes de suicide interrompu, c'est qu'un exécuteur, comme le couteau d'un meurtrier ou le bistouri d'un chirurgien, peut détruire un corps cellulaire mais aussi sans doute le sculpter. Et que la pérennité d'une cellule ne dépend pas de la pérennité de chacun des constituants que nous considérons intuitivement comme vitaux, mais d'un degré minimal d'auto-organisation.

Ce que nous révèlent ces phénomènes, c'est l'étonnante plasticité d'une cellule, sa capacité à se recomposer, à se reconstruire, dans une configuration différente. Ce que nous indiquent aussi, par défaut, ces exemples, c'est que l'auto-destruction n'est pas – paradoxalement – un phénomène aussi simple à réaliser qu'il y paraît. Que la transition entre la vie et la mort est un phénomène dynamique, ouvert. Les rites funéraires – qui permettent d'engloutir les cellules encore vivantes qui viennent de déclencher leur exécution – n'évitent pas seulement les lésions que provoquerait rapidement l'accumulation des cadavres. Mais aussi sans doute la naissance fréquente de « monstres » : de cellules qui survivraient à leur autodestruction, prenant une configuration nouvelle en interrompant, à une étape donnée, le travail des exécuteurs. Il est vraisemblable que nos globules rouges, les fibres de notre cristallin et nos plaquettes sanguines aient été, à l'origine, de tels « monstres », apparus par hasard – révélant la potentialité de bâtisseur ancrée au cœur du suicide cellulaire – et conservés, de génération en génération, en raison des avantages qu'ils procuraient, ou simplement parce qu'ils ne provoquaient pas d'inconvénient majeur.

Comment les outils qui contrôlent le suicide parviennent-ils à réaliser certaines étapes de l'exécution sans conduire à la mort ? Comment détruire un noyau sans détruire le corps cellulaire ? Comment dissocier la destruction du noyau ou la fragmentation du corps cellulaire, de l'expression des signaux funéraires ? Nous n'en savons aujourd'hui absolument rien. Nous sommes capables d'empêcher artificiellement le déclenchement du suicide cellulaire. Mais nous sommes totalement incapables de transformer, au cours de leur travail, les exécuteurs en bâtisseurs.

Il est une autre variation sur ce thème que réalisent les programmes de suicide et que nous sommes, là encore, incapables aujourd'hui de comprendre et de provoquer.

Les exécuteurs peuvent produire des cadavres intègres, conduire des cellules jusqu'à la mort, mais sans les faire disparaître. Ayant cessé de vivre, dépourvues de noyau, de mitochondries, de toute activité et de toute production d'énergie, elles restent présentes, intactes, échappant à l'enterrement et à la décomposition et continuant à participer, pendant plusieurs jours, à la structure de nos corps. Les kératinocytes sont des cellules qui naissent dans notre peau et migrent rapidement jusqu'à sa surface – l'épiderme –, où elles déclenchent leur autodestruction. Les cellules mortes ne se détachent pas de leurs voisines et ne sont pas ingérées par les cellules qui les entourent. Rigides, emplies de kératine, elles constituent pendant quelques jours le revêtement solide de notre peau. Puis elles se détachent, se dissolvent et disparaissent dans l'atmosphère ambiante, passant finalement de l'état de cadavre embaumé à celui de poussière.

L'écorce des arbres naît d'un phénomène semblable. Des cellules s'autodétruisent à la périphérie du tronc. Et ce sont leurs cadavres, intègres, qui vont longtemps persister, pour former le revêtement protecteur de l'arbre.

Dans l'univers des espèces vivantes les plus ancestrales, les eucaryotes unicellulaires et les bactéries, ce sont encore des phénomènes semblables qui permettent la construction transitoire de « corps » multicellulaires : les monticules et les « arbres » immobiles des myxobactéries et la « fleur » de *Dictyostelium*, « corps » compacts constitués d'une multitude de cadavres intègres qui protègent le long sommeil des spores.

Revenons au destin des cellules « vivantes » de notre corps sculptées par des exécuteurs, les globules rouges, les cellules du cristallin, les plaquettes. Les cellules du cristallin persisteront longtemps en nous, pour certaines peut-être durant toute notre vie ; les globules rouges, cent vingt jours ; les plaquettes sanguines, une dizaine de jours. Entre la vie et la mort, une horloge mystérieuse continue de battre la mesure du temps qui reste à vivre. De quelle manière ces cellules finissent-elles par disparaître ? En 2001, en collaboration avec Jean Montreuil, nous avons montré que les globules rouges – ces survivants naturels d'une forme de suicide interrompu à mi-chemin – conservent la capacité de s'autodétruire en fonction des signaux présents dans leur environnement. Et leur fin « naturelle », au bout de cent vingt jours de vie, résulte d'une incapacité ultime à réprimer le déclenchement de leur autodestruction. Peut-on les faire vivre plus longtemps ? Peut-on repousser les bornes de leur longévité en les empêchant de s'autodétruire ? Et quelle est la nature de l'horloge qui compte le temps qu'il leur reste à vivre ? Quelle est la définition minimale de la vie cellulaire ? Combien d'autres variations sont encore possibles sur ce thème ? Nous n'en savons encore rien. Mais un univers nouveau et merveilleux se découvre à nos yeux. Certains des outils qui participent au suicide de nos cellules ont sans doute conservé leur pouvoir de bâtisseur. Ils ont gardé en nous leur capacité ancestrale à s'engager sur le chemin qui mène de la vie à la poussière et de bifurquer soudain pour donner naissance à des cellules – à des formes de vie – nouvelles.

Deux histoires qui s'entremêlent

Nous avons maintenant vu se dérouler deux scénarios. Le premier fait naître le suicide cellulaire au cours des combats que se livrent les plasmides et les bactéries pour la possession des corps cellulaires bactériens. Le second fait remonter l'origine des armes du suicide, non au fracas des combats entre les premières espèces qui se partagent la planète, mais au moment même de la naissance du vivant. Il ne s'agit plus d'outils d'asservissement mais d'outils bâtisseurs qui assurent la construction et la pérennité des cellules.

À première vue, il semble qu'il nous faille choisir entre ces deux histoires contradictoires. Mais il est une autre vision que je préfère. Dans cette vision de l'origine du suicide, les deux scénarios sont comme les deux bras d'un fleuve qui s'entremêlent puis se séparent, pour s'enlacer et se fondre de nouveau. Ils dessinent ensemble une même aventure.

15

Deux bras pour un même fleuve

Imaginons les premiers ancêtres des modules exécuteur / protecteur – les bâtisseurs puissants mais dangereux et les protecteurs qui les contrôlent – déjà ancrés au cœur du vivant, au moment de la naissance des premières cellules. Ce sont des modules « bâtisseurs ». Certains sont constitués de bâtisseurs plus dangereux que d'autres, contrôlés par des protecteurs particulièrement efficaces. Et de ce fait ils possèdent, plus que d'autres, la potentialité, au hasard de leurs interactions, de déclencher le suicide.

Les plasmides et les virus qui infectent les premières cellules vivantes capturent au hasard de leurs voyages des gènes dans les cellules qu'ils envahissent et habitent. Ceux qui capturent et emportent les gènes permettant la fabrication des bâtisseurs les plus dangereux et des protecteurs les plus puissants se retrouvent soudain dotés, lorsqu'ils vont infecter de nouvelles cellules, d'un module exécuteur / protecteur – d'un module toxine / antidote – extrêmement efficace. Ces modules toxine / antidote se répandent dans l'univers des plasmides et des virus, en raison des avantages considérables qu'ils leur confèrent dans leur combat pour l'exploitation des colonies bactériennes. Toute mutation génétique aléatoire qui augmente la puissance des toxines et la puissance des antidotes que fabrique une cellule infectée augmente la capacité de ces prédateurs à créer la dépendance, et donc leur propagation. Les descendants des « modules bâtisseurs » sont maintenant des « modules de dépendance » partis, sous une nouvelle incarnation, plasmidique ou virale, à la reconquête des cellules auxquelles ces modules ont été initialement volés.

Un jour, une cellule vole à son tour au plasmide ou au virus qui l'asservit un « module de dépendance » qui lui revient après un long voyage dans l'univers des plasmides et des virus.

Mais chaque cellule a conservé aussi en elle les modules bâtisseurs / protecteurs originels qui lui permettent de se construire, de se dédoubler, de se pérenniser, mais aussi, sans doute, de s'autodétruire. Une même histoire se scinde en deux histoires, qui se rejoignent et s'entremêlent, tissant dans différentes espèces, avec les mêmes fils, une trame singulière. Chaque cellule est une société, façonnée par son passé, où coexistent des gènes d'origine différente, qui se sont modifiés au cours du temps, en elle ou en dehors d'elle. Chaque cellule est une société où coexistent, s'affrontent et coopèrent des congrégations de protéines d'origines diverses.

Les beautés de la complexité

Certaines protéines, dans un environnement donné, ont acquis plus que d'autres un pouvoir d'exécuteur ou de protecteur ; certaines protéines plus que d'autres participent, dans un environnement donné, à l'étape ultime de la décision de vivre ou de mourir. Mais quelle est la protéine, dans une cellule, qui n'exerce aucune influence sur cette décision ?

Il n'existe sans doute pas, dans l'univers du vivant, de dichotomie radicale entre les composantes qui participent au contrôle du suicide cellulaire et celles qui participent au contrôle des activités essentielles à la vie cellulaire. Un exécuteur du suicide (en présence d'une quantité de protecteur suffisante pour l'empêcher de déclencher l'autodestruction, mais insuffisante pour l'empêcher totalement d'exercer une activité) peut sans doute exercer des fonctions de bâtisseur. Un bâtisseur de la vie et du dédoublement cellulaire peut sans doute, en l'absence d'une quantité de protecteur suffisante pour contrôler son activité, déclencher l'autodestruction de la cellule.

Apparaît alors une grille de lecture nouvelle, qui ouvre un champ d'implications fascinantes. Les toxines – fabriquées par les bactéries à partir des informations génétiques apportées par les plasmides qui les infectent – pourraient-elles avoir d'autres propriétés que le seul pouvoir de tuer la cellule qui rejette le plasmide ? Les toxines possèdent-elles aussi un pouvoir de bâtisseur ? Les toxines qui détruisent la cellule en découpant ses gènes, en ouvrant des canaux permettant l'entrée ou la sortie de liquide et de sels minéraux, sont-elles capables, en faibles quantités, ou en présence d'une quantité suffisante de leur antagoniste, d'exercer certaines activités de leurs ancêtres bâtisseurs ? Les antibiotiques naturels peuvent-ils exercer, à faible dose, d'autres effets que celui de tuer ? Certains résultats très récents suggèrent que tel pourrait être le cas.

La frontière entre le contrôle de la vie et de la mort s'estompe. Vivre, c'est porter au plus profond de soi la potentialité de se donner la mort. Et la pérennité d'une cellule dépend sans doute à chaque instant de sa capacité à contrebalancer le pouvoir de la plupart de ses composantes de déclencher sa disparition « avant l'heure ».

Dans cette vision, l'histoire de l'évolution du suicide cellulaire ne se déroule pas d'une manière linéaire. Ce que nous distinguons à travers les branches du vivant, c'est une série de plus en plus riche de variations sur un thème. Différentes modalités d'auto-organisation – et différentes potentialités d'autodestruction – se côtoient dans une même espèce et d'autres encore dans différentes espèces.

Et si tel est le cas, il n'y a sans doute pas, pour une cellule – pour chacune de nos cellules –, une seule et unique façon de s'autodétruire.

Vers un effondrement des modèles réductionnistes

> « Mais [...] cette impression d'une compréhen-
> sion toute proche est [peut-être] une illusion récur-
> rente et nécessaire qui évite aux scientifiques de se
> perdre dans l'étendue de la complexité à laquelle ils
> sont confrontés et d'avoir à considérer l'importance
> de ce qui reste encore à découvrir. »
>
> Martin Raff, « Neural development :
> mysterious no more ? », *Science*, 1996.

Ce qu'a écrit Martin Raff à propos des mystères du développement du cerveau s'applique sans doute aussi aux mystères du suicide cellulaire.

Depuis le milieu des années 1970, la recherche d'une solution – de la solution – à l'énigme du suicide cellulaire a pris tour à tour l'aspect d'une aventure quasi mystique – une forme de « quête du Graal », dans l'attente de la révélation d'un « sens » au cœur du vivant – et l'aspect d'une enquête policière rationnelle, minutieuse et acharnée à la poursuite d'un coupable – d'un exécuteur « unique », « ultime », « universel », dont le seul effet possible serait de détruire, et dont la mise en jeu serait à la fois nécessaire et suffisante à la réalisation du suicide. Cette poursuite s'est tout d'abord focalisée sur certains des signaux que les cellules émettent en réponse aux modifications de leur environnement, puis sur les ADNases, les enzymes qui fragmentent la bibliothèque de gènes, puis sur les caspases – les ciseaux des exécuteurs – qui découpent en petits morceaux certaines des composantes du noyau et du corps cellulaire.

Parallèlement, se poursuivait une quête du « lieu » de l'exécution, d'un endroit « unique », « ultime », où serait prise, dans la cellule, la décision finale, irréversible, d'activer ou non les armes de l'exécution, de basculer ou non dans la mort. Et cette poursuite, elle aussi, s'est peu à peu déplacée, se focalisant tout d'abord sur le noyau, puis sur le corps cellulaire, pour aboutir aux petites mitochondries qui habitent nos cellules.

La conviction de plus en plus grande que la quête éperdue de l'exécuteur était tout près d'aboutir, et que le contrôle de la vie et de la mort allait bientôt se révéler dans toute sa limpidité, a été fondée, nous l'avons vu, sur au moins trois raisons majeures. La première était liée au caractère quasiment universel de l'apoptose – le visage du suicide cellulaire – suggérant l'existence d'une modalité unique d'autodestruction. La deuxième était liée à l'étude du développement de l'embryon de *Caenorhabditis elegans*, le petit ver aux mille cellules, qui avait abouti à conférer à Ced-3 le statut d'exécuteur ultime et unique de l'autodestruction. La troisième était la découverte de la nature de cet exécuteur et de la présence de ses parents dans nos cellules : des ciseaux moléculaires capables de découper en morceaux des constituants « vitaux » du noyau et du corps cellulaire et de provoquer par là même à la fois le suicide et son visage – l'apoptose. Ainsi, à l'unicité et à l'universalité du visage du suicide semblaient répondre l'unicité et l'universalité des armes qui permettaient aux cellules de le sculpter.

Et pourtant, au cœur de ce modèle – au cœur de ces relations apparemment limpides de causalité –, transparaissait comme une forme de jeux de correspondances, de reflets, une fragilité que la fascination empêchait de distinguer.

Depuis 1996, les travaux de plusieurs laboratoires ont révélé que le modèle élaboré à partir du développement du petit ver ne rendait pas compte de la réalité des phénomènes qui contrôlent la vie et la mort de nos cellules. Il est apparu que, dans de très nombreuses circonstances, le blocage artificiel de l'activité des caspases – les « ciseaux des exécuteurs » – n'exerce aucune influence sur le devenir d'une cellule qui va recevoir des signaux qui l'engageront sur le chemin du suicide. Le blocage de l'activité des ciseaux empêche, en partie, la sculpture de l'apoptose, le visage le plus habituel du suicide – et en particulier la condensation et la fragmentation du noyau –, mais il n'empêche pas la mort de survenir. En 1998, des travaux de trois laboratoires, dont le nôtre, ont révélé qu'il existe des circonstances au cours desquelles l'autodestruction peut s'accomplir sans même entraîner l'activation des caspases. Dans de tels cas

– comme lorsqu'on bloque artificiellement l'activité des caspases – le suicide ne présente pas le visage de l'apoptose – ou n'en présente que certains aspects.

Ainsi, contrairement aux idées les mieux établies, les « ciseaux des exécuteurs » ne sont pas indispensables à l'accomplissement de l'autodestruction. Ils ne font qu'y participer. Dans la quasi-totalité des cas, ils confèrent à l'autodestruction son visage habituel, celui de l'apoptose. Dans certaines situations et dans certaines cellules, ils participent aussi – en découpant des protéines en morceaux – à la propagation dans la cellule des signaux qui l'engagent vers le chemin qui mènera – peut-être – au suicide. Lorsque tel est le cas, alors le blocage artificiel des ciseaux permet d'empêcher la mort, en bloquant la cascade des signaux qui conduisent au déclenchement de l'exécution.

Mais il y a plus surprenant encore. Depuis 1999, il est apparu que certaines caspases jouent un rôle essentiel dans la propagation de signaux qui ne conduisent pas à la mort, mais au contraire à la différenciation et au dédoublement cellulaires, ou à la transformation – la sculpture – de certaines cellules en cellules autres.

Enfin, des travaux récents indiquent qu'il existe des circonstances au cours desquelles le blocage artificiel des caspases a pour effet paradoxal de déclencher – ou d'augmenter considérablement – la mort cellulaire, suggérant que l'activité de certaines caspases pourrait être d'empêcher le déclenchement du suicide.

Progressivement, depuis trois à quatre ans, a commencé à s'évanouir l'illusion de la simplicité. Et commencé à s'estomper le rêve d'une approche thérapeutique unique et universelle du traitement de l'ensemble des maladies causées par le déclenchement anormal du suicide cellulaire, fondée sur un blocage artificiel des caspases. Il faudra sans doute adapter les traitements en fonction de la nature de la maladie et de la population cellulaire atteinte. Et l'on peut espérer que ces approches gagneront en matière de sélectivité – et peut-être d'efficacité – ce qu'elles auront perdu en matière de simplicité et d'universalité.

Les acteurs qui participent au suicide ont vraisemblablement chacun, comme Janus, le dieu romain des portes, un double visage. L'un des exemples les plus clairs de cette ambivalence est le cytochrome C, acteur de vie ou de mort selon sa localisation dans la cellule. Tant qu'il est à l'intérieur des mitochondries, il participe à une activité essentielle de la vie – la respiration cellulaire. Lorsqu'il sort de la mitochondrie, il acquiert le pouvoir de déclencher certaines des cascades d'événements qui peuvent conduire à la mort.

Si la longue quête de l'exécuteur « unique » et « ultime » du suicide n'a pour l'instant pas abouti, qu'en est-il de la quête du lieu « unique » et « ultime » où serait prise dans nos cellules la décision de déclencher ou non le suicide ? Il y a peu, le consensus s'est fait sur les mitochondries. De leur réponse aux signaux qui parcourent le corps des cellules qu'elles habitent dépendrait la vie ou la mort cellulaire. Lorsque s'ouvrent, dans l'enveloppe qui entoure les mitochondries, de petits pores – de petits canaux qui la traversent –, se produisent deux événements qui paraissent, chacun, théoriquement suffisants pour entraîner la mort. Le premier est la perte de l'activité des mitochondries, l'interruption de leur respiration et de leur capacité à produire l'énergie dont la cellule a besoin pour vivre. Mais combien faut-il de mitochondries devenues soudain incapables de fonctionner pour irrémédiablement provoquer la mort ? Combien de temps une cellule peut-elle survivre à cette interruption, avant que d'autres mitochondries se dédoublent pour remplacer celles qui disparaissent ? Nous n'en savons rien. Le deuxième événement que déclenche l'ouverture des pores de l'enveloppe des mitochondries est la libération, dans le corps cellulaire, de certaines des protéines que contiennent les mitochondries. Parmi ces protéines, cinq ont reçu le statut d'acteurs participant au suicide : le cytochrome C et Smac/Diablo, qui activent les caspases et l'AIF, l'endonucléase G et HtrA2 qui semblent provoquer le suicide par des mécanismes indépendants des caspases. Les mitochondries représentent-elles ces « exécuteurs » indispensables et ultimes, à la fois nécessaires et suffisants au déclenchement irréversible de l'autodestruction ?

Je pense qu'il s'agit là encore d'une illusion. En effet, certains résultats récents montrent que la libération, par les mitochondries, de leurs composants à l'intérieur du corps cellulaire ne suffit pas à provoquer obligatoirement le suicide. Et nous avons découvert que les globules rouges, cellules dépourvues de mitochondries, possédaient des exécuteurs capables de déclencher leur autodestruction en réponse à certains signaux de leur environnement.

La quête éperdue d'un exécuteur et d'un lieu uniques et universels qui seraient à eux seuls à la fois nécessaires et suffisants au contrôle ultime de la vie et de la mort de toutes nos cellules est probablement aussi naïve, illusoire et réductionniste que le serait, par exemple, une quête d'un exécuteur et d'un lieu uniques et universels qui seraient à eux seuls à la fois nécessaires et suffisants au contrôle ultime de la diversification des informations contenues dans nos gènes.

À la recherche – en nous – de la présence des autres

> « On fit comme toujours un voyage au loin
> de ce qui n'était qu'un voyage au fond de soi… »
>
> Victor Segalen.

Combien d'autres exécuteurs potentiels mystérieux qui sommeillent au cœur de nos cellules nous reste-t-il encore à découvrir ? Et quelle peut être leur nature ? Nous n'en savons rien. Mais il est probable qu'ils ressemblent à ceux qui participaient à la vie et à la mort de nos ancêtres les plus lointains et qui participent aujourd'hui à la vie et à la mort des bactéries, des levures et des autres organismes unicellulaires qui nous entourent. Il nous faut tenter de distinguer dans nos cellules les traces du passé, la présence des vestiges des autres, les strates successives qui se sont déposées au cours de notre longue histoire et nous ont peu à peu donné naissance.

Chaque cellule est un être symbiotique où coexistent et interagissent en permanence des composantes étrangères.

Ces composantes étrangères s'auto-organisent en une société dont la pérennité n'est pas uniquement liée à l'avantage qu'une telle coopération peut leur conférer, mais aussi à l'impossibilité de rompre la symbiose sous peine de mort. Je pense que l'autodestruction doit être avant tout conçue comme la rupture d'une série d'associations symbiotiques. Et il y a sans doute de nombreuses façons, différentes, de déconstruire une série de symbioses.

Les potentialités d'autodestruction sont peut-être aussi nombreuses dans nos cellules que les différentes modalités de leur auto-organisation. Combien de réseaux de bâtisseurs et de protecteurs, impliqués à différents endroits dans différentes activités, sont-ils prêts à tout moment à s'engager sur le chemin de l'autodestruction ? Combien possédons-nous de modules de dépendance, à l'œuvre dans la construction de nos cellules, et capables, soudain, de les déconstruire ?

S'il nous faut reconsidérer notre manière d'appréhender le devenir de nos cellules, c'est sans doute tout d'abord en abandonnant l'idée d'un chemin univoque et linéaire vers la vie et la mort, au long d'un arbre de décision binaire décrivant une séquence figée d'interactions individuelles représentables par quelques flèches tracées sur un schéma. Commencer peut-être à penser en termes d'interactions dynamiques, non linéaires, d'oscillations autour de plusieurs états d'équilibre, de vagues, de turbulences, de probabilités. Tenter d'utiliser des modèles mathématiques prenant en compte des données quantitatives et des notions de seuils au-delà desquels apparaissent des phénomènes nouveaux. Partir à la recherche de nouvelles métaphores. Imaginer, dans nos cellules, comme des tourbillons chaotiques qui naissent de la rencontre des eaux à l'embouchure d'un fleuve et essayer d'y entrevoir des régularités, des bassins d'attraction autour desquels s'auto-organisent des chaînes d'activités transitoires, toujours renouvelées. Tenter de nous représenter nos cellules comme des collectivités hétérogènes, comme des sociétés complexes, en recomposition permanente, explorant jour après jour le champ des possibles et soumises depuis la nuit des temps à des contraintes changeantes et contradictoires.

De la mort cellulaire au vieillissement des corps

L'aventure des recherches sur le suicide a révélé un pan du mystère du vivant. Mais, au cœur de ce mystère, ce que nous commençons à entrevoir, c'est l'intrication profonde, l'interchangeabilité et l'interdépendance entre les outils de construction et les outils de destruction. Et nous avons vu se brouiller les frontières qui séparent les notions apparemment antagonistes de vie et de mort, de « bâtisseur » et d'« exécuteur », de « suicide » et de « meurtre », d'« égoïsme » et d'« altruisme ». Ce que nous commençons à distinguer dans la longue histoire de l'évolution du vivant, et au cœur de chacune de nos cellules, c'est, pour reprendre les mots de Federico Garcia Lorca dont j'ai placé le poème en exergue de ce livre, « la vie et la mort [...] qui dans l'espace profond se regardent et s'enlacent ».

Chacun d'entre nous, né d'une congrégation aléatoire de constituants hétérogènes, complémentaires et antagonistes, se construit, se pérennise, puis s'engage progressivement sur le chemin de la déconstruction qui mène au vieillissement puis à la mort. Chacun d'entre nous est une mosaïque dont les niveaux d'hétérogénéité s'imbriquent les uns dans les autres. De l'extraordinaire complexité des sociétés cellulaires qui nous composent et de l'intrication des relations d'interdépendance entre leurs constituants naissent les formidables potentialités de nos corps mais aussi leur fragilité.

Nous avions commencé cet ouvrage par une affirmation naïve et par une interrogation. L'affirmation était : nous vieillissons et nous mourons pour la seule raison que nos corps sont incapables de résister aux accidents et au passage du temps, à l'usure et à la destruction. La question était : en est-il de même pour les cellules qui nous composent ? Et nous avons réalisé qu'il n'en était rien. Nous en savons désormais assez pour revenir à l'affirmation sur laquelle s'ouvrait le livre. Et la transformer en question.

Si la plupart des maladies qui nous menacent naissent du dérèglement des signaux qui contrôlent le suicide cellulaire, qu'en est-il de cette frontière ultime entre la santé et la maladie que constitue le vieillissement ? Mourons-nous d'usure, au moment où nous ne pouvons plus faire autrement, ou mourons-nous prématurément, « avant l'heure » ? Mourons-nous en raison du déclenchement dans nos corps d'un programme d'autodestruction ? Les phénomènes qui contrôlent la vie et la mort des cellules qui nous composent participent-ils aussi à la sculpture de notre longévité ? Notre espérance de vie – le plus long voyage que nous puissions accomplir à travers le temps – traduit-elle une incapacité intrinsèque de nos corps à assurer plus avant leur pérennité ou un pouvoir mystérieux de précipiter leur fin ?

QUATRIÈME PARTIE

Le vieillissement : réflexions sur l'autodestruction au cœur du vivant

16

Avant de commencer

Un souvenir d'enfance

J'ai passé mon enfance dans un monde de survivants. Mes parents avaient vu leur univers réduit en cendres. La première notion de la vie qui s'ancre en moi est celle d'une victoire sur la destruction. Et la première notion de la mort, celle d'un crime. Puis, plus tard, je découvre que la mort peut aussi surgir de l'intérieur, et emporter les survivants.

Il fait chaud, le soir tombe. Nous sommes dans un grand chalet de bois, au rez-de-chaussée, au bord d'un lac entouré de montagnes. J'ai peur, et je ne peux pas bouger, courir vers l'escalier, parce que je suis un enfant que sa mère retient dans ses bras. Je me souviens que l'enfant est soudain de trop dans une pièce emplie d'adultes. Enoch a mis son complet trois-pièces, comme tous les soirs. Il est tombé, et reste à moitié allongé sur les marches, la tête penchée sur une épaule, ses cheveux blancs en désordre, sa montre à gousset qui se balance lentement au bout de la chaîne argentée. Il sourit. Il a les yeux ouverts, mais il ne me voit pas. Ma grand-mère crie. Plus tard, le médecin arrive et emmène son mari à l'hôpital. Pourquoi ? demande l'enfant, pourquoi ? – Il est vieux, chuchote sa mère.

Quelques mois plus tard, l'enfant demande : Pourquoi les gens acceptent de mourir ? – Parce que cela ne changerait rien, dit sa mère doucement. – Mais pourquoi accepter, même si cela ne change rien de refuser ? Sa mère sourit d'un air triste.

Aujourd'hui, quarante ans ont passé. Je crois que je n'ai jamais accepté. Mais, depuis longtemps, l'essentiel n'était plus d'accepter ou de refuser, mais d'essayer de comprendre.

Longtemps avant qu'elle ne devienne une question scientifique, la question de l'origine de la mort, de la mort humaine, de la disparition inéluctable de nos corps, a hanté les religions, les mythes, les récits et les cultures, depuis la naissance de l'humanité. Et c'est dans ces récits que j'ai, comme tant d'autres, commencé par chercher une réponse.

Un jardin à l'est d'Éden

> « [...] Et [l'Éternel] fit demeurer au levant du jardin d'Éden les chérubins et la flamme de l'épée tournoyante pour garder la route de l'arbre de vie. »
>
> *Genèse* 3, 24.

Dans de nombreux textes sacrés, la mort naît d'une immortalité originelle. Il existe, ou il a existé par le passé, des corps immortels, dotés d'une éternelle jeunesse. Si nos corps vieillissent et disparaissent, ils portent en eux l'étincelle qui les anime et jamais ne s'éteint, notre âme, unique ou multiple, qui vit en chacun de nous. Qu'elle séjourne, après la disparition de nos corps, sous la terre ou dans le vent, dans un paradis ou un enfer proches ou lointains, qu'elle pérégrine au travers des branches de l'arbre du vivant au rythme de ses réincarnations successives, avant de se fondre dans la totalité d'un Nirvana, le voyage de notre âme est un voyage à travers l'éternité.

L'existence d'une dissociation, d'une césure, entre l'immortalité des âmes et la précarité des corps qu'elles habitent, a été considérée comme une anomalie, attribuée à la nécessité d'expier une faute, un péché et de réaliser un apprentissage.

Les textes sacrés et les récits qui nous révèlent nos origines sont d'une extraordinaire diversité. Avant de commencer, nous allons faire un détour et aborder l'un de ceux qui fondent la culture d'une partie de l'humanité, la Bible. La Genèse nous révèle que l'Éternel, après avoir créé Adam puis Ève, les établit dans un jardin, à l'est d'Éden. Il les autorisa à consommer les fruits de tous les arbres qui poussaient dans le jardin, à l'exception d'un seul : « L'arbre au milieu du jardin » (celui dont le fruit permet de « connaître le bien et le mal »), « vous n'en mangerez pas, vous n'y toucherez pas, afin de ne pas mourir ». Ainsi, l'immortalité originelle d'Adam et d'Ève est une immortalité qui porte en elle, dès l'origine, la possibilité de l'émergence de la mort. Une forme d'immortalité « sauf si ».

Adam et Ève sont immortels « sauf si » ils désobéissent à l'Éternel et que l'Éternel les punit. Jusque-là, il n'y a, au fond, rien de surprenant. Dieu a donné l'immortalité, Dieu peut la reprendre. Nos ancêtres ont été créés immortels, à la condition qu'ils obéissent à leur Créateur.

Mais continuons. Nous connaissons la suite de l'histoire. Le serpent, le fruit de l'Arbre de la Connaissance du bien et du mal que mange Ève, puis qu'elle donne à manger à Adam. Leurs yeux qui se dessillent. Leur découverte qu'ils sont nus. Leur crainte de l'Éternel. Leur tentative puérile et touchante de se cacher dans le jardin. La voix de l'Éternel qui apostrophe Adam. Et la sentence divine, qui tombe : « Tu retourneras à la poussière. » Relisons les mots qui précèdent la sentence. « Voici Adam devenu comme Nous, capable de connaître le bien et le mal. Maintenant, qu'il ne lance pas sa main, ne prenne aussi l'arbre de la vie, n'en mange, et ne vive en pérennité. »

Laissons dériver notre imagination. Il semble qu'Adam et Ève n'étaient pas – n'aient jamais été – immortels. La raison pour laquelle ils pouvaient vivre une éternité dans le Jardin où les avait placés l'Éternel est que poussait, dans ce jardin, l'Arbre de Vie. La punition de l'Éternel ne consiste pas à leur retirer l'immortalité : il ne la leur avait sans doute jamais donnée. Ce que révèle la sentence, c'est que manger les fruits de l'Arbre de Vie repousse, sans cesse, le déclenchement de la mort « avant l'heure ». Les fruits de l'Arbre de Vie agissent comme des protecteurs. Au cœur d'Adam et d'Ève est enfouie une horloge qui détermine le temps qui reste à vivre, la durée qui les sépare du retour à la poussière. Seule l'ingestion régulière des fruits de l'Arbre

de Vie repousse, indéfiniment, le déclenchement du vieillissement et de la mort et permet de conserver, indéfiniment,
la jeunesse et la longévité.

L'Éternel expulse nos ancêtres du Jardin. L'Éternel « fait
demeurer au levant du Jardin d'Éden les chérubins et la
flamme de l'épée tournoyante pour garder la route de
l'Arbre de Vie ». Adam et Ève et leurs enfants et les enfants
de leurs enfants, désormais, hors du jardin, vieilliront et
mourront, comme nous tous, « avant l'heure ».

Il y a d'autres interrogations fascinantes que fait naître
la lecture de ce texte. Quelle est la nature de ces fruits de
l'Arbre de la Connaissance du bien et du mal qu'il leur est
interdit de manger ? Pourquoi la connaissance du bien et
du mal et la possibilité, en continuant à manger les fruits
de l'Arbre de Vie et à repousser indéfiniment le déclenchement de la mort « avant l'heure », rendraient-elles nos ancêtres « pareils » à l'Éternel ? Se pourrait-il que le texte nous
suggère de manière confuse que l'immortalité de l'Éternel
est de même nature, une mort dont le déclenchement est
sans cesse repoussé, tout au long de l'éternité ?

Revenons à nos premiers ancêtres, à la vision biblique
de leur origine. Au début, n'était pas l'immortalité. Au
début était la mort « avant l'heure », au travail dans les tout
premiers corps humains. La chute, la faute, n'ont pas
entraîné la « naissance » de la mortalité, mais sa « révélation », par défaut. La mort « avant l'heure » est un péché
originel d'avant le péché, d'avant la faute. Un péché originel
au cœur de la création du premier homme, au plus profond
de l'argile animée par le souffle divin. Au plus profond de
celui qui a été fait, par Dieu, à son image. Ainsi, contrairement à la représentation familière que nous en avons, la
Genèse nous raconte une histoire de l'origine de la mort,
dont une des lectures possibles, qu'ont faite certains exé-
gètes de la Bible, est étrangement proche de celle que nous
avons découverte dans l'univers du vivant.

Les dieux de l'Olympe, qui présidaient, pour les Grecs
de l'Antiquité, aux destinées du monde des humains, se
nourrissaient d'hydromel et d'ambroisie. L'ambroisie était
la nourriture des dieux, hors d'atteinte des mortels. Certains

récits mythiques suggèrent qu'un mortel qui se nourrirait d'ambroisie acquerrait l'immortalité. Peut-être les récits religieux de la Grèce antique nous révèlent-ils, comme la Genèse, enfouie au cœur de la conscience humaine, l'idée que la mort « avant l'heure », la séparation de nos corps et de nos âmes et la disparition de nos corps, est au cœur du vivant. Que l'immortalité ne peut être gagnée qu'en réprimant et en repoussant sans fin le déclenchement du retour des corps à la poussière. Nous sommes, semblent nous dire ces récits, les descendants de ceux qui ont perdu l'accès aux signaux d'origine divine qui permettent de repousser les frontières de la mort « avant l'heure ».

Cette lecture n'est qu'une des innombrables interprétations possibles de ces textes. Il y en a d'autres. La plus probable (la plus simple aussi) est de considérer que le divin est, véritablement, intrinsèquement, de nature immortelle. La nourriture qu'ingèrent les dieux de l'Olympe n'est pas, pour eux, un moyen de voyager dans le temps. Simplement, parce qu'elle est d'origine divine, elle permet à l'homme qui s'en nourrit de s'élever à la hauteur des dieux. Les fruits de l'Arbre de Vie, l'ambroisie portent en eux quelque chose de la nature divine et donc de l'immortalité. Le divin est éternel. Les hommes sont mortels. L'homme peut approcher de l'éternité en s'appropriant – en ingérant, en faisant entrer en lui, en tirant ses ressources et ses forces de – quelque chose qui est en relation avec le divin.

Mais il n'est pas impossible que, de manière implicite dans les textes sacrés qui nous révèlent nos origines, soit enfouie l'idée que l'immortalité – en soi – est inimaginable, ne peut exister, n'a jamais existé. Qu'aussi loin que nous puissions essayer de remonter dans le passé, tout être vivant était aussi, dès l'origine, mortel. Que le long voyage vers l'éternité ne peut être accompli que d'étapes en étapes, en repoussant plus loin et sans cesse une mort « avant l'heure », toujours à venir.

C'est dans l'histoire de la naissance de nos ancêtres que nous raconte la Genèse, dans l'aventure qui les conduit de leur état premier d'immortels dans le Jardin d'Éden à leur état de mortels dans un monde où le chemin vers l'Arbre de Vie leur est désormais interdit, que cette idée me semble la plus lisible. Nés d'un mélange de souffle divin et de poussière d'argile, Adam et Ève ont vécu, un temps indéfini, dans un lieu où leur mortalité originelle était sans cesse retardée. La toxine est fabriquée par leurs corps, en permanence. Les fruits de l'Arbre de Vie sont les protecteurs qui répriment le déclenchement de l'exécuteur de la vieillesse. La toxine est présente en permanence, l'antidote est à courte durée de vie. Il doit être ingéré à intervalles réguliers pour reculer, pour un temps, à chaque fois, le déclenchement de l'exécution. Et la relation d'interdépendance absolue que fait naître ce module toxine / antidote est de nature étrange : l'obéissance, qui lie l'homme à son Créateur.

Nous allons nous arrêter ici. Le langage des textes sacrés n'est pas celui de la science et les révélations que nous pouvons y chercher ne sont pas de même nature.

Nous allons maintenant reprendre, où nous l'avions laissée, la question que nous nous étions posée. Mais, avant de nous demander si le vieillissement correspond à une « mort avant l'heure », nous allons essayer d'appréhender de quoi il s'agit. Essayer de comprendre ce qui en chacun de nous se défait peu à peu pour nous conduire, insensiblement, chaque jour, vers notre fin et nous abandonner, seuls sur le bord du chemin. Qu'est-ce que le vieillissement ? Et de quoi meurt-on lorsqu'on meurt de vieillesse ?

17

À la découverte
du vieillissement de nos corps

« [Vivre] c'est sculpter chaque soir la mort que
l'on ne connaîtra qu'au dernier instant. »
Mancio Souza, *L'Empereur d'Amazonie*.

Le début de la traversée

Le vieillissement peut être caractérisé comme une altération progressive, « naturelle », de certaines modalités de
fonctionnement de notre corps d'adulte, à mesure que
s'écoule le temps. Comme une diminution de notre capacité
à résister, à répondre et à nous adapter à notre environnement et à y puiser nos ressources. Et le vieillissement
est associé, à mesure que nous prenons de l'âge, à une
augmentation croissante de la probabilité de disparaître.

Mais le passage de l'état de jeunesse à l'état adulte, et
de la maturité au vieillissement, s'opère à travers une succession de transitions floues, dont l'identification dépend
de la nature des modifications que l'observateur est capable
– et choisit – d'analyser. Les premiers changements observables dès l'âge de trente ans sont de nature hormonale. Il
s'agit d'une diminution progressive de l'hormone de croissance que produit l'hypophyse, une petite glande située sous
le cerveau ; d'une diminution de l'IGF-1 (le facteur de
croissance apparenté à l'insuline) que produit le foie ; et
d'une diminution de la DHEA (la déhydroépiandrostérone),
que produit la corticosurrénale, une petite glande située
au-dessus des reins, une hormone qui, chez l'homme
comme chez la femme, est transformée en partie en hor-

mones sexuelles. C'est la DHEA découverte par Étienne-Émile Baulieu qui a été présentée par les media comme un « élixir de jeunesse ». Mais bien qu'elle soit largement utilisée, aux États-Unis, comme un traitement préventif visant à retarder la survenue du vieillissement, personne n'en connaît encore réellement les effets.

Plus tard, entre l'âge de quarante et soixante ans, commencent à diminuer la force musculaire, la densité des os, l'élasticité de la peau, la tonicité des artères, le jeu des extrémités osseuses dans les articulations, l'acuité visuelle et auditive. Les cheveux perdent leur pigmentation, les graisses commencent à s'accumuler dans le corps et le système immunitaire perd de son efficacité, favorisant la survenue d'infections. La plupart des rythmes biologiques de notre corps, contrôlés par les horloges de notre cerveau, s'altèrent progressivement, modifiant le caractère cyclique, régulier, des alternances veille / sommeil et de la production de nombreuses hormones.

Chez la femme, à partir de l'âge de trente-cinq à quarante ans, les cycles de production des hormones sexuelles commencent à se ralentir et à devenir irréguliers. Et, vers l'âge de cinquante ans, survient la ménopause qui précipite l'entrée du corps dans le vieillissement. L'interruption définitive de la fécondité s'accompagne de l'arrêt de production des hormones sexuelles féminines et en particulier des œstrogènes. L'absence d'œstrogène conduit à une atrophie progressive des organes génitaux, à une fragilisation des os qui favorise la survenue de fractures, et à des altérations de la paroi des vaisseaux sanguins qui favorisent la survenue de maladies du cœur et des vaisseaux sanguins (l'infarctus du myocarde et les accidents vasculaires cérébraux) contre lesquelles la femme, jusqu'à la ménopause, est protégée. Chez l'homme, ces maladies commencent à survenir plus tôt, mais la fécondité peut persister beaucoup plus longtemps, bien que la sécrétion de testostérone, l'hormone sexuelle masculine, commence à diminuer dès l'âge de quarante ans.

La période des tempêtes

Entre cinquante et soixante ans, commence, chez l'homme comme chez la femme, une période marquée par l'apparition fréquente de maladies graves, et donc, à mesure que s'écoule le temps, par une augmentation importante de la probabilité de mourir. Ces maladies se répartissent schématiquement en trois grandes catégories : les maladies du cœur et des vaisseaux sanguins ; les cancers ; et, après l'âge de soixante / soixante-dix ans, les maladies neurodégénératives, dont la maladie d'Alzheimer, qui conduit à une démence, représente la forme la plus dramatique et la plus fréquente.

Ainsi se révèlent les deux grandes caractéristiques, entremêlées, du vieillissement. Une altération progressive, « naturelle » – sans autre cause apparente que le passage du temps – des capacités de fonctionnement du corps, et la survenue accidentelle, mais de fréquence croissante avec l'âge, de catastrophes – de maladies graves – souvent mortelles.

L'espérance moyenne de vie à la naissance est aujourd'hui, dans les pays riches de l'Occident, de l'ordre de soixante-dix à quatre-vingts ans, plus élevée pour les femmes que pour les hommes. Et en raison des progrès de la médecine, un nombre de plus en plus grand d'hommes – et surtout de femmes – dépassent aujourd'hui l'âge de quatre-vingt-dix ans et deviennent centenaires.

Par-delà les tempêtes

> « L'horizon s'incline, les jours sont plus longs, voyage […]. »
>
> P. Reverdy, *Les Ardoises du vent*.

Pour ceux qui parviennent à franchir cette frontière de l'âge de quatre-vingt-dix ans, se produit un tournant mystérieux. Le vieillissement change de nature. Le cap des turbulences, des catastrophes est franchi. Le voyage à travers le temps devient plus paisible. Bien sûr, la plupart des potentialités du corps continuent à s'altérer peu à peu. Le cristallin des yeux s'opacifie, conduisant à une cataracte ; la peau perd de son élasticité, cicatrisant plus difficilement en cas de plaie ; les articulations osseuses se rigidifient ; l'audition faiblit et la mémoire des événements récents s'atténue. Mais la séquence et le moment de survenue de ces altérations, qui peuvent être source d'invalidité, sont imprévisibles. Et, passé l'âge de quatre-vingt-dix ans, la probabilité de survenue de maladies graves, paradoxalement, diminue.

De quoi meurt-on, passé ce cap, lorsqu'on « meurt de vieillesse » ? Souvent, des conséquences progressives d'une des manifestations les plus constantes du vieillissement : une diminution de la force musculaire, en particulier au niveau des bras et des jambes, des mains et des pieds. Cette diminution de la force musculaire aboutit à une difficulté progressive, puis à une incapacité à se déplacer, à se mouvoir. Elle favorise la survenue de chutes et de fractures, conduisant à une perte de l'autonomie, puis à l'alitement. L'alitement favorise une altération de la plupart des activités du corps. Apparaissent alors une série d'accidents – vasculaires, infectieux, métaboliques, énergétiques –, dont l'accumulation augmente la probabilité d'un déséquilibre brutal, conduisant à la mort.

« Mourir de vieillesse » est un terme ambigu, qui recouvre une réalité duelle. Entre soixante et quatre-vingts ans, « mourir de vieillesse », c'est succomber, le plus souvent, à une catastrophe, à une maladie grave, dont la probabilité de survenue augmente avec les années. Après l'âge de quatre-vingt / quatre-vingt-dix ans, « mourir de vieillesse », c'est, le plus souvent, mourir d'un épuisement lent – d'un effondrement progressif – du corps. Et souvent, selon les mots de Shakespeare, « [la] dernière scène de toutes qui termine cette histoire étrange et riche est une deuxième enfance, et une forme d'oubli, sans dents, sans yeux, sans goût, sans rien… ».

Mais quelle est la nature des phénomènes qui conduisent au vieillissement ?

Comme l'érosion d'une falaise battue par la mer...

> « Le seul projet reconnaissable dans les organismes vivants [...] comme dans tous les systèmes physiques, est celui du retour à l'équilibre, c'est-à-dire la mort. Tout le reste, c'est-à-dire l'organisation, la croissance, le développement, l'apprentissage et la reproduction invariante elle-même, ne sont pas de l'ordre du projet, mais au contraire des perturbations aléatoires qui heureusement le contrarient. »
>
> Henri Atlan, *L'Organisation biologique et la théorie de l'information.*

Certaines grandes théories du vieillissement se sont référées à un principe très général de la science : tout ensemble organisé – tout assemblage complexe – a tendance, avec le temps, à se décomposer dans la somme des éléments qui le constituent. Tout organisme, confronté à son environnement, résiste un temps puis se consume, se dissipe et disparaît. L'érosion de nos corps, incapables de résister à l'usure, serait semblable à l'érosion des falaises, battues par le vent et la mer. Le vieillissement et la mort des organismes vivants représenteraient une simple variation sur un thème universel : l'augmentation d'entropie – l'évolution vers un état d'organisation minimale, vers un état de désordre maximal – serait le chemin sans retour dans lequel sont engagés tous les avatars de la matière.

Nous sommes continuellement soumis, durant toute notre existence, à d'innombrables agressions de notre environnement – les rayons ultraviolets du soleil, la chaleur, le froid, les blessures, les infections... Mais, indépendamment de toute agression extérieure, ce sont les activités mêmes de nos cellules qui pourraient, au cours du temps, participer à l'usure de nos corps. Chacun des innombrables dédoublements des cellules qui nous composent augmente la probabilité de survenue d'altérations aléatoires dans la suite de lettres, de mots et de phrases de la bibliothèque de nos gènes. Et la respiration cellulaire – la chaîne de réactions chimiques qui se déroulent en permanence dans nos mitochondries, permettant d'utiliser l'oxygène pour produire de l'énergie – produit dans le même temps des dérivés toxiques. Ces dérivés toxiques de l'oxygène provoquent des altérations dans les protéines et les gènes. Les mitochondries subissent – elles aussi – des modifications accidentelles, altérant dans certaines cellules la respiration et la production d'énergie.

Peu à peu, le corps épuise ses capacités à se reconstruire, se défait, puis s'effondre et disparaît. Seules auront pu survivre à ce retour à la poussière les cellules germinales, qui se seront mélangées à d'autres cellules germinales, provenant d'un autre corps, pour donner naissance à un corps nouveau. La pérennisation d'une petite portion de nous-mêmes est une longue fuite en avant : l'abandon d'un corps qui disparaît, pour reconstruire un corps nouveau, qui disparaîtra à son tour…

Pareille au frottement qui épuise le mouvement d'une roue ou d'un pendule, la confrontation permanente de l'organisme à son environnement brise, petit à petit, sa capacité à assurer sa pérennité. Ce concept du vieillissement et de la mort a une grande cohérence scientifique. Il a aussi une dimension émotionnelle et affective rassurante. Il nous suggère que nos corps meurent quand – et parce que – ils ne peuvent pas faire autrement. Que nous allons, tant bien que mal, au terme du plus long voyage que nous puissions accomplir. Que notre longévité dessine les limites du « meilleur des mondes possibles ».

Mais il est d'autres théories qui donnent du vieillissement une image plus troublante et moins sereine. Elles suggèrent que nos corps nous trahissent et abrègent eux-mêmes leur voyage. Qu'ils sont les artisans de leur disparition. Que, d'une certaine manière, nous vieillissons et que nous mourons « avant l'heure ».

Du corps aux cellules qui le composent
Les horloges biologiques du vieillissement et de la stérilité

Une brève histoire des théories du vieillissement cellulaire

Le « soma » et le « germen »

À la fin du XIXᵉ siècle, le biologiste August Weismann proposa une théorie qui connut un retentissement considérable. L'idée était que le vieillissement cellulaire – la perte de la potentialité des cellules à se dédoubler sans fin, la perte de leur éternelle jeunesse et de leur éternelle fécondité – serait apparu au cours de l'évolution du vivant au moment où se sont formés les premiers corps multicellulaires des animaux et des plantes. La naissance, la pérennisation et la reproduction des corps n'ont pu avoir lieu qu'au prix d'une séparation irrémédiable des cellules en deux familles distinctes : les cellules somatiques qui s'engagent sur le chemin de la stérilité et du vieillissement, construisant et composant des corps périssables, et les cellules germinales où réside le « plasma germinatif » – la matière héréditaire qui voyage de corps en corps à travers le temps. La finitude des cellules somatiques serait liée à leur pouvoir d'acquérir des propriétés nouvelles, de se différencier. En d'autres termes, le vieillissement des cellules – et donc le vieillissement des corps qu'elles composent – aurait pour origine même les phénomènes de différenciation qui permettent aux cellules de construire des corps.

Le mythe de l'éternelle jeunesse

Au début des années 1910, le chirurgien Alexis Carrel commença à prélever des tissus de différents animaux et à cultiver au laboratoire dans des « serres artificielles » les cellules qui les composaient. Ces cultures cellulaires persistèrent pendant des années, pour certaines, plus de trente ans. Il en conclut que les cellules individuelles d'un corps sont dotées d'un potentiel de jeunesse et de fécondité illimité, et que le vieillissement n'est pas une caractéristique des cellules, mais « un attribut du corps multicellulaire dans son ensemble ». Et sa théorie, qui remettait en cause le modèle proposé par Weismann, connut à son tour un grand succès.

Carrel avait-il prélevé des organes et des tissus qui contenaient des cellules cancéreuses ? Avait-il contaminé ses cultures avec des cellules cancéreuses provenant d'autres cultures ? S'était-il trompé ou avait-il menti ?

Toujours est-il que, plusieurs dizaines d'années plus tard, il apparut que sa théorie – et les observations sur lesquelles elle se fondait – ne rendait pas compte de la réalité.

Retour au vieillissement

Notre existence se déroule comme une succession de métamorphoses, sans retour en arrière possible. La cellule-œuf unique qui nous donne naissance se dédouble, construisant une société cellulaire dont les composantes se différencient progressivement en près de deux cents familles cellulaires distinctes. L'embryon se transforme en fœtus, puis quitte le corps de sa mère. Le nouveau-né se transforme en enfant. La puberté métamorphose l'enfant en adulte, le rendant sexuellement mature et lui conférant le pouvoir de donner vie à un autre. Le corps adulte, un temps, garde sa jeunesse, puis commence à vieillir.

Mais dès les premières années qui suivent notre naissance, alors que notre corps d'enfant est encore en train de se construire, des événements déjà vont peut-être se produire qui vont favoriser la survenue lointaine du vieillissement.

Certaines familles de cellules de notre corps paraissent conserver, durant la plus grande partie ou la totalité de notre existence, le pouvoir de se dédoubler, assurant le renouvellement permanent ou occasionnel des cellules qui disparaissent. Il en est ainsi des cellules-souches de notre moelle osseuse, qui donnent naissance tous les jours aux cellules de notre sang ; des cellules-souches de notre peau et de notre tube digestif ; des cellules qui composent notre foie ; et de bien d'autres encore.

Mais il semble que certaines populations cellulaires fécondes de notre corps épuisent progressivement leur pouvoir de se dédoubler. La population cellulaire dont le vieillissement a été le plus étudié est celle des fibroblastes, qui constituent les tissus de soutien de la plupart de nos organes.

En 1961, Leonard Hayflick révélait les résultats d'une expérience qui contredisait les résultats et la théorie d'Alexis Carrel. Et cette découverte ouvrait soudain un champ de recherches entièrement nouveau sur le vieillissement. Carrel avait affirmé que des fibroblastes pouvaient se dédoubler pendant des dizaines d'années dans les serres artificielles des laboratoires – dans des tubes à essai. Hayflick montrait que lorsqu'on prélève des fibroblastes de la peau d'un embryon ou d'un jeune enfant et qu'on les cultive au laboratoire, ils sont capables d'accomplir pendant quelques semaines quarante à cinquante dédoublements successifs. Puis ils perdent définitivement leur capacité à se dédoubler. Leur aspect et leurs propriétés se modifient : ces fibroblastes ont vieilli et sont devenus stériles.

En 1965, Hayflick rapportait que lorsqu'on prélève des fibroblastes, non pas chez un jeune enfant, mais chez une personne de soixante ou soixante-dix ans, le nombre de dédoublements qu'ils pourront accomplir avant de devenir stériles est plus faible. Dans un tube à essais, la durée maximale de fécondité des fibroblastes d'un embryon ou d'un jeune enfant est de quelques semaines. Dans notre corps, à la mesure de notre calendrier biologique, la durée maximale de fécondité de ces fibroblastes est peut-être de plusieurs dizaines d'années.

Pourquoi cette discordance majeure, cette distorsion du temps ? L'explication proposée par Hayflick était la suivante : la durée maximale de fécondité des fibroblastes ne se mesure pas en unités de temps écoulé, mais en nombre de dédoublements accomplis. Dans l'environnement artificiel du laboratoire, en présence des signaux qui leur sont apportés, les fibroblastes se dédoublent tous les deux jours. Dans notre corps, les fibroblastes se dédoublent probablement beaucoup plus rarement. Le temps qui sépare le premier du dernier des quarante à cinquante dédoublements des fibroblastes d'un jeune enfant peut être contracté à quelques semaines au laboratoire, ou dilaté à plus d'un siècle dans l'environnement de nos corps.

Des cellules capables de compter ?

Si la durée maximale de la fécondité des fibroblastes dépend du nombre de leurs dédoublements, cela signifie-t-il que les fibroblastes sont capables de compter jusqu'à cinquante ? Chaque fibroblaste est-il doté d'une mémoire, capable d'enregistrer et de dénombrer les événements qui rythment son histoire ? Et que peut signifier pour un fibroblaste l'opération abstraite de compter ?

Il y a deux manières très différentes d'envisager, sur le plan théorique, les raisons pour lesquelles un fibroblaste ne peut se dédoubler plus de quarante à cinquante fois. La première consiste à postuler que ses modalités particulières de différenciation ne lui permettent d'accomplir qu'un nombre limité de dédoublements successifs. Comme certains modèles de voitures qui sont moins résistants que d'autres, un fibroblaste serait simplement une cellule qui s'use rapidement.

Mais il y a une autre explication possible. Elle postule l'existence dans le fibroblaste d'un instrument qui enregistre fidèlement le décompte du nombre de dédoublements déjà accomplis et détermine le nombre de dédoublements qu'il reste encore à accomplir. C'est l'explication à première vue la moins probable. Mais c'est celle qui semble refléter, en partie au moins, la réalité.

L'horloge des télomères et le vieillissement cellulaire

> « Partout où quelque chose vit, il y a, ouvert, quelque part, un registre où le temps s'inscrit. »
>
> Henri Bergson, *L'Évolution créatrice*.

Imaginons des prisonniers qui décomptent, dans l'isolement de leur cellule, le nombre des années, des mois, des jours qui les séparent encore du moment de leur libération. Une façon simple de décompter les jours est de représenter chaque jour de la peine à accomplir par un trait vertical. Chaque fois que le soleil se couche ou se lève, ou chaque fois qu'un repas nouveau indique qu'une journée s'est écoulée, le prisonnier barre un trait, le transformant en croix. À chaque instant, le nombre de traits verticaux non encore barrés indique le nombre de jours qui le séparent de sa libération. Le jour où il ne reste plus que des croix est le jour de la libération.

C'est un mécanisme d'une nature très semblable qui permet à un fibroblaste d'effectuer une opération de soustraction à première vue abstraite et de comptabiliser le nombre d'opérations de soustraction successives qui ont déjà été effectuées. La soustraction s'opère concrètement dans la cellule. L'instrument – le compteur – qui garde la mémoire des dédoublements accomplis et détermine le nombre des dédoublements qui restent à venir est un instrument qui raccourcit lui-même à chaque dédoublement. Quand l'instrument a disparu, après quarante à cinquante opérations de soustraction successives, la période de fécondité est révolue.

En 1973, le biologiste russe Alexei Olovinikov proposait une hypothèse sur la nature de « l'instrument » susceptible de compter, et sur la nature de ce que « l'instrument » comptait. La première indication de l'existence réelle d'un tel instrument allait être apportée en 1978 par Elizabeth Blackburn, à l'université Yale, mais la confirmation que cet instrument participait bien aux dénombrements des dédoublements des fibroblastes n'allait être apportée qu'en 1990.

Le long ruban d'ADN qui contient l'ensemble des livres de la bibliothèque de nos gènes est réparti en vingt-trois paires de chromosomes. Chacun de ces quarante-six chromosomes porte à ses deux extrémités une suite de quelques lettres, répétées un grand nombre de fois, environ deux mille fois. Cette longue suite répétitive de lettres – le télomère – ne contient pas d'informations permettant la fabrication d'une protéine. Elle stabilise les extrémités des chromosomes. Imaginons qu'il s'agisse à la fois d'une forme de protection et de ponctuation.

Lorsqu'une cellule se dédouble, elle commence par recopier l'ensemble de l'ADN qui constitue ses quarante-six chromosomes. Mais la copie de l'ADN pose un problème complexe, qui aboutit à une difficulté à recopier une petite portion de l'extrémité du télomère de chaque chromosome. Au cours de cette opération, une partie des petits groupes de lettres répétés, qui constituent le télomère, disparaît des extrémités de chaque chromosome. Les deux cellules-filles ont chacune quarante-six chromosomes strictement identiques à ceux de la cellule-mère qui leur a donné naissance, à une exception près : les télomères qui bornent les extrémités de chacun de leurs chromosomes ont raccourci. Au fur et à mesure que chacune de ces cellules-filles se dédouble et que leurs cellules-filles, à leur tour, se dédoublent, les télomères continuent de raccourcir. Au bout de quarante à cinquante dédoublements, les fibroblastes ont perdu leurs télomères et sont devenus stériles.

Imaginons qu'il soit possible de rendre transparente chacune des cellules de notre corps et d'examiner, tout au long de notre existence, dans le noyau de chaque cellule, la longueur des télomères qui bordent les extrémités de chacun de nos chromosomes. Commençons par la cellule-œuf qui nous a fait naître : ses télomères possèdent les deux mille petits mots répétés, leur longueur est maximale. Continuons par l'embryon. La cellule-œuf et la plupart de ses descendants successifs se sont dédoublés plusieurs dizaines de fois. Pourtant, nous découvrons que, dans la plupart des cellules, la longueur des télomères n'a pas varié. Cinq ans ont passé et nous explorons notre corps d'enfant. Dans certaines des populations, les télomères ont conservé leur longueur initiale ; dans d'autres, les télomères ont commencé à raccourcir. Laissons encore s'écouler trente ans. Nous sommes maintenant devenus adultes. Dans les cellules-souches de notre moelle osseuse, de notre peau, de notre tube digestif, qui se divisent en permanence depuis l'enfance, la longueur des télomères a peu diminué ; dans d'autres populations cellulaires, dont les fibroblastes, le raccourcissement des télomères s'est accentué. La longueur des télomères de nos cellules germinales n'a pas varié : elle est toujours maximale ; les ovules et les spermatozoïdes conservent durant toute leur existence leur jeunesse qui leur permettra de reconstruire un jour un autre corps. Laissons encore s'écouler trente ans. Nous avons entre soixante-cinq et soixante-dix ans. Dans la plupart de nos populations cellulaires, les télomères sont devenus plus courts. Dans d'autres populations cellulaires, les cellules-souches de la moelle osseuse, de la peau, des intestins, leur longueur a moins diminué. À quoi est due cette hétérogénéité ?

La télomérase et la dilatation du temps

L'Odyssée nous conte le travail toujours recommencé de Pénélope, l'épouse fidèle, qui attend depuis vingt ans, à Ithaque, le retour d'Ulysse. Entourée d'une centaine de prétendants qui la pressent chaque jour de se remarier, elle leur a promis de faire son choix le jour où elle aurait achevé de tisser le linceul de Laerte, le père de son époux. Défaisant chaque nuit la toile qu'elle a tissée le jour, Pénélope repousse indéfiniment l'heure du choix, annulant par ce subterfuge le décompte des jours qui s'écoulent.

L'hétérogénéité spectaculaire de la longueur des télomères dans les différentes familles cellulaires de notre corps à mesure que nous prenons de l'âge est due à la capacité de certaines cellules de fabriquer une enzyme, la télomérase. La télomérase permet, à chaque dédoublement cellulaire, de construire et de rabouter aux extrémités de chaque chromosome les séquences répétées de lettres qui viennent de disparaître du télomère. La télomérase agit comme une Pénélope, renversant le cours du temps, faisant reculer, à chaque dédoublement, l'aiguille de l'horloge qui vient d'avancer sur le cadran pour se rapprocher de l'heure de la stérilité et de la vieillesse. C'est une enzyme qui efface le « registre où le temps s'inscrit ».

Cette découverte a bouleversé les concepts de vieillissement cellulaire. Elle a révélé que la raison pour laquelle les fibroblastes vieillissent n'est pas l'usure, l'« impossibilité de faire autrement ». Les modalités de différenciation des fibroblastes favorisent leur vieillissement « avant l'heure » en les empêchant de consulter les informations génétiques qui permettent de produire la télomérase, dont l'effet est de prolonger le temps de la fécondité. Les autres populations cellulaires de notre corps – à l'exception de nos cellules germinales – vieillissent aussi « avant l'heure », mais de manière moins rapide, parce qu'elles sont capables de fabriquer et de maintenir active la télomérase en réponse à certains signaux de leur environnement. La télomérase ne procède pas en augmentant le capital du temps qui reste, mais en effaçant la dette. Elle efface la mémoire des dédoublements antérieurs, elle efface les traces du passé. Elle fait renaître à chaque fois, intact, le même avenir originel. Elle annule à mesure le décompte du passage du temps.

À la nouvelle vision de la survie cellulaire que nous avons découverte, résultant d'une répression permanente du déclenchement du suicide « avant l'heure », répond, comme un reflet, une nouvelle vision de la fécondité cellulaire, résultant d'une répression permanente du déclenchement de la stérilité « avant l'heure ». Le vieillissement cellulaire, comme la mort cellulaire, est une modalité de différenciation qui dépend de la nature des signaux que la cellule perçoit dans son environnement et de la nature des informations génétiques qu'elle est capable de consulter. Et le vieillissement cellulaire, comme le suicide cellulaire, est un des phénomènes qui s'opposent au développement des cancers. Une cellule cancéreuse est une cellule dont les altérations génétiques lui ont permis d'échapper aux signaux qui déclenchent la sénescence, comme elle lui ont permis d'échapper aux signaux qui déclenchent le suicide.

Les protéines de sénescence et la contraction du temps

La télomérase est une protéine qui permet de dilater le temps. Mais il est d'autres protéines capables de lever le sursis accordé par la télomérase et de précipiter brutalement l'entrée d'une cellule dans le vieillissement.

Dans un fibroblaste qui a épuisé son capital de dédoublements à venir, les télomères ont atteint leur longueur minimale. Le fibroblaste est devenu vieux, stérile. Et ce nouvel état s'accompagne alors de la production de nouvelles protéines – différentes de celles que fabriquent les fibroblastes jeunes – et qui ont été appelées « protéines de sénescence, de vieillesse ».

Les fibroblastes d'un jeune enfant, dont les télomères sont encore très longs, sont encore capables de se multiplier une quarantaine de fois dans les cultures de laboratoire. Pourtant, si on force artificiellement ces fibroblastes encore jeunes à fabriquer une grande quantité de certaines protéines – telle la protéine Ras –, le fibroblaste perd brutalement sa capacité à se dédoubler. Son aspect et ses capacités fonctionnelles ressemblent à ceux d'un fibroblaste vieux. Ses télomères sont toujours aussi longs, mais la cellule est devenue prématurément stérile. Certaines protéines – les protéines de sénescence – ont le pouvoir de déclencher le vieillissement quelle que soit l'heure affichée par l'horloge des télomères. Elles ont pour effet de contracter le temps qui reste. Le vieillissement cellulaire peut aussi survenir brutalement en pleine jeunesse.

Cette découverte, faite en 1997, suggère que le raccourcissement des télomères n'est pas la véritable cause du vieillissement cellulaire : il ne représente qu'un signal. La longueur des télomères est simplement un compteur, une horloge. Les véritables acteurs de l'entrée dans le vieillissement sont probablement les protéines de sénescence. La télomérase, qui efface le décompte des dédoublements, permet seulement de retarder le temps indiqué par l'horloge et de repousser le moment où la cellule commencera à consulter et à utiliser des informations génétiques qui la conduiront vers la sénescence. Mais, en fonction des signaux de son environnement, un fibroblaste peut s'engager brutalement dans le vieillissement, longtemps avant l'heure affichée par l'horloge de ses télomères.

À la fin de l'année 1997, l'un des gènes qui contient les informations permettant de fabriquer la télomérase a été artificiellement détruit dans des cellules-œufs de souris. Pourtant, l'embryon se développe normalement. Les souris naissent, grandissent et vieillissent apparemment normalement. Et leurs cellules sont capables de donner naissance à des cancers. La longueur des télomères n'est pas l'ultime arbitre de la sénescence.

Ainsi, le dogme qui a fait, depuis dix ans, de la longueur des télomères la seule horloge biologique du vieillissement des cellules de notre corps a commencé à s'effondrer. Depuis quelques années, d'autres horloges biologiques ont été découvertes. Elles peuvent décompter le temps qui passe indépendamment de tout dédoublement cellulaire. Elles peuvent coupler la mesure de ce temps intérieur – la répétition d'un événement régulier dans une cellule ou dans un groupe de cellules qui dialoguent – à la mesure du temps extérieur, celui du jour et de la nuit et celui des saisons, le temps physique rythmé par la course des planètes dans l'univers. Et c'est sur ce double rythme intérieur et extérieur que nos cellules et nos corps s'engagent peu à peu sur le chemin sans retour du vieillissement et de la mort.

Mais rien n'est jamais simple en biologie. En 1998, a été publié un *post-scriptum* étrange à l'histoire des souris dépourvues du gène de la télomérase. Elles vivent et se reproduisent normalement. Pourtant, à la sixième génération, les souris mâles et femelles qui naissent sont devenues stériles. Leurs cellules germinales – les spermatozoïdes ou les ovules – s'autodétruisent.

La télomérase permet aux cellules germinales de construire un corps nouveau, qui sera, lui-même, un jour, capable de construire un corps nouveau.

La télomérase jouerait bien un rôle essentiel dans le décompte du temps des dédoublements cellulaires qui restent à venir, non pas tant à l'échelle de la durée d'existence d'un individu, mais à l'échelle des générations.

La sénescence et le suicide cellulaire

Il existe des relations étroites entre les phénomènes qui contrôlent le vieillissement cellulaire et ceux qui participent au contrôle du suicide cellulaire.

La fabrication soudaine par un fibroblaste d'une grande quantité de la protéine Ras le précipite prématurément dans la vieillesse et la stérilité. Mais elle a aussi pour effet de réprimer le déclenchement du suicide. Le fibroblaste peut désormais survivre en l'absence de signaux qui, auparavant (alors qu'il était encore capable de se dédoubler), étaient nécessaires à la répression du déclenchement de son suicide. La perte du pouvoir de se dédoubler – l'entrée dans le vieillissement – s'accompagne d'un gain dans la capacité à survivre jusqu'aux limites de la longévité « naturelle » maximale.

Il y a au moins deux grandes périodes dans l'existence d'un fibroblaste. Durant la première – celle de sa jeunesse et de sa fécondité – chaque cellule est potentiellement multiple, capable de donner naissance à une multitude de doubles, et le destin de chaque cellule dépend avant tout de sa capacité à trouver dans son environnement les signaux qui lui permettent de réprimer le déclenchement du suicide. Puis vient le temps du vieillissement et de la stérilité, la période où chaque cellule est soudain seule, face à son destin. Ayant perdu sa jeunesse et sa fécondité, elle s'engage sur son dernier chemin. Réprimant alors le déclenchement du suicide, le fibroblaste devient moins dépendant de la qualité du dialogue qu'il peut nouer avec son environnement. Ayant gagné en résistance et en isolement, au cœur du corps qu'il habite, il entreprend la dernière étape de son voyage à travers le temps.

Et l'on ne sait pas, aujourd'hui, combien de temps un fibroblaste devenu stérile peut encore survivre dans nos corps – quelques semaines, quelques mois, peut-être quelques années.

Du vieillissement des cellules au vieillissement des corps

> « De plus en plus achevés.
> De moins en moins existants. »
>
> Paul Eluard, *Le Mouvement du soir*.

À mesure que nous avançons en âge, notre corps semble se séparer en deux grands territoires distincts : les territoires cellulaires fertiles et les territoires cellulaires devenus stériles. Ainsi, les horloges qui contrôlent dans nos cellules le nombre des dédoublements à venir nous engagent progressivement sur le chemin sans retour de la déconstruction de nos corps, sur le chemin sans retour du vieillissement et de la mort.

Il est possible qu'il existe une relation entre la longévité maximale des individus d'une espèce et le nombre maximal de dédoublements que peuvent accomplir dans les serres artificielles d'un laboratoire les fibroblastes d'un très jeune individu. Une souris a une longévité maximale de l'ordre de deux ans, et ses fibroblastes peuvent se dédoubler moins de dix fois. Un être humain peut vivre plus d'un siècle et ses fibroblastes peuvent se dédoubler une cinquantaine de fois.

À mesure que nous avançons en âge, les horloges biologiques qui déclenchent la disparition de certaines de nos potentialités créent les conditions favorables à la survenue ultérieure d'un déclin.

La ménopause, qui survient chez la femme vers l'âge de cinquante ans, provoque la stérilité et une atrophie progressive des organes génitaux. Cette atrophie est due au déclenchement du suicide des cellules qui composent ces organes, et dont la survie dépendait de la production cyclique des hormones sexuelles. Mais la diminution de la production des hormones sexuelles a d'autres conséquences : elle accentue aussi le suicide des cellules qui construisent les os, entraînant une fragilité osseuse progressive. La ménopause semble résulter d'un changement concomitant des activités des ovaires et du cerveau, entraînant des modifications dans la libération des hormones qui assurent un dialogue permanent entre ces deux organes. Et il est probable qu'au-delà d'un certain seuil, ces déséquilibres s'auto-amplifient réciproquement, faisant basculer le corps dans le vieillissement.

L'interdépendance des cellules de notre corps, facteur de robustesse, peut aussi être facteur de fragilité : la disparition d'une famille cellulaire entière dans un organe peut provoquer des vagues de perturbations, déclenchant la survenue d'une cascade d'altérations dans nos corps. Les oscillations et les recompositions qui accompagnent l'entrée dans le vieillissement modifient l'environnement de nos cellules. Les modifications du langage cellulaire entraînent des modifications dans la nature des informations génétiques que consultent nos cellules et dans la nature des protéines qu'elles fabriquent.

La répression anormale du suicide dans des cellules toujours fécondes favorise le développement de cancers. Au contraire, le déclenchement anormal du suicide dans les neurones du cerveau favorise le développement des maladies neurodégénératives, la maladie d'Alzheimer et la maladie de Parkinson.

Ainsi, deux des grandes familles de maladies catastrophiques qui marquent, vers l'âge de soixante ans, l'entrée dans le vieillissement sont liées à la répression anormale du suicide dans certaines familles cellulaires et au déclenchement anormal du suicide dans d'autres.

Pour ceux d'entre nous qui franchiront ce cap et dépasseront l'âge de quatre-vingt-dix ans, la fécondité des cellules diminuera de plus en plus, transformant le suicide cellulaire en un outil de plus en plus dangereux. Le rythme rapide, incessant, de notre reconstruction permanente, se ralentit. Le déséquilibre dynamique permanent qui modèle notre corps, tend, de plus en plus, vers un équilibre statique. Le temps se dilate. Le fleuve de nos corps ralentit son cours, le déroulement du film de notre vie devient une succession de photos. Et c'est au moment où notre apparence commence enfin à traduire la réalité que va se terminer notre voyage.

Les progrès de la médecine dans nos pays riches ont réduit de manière importante la mortalité provoquée par les maladies catastrophiques de la première période du vieillissement, augmentant le nombre de ceux d'entre nous qui s'engagent vers la dernière étape du voyage. L'espérance de vie à la naissance – et le nombre de centenaires – ont considérablement augmenté.

La médecine a aussi permis, depuis quelques années, de freiner l'apparition de certaines des manifestations les plus spectaculaires du vieillissement. Des traitements hormonaux – comme les traitements substitutifs par les œstrogènes chez la femme après la ménopause – repoussent pendant plus de dix ans la plupart des signes et des maladies du vieillissement, la perte de l'élasticité de la peau, l'apparition de maladies cardiaques et vasculaires, la fragilité osseuse et, peut-être, le vieillissement du cerveau.

Repousser les frontières de la jeunesse représente aujourd'hui un des nouveaux pouvoirs de la médecine. Le cauchemar d'un prolongement de la durée de notre existence au prix d'une perte obligatoire de la capacité de nos corps à fonctionner est en train de s'estomper. Rester jeune le plus longtemps possible est devenu, pour la première fois, un rêve à notre portée.

Mais qu'en est-il de la frontière ultime de notre existence, celle de la longévité « naturelle » maximale humaine qui semble aujourd'hui de l'ordre de cent trente ans ? Représente-t-elle une limite infranchissable, déterminée par les lois de la matière ? Ou constitue-t-elle une frontière arbitraire, contingente, modifiable et dont la seule raison d'être est un vieillissement et une mort « avant l'heure » de nos cellules et de nos corps ?

19

De la longévité « naturelle » maximale des corps

> « Le temps lui-même n'a pas d'existence en tant que tel. Ce sont les choses et leur écoulement qui rendent sensibles le passé, le présent, l'avenir. »
>
> Lucrèce, *De Natura rerum*.

La longévité et le vieillissement des corps à travers les branches du vivant

Dans les innombrables espèces d'animaux et de plantes qui peuplent notre planète, la longévité maximale que peuvent atteindre les individus de chaque espèce – s'ils parviennent à échapper aux prédateurs, aux maladies et aux agressions de leur environnement – est d'une extraordinaire diversité. Certains insectes ne peuvent vivre plus de quelques jours, alors que d'autres, comme les reines des fourmis, peuvent vivre jusqu'à trente ans. L'espérance maximale de vie d'une souris est d'environ deux ans, mais celle d'une chauve-souris, dont le poids et les dépenses énergétiques sont semblables, peut atteindre trente ans. Un chien peut vivre quinze ans, un perroquet plusieurs dizaines d'années, une tortue des Galápagos plus d'un siècle. Certaines plantes ne vivent qu'une seule saison, les chênes et les séquoias peuvent survivre plusieurs siècles, peut-être plusieurs milliers d'années.

Aussi surprenante que cette variabilité extrême de la longévité maximale, est la variabilité de la durée du vieillissement, de la période d'altération progressive des capacités de fonctionnement du corps qui précède la mort. Dans certaines espèces, comme la nôtre, le vieillissement est progressif et peut couvrir jusqu'à la moitié de la durée du plus long voyage que nous puissions accomplir à travers le temps. Dans d'autres espèces, le vieillissement se déclenche brutalement et précède de peu la mort. C'est le cas de certains oiseaux, de certains poissons – comme les saumons –, de certains insectes – comme les papillons –, de nombreuses plantes annuelles – comme le blé – ou de plantes qui vivent plusieurs années avant de brusquement fleurir, produire des graines et disparaître – comme les agaves.

Ainsi se manifestent la richesse et la diversité des relations qu'entretiennent avec la mort les innombrables incarnations du vivant.

Engendrements et combats

Est-il possible que le vieillissement corresponde à un processus de déclin « avant l'heure » ? Que nous possédions des informations génétiques qui nous permettent de produire des protéines dont l'un des effets serait d'abréger le voyage de nos corps à travers le temps ? Se pourrait-il que les différences spectaculaires de longévité maximale dans les différentes espèces soient liées à la présence de certains gènes, et à la production de certaines protéines, provoquant plus ou moins rapidement la déconstruction des corps ?

Cette idée peut paraître à première vue étrange, paradoxale, absurde. Mais essayons de ne pas raisonner en termes finalistes. Ne nous demandons pas « dans quel but », pour la réalisation de quel « projet obscur », de telles potentialités auraient été propagées dans l'univers du vivant. Ne nous demandons pas quel pourrait être le « rôle », la « fonction » – le « caractère bénéfique » – du vieillissement. Demandons-nous simplement s'il est possible que des gènes dont la présence favorise la plongée des corps dans un vieillissement prématuré aient pu être propagés de génération en génération à travers les corps de nos ancêtres pour parvenir jusqu'à nous.

Essayons tout d'abord de nous souvenir des bactéries, des plasmides et de leurs gènes qui contiennent les informations permettant de fabriquer des toxines et des antidotes. Nous avons découvert que l'une des raisons pour lesquelles de tels gènes sont répandus dans l'univers bactérien est que les cellules qui les possèdent libèrent autour d'elles des toxines, provoquant la mort de toute cellule qui ne possède pas ces gènes et ne peut donc fabriquer l'antidote. En d'autres termes, ces gènes ont été propagés non pas tant en raison d'un avantage qu'ils conféraient aux bactéries qui les possédaient, que du désavantage radical qu'ils provoquaient dans les bactéries qui en étaient dépourvues.

Des phénomènes semblables ont été observés dans certaines espèces animales : il est certains gènes qui semblent avoir été propagés de génération en génération parce que les mères qui les possèdent provoquent la mort de ceux de leurs enfants qui en sont dépourvus.

Dans la bibliothèque des gènes de la plupart des espèces multicellulaires des animaux et des plantes, chaque gène est présent en double exemplaire. On appelle ces deux exemplaires d'un même gène des « allèles ». Ils peuvent être identiques ou plus souvent correspondre à des versions légèrement différentes que les accidents du hasard ont fait naître et qui se sont répandues dans l'espèce. Il en est ainsi par exemple des allèles qui permettent la fabrication des protéines qui déterminent la couleur de nos yeux ou de notre peau, ou des protéines qui déterminent notre groupe sanguin. Dans les espèces animales et les plantes qui se reproduisent par la sexualité, les cellules germinales (les spermatozoïdes et les ovules) possèdent une moitié seulement, prise au hasard, de la bibliothèque des gènes de l'individu. Chacun des deux allèles de chaque gène présent dans la bibliothèque des gènes de l'individu a donc, théoriquement, une probabilité égale – une chance sur deux – de se trouver localisé dans une cellule germinale. Tout gène dont la présence permet, par hasard, à une cellule germinale d'augmenter sa probabilité de participer à la naissance d'une cellule-œuf et de construire ainsi un nouveau corps augmente, par là même, sa probabilité de voyager de corps en corps et à être répandu dans l'espèce.

Chez certains insectes – des scarabées –, un allèle a été identifié – l'« allèle M » – dont la présence chez la mère entraîne la mort de tous les ovules fécondés – de toutes les cellules-œufs – qui en sont dépourvus. Chez les femelles qui possèdent deux exemplaires de l'allèle M, tous les ovules sont dotés d'un exemplaire de l'allèle et peuvent donc donner naissance à des descendants. Mais chez les femelles dont la bibliothèque des gènes ne contient qu'un seul exemplaire, la moitié des ovules en est privée. Si l'ovule dépourvu de l'allèle M est fécondé par un spermatozoïde qui possède cet allèle, un embryon se développera. Si le spermatozoïde en est lui aussi dépourvu, l'embryon mourra. L'allèle M contient probablement des informations qui permettent aux cellules qui le possèdent de fabriquer un « exécuteur » et un « protecteur », une « toxine » et un « antidote », l'équivalent d'un « module de dépendance ». La toxine est libérée par les cellules, l'antidote reste à l'intérieur. Lorsque la cellule-œuf ne possède pas l'allèle, elle ne produit ni la toxine ni l'antidote : la toxine fabriquée par le corps de sa mère déclenche sa mort. Le « manque » de l'allèle, dans le corps de la cellule-œuf, provoque sa disparition. Toute mère qui possède l'allèle M ne peut donner naissance qu'à des descendants qui portent au moins un exemplaire de cet allèle parce que la mère provoque la mort des descendants qui en sont dépourvus. Cet allèle a été nommé M, pour Médée, l'épouse de Jason qui, dans la mythologie grecque, égorgea ses propres enfants.

Un allèle (*scat* +) qui est propagé de manière similaire a été identifié chez la souris. Les embryons dépourvus de l'allèle *scat* + se développent, mais les enfants meurent peu après leur naissance. Il est probable que les cellules du corps de la mère fabriquent – à partir des informations contenues dans *scat* + – une toxine et un antidote. L'antidote reste à l'intérieur des cellules de la mère, qu'il protège, mais la toxine est libérée, diffusant dans le corps de l'embryon, provoquant le développement d'une maladie mortelle chez les enfants dépourvus du gène *scat* +, et donc incapables de produire l'antidote.

Interrompons-nous ici pour revenir au problème du vieillissement. Nous réalisons maintenant que la construction et le développement d'un embryon peuvent être l'enjeu de combats brutaux dont l'issue détermine la nature des cellules germinales – et des gènes – qui pourront voyager à travers le temps. De telles luttes peuvent favoriser la propagation de certains gènes pour la simple raison qu'ils permettent aux embryons qui les possèdent de ne pas être tués par la mère qui leur a donné naissance. Et si la présence de tels gènes – qui permettent à un embryon de survivre – avait aussi, par hasard, des conséquences néfastes pour les corps qui les possèdent – par exemple le déclenchement prématuré du vieillissement –, nous comprenons qu'il n'y a aucune raison de penser que cette particularité les empêcherait d'être propagés et de se répandre à travers l'espèce.

Un bref survol de quelques théories du vieillissement

Depuis les années 1940, de nombreuses théories ont proposé l'idée que la transmission de gènes dont la présence favoriserait le vieillissement n'a rien d'incompatible avec le modèle darwinien de l'évolution du vivant. Chacune de ces théories représente l'équivalent d'une expérience en pensée.

Haldane et Medawar ont été parmi les premiers à postuler que la transmission, de génération en génération dans les individus d'une espèce, de gènes dont la présence aurait pour effet de favoriser le vieillissement et la mort « avant l'heure » est tout à fait envisageable, à condition que les effets néfastes des protéines qu'ils permettent de fabriquer n'interrompent pas l'existence avant la puberté, l'âge auquel les individus peuvent à leur tour avoir des descendants. À l'échelle du passage des générations, de tels gènes ne confèrent aucun avantage ni aucun inconvénient à la pérennité des espèces dans lesquelles ils ont été propagés.

Cette théorie ne prétend pas apporter d'explication à la présence de tels gènes ; elle postule simplement qu'une telle présence n'aurait rien d'impossible ni d'absurde.

Hamilton a proposé une théorie qui apporte une dimension supplémentaire de complexité. Hamilton (comme Haldane et Medawar) postule l'existence de protéines de sénescence dont l'effet est d'accélérer la disparition des corps. Mais il propose qu'il n'y a aucune raison de penser que de telles protéines attendent, avec « bienveillance », l'âge de la puberté des individus qu'ils habitent pour commencer à exercer leurs effets néfastes. Nous fabriquons, propose Hamilton, des protéines de sénescence capables de déclencher le vieillissement à n'importe quel âge, y compris dès l'enfance, avant même notre puberté. Mais les gènes correspondants n'ont pu être propagés à travers les générations que si les bibliothèques dont ils faisaient partie contenaient aussi des gènes permettant la fabrication de protecteurs capables de freiner, un temps, leur effet et de retarder ainsi le déclenchement du vieillissement après l'âge de la puberté. Passé cette limite, une perte de la capacité des protecteurs à empêcher le vieillissement et la mort n'aura plus aucune influence sur la propagation de ces gènes à travers les générations. Comme Haldane et Medawar, Hamilton ne prétend pas apporter d'explication à la présence de tels gènes : il postule qu'elle n'aurait rien d'impossible ni d'absurde.

Une troisième théorie, formulée il y a plus de quarante ans par Williams, allait proposer une explication possible à la présence de tels gènes. L'idée est la suivante. Parmi les innombrables protéines qui participent, dans nos cellules, dès la période de développement embryonnaire ou dès l'enfance, à la construction d'un corps robuste et fécond, certaines pourraient aussi exercer un effet additionnel : favoriser le déclenchement ultérieur de notre vieillissement.

Cette théorie proposait une vision nouvelle – dynamique et séquentielle – de la nature des phénomènes qui déclenchent le vieillissement. Le vieillissement et la mort représentaient simplement l'une des multiples conséquences possibles des phénomènes qui permettent le développement de la fécondité. Ainsi, la raison pour laquelle les informations génétiques favorisant le vieillissement « avant l'heure » seraient présentes en nous n'est pas, simplement, que rien n'a pu les empêcher de voyager de corps en corps à travers le temps, mais, au contraire, qu'elles représentent une partie intégrante de la machine à voyager à travers le temps.

Engendrements et vieillissement des corps

Les théories de Haldane, Medawar, Hamilton et Williams proposaient l'existence d'une relation étroite entre les phénomènes de reproduction – l'engendrement des descendants – et le déclenchement du vieillissement des corps. Existe-t-il des indications de l'existence d'une telle relation ?

La longévité « naturelle » maximale de la mouche du vinaigre, la drosophile, est d'environ deux mois. Certaines drosophiles se reproduisent plus tard ou plus tôt que la moyenne. Des chercheurs ont croisé entre elles des mouches qui se reproduisent très tôt, et ont croisé entre elles des mouches qui se reproduisent très tard. Ils ont sélectionné, dans chacun des deux groupes, des descendants dont l'âge de reproduction était de plus en plus précoce ou de plus en plus tardif et ont continué à les croiser entre eux. Au bout de plusieurs générations, les descendants dont l'âge de reproduction était le plus précoce avaient aussi la longévité maximale la plus brève et ceux qui se reproduisaient le plus tard avaient l'espérance de vie la plus prolongée, qui dépassait la longévité « naturelle » maximale de l'espèce. Ces mouches, qui pouvaient survivre environ un mois de plus – une moitié d'existence en plus –, étaient aussi plus résistantes aux agressions de l'environnement, à la chaleur ou à la famine. Les corps capables d'accomplir un plus long voyage à travers le temps étaient aussi des corps plus robustes.

Des résultats similaires ont été obtenus en réalisant d'autres expériences. Des chercheurs ont sélectionné et croisé entre elles les mouches dont la longévité était la plus longue. Ils ont éliminé les premiers œufs – les premiers descendants – pour ne laisser se développer que ceux qui naissaient le plus tard au cours de l'existence des parents et ils ont croisé entre eux ces descendants tardifs, éliminant de nouveau les premiers œufs auxquels ils donnaient naissance. Au bout de plusieurs générations, les descendants acquièrent deux caractéristiques : ils se reproduisent plus tard que la plupart de leurs semblables, et ils ont une espérance de vie supérieure à la longévité « naturelle » maximale de l'espèce.

Des expériences semblables ont été réalisées dans certaines espèces de plantes annuelles, qui vieillissent et meurent dès que leurs fleurs ont donné naissance à des graines. Si l'on coupe les fleurs au moment où elles apparaissent, empêchant ainsi la formation des graines, on retarde le déclenchement du vieillissement et on prolonge la vie de la plante de plusieurs années.

Ainsi il existe, du moins dans certaines espèces vivantes, un lien étroit entre l'âge où les individus engendrent des descendants et l'âge de la survenue du vieillissement et de la mort. Mais est-ce la reproduction qui déclenche par elle-même le vieillissement et la mort, ou existe-t-il d'autres relations plus complexes entre ces phénomènes ?

Quelle que soit la nature exacte de ce lien, ces résultats suggéraient la validité potentielle des théories qui postulaient que le vieillissement et la mort ne résultent peut-être pas uniquement de l'usure, du passage du temps et de l'incapacité du corps à résister aux agressions de l'environnement.

Du vieillissement comme un phénomène d'autodestruction « avant l'heure »

Pouvons-nous discerner, dans ces théories une vision du vieillissement des corps qui s'apparenterait à une forme d'autodestruction prématurée. Ces notions nous sont devenues maintenant familières. Oublions un instant le vieillissement et la disparition de nos corps pour repenser au contrôle de la vie et de la mort des cellules qui nous composent. Et nous souvenir des modules composés d'exécuteurs et de protecteurs, de toxines et d'antidotes, de bâtisseurs et d'inhibiteurs, et à leur long voyage à travers l'évolution du vivant.

Essayons maintenant d'appliquer cette grille de lecture aux différentes théories du vieillissement. Il existe, semblent-elles nous dire, des exécuteurs – des toxines – qui précipitent la disparition de nos corps, et des protecteurs – des antidotes – capables de réprimer, un temps, le travail des exécuteurs. Et ces exécuteurs pourraient avoir deux visages. Avant de commencer à nous tuer, ils sont des bâtisseurs de la robustesse et de la fécondité de nos corps. Et ces outils mystérieux de nature inconnue, que nous entrevoyons dans les théories du vieillissement, nous renvoient comme un reflet des outils qui participent, dans chacune de nos cellules, au contrôle du déclenchement de la mort « avant l'heure ».

Mais quelle peut être la nature de tels outils qui détermineraient la durée du voyage de nos corps à travers le temps ?

20

De la potentialité
de vieillir « avant l'heure »

> « Car nous ne sommes que l'écorce et la feuille.
> La grande mort, que chacun porte en lui,
> Tel est le fruit, autour duquel tout tourne. »
>
> Rainer Maria Rilke,
> *Le Livre de la pauvreté et de la mort.*

La maladie de Werner ou la vieillesse à vingt ans

Il existe dans l'espèce humaine une maladie grave, familiale, génétique – la progérie de Werner – qui transforme, prématurément, un jeune en vieillard. La plupart des signes du vieillissement apparaissent vers l'âge de vingt ans. À l'âge de trente ans, un jeune homme, une jeune femme ont l'apparence de vieillards : leurs cheveux sont blanchis, leur peau est ridée, une cataracte brouille leur vue, leurs os sont fragilisés. Ils développent les maladies dites du troisième âge, les maladies cardio-vasculaires, le diabète, les cancers. Ils vont mourir « de vieillesse », dans la plupart des cas à l'âge de quarante ou de cinquante ans.

La survenue de modifications dans les informations d'un seul gène – parmi les plus de trente mille que nous possédons – suffit à nous précipiter prématurément, en pleine jeunesse, dans le vieillissement et la mort. Ce gène, identifié en 1996, contient des informations permettant à nos cellules de fabriquer une enzyme qui semble participer au contrôle du dédoublement de l'ADN, et à la réparation de ses altérations accidentelles. Cette enzyme fait partie de la famille des hélicases, qui interagissent avec la double hélice de l'ADN.

Le rôle exact de l'hélicase, dont l'altération cause la progérie de Werner, est encore inconnu. Il est possible qu'il joue un rôle de gardien de l'intégrité des livres de la bibliothèque de nos gènes. Son altération effacerait alors progressivement, à mesure que nos cellules se dédoublent, l'uniformité génétique de la société cellulaire qui compose le corps, donnant naissance à une mosaïque de cellules dont l'identité dériverait de plus en plus, s'éloignant de l'identité originelle de la cellule-œuf qui lui a donné naissance.

La tragédie qu'entraîne la perte de l'activité de l'hélicase a révélé une autre notion mystérieuse. La progérie de Werner ne provoque pas la totalité des manifestations « naturelles » du vieillissement. Les jeunes patients ne souffrent pas de troubles de mémoire, ni de maladies neurodégénératives, telles que la maladie d'Alzheimer et la maladie de Parkinson. Leur corps est plongé prématurément dans la vieillesse, mais non pas leur cerveau.

Ils représentent la preuve dramatique que l'on peut garder un esprit jeune dans un corps vieux. Que les mécanismes qui causent le vieillissement cérébral ne sont pas obligatoirement liés à ceux qui provoquent l'immense majorité des autres manifestations du vieillissement de nos corps. La maladie de Werner suggère qu'il sera peut-être un jour possible de retarder la survenue des altérations cérébrales qui accompagnent le vieillissement. Elle révèle que ce que nous appelons le vieillissement réalise une entité plus hétérogène et plus complexe que nous ne le pensons habituellement.

Clotho, la Parque qui tisse le fil de la vie

Durant l'année 1997, une équipe de chercheurs japonais identifiait un gène dont la destruction dans une cellule-œuf de souris provoquait une forme spectaculaire de vieillissement prématuré. Les chercheurs donnèrent au gène dont l'absence précipite les souris dans le vieillissement, le nom de *klotho*. Dans la mythologie gréco-latine, trois Parques filent, tissent et coupent le fil de la vie humaine. Clotho est la Parque qui tisse le fil de la vie, celle dont l'activité détermine la durée du voyage que nos corps peuvent accomplir à travers le temps.

La longévité « naturelle » maximale de souris normales est d'environ deux ans. Les souris auxquelles il manque le gène *klotho* commencent à vieillir dès l'enfance, trois à quatre semaines après leur naissance (l'équivalent, dans l'espèce humaine, de l'âge de six à sept ans). Elles meurent « de vieillesse » vers l'âge de deux mois et aucune ne survit plus de trois mois. Leur longévité est de six à huit fois plus brève que la longévité « naturelle ». L'incapacité de fabriquer la protéine Klotho n'altère pas de manière détectable le développement de l'embryon ni du petit enfant ; mais elle fait basculer brutalement un enfant apparemment normal dans la vieillesse. En d'autres termes, un des effets majeurs de la protéine Klotho, quand elle peut être produite par les cellules, est de tisser le fil de la vie, d'empêcher un enfant de se transformer prématurément en un vieillard.

Les signes de vieillissement qui s'accumulent dans ces souris sont multiples. Leurs artères deviennent rigides, calcifiées, leur peau perd son élasticité, leurs poils tombent, leurs os deviennent fragiles. Les souris ont une activité ralentie et présentent des troubles de la marche qui ressemblent à ceux qu'entraîne chez l'homme la maladie de Parkinson. Leur système immunitaire s'altère et s'appauvrit. Mais une des conséquences les plus extrêmes de ce vieillissement prématuré est une atrophie des organes sexuels et une incapacité des cellules germinales (les spermatozoïdes ou les ovules) à se différencier correctement. Ces souris deviennent stériles avant même d'atteindre l'âge de la puberté. L'enfant est précipité dans la vieillesse avant même qu'il ait pu devenir capable de donner naissance à des descendants. L'incapacité de fabriquer Klotho empêche la propagation de l'espèce.

Ainsi, le vieillissement est une potentialité déjà prête à se réaliser dans la petite enfance. Et il existe des protecteurs, tel Klotho, dont la présence permet d'empêcher le déclenchement du vieillissement des corps, de leur stérilité et de leur « mort avant l'heure ».

Mais l'histoire de cette découverte ne s'arrête pas là : à l'inattendu s'ajoute l'étrange. Les modalités du vieillissement naturel varient d'une espèce à l'autre. Le vieillissement « naturel » des souris normales ne s'accompagne pas des mêmes anomalies ni des mêmes maladies que le vieillissement « naturel » humain. Et les symptômes que déclenche l'absence de Klotho chez la souris ne sont pas les symptômes du vieillissement « normal » de la souris, mais ceux du vieillissement humain. La raison pour laquelle le vieillissement des souris est différent de celui des hommes ne tient pas, contrairement à ce que l'on pourrait penser, à une différence radicale entre les deux espèces, mais à la capacité des souris à produire une protéine – Klotho – qui réprime le déclenchement prématuré d'une forme de vieillissement qui nous est propre.

Chez la souris, l'absence de Klotho entraîne la plupart des symptômes caractéristiques du vieillissement « naturel » humain, à une exception près : une absence d'augmentation de la fréquence des cancers.

La maladie de Werner entraîne le développement de maladies cardio-vasculaires et de cancers, mais épargne le cerveau. L'absence de Klotho entraîne le développement de maladies cardio-vasculaires et de maladies neurodégénératives du cerveau, mais ne provoque pas de cancer. Ainsi, se dessine une image composite et complexe du vieillissement : les maladies neurodégénératives et les cancers qui accompagnent le plus souvent le déclin « naturel » de nos corps ne procèdent pas obligatoirement des mêmes phénomènes que ceux qui conduisent aux autres manifestations du vieillissement.

Quelle est la nature de l'effet qu'exerce la protéine Klotho ? Dans une souris normale, Klotho ne semble fabriquée que par quelques familles cellulaires localisées dans un nombre limité d'organes, dont le cerveau et le rein. Ainsi, Klotho paraît agir à distance, empêchant le déclenchement prématuré du vieillissement dans d'autres tissus et organes. Klotho ressemble à une enzyme qui favorise le déclenchement du suicide cellulaire. La protéine Klotho paraît participer aux dialogues entre les cellules, influençant indirectement le destin (la vie et la mort ?) de l'ensemble de la société cellulaire qui compose le corps.

Nous possédons nous aussi, dans la bibliothèque de nos gènes, un gène qui semble être un parent proche de *klotho*. La protéine Klotho a-t-elle aussi pour effet dans nos corps de repousser le déclenchement du vieillissement et de la stérilité ? Nous n'en savons encore rien.

Mais l'activité – et les conséquences de l'activité – d'une protéine dépendent de l'environnement – de la cellule et de la société cellulaire – dans lequel elle se trouve. Et, pour cette raison, il est possible que la protéine Klotho dans nos corps n'exerce pas du tout les mêmes effets que dans un corps de souris.

Les frontières de la longévité

Ces découvertes suggèrent que dans la manière dont nos corps s'auto-organisent, s'inscrivent en creux les modalités de leur effondrement à venir. Et le vieillissement nous apparaît comme un mystère, à la mesure du mystère du développement de l'embryon et de la construction du corps de l'enfant et de l'adulte. Nos corps affrontent l'usure, dans un combat perdu d'avance. Mais les modalités de la défaite – le moment et la manière ultime dont chacun d'entre nous, s'il a survécu aux accidents qui le menacent, se déconstruira – semblent ouvertes.

Si l'absence de certaines protéines a pour effet de précipiter prématurément les corps vers leur déclin, c'est que leur présence a pour effet de prolonger l'existence. Mais quels sont les adversaires que combattent ces protecteurs ? S'agit-il simplement de l'usure ou d'exécuteurs dont l'effet est d'accélérer notre déclin ? L'espérance de vie maximale « naturelle » des individus d'une espèce représente-t-elle « le meilleur des mondes possibles » ? Ou bien cette frontière ultime, apparemment infranchissable, pourrait-elle être dépassée ?

Formulée autrement, la question consiste à se demander si la présence de protecteurs plus efficaces ou l'absence des exécuteurs qu'ils combattent pourrait permettre à des corps de franchir les frontières « naturelles » de la longévité.

Cette question a été abordée récemment dans des espèces très éloignées de la nôtre. Ce sont deux espèces dont nous sommes maintenant devenus familiers, la drosophile et le petit ver *Caenorhabditis elegans*. Leur durée de vie est de l'ordre de deux mois pour la drosophile et de deux semaines pour le petit ver. Bien sûr, cette espérance de vie n'a aucune commune mesure avec la nôtre. Mais les résultats obtenus dans ces deux espèces sont fascinants.

21

De la potentialité de vieillir
« après l'heure »
Un voyage au-delà des frontières
de la longévité « naturelle » maximale

> « Qui peut vraiment savoir où commence la
> fin ? »
>
> Ben Okri, *Infinite Riches*.

Vie et mort de la drosophile

Des protéines qui empêchent l'oxygène de tuer

La catalase et la superoxyde-dismutase sont des enzymes qui participent à la détoxification de certains composés hautement réactifs de l'oxygène qui sont produits en permanence, dans les mitochondries, lors des phénomènes de respiration cellulaire. Ces dérivés toxiques de l'oxygène peuvent interagir chimiquement avec des protéines et des gènes, les modifiant et entraînant de nombreuses altérations. Les drosophiles possèdent dans leurs chromosomes deux exemplaires de chacun des gènes qui permettent à leurs cellules de fabriquer ces enzymes. Des chercheurs ont introduit dans des cellules-œufs de drosophiles un exemplaire supplémentaire de l'un ou l'autre de ces gènes. L'insertion d'une copie supplémentaire d'un gène a au moins deux effets possibles : elle donne aux cellules la potentialité de fabriquer une plus grande quantité de la protéine correspondante ; et/ou elle permet aux cellules, en cas d'inactivation accidentelle de l'une des copies, de suppléer à son absence en continuant à fabriquer une quantité normale de cette protéine. L'insertion d'une copie supplémentaire d'un gène est, bien sûr, une expérience artificielle. Mais le

dédoublement aléatoire de nombreux gènes est un phénomène naturel qui s'est, nous l'avons vu, produit à de très
nombreuses reprises au cours de l'évolution du vivant.

L'insertion d'une copie supplémentaire du gène correspondant à l'une ou l'autre des deux enzymes n'a aucun
effet sur la longévité des adultes. Mais l'insertion d'une
copie supplémentaire de chacun des deux gènes a un effet
considérable : les drosophiles adultes ont une durée d'existence supérieure d'un tiers à la longévité « naturelle » maximale des drosophiles normales.

Ces résultats ont renforcé l'idée qu'il existe une relation
entre les phénomènes de respiration des cellules et le vieillissement des corps ; et que le vieillissement pourrait être
lié aux altérations qui résultent peu à peu de la combustion
d'un des carburants utilisés pour produire l'énergie indispensable à la vie.

Mais ces résultats ont aussi révélé qu'il suffirait qu'une
drosophile produise une quantité un peu plus importante de
deux de ses protéines pour devenir capable de franchir les
frontières « naturelles » qui bornent la durée de son existence.

Mathusalem, la construction de l'embryon et la longévité

À la fin de l'année 1998, des chercheurs américains rapportèrent que l'ablation artificielle dans des cellules-œufs
de drosophile d'une seule copie d'un gène avait pour conséquence, chez ces drosophiles mutantes devenues adultes,
d'augmenter de plus d'un tiers la longévité naturelle maximale. Ils donnèrent à ces mutants le nom du patriarche
biblique *methuselah* (en français Mathusalem).

La protéine Methuselah semble être un membre d'une
vaste famille de récepteurs qui participent à la transmission,
à l'intérieur des cellules, de certains des signaux qui parcourent le corps. Ainsi, chez la drosophile normale, la présence des deux copies du gène *methuselah* a pour effet de
raccourcir prématurément la vie. Et lorsque l'une des deux
copies du gène est absente, la drosophile survit plus longtemps. Mais l'histoire ne s'arrête pas là. Lorsque les deux

copies du gène *methuselah*, normalement présentes dans la bibliothèque des gènes de la drosophile, sont artificiellement détruites dans des cellules-œufs, empêchant toute production de la protéine, les embryons meurent avant de naître. En d'autres termes, l'absence de la protéine empêche la propagation de l'espèce. Mais la fabrication d'une quantité normale de la protéine raccourcit l'espérance de vie de l'adulte.

Une protéine dont la production minimale est indispensable à la construction du corps de l'embryon a aussi pour effet d'abréger le voyage des adultes à travers le temps lorsqu'elle est produite – au-delà de ce seuil minimal – en quantité « normale » – c'est-à-dire excessive.

Une production minimale de la protéine Methuselah favoriserait la longévité des individus, mais risquerait de compromettre leur fécondité ; une production excessive favorise leur vieillissement prématuré mais procure une marge de sécurité à la propagation de l'espèce. Et apparaissent ainsi les contours d'un antagonisme, d'un conflit – et d'un compromis – entre la longévité maximale des individus et leur capacité à donner naissance à des descendants.

Mais ces résultats révèlent aussi que l'heure ultime du vieillissement et de la mort d'une drosophile dépend d'une simple variation dans la quantité d'une des innombrables protéines produites par les cellules qui composent son corps.

En d'autres termes, la frontière apparemment infranchissable que semble délimiter sa longévité « naturelle » maximale tient, chez la drosophile, à « presque rien ».

Vie et mort de *Caenorhabditis elegans*

Des mutants qui vivent plus longtemps

La longévité « naturelle » maximale de *Caenorhabditis elegans* est de deux semaines. À quoi tient cette frontière ?

Six gènes ont été identifiés à ce jour chez *Caenorhabditis elegans*, dont l'altération individuelle allonge la longévité maximale des corps jusqu'à la doubler.

Les vers mutants dont la longévité est accrue restent jeunes et capables de se reproduire pendant la quasi-totalité du cours de leur existence. Ils ne résistent pas seulement mieux au passage du temps, ils résistent aussi mieux aux agressions de l'environnement, à des changements brutaux de température, à des composés dangereux de l'oxygène et aux rayons ultraviolets. Ces vers mutants sont comme des navires capables à la fois d'accomplir de plus longues traversées et de mieux résister aux tempêtes. Les mutations génétiques qui ont pour effet d'augmenter la longévité des corps qu'ils construisent ont aussi pour effet d'augmenter leur robustesse.

Mais quelle est la nature des protéines qui, chez *Caenorhabditis elegans*, participent à la construction de la robustesse et de la longévité ?

Parmi les six gènes identifiés à ce jour – et les six protéines qu'ils permettent aux cellules de fabriquer – certains participent au contrôle des modalités de développement de l'embryon.

*L'interruption du développement embryonnaire
ou le temps suspendu*

Le développement de *Caenorhabditis elegans*, à partir d'une cellule-œuf, ne dure que trois jours, l'embryon passant rapidement par quatre stades larvaires successifs. Mais au moment où se déroule le deuxième stade larvaire, deux possibilités vont s'ouvrir. Ou bien l'environnement est favorable et les transformations successives de la larve en adulte s'effectueront immédiatement. Ou bien les conditions sont défavorables – l'environnement est pauvre en nourriture – et la larve s'engage dans une forme de développement alternatif. Elle se métamorphose en une nouvelle forme, résistante, capable de survivre plusieurs mois sans se nourrir.

Ces larves ont reçu le nom de *dauer*, qui signifie en allemand « capables de durer ». *Caenorhabditis elegans* peut survivre dans cette incarnation plusieurs mois. Réduisant l'intensité de la flamme de la bougie de la vie, les larves *dauer* suspendent à la fois leur activité (la production de lumière) et leur vieillissement (la fusion de la cire). Les larves *dauer* sont résistantes aux agressions de l'environnement, aux changements de température, aux rayons ultraviolets. Si – et lorsque – les conditions redeviennent favorables, la larve se transforme alors en adulte capable de se reproduire et vit alors la durée « normale » de l'existence d'un adulte, de l'ordre de deux semaines.

Les larves *dauer* ressemblent par beaucoup d'aspects aux spores des organismes unicellulaires, qui suspendent le temps, attendant l'arrivée de jours meilleurs, ou au long sommeil des animaux capables d'entrer périodiquement en hibernation. De manière troublante, les phénomènes qui contrôlent le déclenchement de la différenciation de *Caenorhabditis elegans* en larve *dauer* ressemblent aux phénomènes qui contrôlent, dans une colonie d'organismes unicellulaires, le déclenchement de la différenciation des cellules en spores. Dans les deux cas, le contrôle de la différenciation n'est pas individuel, mais social, fondé sur un dialogue, sur l'émission et la réception de signaux – de phéromones – par les individus qui perçoivent une modification dans leur environnement.

En d'autres termes, l'appréciation du caractère favorable ou défavorable d'un environnement dépend à la fois de la quantité de nourriture disponible et du nombre d'individus qui vont s'en partager les ressources. La décision est collective et dépend d'un *quorum*. Lorsque ce *quorum* est atteint, l'accumulation des phéromones déclenche la transformation des larves en *dauer*. Plus tard, quand – et si – la densité des vers diminue, entraînant une diminution des phéromones, ou que la quantité de nourriture augmente, les larves *dauer* répondront en s'engageant sur le chemin de la transformation en adulte.

La transformation en larve *dauer* résulte d'une interruption, en réponse aux phéromones, de la production de deux protéines – Age-1 et Daf-2. Ce sont des protéines qui participent au métabolisme, c'est-à-dire à la manière dont l'organisme produit, utilise et stocke son énergie. Daf-2 ressemble aux récepteurs qui permettent aux cellules humaines de capter l'insuline. Age-1 ressemble à une enzyme humaine qui permet aux cellules de répondre lorsque le récepteur a fixé l'insuline. L'insuline est une hormone qui joue un rôle essentiel dans l'utilisation et le stockage des sucres à l'intérieur des cellules. Son absence (ou sa diminution) cause chez l'homme le diabète. Chez *Caenorhabditis elegans*, l'une des hormones parentes de l'insuline est la ceinsuline-1.

Ainsi, c'est l'interrruption de la fabrication de deux protéines jouant un rôle essentiel dans la régulation du métabolisme énergétique par la ceinsuline-1, qui permet à l'embryon de *Caenorhabditis elegans* d'interrompre le cours normal de son développement, de suspendre la plupart de ses activités et de vivre, au ralenti, de ses réserves pendant plusieurs mois.

Des adultes qui durent

Certains embryons mutants de *Caenorhabditis elegans* présentent des altérations dans les gènes *age-1* ou *daf-2* qui entraînent une incapacité des larves à fabriquer les protéines correspondantes. Dans ces mutants, la transformation en larves *dauer* se produit automatiquement en l'absence de toute phéromone, en l'absence de tout *quorum*.

Il existe des mutants de *Caenorhabditis elegans* dans lesquels les altérations du gène *age-1* ou *daf-2* n'aboutissent pas à une incapacité totale des cellules à fabriquer la protéine correspondante, mais simplement à une diminution de la quantité de protéine que les cellules peuvent produire. En l'absence de phéromones, ces mutants, comme les vers normaux, se transforment immédiatement en adultes sans passer par un stade de larve *dauer*. Ils mènent, tout au long de leur existence, à peu près les mêmes activités que les adultes « normaux », se nourrissant, se déplaçant et se reproduisant, mais leur longévité est doublée. Ainsi, alors qu'une absence totale de production d'Age-1 ou de Daf-2 empêche la transformation d'un embryon en adulte, une production inférieure à la normale a pour effet de ralentir le déclenchement du vieillissement et de la mort, dans le cadre d'une vie adulte apparemment « normale ». Ainsi, comme pour la protéine Methuselah chez la drosophile, une diminution chez *Caenorhabditis elegans* de la production de deux protéines qui jouent un rôle essentiel dans le développement embryonnaire, a pour effet de prolonger au-delà des frontières « naturelles » la longévité des adultes. Dans ces mutants, la flamme de la vie semble brûler normalement et pourtant la bougie se consume moins.

Quel peut être le lien entre les modifications du métabolisme du sucre que causent les protéines Age-1 et Daf-2, et le raccourcissement de la longévité qu'elles provoquent ? Il est possible que les modalités de consommation des sucres – la manière dont un corps adulte utilise les ressources énergétiques qu'il tire de son environnement – exercent une influence directe sur la durée de son voyage à travers le temps. Mais il est possible que la relation de cause à effet soit plus complexe. En 1999, des chercheurs américains révélèrent que les protéines Age-1 et Daf-2 entraînent une diminution de la production de la catalase, une des enzymes qui permet – nous l'avons vu – la détoxification des dérivés réactifs de l'oxygène produits par la respiration cellulaire. Les vers mutants adultes qui fabriquent une quantité plus faible de protéines Age-1 et Daf-2 – et vivent plus longtemps – produisent aussi une quantité plus importante de catalase. Ainsi se dessinent les contours d'une relation encore mystérieuse entre les modalités de consommation, par les cellules, de leurs ressources énergétiques, les modalités de leur respiration et la longévité des corps qu'elles composent.

Vie et mort de la souris

Le suicide cellulaire et la longévité du corps

À la fin de l'année 1999, des chercheurs italiens et américains rapportèrent que l'ablation d'un gène — p66[shc] — avait pour conséquence de réprimer le déclenchement du suicide cellulaire en réponse aux rayons ultraviolets et aux composés toxiques de l'oxygène. L'altération du gène dans des cellules-œuf de souris entraînait la naissance d'animaux qui ne présentaient pas d'anomalie majeure, et résistaient à l'administration de doses mortelles de composés toxiques de l'oxygène. La protéine p66^{shc} semble donc participer, à l'intérieur des cellules, à la propagation des signaux qui provoquent le suicide cellulaire en réponse à certaines agressions de l'environnement. Mais les chercheurs eurent une surprise d'une autre nature. Les souris qui ne possédaient pas le gène p66^{shc}, une fois devenues adultes, avaient une longévité supérieure d'un tiers à la longévité naturelle maximale : elles vivaient plus longtemps, sans vieillir et sans développer de maladie. Ainsi, pour la première fois se révélait l'existence d'une relation possible entre les mécanismes qui contrôlent la vie et la mort au niveau des cellules, et les mécanismes qui contrôlent la longévité au niveau des corps qu'elles composent. En 2002, une autre découverte apportait, comme une image en miroir, une confirmation préliminaire de cette notion. La protéine p53 – le gardien du génome – déclenche dans une cellule, en réponse à des altérations génétiques, soit l'arrêt du dédoublement cellulaire, soit le suicide. L'altération, dans des cellules-œuf de souris, du gène *p53*, conduisant à une augmentation anormale de l'activité de la protéine p53, entraînait la naissance d'animaux qui vieillissaient prématurément et avaient une longévité « naturelle » maximale inférieure de 20 % à celle des souris normales. Ainsi, il semble bien exister un lien entre le seuil de déclenchement du suicide des cellules en réponse à certaines agressions de l'environnement et la longévité « naturelle » maximale des corps des individus que ces cellules composent.

Entre Charybde et Scylla ?

Les souris dont la protéine p53 est anormalement active développent moins de cancers que les souris normales. Ainsi, une activité anormalement élevée du gardien du génome aurait l'avantage de protéger très efficacement contre les cancers, mais l'inconvénient d'accélérer la survenue du vieillissement. Inversement, il est possible qu'une activité anorma-

lement basse de p53 ait pour effet de retarder le vieillissement, mais ce bénéfice resterait virtuel en raison du développement rapide de cancers, abrégeant prématurément la vie.

Ainsi, le niveau d'activité « normal » de p53, tel qu'il a
été sélectionné chez nos ancêtres, au cours de l'évolution,
représenterait une forme de compromis entre ces deux
extrêmes. Et tel Ulysse, essayant d'échapper à la fois à
Charybde et à Scylla, chaque individu naviguerait du mieux
possible entre deux monstres – le cancer et le vieillissement
prématuré. Une implication inquiétante est que toute manipulation expérimentale visant à retarder le vieillissement
pourrait avoir pour conséquence inéluctable de favoriser le
développement de cancers. Mais cette notion reflète-
t-elle fidèlement la réalité ? Sommes-nous obligatoirement
condamnés à naviguer entre Charybde et Scylla ?

Une nouvelle perspective

Il est vraisemblable que l'exemple de p53 ne révèle pas
une règle, mais constitue plutôt une exception, en raison du
rôle central que joue le gardien du génome dans la prévention des cancers. Et c'est bien ce que suggèrent les résultats
obtenus avec les souris qui ne possèdent pas le gène *p66^{shc}*.
En effet, comme les souris dépourvues du gène *p53*, les souris dépourvues du gène *p66^{shc}* survivent à l'administration de
doses mortelles de composés toxiques de l'oxygène. Mais,
contrairement aux souris dépourvues de *p53*, les souris
dépourvues de *p66^{shc}* ont une espérance de vie maximale
supérieure d'un tiers à celle des souris normales. Et elles ne
développent pas de cancers, probablement parce que p66^{shc}
opère en aval ou en parallèle de p53 ; et qu'ainsi, en
l'absence de p66^{shc}, p53 peut toujours intervenir lorsque surviennent des altérations génétiques qui risquent d'entraîner
le développement de cancers.

Dans leur ensemble, ces résultats sont en train de remettre
en question plusieurs notions longtemps prédominantes en
matière de vieillissement. Premièrement, certains des mécanismes qui participent au contrôle de notre vieillissement et
de notre longévité pourraient être les mêmes que ceux qui

contrôlent la vie et la mort de nos cellules. Deuxièmement, ce ne sont peut-être pas tant le stress, les agressions de l'environnement (et en particulier les dérivés toxiques de l'oxygène) qui seraient la cause directe du vieillissement, mais plutôt la manière dont nos cellules répondent à ces agressions (en particulier dans tous les cas où ces agressions n'entraînent pas d'altérations génétiques qui risquent de conduire au cancer). Si le suicide cellulaire est un mécanisme extrêmement efficace de prévention des cancers, c'est sa mise en jeu « normale » mais « excessive » qui accélérerait « inutilement » la survenue de notre vieillissement. Et une atténuation sélective de certaines des réponses « normales » mais « excessives » de nos cellules aux agressions pourrait peut-être retarder le vieillissement sans pour autant augmenter le risque de survenue de cancers.

Des exécuteurs qui raccourcissent la vie et des protecteurs qui la prolongent

Nous venons de voir se révéler dans quatre espèces vivantes très différentes – le ver, la mouche, la souris et l'homme –, dont l'espérance de vie « naturelle » maximale s'étend de deux semaines à plus d'un siècle, l'extraordinaire degré de plasticité de la longévité des corps. Dans chacune de ces espèces, la présence de certaines protéines a pour effet d'accélérer le vieillissement et la mort ; la présence d'autres, au contraire, a pour effet de les retarder. Certaines protéines semblent agir comme des exécuteurs, d'autres comme des protecteurs, et les limites de notre jeunesse, de notre fécondité et de notre existence apparaissent comme des points d'équilibre, flous, incertains, déterminés par des compromis contingents entre des combats mystérieux.

Les neuf protéines que nous avons explorées ont-elles un autre point commun que leur effet sur la longévité ? L'ADN hélicase jouerait un rôle dans le maintien de l'intégrité de la bibliothèque des gènes ; Klotho dans certains dialogues cellulaires ; la catalase et la superoxyde-dismutase dans l'inactivation de certains dérivés toxiques de l'oxygène ; Methuselah dans la réception et la transmission de certains signaux ; Age-1 et Daf-2 dans le contrôle de la consommation des sucres ; p66^{shc} et p53, dans le déclenchement du suicide cellulaire en réponse à certaines agressions de l'environnement. S'agit-il de protéines aux activités disparates, comme une suite d'objets sans lien dans un poème de Jacques Prévert ? Ou partagent-elles une propriété commune, discrète, comme ces listes de noms que récitent les enfants, « bijou, caillou, chou, genou… » ?

Il est possible, nous l'avons vu, que certaines influent, à des niveaux différents, sur des mécanismes communs. Ainsi, la catalase et la superoxyde dismutase protègent les cellules en inactivant certains dérivés toxiques de l'oxygène ; une diminution de production d'Age-1 et de Daf-2 pourrait avoir le même effet, en provoquant une augmentation de la production de catalase ; et l'absence de p66^{shc}, quant à elle, si elle n'inactive pas les dérivés toxiques de l'oxygène, permet aux cellules d'y résister en réprimant leur suicide, sans augmenter le risque de développer un cancer.

Les protéines Methuselah chez la mouche du vinaigre, et Age-1 et Daf-2 chez le petit ver transparent, ont un autre point commun important : elles sont toutes trois essentielles à la construction d'un embryon et à sa transformation en adulte. En leur absence il n'y aura pas d'adulte, et donc pas de descendants. Elles sont essentielles à la propagation de l'espèce. Mais il semble que la quantité – excessive – de ces protéines que produisent normalement les corps adultes les précipite prématurément dans le vieillissement et la mort. Il suffirait, simplement, que la protéine soit produite en quantité moindre pour que l'embryon se développe et se transforme en un adulte, fécond, capable de rester jeune et de survivre plus longtemps.

Il y a à ces découvertes au moins deux implications majeures. La première est que certaines de ces protéines – dont l'excès accélère le vieillissement et la mort – sont, avant tout, des bâtisseurs. Et, au-delà d'un certain seuil quantitatif, un bâtisseur peut se transformer en exécuteur. Ainsi se révèle la potentialité d'exécuteur au cœur des bâtisseurs. Ainsi se révèle qu'essayer d'attribuer à une

protéine une propriété intrinsèque d'exécuteur ou de protecteur, d'acteur de la longévité ou du vieillissement,
procède vraisemblablement d'une démarche illusoire. La
potentialité de chacune de ces protéines dépend entièrement de la nature de la collectivité dans laquelle elle
apparaît. Que d'autres composantes des cellules et des
corps se modifient, et telle protéine, de protecteur, pourrait alors se transformer en exécuteur, ou d'exécuteur en
protecteur.

La deuxième implication est que, entre la propagation de
l'espèce et la robustesse et la longévité de chacun des individus qui la composent, il semble exister une forme de
conflit. Et ce conflit, de manière plus surprenante encore,
semble se dérouler à l'intérieur même du corps de l'adulte.
Des travaux rapportés en 1999 suggèrent que, chez *Caenorhabditis elegans*, les cellules germinales émettent des
signaux qui miment l'activité de la protéine Daf-2, accélérant le vieillissement du corps qu'elles habitent. Inversement, certaines cellules somatiques qui composent les organes sexuels – et entourent les cellules germinales – agissent
comme des protecteurs, émettant des signaux qui diminuent
la production (ou l'activité) de la protéine Daf-2, contreba-
lançant en partie l'effet des cellules germinales. Ainsi, la
longévité d'un individu dépend pour partie de l'issue d'un
combat que se livrent en lui ses cellules germinales et ses
cellules somatiques – un combat entre le futur et le présent.
Ainsi, les cellules qui construiront, un jour peut-être, un
corps nouveau, participent à la déconstruction du corps qui
les a fait naître.

En ce qui concerne p66[shc], on ne sait pas encore – et il
s'agit là d'une question importante – si son absence, qui
augmente la longévité des souris, diminue – ou non – leur
fécondité.

Mais il nous faut maintenant découvrir une dimension
supplémentaire à l'extraordinaire plasticité de la longévité
naturelle maximale. Nous avons jusqu'ici considéré les
corps comme des entités autonomes, isolées. Pourtant un
corps ne vit pas en champ clos, suspendu dans le vide, hors
du monde. La longévité d'un corps est une notion indisso-

ciable des interactions entre le corps et l'environnement extérieur dans lequel il est plongé en permanence, du début à la fin de son existence. C'est dans un tel contexte, ouvert et mouvant, qu'est sculptée la longévité. Et c'est cette dimension qu'il nous faut maintenant aborder.

22

La longévité et l'environnement

De la nature « optimale » d'un environnement

Les mutations génétiques que nous venons d'explorer n'ont pu révéler leurs effets sur le vieillissement et la longévité que parce que les individus étaient plongés dans un environnement apparemment « optimal ».

Qu'est-ce qu'un environnement considéré comme optimal ? C'est un environnement dans lequel la nourriture est abondante, la température favorable, et les prédateurs absents ou rares, un environnement que les biologistes aménagent pour qu'il soit plus favorable encore que l'environnement naturel. C'est dans ces petits « jardins d'Éden » artificiels les résultats des expériences de modifications génétiques deviennent lisibles et que les frontières ultimes de la longévité « naturelle » maximale se révèlent.

À première vue, la notion d'environnement « optimal » semble simple à définir. Mais elle est en fait beaucoup plus complexe qu'il n'y paraît.

Environnement « optimal » et longévité maximale

> « L'environnement d'un être vivant n'est pas [seulement] un ensemble de problèmes indépendants et préexistants auxquels les êtres vivants doivent trouver des solutions, parce que les êtres vivants ne font pas que résoudre les problèmes, ils commencent d'abord par les créer. [...] L'intérieur et l'extérieur s'interpénètrent, et un

être vivant est à la fois le produit et le lieu de
cette interaction. »

Richard Lewontin,
Genes, Environment, and Organisms.

La restriction calorique et la longévité

Longtemps avant que débutent les études de l'effet des
mutations génétiques sur le vieillissement et la longévité,
des expériences de modification de l'environnement ont été
réalisées chez des rats et des souris dès les années 1930.
Mais elles n'ont véritablement commencé à être prises en
compte qu'à partir des années 1970. Ces expériences
consistaient à séparer des animaux « normaux » génétiquement identiques – l'équivalent de jumeaux vrais – en deux
groupes et à les placer, dès la petite enfance, dans deux
environnements protégés, identiques à une exception près.
Dans l'un des deux groupes, les animaux avaient à leur
disposition la quantité de nourriture qu'ils consomment
normalement. Dans le deuxième groupe, la quantité de
nourriture disponible avait été réduite. Cette impossibilité
de se nourrir « normalement » – à volonté – aboutit à
retarder l'âge où apparaissent « normalement » les premiers signes du vieillissement et à augmenter l'espérance
de vie maximale « naturelle ». Ces rats et ces souris ont
une durée d'existence qui peut aller jusqu'au double de
celle de leurs « jumeaux vrais », génétiquement identiques,
qui se nourrissent « normalement ».

Un environnement naturel favorable n'est pas obligatoirement « optimal ». Il peut contenir la quantité minimale
de nourriture qui permettrait à une souris de vivre jusqu'à
quatre ans et une quantité additionnelle de nourriture qui
raccourcit dramatiquement ce voyage, déterminant une
longévité « naturelle » maximale d'environ deux ans.

Le déclenchement de la sensation de faim et de la sensation de satiété détermine la nature et la quantité des aliments que nous consommons. Et les phénomènes qui
contrôlent notre sensation de faim et de satiété participent
au contrôle de notre longévité.

Les animaux soumis à une restriction calorique ont une taille et un poids plus réduits, une température plus basse, libèrent moins de sucre et d'insuline dans leur sang et résistent moins bien au froid. Vivent-ils au ralenti ? Nous n'en savons rien. Mais on sait – et c'est là une donnée importante – que, durant la plus grande partie de leur voyage au-delà des frontières de la longévité « naturelle », ils demeurent en bonne santé. Ainsi, une prolongation de la durée de vie n'a pas pour conséquence inéluctable – comme on le craint habituellement – d'augmenter la fréquence de survenue de maladies, ni de provoquer une invalidité progressive.

La restriction calorique a pour effet de rallonger aussi la longévité « naturelle » maximale chez la drosophile et chez *Caenorhabditis elegans*. Et d'autres modifications de l'environnement extérieur ont le même effet. Une droso-phile plongée dès son plus jeune âge dans une température environnante inférieure de 10° à la température habituelle vivra deux fois plus longtemps. Il s'agit peut-être d'un effet sur les modalités de production et de dépense d'énergie, car une drosophile qu'on empêche dès sa naissance de voler vivra, elle aussi, deux fois plus longtemps.

Mais quand débute l'effet de l'environnement sur la longévité ? Est-ce au début de la vie adulte, ou bien au début de l'enfance – alors que commence à se construire le corps de l'adulte à venir, que se mettent en place les rythmes des horloges qui déterminent le temps qu'il lui reste à vivre, et que s'établissent les interactions entre le corps et l'environnement qui, beaucoup plus tard, détermi-neront le déclenchement du vieillissement et de la mort « naturelle » ?

Nos confrontations contingentes avec notre environne-ment ne commencent pas durant notre enfance. Elles com-mencent dès notre conception. Et nous pouvons remonter plus loin encore. Le corps cellulaire de l'ovule – de la cellule-œuf – qui nous a un jour donné naissance, a été, lui aussi, modelé par l'environnement – le corps de notre mère – auquel appartenait l'ovule. Et le corps de notre mère a lui-même été modelé par ses interactions contingentes avec son environnement extérieur... Ce jeu de miroirs donne le vertige. L'histoire – le passé – d'une mère se traduit-elle véritablement en termes d'espérance de vie de l'enfant auquel, un jour, elle donnera naissance ? On n'en sait encore rien.

Mais la preuve que l'environnement « vivant » dans lequel se développe un embryon peut exercer une influence sur la longévité maximale « naturelle » de l'individu a été apportée par l'étude de certains insectes.

Les insectes sociaux : l'environnement de l'embryon et la longévité de l'adulte

> « Le développement [de l'embryon] n'est pas simplement la réalisation d'un programme interne [...], la révélation d'une structure immanente [...]. L'extérieur compte. »
>
> Richard Lewontin,
> *Genes, Environment, and Organisms.*

Les abeilles, les fourmis et les termites constituent des sociétés complexes, hiérarchisées et spécialisées, dans lesquelles chaque individu exerce des activités particulières. Une abeille femelle a deux destins possibles : devenir une reine féconde ou une ouvrière, stérile, qui construit la ruche, récolte le pollen et nourrit la reine et ses larves. Une fourmi ou un termite femelle a trois destins possibles : reine, ouvrière ou soldat. Les reines passent la plus grande partie de leur existence, une fois fécondées, à pondre les centaines de milliers d'œufs qui donnent naissance à leur société. La longévité moyenne des ouvrières est de quelques mois ; celle des reines peut atteindre trente ans.

Les ouvrières et les soldats des insectes sociaux ont une vie brève, vieillissent prématurément et sont stériles tout au long de leur existence. Leur destin ressemble étrangement à celui des souris dépourvues du gène *klotho*. Mais, dans l'univers des insectes sociaux, ce n'est pas la nature de la bibliothèque des gènes qui détermine ces destins radicalement différents.

Deux cellules-œufs génétiquement identiques peuvent aussi bien donner naissance à une ouvrière qu'à une reine : c'est la nature de l'environnement dans lequel se trouvent placés les embryons – les larves – qui déterminera leur devenir. Ce sont des signaux – des phéromones – émis par la reine qui sculptent le destin des corps à venir. Dans certaines espèces, les phéromones de la reine impriment directement leur effet sur les larves. Dans d'autres espèces, leur effet est indirect. La nature des phéromones émises par la reine va déterminer la manière dont les ouvrières adultes nourrissent les larves. C'est la nature de l'alimentation qui transforme alors la larve en ouvrière ou en reine.

Ainsi, l'environnement « vivant » de la société dans laquelle se développe un embryon l'engage vers l'une ou l'autre de ses deux potentialités radicalement différentes : celle qui conduit à une stérilité et un vieillissement précoce ou celle qui conduit à la fécondité et la longévité. La longévité maximale « naturelle » d'une reine d'abeilles, de fourmis ou de termites représente l'espérance de vie « naturelle » maximale de l'espèce. Mais la longévité « naturelle » maximale d'une ouvrière ou d'un soldat paraît correspondre à une forme de déclenchement prématuré du vieillissement, imposé par son environnement vivant à un corps qui possède la même bibliothèque de gènes qu'une reine. Les ouvrières et les soldats des colonies d'insectes sociaux vieillissent et meurent « avant l'heure » des potentialités disponibles dans la bibliothèque de leurs gènes. Les modifications de l'environnement exercent une influence spectaculaire sur les modalités de construction des corps.

L'environnement ne change pas la nature des informations génétiques. Mais il modifie la nature des informations que les cellules de l'embryon en train de se construire vont pouvoir consulter et donc des protéines qu'elles vont pouvoir fabriquer. Et ces protéines vont à leur tour influer sur le comportement d'autres cellules, modifiant progressivement la configuration de la société cellulaire tout entière qui se transformera en un corps d'ouvrière ou de reine. Ces phénomènes de consultation différentielle de certains gènes, nous les avons déjà rencontrés à de nombreuses reprises. Ils sont au cœur des phénomènes de construction et de fonctionnement de tous les êtres vivants. Ce sont les phénomènes de différenciation cellulaire. Mais ils ne naissent pas uniquement du dialogue entre les cellules qui composent le corps en train de se construire. L'environnement extérieur dans lequel le corps de l'embryon est plongé imprime lui aussi sa marque sur les phénomènes de différenciation cellulaire.

L'extraordinaire plasticité des modalités de développement dans lesquelles peut s'engager l'embryon d'un insecte social, lui permet, à partir d'une même cellule-œuf, de construire un corps d'ouvrière, de soldat ou de reine. Mais il est une tout autre dimension de ce dialogue complexe avec l'environnement, qu'a révélée l'étude des insectes sociaux. Cette dimension a été sculptée de génération en génération, au long de centaines de milliers, de millions d'années.

Subir ou construire l'environnement : la sculpture de la longévité

Il est de nombreuses espèces d'insectes qui sont des parents très proches des abeilles, des fourmis et des termites, mais qui ne construisent pas de sociétés complexes et hiérarchisées. Ils vivent de manière solitaire.

À la fin de l'année 1997, deux chercheurs suisses publièrent les résultats d'une étude minutieuse et exhaustive, comparant la longévité « naturelle » moyenne des reines de soixante espèces d'insectes sociaux (des abeilles, des fourmis et des termites) à la longévité « naturelle » moyenne des insectes appartenant à plus de quatre-vingts espèces d'insectes apparentés, de même taille et de même poids, mais qui vivent de manière solitaire. Dans un environnement artificiel « optimal », la longévité naturelle moyenne des reines des insectes sociaux est de dix ans ; la longévité naturelle moyenne des insectes solitaires est d'environ un mois, c'est-à-dire cent fois plus brève.

Ainsi se révélait un lien surprenant entre la capacité des individus d'une espèce à construire des sociétés complexes, hiérarchisées, et la capacité de certains – au moins – des individus à voyager à travers le temps. Mais quelle peut être la nature de ce lien ?

Une des explications les plus intéressantes qui aient été proposées est la suivante. Les insectes solitaires et les insectes sociaux appartiennent à des espèces très proches et ont donc eu une longue lignée d'ancêtres communs. Nous ne connaissons rien de la longévité maximale qui pouvait être celle de ces ancêtres communs, ni du mode de vie – social ou solitaire – qui pouvait être le leur. Mais nous pouvons imaginer que leur bibliothèque des gènes contenait, comme celle de toutes les espèces vivantes, des informations permettant la fabrication de protéines dont un des effets possibles est de favoriser un vieillissement précoce et d'autres informations permettant la fabrication de protéines qui contrebalancent pour partie l'effet des premières.

La vie solitaire

> « [Ils] n'ont pas su du premier coup
> Conjuguer la vie et le temps
> Le temps leur paraissait long
> La vie leur paraissait courte. »
>
> Paul Eluard, *Du fond de l'abîme.*

Essayons d'imaginer le destin des premiers insectes qui se sont engagés par hasard sur le chemin de la vie solitaire. Ils ne peuvent s'abriter dans un nid, une fourmilière ou une termitière. Ils doivent dépenser toute leur énergie pour trouver eux-mêmes leur nourriture. Ils sont en permanence exposés aux attaques de leurs prédateurs. Ils meurent le plus souvent, de mort violente, avant l'heure de leur vieillissement et de leur mort « naturelle ». Parmi ces insectes, seuls ceux qui sont capables de se reproduire précocement pourront avoir de nombreux descendants. Ceux qui se reproduisent tardivement en auront peu ou n'en auront pas. Ils seront tués avant.

Les gènes dont la présence favorise une fécondité et une reproduction précoces vont être propagés de génération en génération. S'il est des informations génétiques qui permettent à ces insectes solitaires de fabriquer des protéines protectrices qui freinent le déclenchement de leur vieillissement après la période de la reproduction, de telles protéines ne peuvent manifester leur effet : les prédateurs font disparaître les corps avant même le début du vieillissement.

Parce que ces informations génétiques sont des fantômes sans incarnation, leur altération accidentelle n'a sans doute aucun effet néfaste sur la propagation de l'espèce. Peut-être même a-t-elle un effet bénéfique. Peut-être les protéines protectrices – qui freinent le vieillissement – sont-elles néfastes à la fécondité. Peut-être freinent-elles aussi l'activité d'autres protéines qui favorisent la construction de corps capables – un temps – d'échapper aux prédateurs, de trouver rapidement leur nourriture et de se reproduire.

À mesure que passent les générations, les descendants des insectes solitaires construisent des corps dont la longévité « naturelle » maximale est de l'ordre d'un mois. Le biologiste peut alors changer artificiellement l'environnement de l'insecte, apporter la nourriture, faire disparaître les prédateurs : les corps sont désormais devenus incapables de voyager plus longtemps à travers le temps. L'environnement, de génération en génération, a favorisé l'émergence de modalités de construction de corps incapables de freiner leur course vers le déclin – l'heure de leur mort « naturelle » – au bout d'un mois d'existence.

La construction d'une société

> « Je ne pus jamais apercevoir la reine [des fourmis] mais elle était là, quelque part, au milieu de cette boule bouillonnante […]. [Les soldats qui la protégeaient] étaient prêts à mourir pour la reine […] parce qu'ils avaient hérité leurs cerveaux et leurs mâchoires d'une longue lignée de reines ancestrales, dont la vie, et les gènes, avaient été sauvés par des soldats aussi courageux. Les soldats étaient en train de garder la dépositaire des instructions qui avaient

> fait d'eux des gardiens. Ils étaient en train de garder la sagesse de leurs ancêtres. »
>
> Richard Dawkins, *The Blind Watchmaker*.

Imaginons le destin des parents des insectes solitaires qui se sont engagés sur le chemin de la construction de sociétés complexes. Ils ont peu à peu modifié de manière radicale leur environnement. Dans les fourmilières, les termitières, les nids d'abeilles, la reine est nourrie par les ouvrières et protégée contre les prédateurs. Toute protéine capable de freiner le vieillissement « avant l'heure » – tout protecteur – peut désormais manifester ses effets. Et les reines qui possèdent et utilisent les informations génétiques qui permettent de fabriquer ces protecteurs vivent plus longtemps et ont plus de descendants, propageant de génération en génération à travers l'espèce la capacité conjointe de construire des sociétés et de repousser, dans les corps des reines, le déclenchement du vieillissement avant l'heure.

Les insectes sociaux sont capables de construire des corps dont la durée d'existence peut atteindre trente ans. Mais cette longévité extrême d'une des modalités de construction possible du corps d'un insecte social – le corps d'une reine – a un corollaire – un coût – surprenant. Elle ne semble pouvoir se manifester qu'à la condition que le corps de la reine soit capable de sculpter lui-même, dans l'immense majorité des cellules-œufs auxquelles elle donne naissance, des corps qui vieillissent et meurent « avant l'heure », les corps des ouvrières et des soldats. Le pouvoir de déclencher la mort « avant l'heure » de la plupart des individus qui composent la société paraît indissociable du pouvoir de certains individus d'augmenter la durée de leur voyage à travers le temps.

L'idée d'une relation étroite entre la nature des sociétés que construisent les insectes et la capacité des reines à perdurer – leur espérance de vie « naturelle » maximale – a été renforcée par l'étude comparative récente de la longévité des reines dans différentes sous-espèces de fourmis, qui diffèrent par leur organisation sociale. Certaines sous-espèces de fourmis construisent des fourmilières dans les quelles vivent plusieurs reines. Ces reines quittent fréquemment la fourmilière pour en rejoindre – ou en bâtir – d'autres, augmentant pendant leur voyage leur exposition aux prédateurs et donc leur risque de mort violente prématurée. Dans ces sous-espèces de fourmis, la longévité « naturelle » moyenne des reines, lorsqu'on les place dans un environnement artificiel optimal, est de l'ordre de seulement un an, c'est-à-dire dix fois moindre que la longévité « naturelle » moyenne des reines dans les sous-espèces qui construisent une fourmilière où vit une seule reine.

Ainsi se révèle une nouvelle dimension, ouverte, dynamique – et d'une extraordinaire plasticité –, des frontières « naturelles » du vieillissement et de la longévité maximale au cours de la longue évolution du vivant. L'espérance de vie de nos corps a été sculptée, de génération en génération, depuis l'apparition des premiers corps multicellulaires il y a huit cents millions à un milliard d'années, par la confrontation contingente et toujours recommencée de nos ancêtres avec leur environnement et par la manière dont ils ont pu eux-mêmes, par hasard, le modifier.

L'environnement et l'évolution du vivant : voyage au cœur de la complexité

Des « gradualistes » et des « ponctualistes »

Il y a un degré supplémentaire de complexité à l'influence que peuvent exercer les modifications de l'environnement sur les modalités de construction des corps et sur l'apparition de la nouveauté. Pour pouvoir l'appréhender, nous allons nous poser une question. Ce long voyage à travers le temps qui a conduit les descendants d'une famille ancestrale d'insectes à se séparer en deux familles nouvelles, s'engageant sur le chemin d'un mode de vie solitaire et du vieillissement prématuré ou sur le chemin d'un mode de vie social et de la longévité, comment s'est-il déroulé ? La séparation, la naissance de ces familles radicalement différentes, a-t-elle été lente et progressive ou rapide et brutale ?

Il s'agit là d'un aspect particulier d'une question très générale qui fait depuis plus de soixante ans l'objet d'un débat parfois acharné entre les chercheurs qui s'intéressent à l'évolution, et qui a donné naissance à deux théories, deux écoles de pensée. La première, apparemment la plus fidèle à la théorie de l'évolution initialement proposée par Darwin, et représentée par des biologistes tels que Ernst Mayr et Richard Dawkins, soutient que la nouveauté ne peut émerger que petit à petit de l'accumulation aléatoire de modifications génétiques minimes dont l'environnement favorise ou défavorise la propagation. C'est la théorie du « gradualisme », de l'évolution à petits pas.

La théorie des « monstres prometteurs », proposée durant les années 1930 par Richard Goldschmidt, puis la théorie des « équilibres ponctués », proposée au début des années 1970 par Stephen Jay Gould et Niles Eldredge, postulent au contraire que l'évolution procède par « bonds en avant », que la survenue de changements brusques de l'environnement favorise parfois par hasard la pérennité et la propagation d'individus minoritaires dans lesquels ont surgi des modifications génétiques importantes entraînant des modifications profondes des modalités de construction de leur corps. L'explosion apparemment brutale des multiples plans de construction de corps nouveaux et d'espèces nouvelles, que suggère l'étude des fossiles de la période du cambrien – il y a environ cinq cents millions d'années –, est un des éléments qui étayent cette théorie. Mais il s'agit de fossiles, et l'argument majeur des « gradualistes » est que l'on n'observe pas dans les espèces vivantes contemporaines de tels sauts brusques dans la nouveauté.

Ces deux écoles de pensée qui s'opposent partagent néanmoins une idée commune : l'émergence d'individus et d'espèces dotés de propriétés nouvelles est considérée comme une traduction immédiate, comme une conséquence directe, en temps réel, de la survenue de modifications aléatoires dans leurs gènes. La contribution essentielle – l'effet majeur – attribuée par ces deux écoles à l'environnement est la pression qu'il exerce sur la capacité de ces individus nouveaux à se pérenniser et à se reproduire, favorisant ou défavorisant leur propagation et réalisant ainsi de manière instantanée une confrontation entre les nouvelles potentialités conférées par les modifications génétiques et le milieu extérieur. En d'autres termes, le débat essentiel entre ces deux théories ne concerne pas la manière dont l'environnement sculpte la nouveauté, mais la nature des modifications sur lesquelles il exerce ses effets : accumulation progressive de mutations génétiques minimes, dont aucune à elle seule ne peut avoir de conséquences majeures ; ou survenue soudaine de modifications génétiques dont les conséquences immédiates peuvent être majeures.

Nous avons déjà vu que l'environnement extérieur est plus qu'un simple filtre – un simple goulet d'étranglement – à travers lequel sont sélectionnés ou éliminés les individus et les espèces. L'environnement extérieur peut exercer une influence directe sur la manière même dont les cellules et les corps utilisent leurs potentialités génétiques et donc sur les modalités de construction des embryons. À la fin de l'année 1998, deux biologistes de l'université de Chicago, Suzanne Rutherford et Susan Lindquist, révélaient que les modifications de l'environnement pouvaient avoir d'autres conséquences qui étaient jusque-là demeurées insoupçonnées.

De la répression permanente des potentialités
comme une source de nouveauté

Pour comprendre, il nous faut revenir un instant aux relations qu'entretiennent les cellules avec les informations génétiques qu'elles possèdent. Nous avons déjà vu que l'un des dogmes de la biologie moléculaire – « à un gène correspond la fabrication d'une protéine » – donne une vision sommaire de la réalité. Nous savons que pour pouvoir consulter et utiliser les informations génétiques contenues dans un gène x et produire la protéine X correspondante, une cellule doit avoir au préalable produit d'autres protéines à partir d'autres informations contenues dans d'autres gènes… Et une fois la protéine X fabriquée – si elle est fabriquée –, son devenir, son activité et son effet dépendront de la présence – et des activités – de la collectivité des protéines déjà présentes dans la cellule – et dans les autres cellules du corps – avec lesquelles elle va pouvoir interagir. Mais il ne s'agit là que d'une partie seulement de la complexité.

Nous avons vu aussi que le devenir de toute protéine – sa capacité à interagir avec d'autres protéines – dépendra avant tout de l'éventail des formes qu'elle va pouvoir adopter dans l'espace. Or une protéine qui vient d'être assemblée peut se replier de plusieurs manières radicalement différentes : l'éventail des formes qu'elle adoptera dépend de la présence d'autres protéines – qu'on a appelées des « chaperons » – qui se fixent à elle et la forcent à se replier d'une manière donnée.

Ainsi, la forme – et donc le devenir – d'une protéine ne sont pas préécrits – prédéterminés – dans les informations du gène correspondant. Ils dépendent de la présence d'autres protéines – notamment des « chaperons ».

Continuons. Certaines variations de l'environnement – en particulier des variations brutales de température – entraînent une modification accidentelle de la forme originelle que les protéines ont adoptée. Lorsque tel est le cas, une famille particulière de chaperons – les protéines du choc thermique – se fixe à ces protéines soudain altérées, leur permettant de retrouver leur forme initiale. Ce sont des chaperons de réponse au stress – aux changements brusques des conditions environnantes.

Il est des chaperons qui exercent les deux types d'activité. Ils sont, normalement, fixés en permanence à certaines protéines cellulaires, leur permettant de maintenir la forme qu'ils leur ont permis initialement d'adopter. Mais lorsqu'une modification de température entraîne la dénaturation d'autres familles de protéines, les chaperons abandonnent leurs partenaires habituels, pour se fixer aux protéines altérées et rétablir leur forme. Ainsi se comporte HSP90 (HSP pour *Heat Shock Protein*, « protéine du choc thermique »). Et c'est sur ce chaperon qu'ont porté les travaux de Lindquist et de Rutherford.

Elles ont montré que lorsque des embryons de drosophiles sont soumis à un choc thermique, les nouveau-nés
présentent des modifications profondes de toute une série
d'organes – antennes, ailes, yeux, pattes. Ces modifications
varient d'un embryon à l'autre et d'une sous-espèce de
drosophile à une autre. L'apparition de cette nouveauté
n'est pas liée à la survenue soudaine de modifications génétiques : elle est due à la révélation d'une diversité génétique
préexistante, dont la manifestation était jusque-là réprimée
en permanence.

Dans chaque sous-espèce de drosophile et, à un degré plus
restreint, dans chaque individu d'une sous-espèce donnée,
un même gène peut être présent sous la forme d'une copie
légèrement différente. Et les protéines que fabrique chaque
embryon à partir des informations contenues dans ces gènes
sont donc de nature légèrement différente. Mais les chaperons HSP90, qui se fixent à ces protéines en permanence,
ont pour effet de masquer cette diversité. Lorsque la température se modifie, les chaperons HSP90 quittent brusquement leurs partenaires, qui adoptent alors des conformations
différentes, révélant soudain la réalité de leur diversité et
entraînant des modifications dans les modalités de construction du corps des embryons. Devenus adultes – et pour la
plupart féconds –, ils donneront naissance, si la température
continue à varier, à d'autres embryons « nouveaux ».

Au bout de quelques générations – pour des raisons encore
partiellement inconnues –, les différences génétiques se
seront, à leur tour, accentuées. La température peut alors se
stabiliser et les chaperons HSP90 reprendre leurs activités
habituelles, les protéines maintenant fabriquées par les cellules sont devenues tellement différentes que HSP90 ne peut
plus masquer ces différences. Et les mutants continueront à
donner naissance à des embryons qui leur ressemblent.

Ainsi, la survenue pendant quelques mois de modifications brutales et transitoires de la température environnante
a permis la naissance – et la pérennisation – de la nouveauté.
Le véritable responsable – le changement de température –
a maintenant disparu. Seules demeurent les modifications

des informations contenues dans les gènes et la construction de la nouveauté.

Et durant l'année 2002, Susan Lindquist et son équipe suggérait le caractère universel de ces notions, en montrant que les chaperons Hsp90 jouaient un rôle semblable dans le royaume des plantes.

Ces découvertes sont en train de changer les données du débat entre « gradualistes » et « ponctualistes », le faisant apparaître rétrospectivement comme une querelle un peu artificielle, dans laquelle les deux écoles avaient à la fois partiellement tort et raison. Il est probable que l'accumulation des modifications génétiques a souvent été graduelle et progressive. Et il est probable, aussi, que l'apparition de la nouveauté a été souvent rapide et brutale. Parce que des modifications brutales de l'environnement ont le pouvoir de révéler dans un corps en train de se construire une source – une potentialité – préexistante de nouveauté, qui s'est progressivement accumulée au cours du temps et qui, jus-que-là continuellement réprimée, peut soudain, pour la pre-mière fois, se manifester. Ainsi, l'environnement extérieur a le pouvoir de sculpter le vivant.

Un retour au vieillissement

Revenons maintenant à la question que nous avions posée. Celle de la manière dont se sont séparés en espèces différentes les insectes qui se sont engagés sur le chemin de la vie solitaire et du vieillissement prématuré ou sur le chemin de la vie en société et de la longévité.

Il est possible – probable – que ces deux potentialités extrêmes préexistaient déjà dans les individus apparemment semblables qui composaient l'espèce de leurs ancêtres com-muns, comme deux variations sur un même thème, constamment réprimées. Un jour, peut-être, des variations brutales de l'environnement extérieur ont eu pour effet de scinder soudain les descendants en deux grandes familles distinctes qui ont alors poursuivi leur voyage, chacune de son côté, construisant des corps exposés aux prédateurs et incapables de survivre plus d'un mois, ou construisant des corps capables de s'intégrer dans des sociétés complexes, protégés de leurs prédateurs et capables – pour certains – de survivre jusqu'à trente ans.

Nous percevons maintenant l'extraordinaire degré d'intrication qui lie l'évolution du vivant à celle de son environnement. Il est extrêmement difficile – et souvent illusoire – de tenter de les dissocier. Et ce n'est que dans le cadre de ces enchevêtrements que nous pouvons essayer d'imaginer les innombrables variations accomplies sur le thème de la sculpture de la longévité et du vieillissement au cours de l'évolution du vivant, et de comprendre leur surprenante plasticité.

23

À la recherche
de l'origine du vieillissement
Une plongée dans l'univers
des organismes unicellulaires

« Il y eut des vivants des morts et des vivants. »
Paul Eluard, *Dit de la force de l'amour.*

Nos corps sont constitués de cellules qui vieillissent et disparaissent. Et chacun de nos ancêtres est devenu un corps sans vie, un cadavre. Notre arbre généalogique est une longue liste nécrologique. Le vieillissement obligatoire des cellules – et des corps qu'elles composent – semble une caractéristique relativement récente de l'évolution : le couplage du passage des générations à la perte obligatoire de la jeunesse et de la longévité apparaît comme un prix qu'ont payé les cellules il y a huit cents millions à un milliard d'années en « inventant » les corps multicellulaires des animaux et des plantes, en se condamnant à cohabiter dans des entités limitées dans l'espace et le temps. Cette vision correspond-elle à la réalité ?

Le mythe d'un âge d'or originel

Quelle est l'origine du vieillissement cellulaire au cours de l'évolution du vivant ? À quel moment, dans quel royaume, les cellules ont-elles perdu, pour la première fois, leur promesse d'éternelle jeunesse et d'éternelle fécondité, pour s'engager sur le chemin sans retour de la sénescence et de la stérilité ?

Le buisson du vivant nous semble partagé en deux univers radicalement différents. Celui des organismes multicellulaires, les animaux et les plantes, composés de cellules somatiques condamnées à construire et habiter des corps complexes qui vieillissent et qui meurent, et de cellules germinales qui s'en échappent pour reconstruire d'autres corps. Et celui des organismes unicellulaires que leur simplicité a préservés du vieillissement et de la mort inéluctable.

Dans l'univers des organismes unicellulaires, le passage des générations ne semble pas couplé au vieillissement et à la mort obligatoires de chaque individu cellulaire. Chaque cellule paraît capable, si rien ne l'en empêche, de voyager sans fin à travers le temps de dédoublements en dédoublements. Bien sûr, la destruction – ou, nous le savons désormais, le déclenchement du suicide – peut chaque jour interrompre le voyage. Mais chaque cellule semble vivre ou mourir jeune. Et, depuis plus de quatre milliards d'années, l'univers des organismes unicellulaires paraît porter, ancrée en lui, la promesse d'une éternelle jeunesse.

L'effondrement d'un mythe : les organismes unicellulaires et le vieillissement

Du concept de dédoublement cellulaire au concept d'enfantement cellulaire

Les levures sont des organismes unicellulaires apparus il y a plus d'un milliard d'années. Dans certaines espèces de levures, comme la levure du boulanger *(Saccharomyces cerevisae),* le dédoublement du corps cellulaire se produit en permanence de manière asymétrique. La cellule-mère dédouble d'abord la bibliothèque de ses gènes et en répartit les deux exemplaires aux deux extrémités de son corps cellulaire. Mais ce corps cellulaire ne se sépare pas en deux moitiés égales. À une des extrémités du corps de la cellule-mère, une future cellule-fille commence à se développer, comme un bourgeon, puis se détache de la cellule-mère. La petite cellule-fille va ensuite progressivement augmenter de volume. Ce phénomène de dédoublement par « bourgeonnement » a une conséquence extrêmement intéressante pour l'observateur : elle lui permet de distinguer, au cours de chaque dédoublement, le corps de la cellule-mère de celui du bourgeon – de la cellule-fille – auquel elle a donné naissance.

Pendant très longtemps, cette particularité est restée négligée, tant était grande la croyance que le destin de deux cellules nées d'un dédoublement ne pouvait qu'être identique. Mais, à la fin des années 1980, le biologiste Michal Jazwinski, à l'université de La Nouvelle-Orléans, a commencé à réaliser une série d'expériences minutieuses qui ont révélé une tout autre réalité. Au moment où un dédoublement venait de s'accomplir, il a prélevé la cellule-fille – le bourgeon – et l'a isolée pour pouvoir observer son devenir. Cette cellule-fille vient de naître. Elle n'a pas encore elle-même donné naissance à une cellule-fille. Appelons-la « la première cellule ». Jazwinski a compté le nombre de bourgeons successifs – de cellules-filles successives – auxquels le corps de cette « première cellule » pouvait donner naissance. Après avoir produit un certain nombre de bourgeons, la « première cellule » devient stérile. Chacune des cellules-filles auxquelles elle a donné naissance est, elle aussi, capable d'enfanter un même nombre, limité, de fois avant de devenir à son tour stérile. L'éternelle jeunesse des organismes unicellulaires, comme leur éternelle fécondité, est une illusion. Chaque cellule de levure connaît après sa naissance une période de fécondité limitée. Puis elle vieillit et devient stérile. Une fois stérile, elle survit quelques heures ou quelques jours, puis meurt.

L'arbre généalogique des cellules de levure

Chaque cellule de levure naît, se reproduit, vieillit et meurt, comme un oiseau, comme une fleur, comme un être humain. La capacité potentiellement illimitée à se reproduire d'une colonie de levures ne tient pas à une jeunesse éternelle de chacune des cellules qui la composent, mais aux enfantements successifs de populations éphémères. L'illusion de l'éternelle jeunesse et de l'éternelle fécondité des organismes unicellulaires provient de notre incapacité à distinguer les parents des enfants. Et d'une propension à

imaginer que le caractère éphémère de nos corps est un
coût que l'évolution nous a fait payer pour notre complexité.

L'arbre généalogique de chaque cellule de levure qui naît
aujourd'hui est, comme le nôtre, une suite d'ancêtres qui
sont tous morts après avoir enfanté, une longue liste nécrologique qui se déroule, pour les levures, sur une période
d'un peu plus d'un milliard d'années. L'origine du vieillissement cellulaire, comme l'origine de la différenciation et
du suicide cellulaires, se perd dans la nuit des temps. Une
horloge biologique bat, dans chaque cellule de levure, la
mesure du temps qui passe, le temps de la fécondité, le
temps de la stérilité, du vieillissement et de la mort.

Du vieillissement de la levure
au vieillissement de Caenorhabditis elegans

À mesure qu'une cellule de levure enfante des descendants, elle consulte dans la bibliothèque de ses gènes de
nouvelles informations qui demeuraient jusque-là inaccessibles. Dans les cellules de levure, comme dans les nôtres,
le vieillissement correspond à un phénomène de différenciation – à une métamorphose. La cellule de levure vieil-
lissante commence à fabriquer des protéines de sénescence.
D'autres protéines – des protecteurs – freinent un temps
l'effet de ces exécuteurs.

L'un de ces protecteurs est Sir-2, une protéine qui diminue la capacité de la cellule à consulter certaines informations dans la bibliothèque de ses gènes. L'augmentation
artificielle de la production de la protéine Sir-2 a pour effet
d'augmenter la fécondité et la longévité « naturelle » maximale des cellules de levures. En 2001, le biologiste Leonard
Guarente, du Massachusetts Institute of Technology, découvrait que l'introduction du gène Sir-2 dans les embryons de
Caenorhabditis elegans avait pour effet de prolonger la
durée de vie des adultes au-delà des frontières de la longévité « naturelle » maximale, retardant la survenue « normale » de leur vieillissement. Ainsi, de manière surprenante, du corps unicellulaire de la levure aux corps des
animaux, certains déterminants du vieillissement et de la

longévité semblent les mêmes dans des branches du vivant
dont la divergence remonte à plus d'un milliard d'années.

La brisure de la symétrie : du vieillissement « avant l'heure » comme une manière de voyager à travers le temps

Quand est apparu, pour la première fois, dans l'univers
des organismes unicellulaires, au cours de l'évolution du
vivant, le caractère inéluctable et obligatoire du vieillissement et de la stérilité de chaque cellule ? L'ensemble des
cellules qui composent les innombrables espèces bactériennes vieillissent-elles et meurent-elles, chacune, tour à tour,
depuis quatre milliards d'années ? Se pourrait-il que tout
phénomène de dédoublement cellulaire corresponde à une
illusion ; se pourrait-il que, même lorsque rien ne nous
permet de le suspecter, tout dédoublement procède, de fait,
d'une brisure de symétrie ? Nous n'en savons encore rien.
Mais, pour la première fois en 2001, des résultats ont suggéré l'existence de phénomènes de vieillissement dans au
moins une espèce de bactéries. Et je pense qu'il est probable
que ces exemples ne constituent pas une exception ; qu'elles
nous révèlent l'existence d'une règle jusque-là enfouie,
insoupçonnée, au cœur des pérégrinations du vivant à travers le temps.

Il est possible que le pouvoir de vieillir « avant l'heure »
ait constitué un des phénomènes ancestraux qui ont permis
la pérennité du vivant. Il est possible que seules les cellules
capables de déclencher leur vieillissement « avant l'heure »
aient pu former des colonies dont les descendants ont pu
voyager jusqu'à nous à travers le temps.

Essayons de réaliser une expérience en pensée. Imaginons qu'il existe des mécanismes réellement symétriques
de dédoublement cellulaire au cours desquels une cellule-
mère se séparerait en deux cellules-filles identiques – deux
vraies jumelles – d'« âge égal », contenant un mélange
identique de tous ses constituants, ceux qui favorisent la
fécondité et ceux qui favorisent la stérilité

et la mort, ceux qui possèdent la potentialité d'exécuteurs
et ceux qui possèdent la potentialité de protecteurs, ceux
qui ont été fabriqués depuis peu et ceux qui sont déjà
anciens et altérés. Chaque dédoublement cellulaire produit
deux corps cellulaires aussi jeunes, aussi féconds, aussi
robustes l'un que l'autre, mais également, bien sûr, aussi
vieux, aussi peu féconds et aussi fragiles. L'horloge des
dédoublements cellulaires bat la mesure du vieillissement
et de l'usure de la colonie tout entière.

Imaginons maintenant une cellule-mère de levure en train
d'enfanter et posons-nous une question. La cellule de levure
qui produit une cellule-fille place-t-elle sélectivement les
constituants les plus récents et les moins délétères qu'elle
possède dans le bourgeon en train de naître ? Vieillit-elle prématurément parce qu'elle garde en elle les composés les plus
dangereux et les plus altérés et qu'elle répartit les autres dans
le corps de la cellule-fille ? Qu'elle place dans le corps de la
cellule-fille la plupart des protecteurs qu'elle possède ? Les
protéines qui déclenchent le vieillissement de la cellule-mère
sont-elles des protéines qui contrôlent l'asymétrie de la
répartition de ces constituants au moment de l'enfantement ?
Le vieillissement progressif de la cellule-mère est-il un prix
à payer pour créer la jeunesse dans chaque cellule-fille ?

Un tel phénomène de répartition asymétrique a été identifié récemment dans les cellules de levure. À chaque fois
que la cellule-mère dédouble la bibliothèque de ses gènes
avant d'engendrer, elle dédouble aussi à partir de ses chromosomes de petites copies surnuméraires d'ADN circulaire.
Et elle garde en elle ces copies qui ne sont pas réparties
dans le corps des cellules-filles. À mesure que la cellule-
mère enfante, son corps contient un nombre de plus en plus
élevé de ces copies. L'accumulation au-dessus d'un certain
seuil de ces petits cercles d'ADN paraît déclencher la fragmentation du noyau de la cellule-mère et sa mort. Et un
des effets de certaines protéines qui retardent le vieillissement semble être de freiner la production de ces copies.

Est-ce la cellule-mère qui accumule les composantes qui
la feront disparaître au profit de la longévité de ses cellules-
filles, ou les cellules-filles qui repoussent ces composantes

dans la cellule-mère ? Ces notions sont ambiguës et difficiles à apprécier. Contentons-nous à ce stade de simplement imaginer l'existence d'un lien entre la pérennité du vivant et l'asymétrie de ses engendrements.

L'idée est que la victoire du vivant sur l'usure est liée à une accentuation locale de la désorganisation, de l'avancée vers le désordre, dans une partie – la cellule-mère – qui permet de faire naître, dans l'autre partie – la cellule-fille –, un niveau local, discret, d'ordre et de complexité. Accélérer la disparition d'un corps maternel pour permettre la naissance et la survie d'un corps d'enfant. Peser sur le caractère inévitable de l'usure, de l'érosion de la matière qui compose le vivant pour en reconstruire une copie nouvelle. Utiliser l'énergie encore présente dans ce qui va disparaître pour construire une incarnation nouvelle.

Des variations sur un thème

Le jeu de la vie avec la mort « avant l'heure » conduit au sacrifice d'un corps au profit de la construction d'un autre, plus jeune et plus résistant. Il ne s'agit pas, bien sûr, d'imaginer que la capacité de sacrifier le présent au profit du futur est née, dans le vivant, d'un « projet », d'une « anticipation » de l'avenir. Il s'agit simplement de penser que les cellules qui sont devenues capables – par hasard, il y a longtemps – de sacrifier leur présent au profit du futur sont celles qui ont voyagé jusqu'à nous. Nous sommes les descendants d'une longue lignée ininterrompue d'ancêtres qui, depuis des temps immémoriaux, réalisant d'innombrables variations sur le thème de la mort « avant l'heure », ont progressivement sculpté le vivant.

Il existe d'infinies variations possibles sur ce thème. Une cellule-mère pourrait engendrer une cellule-fille plus stérile et vieille qu'elle-même, se rajeunissant ainsi au rythme de ses enfantements. Au cours des enfantements cellulaires asymétriques qui donnent naissance aux ovules, de petites cellules – des globules polaires – apparaissent, qui mourront prématurément lorsque l'ovule sera fécondé et se transformera en cellule-œuf. L'ovule est-il la cellule-mère et les globules polaires des cellules-filles prématurément vieillies ? Ou au contraire les globules polaires sont-ils les cellules-mères et les ovules les cellules-filles fécondes ? On ne le sait pas. Mais là encore, ce qui apparaît comme le plus important, c'est la brisure de la symétrie, le fait qu'une cellule se transforme en deux cellules dont l'une est plus stérile, plus « vieille » et l'autre plus féconde et plus « jeune ».

La règle du jeu

Il n'y a sans doute pas dans l'univers vivant de réelle césure entre ce qui permet la pérennité et ce qui permet la propagation. Nous ne sommes au monde que parce que d'autres avant nous nous ont fait naître. Ce qui « nous » fait vieillir est probablement ce qui, en d'autres, « nous » a permis de naître. Ce conflit apparent entre les forces qui nous construisent et celles qui nous permettent de construire un autre, est sans doute à l'origine même de notre existence. Le « je » de chaque être vivant ne peut être appréhendé qu'en prenant en compte non seulement ce qu'il est, mais aussi ce qui persiste en lui de ce qui a permis, en d'autres avant lui, sa venue au monde.

Il y a, inhérente à cette vision, l'idée que l'économie de l'univers du vivant ne fait pas exception à l'économie de l'univers de la matière dont il est né et auquel il appartient. Tout accroissement local du degré d'organisation et de complexité – toute diminution locale d'entropie – ne peut se faire que dans un contexte de diminution, ailleurs, du degré d'organisation et de complexité – d'augmentation d'entropie.

Le vieillissement et la mort prématurée des cellules-mères capables de donner naissance à des cellules nouvelles, un temps plus jeunes et plus fécondes, l'autodestruction d'une partie des cellules au profit de la survie du reste de la collectivité, le vieillissement prématuré de corps capables d'engendrer des corps nouveaux, un temps plus jeunes et plus féconds ; tous ces phénomènes de « mort avant l'heure », participant à la propagation de la vie, ressemblent à autant de variations sur un même thème.

Imaginons les innombrables engendrements qui ont rythmé la longue traversée du vivant, de corps cellulaires en corps cellulaires, de génération en génération, jusqu'à nous. Nous naissons alors que ce voyage, à notre échelle, dure depuis une éternité. Nous ne comprenons pas le comportement étrange de nos cellules et de notre corps. Comment pourrions-nous le comprendre – et tenter de le modifier – si nous n'appréhendons pas que ce qui nous fait vieillir et disparaître est peut-être ce qui, en d'autres avant nous, nous a permis de naître ? Nous naissons, vivons et mourons selon les règles d'un jeu qui se sont transmises, modifiées, raffinées, depuis des milliards d'années : le jeu de la vie avec la mort. Accélérant le déclenchement « avant l'heure » du retour à la poussière, les incarnations éphémères de nos ancêtres se sont succédé à travers le temps avec pour seul héritage la promesse d'un éternel recommencement.

Nous sommes les prisonniers de ces règles de jeu ancestrales. Mais nous pouvons essayer de les comprendre et de les utiliser pour changer le déroulement de la partie. Si nous voulons un jour pouvoir peut-être prolonger le bref voyage de nos corps à travers le temps et pérenniser la durée de notre jeunesse, peut-être nous faudra-t-il, non pas seulement rêver de prolonger la longévité – d'empêcher la disparition – de certaines des cellules qui nous composent, mais essayer de favoriser dans nos corps la pérennité des engendrements cellulaires qui, durant la majeure partie de notre existence, nous reconstruisent en permanence. La longévité de notre corps dépend probablement autant de ses capacités de réparation – de renouvellement, de dédoublement cellulaire – que de l'importance des phénomènes de mort cellulaire qui s'y produisent. Et nous touchons là à l'un des aspects les plus mystérieux et les plus fascinants du vivant : la capacité de certaines cellules (la cellule-œuf, les cellules-souches de l'embryon et les cellules-souches de notre corps adulte) à donner naissance à ce phénomène qui demeure mystérieux, au niveau moléculaire, et auquel nous donnons le nom de jeunesse et de plasticité.

24

Du mythe de l'immortalité au rêve de la reconstruction

> « Je ne t'ai fait [ô Adam] ni céleste ni terrestre, mortel ou immortel, afin que de toi-même, librement, à la façon d'un bon peintre ou d'un sculpteur habile, tu achèves ta propre forme. »
>
> Pic de La Mirandole,
> *Oratio de hominis dignitate*
> (traduction de Marguerite Yourcenar).

Les enfantements cellulaires dans nos corps

Les cellules qui se dédoublent en permanence dans nos corps vieillissent-elles et meurent-elles, chacune tour à tour, après avoir enfanté, comme les cellules d'une colonie de levures ? Si tel est le cas, ce n'est pas la cellule-œuf qui se dédouble en nous et nous construit, c'est un peuple toujours changeant né d'une série sans fin d'enfantements successifs.

La césure apparente entre le *soma* – mortel – et le *germen* – immortel – correspond sans doute aussi à une illusion. Si tel est le cas, aucune cellule n'est immortelle. Les cellules somatiques et les cellules germinales – les cellules qui construisent et composent un corps et celles qui permettent de donner naissance à une cellule-œuf et de construire un nouveau corps – ne diffèrent que par la nature des descendants cellulaires auxquels elles sont capables de donner naissance. Mais chacune, cellule germinale, cellule-œuf ou cellule somatique, après un temps vieillit et disparaît.

De la fécondité des cellules-souches

Essayons de porter un regard nouveau sur les cellules-souches – les cellules-mères – de notre peau, de notre intestin, qui se dédoublent en nous pendant toute notre existence. Une cellule-souche donne naissance à une cellule qui se différencie en cellule stérile à courte durée de vie (une cellule de la surface de notre peau, de notre tube digestif) et à une nouvelle cellule-souche qui va de nouveau se dédoubler. Essayons de distinguer la cellule-mère de la cellule-fille. Imaginons que, comme une cellule de levure, la cellule-mère, au bout d'une série limitée d'enfantements, devienne stérile. Imaginons que c'est cette cellule-mère devenue stérile qui se différencie alors en une cellule à courte durée de vie, une cellule de la peau, une cellule du tube digestif.

L'éternelle jeunesse de nos cellules-souches, comme l'éternelle jeunesse des colonies de levures, correspondrait alors à une illusion : aux enfantements successifs de populations qui disparaissent tour à tour. Chaque cellule-souche donne naissance à une nouvelle cellule-souche et s'engage, elle-même, sur le chemin du vieillissement et de la mort.

J'ai découvert, au moment où j'élaborais ces réflexions, qu'une telle vision avait été proposée il y a plus d'un quart de siècle par le biologiste anglais A. Sheldrake, à une période où l'on ne savait encore rien du vieillissement et de la mort des cellules de levures. Ayant lu l'un de mes articles scientifiques sur l'origine du suicide cellulaire, il m'envoya l'un des siens, publié en 1974, intitulé « Le vieillissement, la croissance et la mort des cellules », en me demandant si je pensais qu'il pouvait exister une relation entre les mécanismes qui contrôlent le suicide et ceux qui déterminent le vieillissement des cellules qui nous composent.

Le suicide cellulaire fait de notre corps, en apparence tous les jours semblable à lui-même, un corps pareil à un fleuve, en permanence renouvelé. Le vieillissement des cellules-souches complète cette vision d'un renouvellement permanent de nos corps, composés par les descendants de cellules qui, chacune, vieillissent et meurent après avoir enfanté.

Il ne s'agit, pour l'instant, que d'une idée. Mais elle nous permet de découpler jusqu'au bout la notion de notre pérennité de celle de la pérennité des cellules qui nous composent. Et d'imaginer, à l'intérieur même de l'arbre généalogique des corps de nos ancêtres, un arbre généalogique invisible, mystérieux, celui de la colonie cellulaire, composée de cellules éphémères, qui fonde, traverse et quitte nos corps pour en construire d'autres, depuis la nuit des temps. Et les cellules germinales – les cellules-souches de l'espèce – naissent, vieillissent et meurent comme les cellules-souches de notre corps auxquelles elles donnent naissance.

Les mystères de notre cerveau

Le dogme d'un cerveau condamné à vieillir

Il existe dans certaines espèces d'oiseaux, au cours de la vie adulte, des phénomènes spectaculaires de déconstruction et de reconstruction de certaines régions du cerveau. Chez le canari mâle, la plupart des neurones qui composent les régions du cerveau impliquées dans l'élaboration du chant nuptial s'autodétruisent chaque année, et sont remplacés par de nouveaux neurones qui s'auto-organisent en nouveaux réseaux, aboutissant à l'élaboration d'un chant différent à chaque nouvelle saison des amours. Ainsi, d'année en année, à intervalles réguliers, se répètent ces cycles de mort et d'engendrements cellulaires, faisant naître la nouveauté.

Mais qu'en est-il de la plasticité de notre cerveau ?

Durant plusieurs dizaines d'années, une théorie s'était imposée selon laquelle les neurones de notre cerveau, qui deviennent stériles à partir de notre petite enfance, ne peuvent pas être renouvelés.

Cette fragilité a été considérée comme un prix payé à l'émergence d'une des manifestations les plus extrêmes de la complexité du vivant : l'élaboration d'un cerveau capable de faire naître la conscience et la pensée. L'explication habituellement proposée était que l'évolution aurait favorisé cette configuration figée du cerveau parce que toute naissance ultérieure de nouveaux neurones viendrait perturber le fonctionnement des réseaux sophistiqués qui se sont mis en place durant le développement embryonnaire et les toutes premières années de l'enfance. Les connexions – les synapses qui relient les neurones – peuvent se défaire et se refaire, constituant de nouveaux circuits, les enrichissant ou les appauvrissant, se remodelant tout au long de notre vie ; mais les échangeurs, les relais, les intermédiaires obligatoires du dialogue – les corps cellulaires des neurones – seraient, eux, inamovibles. L'idée était que le renouvellement des réseaux cellulaires dans lesquels s'est inscrite l'histoire de l'individu qu'ils habitent – leur remplacement par des neurones jeunes, sans passé – provoquerait une déconstruction de la mémoire, et donc de l'identité.

L'incapacité de notre cerveau à produire dès notre enfance de nouveaux neurones a représenté jusqu'à une période très récente un des dogmes centraux de la neurologie. Et les résultats qui suggéraient la possibilité du contraire ont été écartés, réfutés, attribués à des erreurs et considérés comme des aberrations.

Mais cette idée d'une extraordinaire longévité de nos neurones – qui égalerait celle de nos corps – correspond sans doute à une illusion.

Un renversement de perspective :
la sculpture permanente du cerveau

La présence dans des cerveaux humains adultes de cellules-souches capables d'enfanter des neurones a été identifiée récemment par différentes approches qui laissent peu de place au doute. La plupart de ces expériences ont été réalisées dans les serres artificielles des laboratoires, révélant la présence dans des cerveaux adultes de cellules-souches capables, dans certaines conditions de culture, de donner naissance à des neurones. Mais d'autres expériences ont révélé l'existence de tels engendrements à l'intérieur même de nos corps. L'injection de certains produits qui se fixent à l'ADN permet de détecter durant les jours, les semaines ou les mois qui suivent, la trace des enfantements cellulaires qui ont eu lieu. À la fin de l'année 1998 a été mise en évidence pour la première fois chez des êtres humains adultes l'existence dans certaines régions du cerveau d'épisodes peu fréquents mais réguliers de naissance de neurones. Ces régions cérébrales représentent-elles une exception ? Je ne le pense pas.

Des spores qui dorment dans notre cerveau

La raison pour laquelle les cellules-souches capables d'engendrer des neurones sont difficiles à détecter est tout simplement qu'elles ne sont pas constamment en train d'enfanter. Elles semblent plongées dans un long sommeil. Ce n'est sans doute que lorsque des neurones meurent qu'elles commencent à enfanter pour les remplacer. Et des expériences réalisées en 2001 indiquent que tel est le cas chez la souris. Il est probable que, tout au long de notre vie, des cellules-souches sont présentes dans notre cerveau, dormant telles des spores que seule la mort neuronale peut tirer de leur sommeil. Imaginons une cellule-souche qui enfante pour donner naissance à une cellule-fille – une nouvelle cellule-souche – et qui se transforme elle-même en neurone. Imaginons que cette cellule-fille se plonge dans le sommeil des spores. Aussi longtemps qu'aucune mort neuronale ne la réveille, rien ne peut révéler ses potentialités. Aussi longtemps qu'elle sommeille, rien ne permet de la distinguer des neurones. À un rythme que nous ne connaissons pas encore, des neurones disparaissent et sont immédiatement remplacés. Si quelques neurones jeunes, « sans passé », s'intègrent dans un réseau composé de neurones « éduqués », il est vraisemblable que c'est le fonctionnement même du réseau dans son ensemble qui imprimera rapidement dans les neurones qui viennent de naître l'empreinte de l'« expérience passée ». C'est le fonctionnement du réseau qui réalisera l'apprentissage du neurone et lui imprimera une « mémoire » d'une histoire qu'il n'a jamais vécue. Si, en revanche, un ou plusieurs réseaux neuronaux disparaissent, alors peut-être que leur remplacement effacera un pan entier de notre mémoire. Mais n'est-ce pas, justement, ce qui survient au long de notre existence ?

*Vieillissement et maladies : du suicide des neurones
au suicide des cellules-souches*

Une image nouvelle, plus dynamique et plus riche, de notre cerveau commence à se dessiner. Un cerveau capable de se remodeler. Un cerveau qui se reconstruit, comme l'ensemble de notre corps, tout au long de notre existence.

Depuis quelques années, il est apparu que certains des signaux qui parcourent normalement notre cerveau ont le pouvoir d'entraîner le suicide des neurones. Parce que l'idée que les neurones du cerveau ne peuvent pas être renouvelés a été une idée persistante, la plupart des médecins et des biologistes considèrent que le suicide des neurones ne peut pas être une des conséquences normales des dialogues cellulaires à l'intérieur du cerveau, et ne peut donc survenir qu'au cours de maladies et du vieillissement. Mais s'il existe des cellules capables d'enfanter des neurones, le suicide et le renouvellement des neurones pourraient au contraire représenter des phénomènes qui freinent le vieillissement et permettent de maintenir intactes pendant plusieurs dizaines d'années nos capacités d'apprentissage. Nous saurons sans doute bientôt jusqu'à quel point la remarquable plasticité de nos capacités mentales dépend de la sculpture et de la reconstruction régulière de notre cerveau.

Quel est le potentiel d'enfantements des cellules-souches du cerveau ? Finissent-elles par vieillir, par devenir stériles et par disparaître ? Les troubles de l'âge – et en particulier les altérations de la mémoire – sont-ils dus à la perte de ces cellules-souches et au vieillissement irréversible des neurones ? Ou est-ce au contraire le remplacement de pans de plus en plus étendus de notre cerveau par des neurones jeunes, sans passé, qui nous fait perdre peu à peu des pans entiers de mémoire ? Le vieillissement s'accompagne souvent d'une altération des capacités d'apprentissage et de la mémoire des événements récents, mais la mémoire de notre passé ancien, même si elle est sans cesse recomposée, est celle qui reste le plus longtemps ancrée en nous. Quelle que soit la manière dont ils se reconstruisent au cours de notre existence, les réseaux qui contrôlent notre mémoire la plus ancienne sont sans doute ceux qui constituent la trame la plus riche et la plus solide de la tapisserie de notre cerveau.

Il y a une autre implication majeure à cette nouvelle vision. Les maladies neurodégénératives – la maladie d'Alzheimer, la maladie de Parkinson – ne sont peut-être pas seulement des maladies dues au déclenchement anormal du suicide des neurones. Elles sont peut-être avant tout des maladies qui provoquent l'incapacité des cellules-souches – des spores – à les renouveler. Déclenchent-elles le suicide des spores ? Épuisent-elles leurs capacités d'enfantement, entraînant leur stérilité, leur vieillissement et leur disparition ? Quelle est la nature des signaux qui permettent de préserver ces cellules-souches, de déclencher leur fécondité, de retarder leur stérilité ?

Il est possible que les maladies neurodégénératives entraînent une perte définitive de toute potentialité de régénération, les spores ayant été brûlées une à une alors qu'elles s'éveillaient. Mais ces maladies pourraient n'être pas dues à une incapacité des spores à enfanter, mais à une incapacité des neurones à survivre. Si tel est le cas, le cerveau disparaîtrait malgré la persistance d'un pouvoir de régénération intact, mais inefficace. Il suffirait alors de changer l'environnement des signaux dans le cerveau pour qu'il puisse soudain se reconstruire. Ces questions dessinent de nouvelles promesses, l'espoir peut-être d'approches thérapeutiques nouvelles des maladies neurodégénératives, ces maladies aujourd'hui incurables et le plus souvent mortelles qui effacent notre identité avant de nous emporter.

De la reconstruction permanente de soi
comme modalité de pérennité

Le pouvoir de se reconstruire est lié au pouvoir de s'auto-détruire. L'augmentation de notre longévité ne dépendra peut-être pas tant de notre capacité à augmenter la longévité des cellules qui nous composent que de notre capacité à accentuer à la fois leur disparition « avant l'heure » et leur renouvellement. Accentuer la capacité de nos cellules à s'autodétruire en réponse à des altérations ; accentuer la capacité des cellules-souches à enfanter des cellules-filles jeunes, en réponse à ces disparitions. Diminuer la longévité des corps des cellules-mères au profit de la jeunesse des cellules-filles qu'elles produisent est une des manières d'éviter l'accumulation, au cours du temps, des erreurs et de l'usure. Coupler les signes de vieillissement cellulaire au déclenchement du suicide, augmenter les capacités fonc-tionnelles des cellules aux dépens de leur longévité, recom-poser sans cesse notre corps, le transformer, encore plus qu'il ne l'est, en « un fleuve dans lequel jamais on ne peut se baigner deux fois », favoriser l'éternel recommencement.

Telle est l'ultime frontière à laquelle se confronte le rêve de la prolongation de la jeunesse de nos corps et de leur voyage à travers le temps. C'est une frontière mystérieuse, parce que nous ne connaissons presque rien des territoires qu'elle délimite. Mais c'est une frontière à la mesure du rêve de la compréhension de ce qui détermine une mémoire et une identité. Sans maintien de la mémoire, la longévité n'est peut-être qu'une tentative absurde de faire renaître en nous un autre toujours recommencé. « Nous sommes, a écrit François Jacob, un mélange de protéines et de souvenirs, d'acides nucléiques et de rêves. » Un mélange étrange d'espoirs et de craintes, d'émotions et de secrets, une des innombrables incarnations uniques et éphémères de ce que nous appelons la destinée humaine et dont l'identité dépend des empreintes mystérieuses qui s'inscrivent à partir de notre histoire singulière dans les innombrables réseaux de neurones qui composent notre cerveau.

Mais de combien de mémoire avons-nous réellement besoin pour savoir qui nous sommes ?

J'ai été l'embryon dont je ne sais plus rien aujourd'hui. L'enfant de cinq ans dont je me souviens si peu. L'adolescent dont j'ai oublié tant d'émotions. Le sentiment d'identité émerge d'un remodelage permanent de la mémoire par l'apprentissage de la nouveauté. S'émerveiller, entreprendre, découvrir, recommencer autrement, nécessitent sans doute une part importante d'oubli, d'abandon, de recomposition, de recréation.

Que pourrait concevoir un cerveau humain qui, resté jeune et capable d'apprentissage, aurait accumulé une expérience de plus d'un siècle ? Découvririons-nous alors de nouvelles manières de penser, d'imaginer, de se souvenir ? Quelles seraient les potentialités mystérieuses de nos corps, enfouies au plus profond de nous, qui pourraient apparaître le jour où nous franchirions les frontières « naturelles » de notre existence ? Serions-nous confrontés à de nouvelles maladies inconnues, que le vieillissement et la mort empêchent aujourd'hui de se manifester ? Nous n'en avons, bien sûr, pas la moindre idée. Mais devant nous, pour la première fois, s'ouvre la possibilité de nous modifier. Prisonniers de corps dont les modalités de construction nous ont été léguées par nos ancêtres, nous avons, pour la première fois, la possibilité d'entreprendre, avec la mort « avant l'heure », un jeu dont la règle n'est plus déterminée par le long voyage à travers le temps qui nous a donné naissance. Le pouvoir, peut-être, de nous inventer.

Du possible au souhaitable : de la biologie à l'éthique

Est-il souhaitable d'entreprendre une telle traversée ?

Il s'agit là d'une question qui, sous les formes les plus diverses et dans les domaines les plus variés, a surgi dans toutes les civilisations humaines, depuis que les religions et la magie ont donné à l'homme la sensation de maîtriser et modifier son destin et depuis que la science et la technique lui en ont donné progressivement le pouvoir.

Entre le possible et le souhaitable se dessine la frontière qui sépare la biologie et l'éthique. Nous avons acquis, un jour, par hasard, au détour des avatars du vivant dans le corps de nos ancêtres, le pouvoir d'influer, en tant qu'individus, sur le cours « naturel » des choses. Le pouvoir d'imaginer, et de comprendre le monde – de le modifier à mesure que nous le comprenons et de le comprendre et de l'imaginer à mesure que nous le modifions. C'est un pouvoir merveilleux et terrible. Il nous a donné l'extraordinaire capacité de nous libérer, pour partie, des règles du jeu de la matière et du vivant qui nous ont fait naître, après plusieurs milliards d'années. Mais ce pouvoir inouï nous impose aussi sans doute, en retour, un devoir. Si nous sommes les enfants d'une évolution aveugle qui nous a donné naissance sans nous « prévoir » ni nous « anticiper », nous avons nous-mêmes acquis un jour le pouvoir de prévoir. D'imaginer à l'avance les conséquences possibles de nos actes au-delà de la durée de notre existence. D'inventer les règles du jeu que nous acceptons de jouer. Indissociable de notre capacité de comprendre et de changer le cours du vivant, se dessine une autre aventure, celle de nos choix, de nos codes de conduite, le devoir de nous penser comme responsables de nos actes. La pratique exigeante et difficile que nous appelons l'éthique.

Notre volonté – et notre capacité – de nous pérenniser entreraient-elles en conflit avec notre désir de consacrer une partie importante de notre temps, de nos ressources et de nos rêves, à nos enfants, aux jeunes qui recomposent nos familles et nos sociétés, à la transmission de nos savoirs, de notre expérience et de notre conception de l'avenir ?

Et pourrait-elle nous conduire à tenter de concevoir des embryons – de futurs êtres humains – dans le seul but d'y puiser les ressources nous permettant de nous reconstruire et de nous pérenniser ?

Pour essayer d'aborder cette question, nous allons un instant revenir au problème des clones.

Du clonage comme fantasme

Le clonage résulte, nous l'avons vu, de l'introduction – par une opération de microchirurgie –, dans le corps cellulaire d'un ovule, d'un noyau – de la bibliothèque des gènes – provenant d'une cellule somatique du corps d'un « donneur », transformant ainsi, de manière artificielle, l'ovule en une cellule-œuf, qui donne naissance à un embryon génétiquement identique à l'individu « donneur ». Mais par-delà le caractère fascinant du clonage, il nous faut tout d'abord réaliser qu'en matière de ressemblance entre deux individus – en matière de création de « doubles » – la nature, depuis longtemps, fait beaucoup mieux. Le degré de ressemblance entre un clone et son « donneur » n'est même pas du même ordre que le degré de ressemblance entre deux vrais jumeaux. Nés d'une scission des premiers descendants d'une cellule-œuf « naturelle », des jumeaux vrais ne possèdent pas seulement, dans leurs cellules, une copie de la même bibliothèque de gènes, mais aussi les descendants des mêmes mitochondries qu'ils ont héritées de l'ovule, du corps de leur mère. Les cellules qui composent le corps d'un clone contiennent la même bibliothèque des gènes que leur « donneur », mais pas les mêmes mitochondries. Pour que les mitochondries soient les mêmes, il faudrait que le noyau de la cellule du « donneur » soit implanté dans le corps cellulaire d'un ovule provenant de sa propre mère, ou de l'une de ses sœurs (nées de la même mère que lui) ou d'une parente dont la lignée maternelle est la même que celle de sa mère... En d'autres termes, seul un clone né d'une forme d'« inceste » maternel pourrait être, théoriquement, aussi proche de son donneur que le sont, naturellement, entre eux, de vrais jumeaux. Mais là encore il s'agit d'une illusion. L'ovule ne serait pas le même, ni l'environnement – le corps de la mère – dans lequel se développerait l'embryon.

Mais, aussi semblable à moi qu'un clone puisse être, l'idée qu'il serait un autre « moi » est absurde. Je me souviens de Richard Lockshin, me disant au détour de l'une de nos conversations sur la mort cellulaire : « Je n'ai jamais compris cette fascination provoquée par le clonage. J'ai un frère jumeau et jamais il ne m'est venu à l'esprit qu'il était moi ou que j'étais lui. » Un clone, aussi semblable à moi qu'il puisse être, ne pourrait jamais être qu'un « autre » qui me ressemble. Et quelle que soit l'opinion que l'on puisse avoir sur le fait qu'il faille ou non interdire – provisoirement ou définitivement – le clonage humain, il me semble important que tout soit fait pour garantir qu'un homme ou une femme qui naîtrait, un jour, d'un clonage, aurait les mêmes droits fondamentaux que tout être humain. Pour cette raison, certains des débats qui ont eu lieu sur le clonage comme « atteinte à la dignité humaine » m'apparaissent ambigus et dangereux. Ce n'est pas le procédé qui donne naissance à un être humain qui lui confère son identité et sa dignité humaine, mais, depuis la nuit des temps, la manière dont il est considéré – la nature du regard porté sur lui. Le fait même de se poser la question suggère implicitement que, parmi les innombrables critères qui ont permis à nos cultures de dénier à d'autres leur dignité humaine – la couleur de la peau, l'appartenance ethnique, la religion, la maladie… –, s'en ajoute un autre radicalement nouveau – la nature du procédé qui leur a donné naissance.

S'il est une raison sérieuse de s'inquiéter, elle concerne, me semble-t-il, le risque qu'un être humain né d'un clonage soit instrumentalisé. Et l'instrumentalisation de l'autre, sous les formes les plus diverses, des sacrifices rituels à l'esclavage, est une des tentations auxquelles ont cédé depuis la nuit des temps la plupart des civilisations humaines.

La tentation de l'instrumentalisation de l'Autre

Depuis la découverte, à la fin de l'année 1998, de l'existence de cellules-souches dans les embryons humains, la sidération provoquée par le premier clonage d'un mammifère – et la crainte de le voir appliqué à l'homme – a cédé la place à la tentation d'utiliser des cellules d'embryons nées d'un clonage humain à des fins médicales. Pouvoir construire une cellule-œuf qui soit la plus proche de nous-mêmes, lui laisser la possibilité de manifester son pouvoir de s'engager dans la construction d'un corps nouveau, sa capacité à engendrer les cellules-souches embryonnaires, capables de donner naissance aux principales familles de cellules qui nous composent, puis les utiliser à notre profit pour nous reconstruire. Dans quelle mesure et jusqu'à quel moment peut-il être licite d'interrompre une vie en train de naître pour y puiser ce qui nous permettrait de soigner des maladies aujourd'hui mortelles et de prolonger nos existences ? C'est un problème complexe, et le danger est grand qu'il soit de plus en plus abordé, dans l'urgence, en termes d'utilité – de bénéfice – et de moins en moins en termes d'interrogations morales à mesure que les avancées de la science et de la médecine rendent envisageables, à court terme, de telles approches. Pourtant, il est, je pense, d'autres chemins à explorer, qui permettraient peut-être une réconciliation plus sereine entre la science et l'éthique.

Il nous faut, pour essayer de comprendre, considérer de nouveau l'extraordinaire plasticité du vivant. Abandonner pour partie la fascination pour le pouvoir mystérieux – magique – que nous prêtons aux ovules et que révèle le clonage. Les ovules naissent eux-mêmes, comme l'ensemble des cellules de nos corps, des engendrements d'une cellule-œuf, elle-même née des engendrements d'une autre cellule-œuf. Et depuis des centaines de millions d'années, depuis des milliards d'années, sous la forme des incarnations les plus diverses, des cellules engendrent avant de vieillir et de mourir des cellules jeunes et fécondes capables à leur tour d'engendrer… Quelle est la nature des constituants particuliers du corps cellulaire de l'ovule, que les premiers descendants de la cellule-œuf répartissent en elle et qui lui donnent ce pouvoir de donner naissance à la diversité, de reconstruire un corps entier ? Nous n'en savons rien. Mais il est probable que lorsque nous le découvrirons, il nous deviendra possible de donner à d'autres cellules de notre corps certaines de ces potentialités. Les frontières entre les cellules germinales et les cellules somatiques commencent à s'estomper. Et il n'y a, là encore, rien qui tienne d'un miracle. Dans de nombreuses espèces de plantes, des cellules somatiques gardent durant toute leur existence le pouvoir de donner naissance, à elles seules, dans certaines conditions, à un corps entier. Le corps cellulaire d'un ovule est-il le seul à pouvoir dormir durant plusieurs dizaines d'années avant d'être tiré de son sommeil et de commencer à enfanter ? Sans doute pas. Nous possédons vraisemblablement dans la plupart des territoires de notre corps des cellules-souches – des spores – qui dorment pendant des mois ou des années, capables de donner naissance, chacune, à une ou plusieurs populations cellulaires et à de nouvelles spores.

La plasticité du vivant : de la reconstruction de Soi dans le respect de l'Autre

Depuis 1998 ont été publiés de nombreux résultats qui bouleversent les idées et les dogmes les mieux établis dans le domaine du « fixisme » de la différenciation cellulaire. Des cellules-souches prélevées dans un organe adulte donné, chez la souris ou chez l'homme, sont capables, dans un tube à essai, lorsqu'on leur fournit un environnement approprié, de donner naissance à des cellules d'un autre organe. Et, chez la souris, de nombreuses expériences ont permis la reconstruction d'un organe adulte préalablement lésé, par injection de cellules-souches prélevées dans un autre organe adulte. Ces découvertes traduisent l'existence d'une extraordinaire plasticité enfouie dans nos cellules et jusqu'alors entièrement insoupçonnée. Nous n'aurons sans doute pas besoin de céder à la tentation de créer des embryons pour leur retirer ensuite – comme dans un jeu « faustien » – leur vie à venir pour nous l'approprier. Nous pourrons essayer de nous renouveler et de nous pérenniser à partir de nos propres cellules-souches, à partir des spores qui dorment dans nos corps. Les tirer de leur sommeil et leur permettre de manifester, en nous, l'une de leurs incarnations possibles.

Les innombrables innovations du vivant se sont construites, nous l'avons vu, à partir de la répression – temporaire – de la plupart de leurs potentialités. Et la richesse de ces potentialités qui dorment au plus profond de notre corps dépasse sans doute de très loin ce que nous pouvons encore imaginer.

De la notion de frontières « naturelles »

> « La principale découverte apportée par ce siècle
> de recherche et de science, c'est probablement la
> profondeur de notre ignorance de la nature. [...] Pour
> la première fois, nous pouvons contempler notre
> ignorance en face. »
>
> François Jacob,
> *Des mouches, des souris et des hommes.*

Nos ancêtres ont vécu dans des terres inhospitalières, peuplées de prédateurs qui les dévoraient de l'extérieur ou de l'intérieur, de fauves et de microbes. L'existence de nos ancêtres était, le plus souvent, brutalement et prématurément interrompue par la faim, le froid, la sécheresse et les combats. Beaucoup de mères mouraient en accouchant ; la plupart des enfants mouraient peu après leur naissance, la plupart des adultes disparaissaient avant l'âge de quarante ans. Quelques-uns s'engageaient, lentement, sur le chemin du vieillissement. Rares survivants d'un monde merveilleux mais sans pitié, ayant vécu plusieurs existences à l'échelle de leurs contemporains, ils incarnaient la sagesse et étaient entourés de respect. Cet univers « naturel » de nos ancêtres demeure encore aujourd'hui celui de beaucoup de nos contemporains. Et il ne tient qu'à nous de les aider à le modifier.

Dans les pays riches l'espérance moyenne de vie à la naissance n'est plus de trente ans, mais de soixante-quinze à quatre-vingt-cinq ans. Le nombre de centenaires s'accroît de manière rapide. La médecine, l'hygiène, la maîtrise de notre environnement, l'accroissement de nos ressources nous rapprochent des frontières de la longévité « naturelle » maximale de notre espèce. Nos modes de vie, profondément nouveaux, ont aussi révélé la potentialité de nouvelles formes de déconstruction de nos corps, inapparentes chez la plupart de nos ancêtres : les maladies de l'abondance, du

« trop de nourriture », les maladies catastrophiques du début de la vieillesse – les maladies cardio-vasculaires, les cancers et les maladies neurodégénératives – et la traversée plus sereine vers la mort qui commence après l'âge de quatre-vingt-dix ans. La médecine, par les traitements hormonaux – et en particulier par les œstrogènes –, a commencé à repousser les frontières « naturelles » du vieillissement, prolongeant de dix à vingt ans la jeunesse des femmes ménopausées. Se dessinent, plus ou moins lointaines, les possibilités d'une prolongation de la jeunesse après l'âge de soixante ans et d'une prolongation de la longévité après l'âge de cent vingt ans. Il s'agit d'un curieux voyage, mais nous en avons accompli bien d'autres déjà, qui, eux aussi, étaient d'étrange nature.

Depuis toujours, l'homme a rêvé de s'élever dans les airs, de voler, de partager le destin des oiseaux qu'il observait et des anges qu'il imaginait. Et pendant des milliers d'années, il a essayé et échoué. Il a pensé cette possibilité en termes d'interdit et de transgression, comme l'illustre le mythe d'Icare, brûlant ses ailes au feu du soleil. Ce n'est qu'en comprenant progressivement les raisons pour lesquelles il ne pouvait s'élever dans les airs, la nature des forces naturelles qui le clouaient au sol, qu'il a ouvert le chemin qui, voici un siècle, pour la première fois, lui a permis de s'élever et de se maintenir dans les airs. Utilisant à son profit ces forces qui le retenaient prisonnier, il a alors construit des avions et des fusées faits des matériaux les plus lourds de notre planète, pour voler plus loin que ne le peut aucun oiseau, pour voler presque aussi loin qu'il imaginait que peuvent voler les anges, à la découverte des étoiles lointaines qui brillent dans notre ciel. Personne ne sait jusqu'où peuvent voler des anges. Mais à l'aune des rêves de nos ancêtres et des incarnations ailées du vivant, l'étendue de l'espace que nous pouvons aujourd'hui parcourir est infinie. Il n'y a rien de « naturel » à la capacité d'un être vivant de s'envoler jusqu'à la Lune ou jusqu'à Mars et d'explorer les confins du système solaire. Il est « naturel », en revanche, pour certaines plantes, de pouvoir vivre plusieurs siècles ou plusieurs milliers d'années. Ce

n'est qu'en comprenant la nature des phénomènes qui déterminent la plasticité de nos corps, les conduisent au vieillissement et à la « mort avant l'heure », que nous pourrons
un jour peut-être les modifier. Alors débutera l'exploration
des frontières réelles qu'opposent le temps et l'usure à notre
jeunesse et à notre longévité. Et pourra être mesuré jusqu'à
quel point elles s'éloignent de ces frontières « naturelles »
que nous croyons aujourd'hui infranchissables.

Un prologue pour conclure

« Penser le sens de la mort – non pas pour la rendre inoffensive, ni la justifier, ni promettre la vie éternelle, mais [pour] essayer de montrer le sens qu'elle confère à l'aventure humaine. »

Emmanuel Lévinas, *La Mort et le temps*.

Quelques contours dans le lointain

Notre parcours a été long et sinueux, fait de plongées à l'intérieur de nos corps et de nos cellules, de voyages à travers les branches du buisson du vivant et d'incursions dans les profondeurs du passé à la recherche de nos origines. Nous avons découvert l'infinie variété des « enlacements » de la vie et de la mort. Nous avons vu le pouvoir de s'autodétruire – et de réprimer l'autodestruction – à l'œuvre dans la sculpture du vivant, scellant l'interdépendance, faisant émerger la complexité, abandonnant sans cesse, « avant l'heure », une partie de la collectivité au profit de la pérennité d'une autre, engendrant jour après jour de nouvelles sociétés. Et nous avons réalisé à quel point ce qui nous permet de nous construire est aussi ce qui, progressivement, nous déconstruit et nous fait disparaître. Nous avons parcouru un univers où, comme l'écrivait Edgar Morin, « le problème le plus passionnant, plus mystérieux encore que celui de l'origine de la vie, est bien celui de l'origine de la mort ». Et nous avons essayé d'approcher, d'entrevoir et d'imaginer ces premiers instants.

Ici va s'achever, pour un temps, notre voyage. Au-delà sont d'autres territoires, qui restent à découvrir et à explorer.

Nous pouvons déjà essayer d'en deviner quelques contours. Pour ce faire, nous allons, une dernière fois, changer de perspective. Les pages qui vont suivre ne doivent pas être lues comme une conclusion, mais comme un prologue, le prologue d'un voyage encore à venir.

Depuis son origine, l'univers du vivant a réalisé d'infinies variations sur un thème : la construction de sociétés. Innombrables, imbriquées les unes dans les autres, elles donnent l'image d'une structure en fractale. Chaque cellule est une société hétérogène, complexe, qui naît, se reproduit, vieillit, puis disparaît. Ces cellules, ces incarnations élémentaires du vivant, sont elles-mêmes parties intégrantes d'une société composite, une fleur, un oiseau, un papillon ou un être humain, un individu qui naît, se reproduit, se déconstruit et disparaît. Et chacun de ces individus, à son tour, participe à la construction de sociétés d'une infinie diversité, des hordes de loups aux bancs de poissons, des troupeaux de bisons aux escadrilles d'oiseaux migrateurs, des termitières géantes aux tribus de marmottes. Nos civilisations humaines ne représentent que l'une des manifestations les plus sophistiquées et les plus rapidement changeantes de cette propension fondamentale des êtres vivants à créer des communautés et à s'y intégrer.

Les relations étranges entre la mort « avant l'heure », l'interdépendance et la complexité que nous avons découvertes au cœur des sociétés cellulaires, se poursuivent-elles, sous d'autres formes, au niveau des communautés que forment les individus ? Ont-elles aussi participé à la sculpture de la complexité des sociétés animales et des civilisations humaines ?

Pour essayer d'aborder cette question, nous allons replonger une dernière fois à travers les branches du buisson du vivant. Et essayer d'y contempler les métamorphoses des corps en train de se construire.

La répression de la « mort avant l'heure » et l'ouverture du champ des possibles

Dans toutes les espèces qui peuplent les royaumes des animaux et des plantes, l'embryon est un être fragile et précaire. La toute première période de l'existence d'un individu est une période de très grande vulnérabilité. Les cellules-œufs, riches en réserves nutritives, parfois entourées d'une enveloppe solide – une coque ou une coquille qui les protège –, sont souvent abandonnées à elles-mêmes. La plupart des embryons disparaissent prématurément ; certains parviennent à survivre, assurant la pérennité de l'espèce. Puis apparaît, au cours de l'évolution des espèces animales, une donnée nouvelle : la contribution de la mère à la survie de la cellule-œuf prend la forme d'un comportement, le comportement maternel. Dans son expression la plus simple, il se limite à une stratégie de ponte, au choix d'un abri plus ou moins favorable – d'un environnement protecteur – où les cellules-œufs sont abandonnées. Elles peuvent être enfouies dans le sol, dans le corps d'une plante ou d'un animal, qui fournira aux embryons et aux nouveau-nés des ressources nutritives abondantes. La répartition des cellules-œufs en différents endroits distants est un autre comportement, parfois complémentaire, qui diminue statistiquement la probabilité d'une disparition globale et simultanée de l'ensemble de la descendance.

Mais dans de nombreuses espèces d'insectes, la période de développement embryonnaire est aussi prise en charge et est l'objet de soins attentifs. La mère, ou le père, veillent, transportent, humidifient, protègent, parfois au péril de leur vie, les embryons jusqu'à l'éclosion de nouveau-nés qui sont alors capables de se nourrir par eux-mêmes.

Ainsi apparaissent des relations d'interdépendance absolue entre les adultes et leurs descendants, qui favorisent la propagation de nouvelles modalités de développement embryonnaire. L'évolution des comportements parentaux a sans doute permis à des formes de développement embryonnaire fragiles, précaires et complexes, survenues un jour par hasard, de se pérenniser et de se propager de génération en génération. Et les modalités particulières de construction de leur corps ont alors condamné les embryons à une mort obligatoire « avant l'heure » de la naissance… sauf si des adultes étaient capables de les prendre en charge et de réprimer ainsi le déclenchement de cette fin prématurée.

Cette prise en charge que nous considérons souvent comme simple, naturelle, « allant de soi », résulte de fait d'une série de modifications neurologiques complexes qui aboutissent chez les parents à une forme de « besoin » de s'occuper des embryons, à un état de dépendance à l'égard de leurs descendants. Et le caractère le plus fascinant de ces phénomènes tient à leur extraordinaire degré de plasticité. Dans de nombreuses espèces animales, le comportement parental s'interrompt brutalement à la naissance. Au moment où l'enfant commence à interagir avec le monde qui l'entoure, il est abandonné à lui-même. Et tant que le comportement parental se limite à la prise en charge de l'embryon, chaque enfant refait, de lui-même, seul, comme ses parents avant lui, le chemin qui mène à l'âge adulte.

Mais dans beaucoup d'autres espèces, le comportement parental est devenu indispensable à la survie des enfants après la naissance. L'immaturité du nouveau-né le condamne à une mort obligatoire… sauf si des adultes sont capables de le nourrir et de le protéger. Et cette incapacité absolue des nouveau-nés et des jeunes enfants à survivre seuls et leur prise en charge par leur mère – leurs parents, ou d'autres adultes – n'ont pas eu pour seul effet de leur permettre de survivre. Elles ont aussi dégagé pour les enfants la possibilité – la liberté – d'explorer un temps, sans risque, le champ de leurs potentialités. Parce que leur existence ne dépend plus de la nature des actes qu'ils accomplissent, mais de ceux des adultes qui les entourent, la plupart de leurs comportements sont soudain découplés de la nécessité d'aboutir immédiatement à des résultats. Les erreurs, les échecs, les confrontations répétées avec l'environnement ne se traduisent plus sur l'instant en termes de vie ou de mort : ils s'inscrivent désormais dans une dimension nouvelle, celle de l'apprentissage et du jeu.

Commence alors une des étapes les plus merveilleuses de la longue aventure qui nous a donné naissance : la dissociation de plus en plus radicale entre la rigidité des contraintes du développement embryonnaire propre à l'espèce, et la richesse du répertoire des potentialités de l'individu à partir duquel chaque enfant sculpte sa singularité. Émergent progressivement les phénomènes de transmission de génération en génération des comportements acquis au cours de l'existence – auxquels nous donnons, dans les sociétés humaines, le nom de « culture ». La période de simulation, durant laquelle l'enfant agit « comme si » chacun de ses actes était essentiel à sa survie, ouvre la possibilité d'explorer, de mémoriser, de se projeter sans risque dans l'avenir – la possibilité de donner libre cours aux opérations mentales que nous associons à l'intelligence : l'anticipation, la spéculation, la réflexion…

Et c'est chez les primates, et chez l'être humain en particulier, que le degré d'immaturité – d'incomplétude – du corps et du cerveau du nouveau-né est le plus accentué, et que la durée de la période de dépendance qui lie l'enfant aux adultes est la plus prolongée. Nous avons chacun appris à comprendre et à parler la langue de nos parents longtemps avant d'être capables de trouver par nous-mêmes notre nourriture et de nous défendre. Et c'est durant les premières années de notre existence, à une période où notre survie dépend chaque jour de notre prise en charge par la collectivité, que nous avons commencé à élaborer notre représentation du monde, nos comportements, notre relation aux autres, et notre personnalité.

Ainsi, ce que nous considérons comme la forme la plus extrême de la liberté – la capacité d'un individu à arpenter le champ des possibles, à forger par lui-même sa singularité – a sans doute eu pour creuset l'émergence aléatoire de formes de développement embryonnaire et de comportements adultes aboutissant à la mise en place d'une période transitoire d'interdépendance absolue entre les enfants et les adultes. Et nous voyons resurgir dans sa dimension la plus humaine cette relation ancestrale entre la répression de la « mort avant l'heure », l'interdépendance et la complexité que nous avons découverte à l'œuvre tout au long de l'évolution du vivant.

Une invitation à poursuivre le voyage

Les relations d'interdépendance s'étendent bien au-delà du seul champ des relations entre les adultes et les enfants. Elles sont au cœur du fonctionnement de nos collectivités. Sont-elles une simple conséquence de la complexité croissante de nos sociétés, ou ont-elles représenté des déterminants à part entière de leur émergence et de leur développement ? L'idée que je voudrais évoquer est qu'il n'y a peut-être pas une infinité de manières de construire des sociétés. Et qu'au jeu de l'interdépendance et de la répression permanente de la « mort avant l'heure » qui sculpte la complexité des sociétés vivantes, a répondu un jeu semblable, mais plus abstrait, plus symbolique, dans le domaine de nos représentations mentales, qui a sculpté depuis quelques dizaines ou centaines de milliers d'années la complexité des civilisations humaines.

Parce que l'homme se sait mortel et anticipe sa fin et celle de ses semblables, la mort « avant l'heure » a-t-elle acquis dans les communautés humaines un pouvoir particulier, celui d'un événement pensé, imaginé, celui d'une potentialité toujours présente dans la conscience ?

La peine capitale est sans doute l'une des manifestations les plus extrêmes des relations que les cultures humaines ont longtemps entretenues – et entretiennent encore – entre le maintien du lien social et l'idée de la mort. La puissance de la peine capitale ne tient pas tant à sa réalisation concrète – l'élimination physique de celui qui a contrevenu aux règles – qu'à sa représentation mentale, à la menace qu'elle fait planer en permanence. Elle inscrit au cœur des sociétés humaines la nécessité pour chacun de réprimer jour après jour les comportements, les pulsions, les emportements susceptibles de provoquer la « mort avant l'heure ». Une fois qu'il a enfreint la règle, l'individu est entre les mains de la collectivité, ou de ceux qui en gardent les lois. Le plus grand pouvoir n'est pas détenu par ceux à qui il revient de décider de l'application de la peine de mort, mais par ceux qui seuls ont le droit d'en suspendre l'exécution. Le droit de grâce, le droit ultime de décider de la vie et de la mort est l'attribut suprême de l'exercice du pouvoir absolu. Au cœur des collectivités humaines règnent des exécuteurs et des protecteurs qui sont à la fois les gardiens et les symboles du socle d'interdépendance sur lequel se sont bâties nos sociétés.

Il est d'autres manières pour une collectivité de révéler – par défaut –, à chacun des individus qui la composent, le pouvoir du groupe à réprimer, jour après jour, le déclenchement de la « mort avant l'heure ». L'exil, l'ostracisme, l'exclusion brutale de celui qui enfreint les lois, brise le réseau d'interactions, d'échanges, de communications dans lequel s'insérait son existence. Dans la plupart des régions hostiles où se sont bâties les premières civilisations humaines, la menace d'une sentence d'exil correspondait à une menace de condamnation à mort. Et pareil à l'expulsion du Jardin d'Éden, l'exil ôtait l'accès à un Arbre de Vie : la présence des autres. Mais il est d'autres variations sur l'exil dont la manifestation contemporaine est l'exclusion à l'intérieur de nos sociétés : l'abandon, la solitude, l'errance, la maladie et la mort de ceux qui, soudain livrés à eux-mêmes, sont hors du champ des relations d'interdépendance qui unissent les membres de la collectivité qui les entoure et les côtoie.

La précarité – et le sentiment de cette précarité –, la dépendance – et le sentiment de cette dépendance –, ont-ils constitué des composantes déterminantes de l'évolution des cultures humaines ? Sont-ils au cœur des modalités de fonctionnement de nos sociétés ? Et si tel est le cas, se pourrait-il qu'ils aient été, confusément, partie prenante de la construction de ce que nous appelons le « progrès » ?

Il est tentant de promener la grille de lecture de l'interdépendance et de la « mort avant l'heure » sur les sociétés humaines. L'exploration des sociétés cellulaires nous a

révélé que la solitude peut conduire à l'autodestruction. Que
le dérèglement des modes de communication peut avoir les
mêmes conséquences. Que la précarité extrême des individus qui composent une collectivité peut favoriser les performances, les capacités d'adaptation et la pérennité d'une
partie de cette collectivité aux dépens d'une autre.

Mais il s'agit là d'une autre histoire. D'un voyage d'une
autre nature. Il mène aux frontières de la science, dans un
univers où les hypothèses perdent parfois – souvent – la
propriété d'être testables, où il devient difficile d'essayer
d'en confirmer ou d'en infirmer la validité. Un univers
étrange où des idées contradictoires peuvent perdurer,
s'affronter et se côtoyer ; où les raisonnements analogiques
et les métaphores – riches et fécondes pour qui les prend
pour ce qu'elles sont vraiment, des outils de questionnement – sont souvent utilisés pour transposer brutalement
dans un domaine ce qui a été pensé, imaginé et expérimenté
dans un autre. Un univers dangereux quand le désir de
comprendre s'efface devant la tentation de prendre exemple,
et d'appliquer au fonctionnement de nos sociétés des règles
du jeu impitoyables que l'on découvre à l'œuvre dans
l'évolution du vivant.

Fondée sur des modalités de combat et d'interdépendance
qui se traduisent en termes de vie et de mort, bâtie sur la
précarité, le sursis et la disparition « avant l'heure », l'évolution du vivant, depuis quatre milliards d'années, constitue
un merveilleux modèle de construction de la complexité.
Mais elle nous dévoile aussi le prix de sa splendide efficacité : une indifférence aveugle et absolue au devenir, à la
liberté et à la souffrance de chacune de ses composantes.
De la fascination pour une forme de « loi naturelle » propre
à fonder ou à justifier le fonctionnement de nos sociétés
naissent les dérives, les pièges et les dangers de la sociobiologie. S'il est une contribution que les sciences du vivant
peuvent apporter à nos sociétés, c'est de stimuler le questionnement et la réflexion éthiques, et non pas d'essayer de
s'y substituer en apportant des réponses ; c'est de nous
révéler le récit tumultueux de nos origines, non pour nous
y enfermer, mais pour nous permettre d'inventer, de choisir

et de bâtir librement notre avenir dans le respect de l'altérité et de la dignité humaine.

Nous avons parcouru ensemble un long chemin. Vous possédez désormais la grille de lecture. Et maintenant, je vais vous laisser.

Nous avons simplement tenté, une dernière fois, ensemble, de deviner quelques lignes d'horizon, de dessiner la carte de quelques rivages. Et nous y avons simplement inscrit les mots : *Terra incognita*.

Comme une invitation à poursuivre ou à reprendre, un jour, le voyage.

Bibliographie

J'ai tenté, dans ce livre, de présenter et de discuter – dans un langage délibérément simple et dépourvu de termes techniques – des concepts, des résultats et des approches expérimentales d'une grande complexité et les relations qui peuvent exister entre de nombreux domaines très spécialisés, et à première vue très différents, de la biologie et de la médecine. Mais aucune transposition n'est à même de rendre véritablement compte du mélange de subtilité et de rigueur, d'aridité et de splendeur qui caractérise la démarche scientifique. Pour le lecteur qui souhaiterait remonter au plus près des sources, la liste qui suit présente quelques livres, un film et un choix – forcément arbitraire et incomplet – de revues générales récentes ou d'intérêt historique. Ces revues générales contiennent les références aux innombrables articles originaux qui décrivent une par une, en détail, les recherches expérimentales et spéculatives que ce livre permet simplement d'entrevoir.

Alberts, B., D. Bray, J. Lewis, M. Raff, K. Roberts, & J.D. Watson, 2002, *Molecular Biology of the Cell* (4th edition), Garland Publishing, Inc.

Ameisen, J.C., & A. Capron, 1991, « Cell dysfunction and depletion in AIDS : the programmed cell death hypothesis », *Immunology Today* 12 : 102-5.

Ameisen, J.C., 1992, « Programmed cell death and AIDS : from hypothesis to experiment », *Immunology Today* 13 : 388-91.

Ameisen, J.C., 1994, « Programmed cell death (apoptosis) and cell survival regulation : relevance to AIDS and cancer », *AIDS* 8 : 1197-213.

Ameisen, J.C., J. Estaquier, & T. Idziorek, 1994, « From AIDS to parasite infection : pathogen-mediated subversion of program-

med cell death as a mechanism for immune dysregulation »,
Immunological Reviews 142 : 9-51.

Ameisen, J.C., 1996, « The origin of programmed cell death »,
Science 272 : 1278-9.

Ameisen, J.C., 1998, « HIV : Setting death in motion », *Nature*
395 : 117-9.

Ameisen, J.C., 2001, « Apoptosis subversion : HIV-Nef provides
both armor and sword », *Nature Medicine* 7 : 1181-2.

Ameisen, J.C., 2002, « On the origin, evolution and nature of
programmed cell death : a timeline of four billion years », *Cell
Death and Differentiation* 9 : 367-93.

Ameisen, J.C., 1999, « Au cœur du vivant, l'autodestruction »,
Le Monde, 16/10/99 : 16.

Ameisen, J.C., 2000, « Le suicide des cellules et le système immunitaire ». *Pour la science*, Dossier hors série, octobre 2000,
Les défenses de l'organisme : 54-61.

Ameisen, J.C., 2001, Entretien : « Apologie du suicide cellulaire »
(propos recueillis par O. Postel-Vinay), *La Recherche* 338 :
105-9.

Ameisen, J.C., 2001, « Le jeu de la vie avec la mort : le suicide
cellulaire joue-t-il un rôle dans le vieillissement des corps ? »,
La Recherche, Hors-série n° 5, avril 2001, Le temps : 76-9.

Ameisen, J.C., 2002, « La mort cellulaire programmée : programme de mort ou programme de vie ? », *Médecine/Scien-
ces*, 18 : 109-10.

Ameisen, J.C., 2002, « Entre Charybde et Scylla : le vieillissement
prématuré est-il un prix à payer pour la protection contre les
cancers ? », *Médecine/Sciences*, 2002, 18 : 393-5.

Aravind, L., V. Dixit, & E. Koonin, 2001, « Apoptotic molecular
machinery : vastly increased complexity in vertebrates revealed by genome comparisons », *Science* 291 : 1279-84.

Atlan, H., 1979, *Entre le cristal et la fumée. Essai sur l'organisation du vivant*, Paris, Éd. du Seuil.

Badley, A.D., A.A. Pilon, A. Landay, & D.H. Lynch, 2000,
« Mechanisms of HIV-associated lymphocyte apoptosis »,
Blood 96 : 2951-64.

Barinaga, M., 1998, « Is apoptosis a key in Alzheimer disease ? »,
Science 281 : 1303-4.

Barinaga, M., 1998, « Stroke-damaged neurons may commit cellular suicide », *Science* 281 : 1302-3.

Beers, E.P., 1997, « Programmed cell death during plant growth and development », *Cell Death and Differentiation* 4 : 649-61.

Boise, L.H., & C.B. Thompson, 1996, « Hierarchical control of lymphocyte survival », *Science* 274 : 67-8.

Cassidy, R., & J. Frisen, 2001, « Neurobiology : stem cells on the brain », *Nature* 412 : 690-1.

Chimini G., 2002. « Apoptosis : repulsive encounters », *Nature* 418 : 139-40.

Clark, W.R., 1998, *Sex and the Origins of Death*, Oxford University Press. 1st published in 1996.

Clarke, P.G., & S. Clarke, 1996, « XIXth century research on naturally occurring cell death and related phenomena », *Anatomy and Embryology* 193 : 81-99.

Clem, R., & C. Duckett, 1997, « The *iap* genes : unique arbitrators of cell death », *Trends in Cell Biology* 7 : 337-9.

Clouston, W.M., & J.F.R. Kerr, 1985, « Apoptosis, lymphocytotoxicity and the containment of viral infections », *Medical Hypothesis* 18 : 399-404.

Cohen, J.J., 1993, « Apoptosis », *Immunology Today* 14 : 126-30.

Cossins, A., 1998, « Developmental genetics : cryptic clues revealed », *Nature* 396 : 309-10.

Cowan, W.M., J.W. Fawcett, D.D.M. O'Leary, & B.B. Stanfield, 1984, « Regressive events in neurogenesis », *Science* 225 : 1258-65.

Crow, J., 1999, « Unmasking a cheating gene », *Science* 283 : 1651-2.

Crozier, R., 1997, « Life histories : be social, live longer », *Nature* 389 : 906-7.

Damasio, A.R., 1996, *Descartes' Error. Emotion, Reason and the Human Brain*, Papermac. First published as a Grosset / Putnam Book 1994.

Dawkins, R., 1991, *The Blind Watchmaker*, Penguin Books. 1st published by Longman, 1986.

Debru, C., 1998, *Philosophie de l'inconnu : le vivant et la recherche*, Paris, Presses universitaires de France.

De Maria, R., & R. Testi, 1998, « Fas-Fas Ligand interactions : a common pathogenic mechanism in organ-specific autoimmunity », *Immunology Today* 19 : 121-5.

Dennett, D.C., 1995, *Darwin's Dangerous Idea. Evolution and the Meanings of Life*, New York, Touchstone.

Doolittle, W., 1998, « Eukaryote origins : a paradigm gets shifty », *Nature* 392 : 15-6.

Duvall, E., & A.H. Wyllie, 1986, « Death and the cell », *Immunology Today* 7 : 115-9.

Elkon, K., 1999, « Caspases : multifunctional proteases. », *Journal of Experimental Medicine* 190 : 1725-7.

Ellis, R.E., J. Yuan, & H.R. Horvitz, 1991, « Mechanisms and functions of cell death », *Annual Review of Cell Biology* 7 : 663-98.

Evan, G.A., 1994, « Old cells never die, they just apoptose », *Trends in Cell Biology* 4 : 191-2.

Evan, G., & K. Vousden, 2001, « Proliferation, cell cycle and apoptosis », *Nature* 411 : 342-8.

Ferbeyre, G., & S.W. Lowe, 2002, « Aging : The price of tumour suppression ? », *Nature* 416 : 26-7.

Finkel, E., 2001, « The mitochondrion : is it central to apoptosis ? », *Science* 292 : 624-6.

Finkel, T., & N. Holbrook, 2000, « Oxidants, oxidative stress and the biology of ageing », *Nature* 408 : 239-47.

Flanagan, J.G., 1999, « Neurobiolology : life on the road. », *Nature* 401 : 747-8.

Fraser, A., & C. James, 1998, « Fermenting debate : do yeast undergo apoptosis ? », *Trends in Cell Biology* 8 : 219-21.

Friedman, P., & J.F. Brunet, Film : *Une mort programmée. L'histoire vraie d'un monde parallèle*, Les Films du Bouc, Paris / Strange Attractions, New York. Cassette VHS PAL 71 mn.

Gage, F.H., 2000, « Mammal neural stem cells. », *Science* 287 : 1433-8.

Glucksman, A., 1951, « Cell deaths in normal vertebrate ontogeny », *Biol. Rev.* 26 : 59-86.

Goldrath, A., & M. Bevan, 1999, « Selecting and maintaining a diverse T-cell repertoire », *Nature* 402 : 255-62.

Golstein, P., 1998, « Cell death in us and others », *Science* 281 : 1283.

Gould, S.J., 1997, *L'Éventail du vivant. Le mythe du progrès*, Paris, Éd. du Seuil. 1ʳᵉ éd : *Full House*. Harmony Books, New York, 1996.

Gouyon, P.H., J.-P. Henry, & J. Arnould, 1997, *Les Avatars du gène. La théorie néodarwinienne de l'évolution*, Paris, Belin.

Gray, M., 1999, « Mitochondrial evolution », *Science* 283 : 1476-81.

Green, D.R., 2000, « Apoptotic pathways : Paper wraps stone blunt scissors », *Cell* 102 : 1-4.

Green, D.R., & H.M. Beere, 2001, « Apoptosis : Mostly dead », *Nature* 412 : 133-5.

Greenberg, J.T., 1996, « Programmed cell death : a way of life for plants », *Proc. Natl. Acad. Sci. USA* 93 : 12094-7.

Gregory-Evans, K., & S. Bhattacharya, 1998, « Genetic blindness : current concepts in the pathogenesis of human outer retinal dystrophies », *Trends in Genetics* 14 : 102-8.

Greider, C., 1998, « Telomeres and senescence : the history, the experiment, the future », *Current Biology* 8 : 178-81.

Gross, A., J.M. McDonnell, & S.J. Korsmeyer, 1999, « Bcl-2 family members and the mitochondria in apoptosis », *Genes and Development* 13 : 1899-911.

Guarente, L., & C. Kenyon, 2000, « Genetic pathways that regulate ageing in model organisms », *Nature* 408 : 255-62.

Gurney, M., A. Tomaselli, & R. Heirikson, 2000, « Stay the executioner's hand », *Science* 288 : 283-4.

Haass, C., 1999, « Apoptosis : dead-end for neurodegeneration ? », *Nature* 399 : 204-7.

Hayflick, L., 1965, « The limited in vitro lifetime of human diploid strains », *Experimental Cell Research* 37 : 614-36.

Hemmati-Brivanlou, A., & D. Melton, 1997, « Vertebrate embryonic cells will become nerve cells unless told otherwise », *Cell* 88 : 13-7.

Hengartner, M.O., 2000, « The biochemistry of apoptosis », *Nature* 407 : 770-6.

Hillis, D., 1997, « Biology recapitulates phylogeny », *Science* 276 : 218-9.

Holcik, M., 2002, « Do mature red cells die by apoptosis ? », *Trends in Genetics* 18 : 121.

Hurst, L.D., 1993, « *scat* + is a selfish gene analogous to *Medea* of *Tribolium castaneum* », *Cell* 75 : 407-8.

Hurst, L.D., & A. Pomiankowski, 1998, « Sexual selection : the eyes have it », *Nature* 391 : 223-4.

Jacob, F., 1997, *La Souris, la mouche et l'homme*, Paris, Éd. Odile Jacob.

Jacobson, M.D., M. Weil, & M.C. Raff, 1997, « Programmed cell death in animal development », *Cell* 88 : 347-54.

Jan, Y., & L. Jan, 1998, « Asymmetric cell division. », *Nature* 392 : 775-8.

Janeway Jr, C.A., P. Travers, M. Walport, & M. Shlomchik, 2001, *Immunobiology. The Immune System in Health and Disease* (5th edition), New York, Garland Publishing Inc.

Jazwinsky, S.M., 1996, « Longevity, genes, and ageing », *Science* 273 : 54-9.

Jensen, R.B., & K. Gerdes, 1995, « Programmed cell death in bacteria : proteic plasmid stabilization systems », *Molecular Microbiology* 17 : 205-10.

Kaiser, D., 1986, « Control of multicellular development : *Dictyostelium* and *Myxococcus* », *Annual Review of Genetics* 20 : 536-66.

Kaiser, D., & R. Losick, 1993, « How and why bacteria talk to each other », *Cell* 73 : 873-85.

Kaiser, D., 1996, « Bacteria also vote », *Science* 272 : 1598-99.

Kauffman, S.A., 1993, *The Origins of Order. Self-organization and Selection in Evolution*, Oxford University Press.

Kerbel, R., 1997, « A cancer therapy resistant to resistance », *Nature* 390 : 335-6.

Kerr, J.F.R., A.H. Willie, & A.R. Currie, 1972, « Apoptosis : a basic biological phenomenon with wide-ranging implications in tissue kinetics », *British Journal of Cancerology* 26 : 239-57.

Kevles, D.J., 1998, « Pursuing the unpopular : a history of courage, viruses, and cancer », in *Hidden Histories of Science*, R.B. Silvers ed., Granta Books : 69-112. 1st published by New York Review of Books, 1995.

Kipling, D., & R.G. Faragher, 1999, « Telomeres : aging hard or hardly aging ? », *Nature* 398 : 191-3.

Kirschner, M., J. Gerhart, & T. Mitchison, 2000, « Molecular "vitalism" », *Cell* 100 : 79-88.

Krammer, P., 2000, « CD95's deadly mission in the immune system », *Nature* 407 : 789-95.

Kroemer, G., N. Zamzami, & S.A. Susin, 1997, « Mitochondrial control of apoptosis », *Immunology Today* 18 : 44-51.

Lamberts, S.W., A. van den Beld, & A. van der Ley, 1997, « The endocrinology of aging », *Science* 278 : 419-24.

La Recherche, 1998, *L'Origine des formes*. Numéro spécial 305, janvier 1998.

Lecointre, G., & H. Le Guyader, eds., 2001, *Classification phylogénétique du vivant*, Belin.

Lee, S., G. Ruvkun, 2002, « Longevity : don't hold your breath », *Nature* 418 : 287-8.

Lévy, J.-P., 1997, *La Fabrique de l'homme*, Paris, Éd. Odile Jacob.

Lewin, B., 2000, *Genes VII*, Oxford University Press.

Lewontin, R.C., 1998, « Genes, environment and organisms », in *Hidden Histories of Science*, R.B. Silvers ed., Granta Books : 115-39. 1st published by New York Review of Books, 1995.

Lewontin, R., 2000, *The Triple Helix. Gene, Organism and Environment*, Cambridge, MA, Harvard University Press.

Lightman, A., & O. Gingerich, 1991, « When do anomalies begin ? », *Science* 255 : 690-5.

Lockshin, R.A., 1997, « The early modern period of cell death », *Cell Death and Differentiation* 4 : 347-51.

Lockshin, R., Z. Zakeri, & J. Tilly (eds.), 1998, *When Cells Die*, New York, Wiley-Liss, Inc.

Lockshin, R., & Z. Zakeri, 2001, « Timeline. Programmed cell death and apoptosis : origins of the theory », *Nature Reviews in Molecular Cell Biology* 2 : 545-50.

Los, M., C. Stroh, R.U. Janicke, I.H. Engels, & K. Schulze-Osthoff, 2001, « Caspases : more than just killers ? », *Trends in Immunology* 22 : 31-4.

Margulis, L., & D. Sagan, 1997, *Microcosmos. Four Billion Years of Microbial Evolution*, University of California Press. 1st published by Summit Books, 1986.

Martin, G., & I. Mian, 1997, « Ageing : new mice for old questions », *Nature* 390 : 18-9.

Martinou, J.C., & D. Green, 2001, « Breaking the mitochondrial barrier », *Nature Reviews in Molecular Cell Biology* 2 : 63-7.

Matsuyama, S., & J. Reed, 1999, « Yeasts as tool for apoptosis research », *Current Opinion in Microbiology* 2 : 618-23.

Mayr, E., 1995, *Histoire de la biologie. Diversité, évolution et hérédité. – 1. Des origines à Darwin. – 2. De Darwin à nos jours*, Paris, Livre de Poche / Fayard. 1re édition en français : Fayard 1989.

Meier, P., A. Finch, & G. Evan, 2000, « Apoptosis in development », *Nature* 407 : 796-801.

Melino, G., 2001, « Apoptosis : The Sirens' song », *Nature* 412 : 23.

Mittler, R., 1998, « Cell death in plants », in *When Cells Die*. R. Lockshin, Z. Zakeri, & J. Tilly, eds. New York, Wiley-Liss, Inc. : 147-74.

Morin, E., 1970, *L'Homme et la mort*, Paris, Éd. du Seuil.

Nagata, S., 1997, « Apoptosis by death factor », *Cell* 88 : 355-65.

Nicholson, D.W., 2000, « From bench to clinic with apoptosis based therapeutic agents », *Nature* 407 : 810-6.

O'Connell, J., M.W. Bennet, G. O'Sullivan, J. Collins, & F. Shanahan, 1999, « The Fas counterattack : cancer as a site of immune privilege », *Immunology Today* 20 : 46-52.

Oliver, G., & P. Gruss, 1997, « Current views on eye development », *Trends in Neurological Sciences* 9 : 415-21.

Oppenheim, R.W., 1991, « Cell death during development of the nervous system », *Annual Review of Neurosciences* 14 : 453-501.

Oren, M., 1998, « Tumour suppressors : teaming up to restrain cancer », *Nature* 391 : 233-4.

Orkin, S., S. Morrisson, 2002, « Stem-cell competition », *Nature* 418 : 25-7.

Palmer, J.D., 1997, « Organelle genomes : going, going, gone ! », *Science* 275 : 790-1.

Pichot, A., 1993, *Histoire de la notion de vie*, Paris, Gallimard.

Pigliucci, M., 2002, « Developmental genetics : buffer zone », *Nature* 417 : 598-9.

Plasterk, R., 1998, « V(D)J recombination : ragtime jumping », *Nature* 394 : 718-9.

Prochiantz, A., 1997, *Les Anatomies de la pensée. À quoi pensent les calamars ?*, Paris, Éd. Odile Jacob.

Raff, M.C., 1992, « Social controls on cell survival and cell death », *Nature* 356 : 397-400.

Raff, M., 1998, « Cell suicide for beginners », *Nature* 396 : 119-22.

Rich, T., R. Allen, & A. Wyllie, 2000, « Defying death after DNA damage », *Nature* 407 : 777-83.

Riddle, D., 1999, « Ageing : a message from the gonads », *Nature* 399 : 308-9.

Ridley, M., 1995, *The Red Queen. Sex and the Evolution of Human Nature*, Penguin Books. 1st published in 1993.

Roderwald, H.R., 1998, « Immunology : the thymus in the age of retirement », *Nature* 396 : 630-1.

Ruffié, J., 1995, *Le Sexe et la mort*, Paris, Éd. Odile Jacob. 1re édition en 1986.

Ruoslahti, E., & J.C. Reed, 1994, « Anchorage dependence, integrins, and apoptosis », *Cell* 77 : 477-8.

Sacks, O., 1998, « Scotoma : forgetting and neglect in science », in *Hidden Histories of Science*, R.B. Silvers ed., Granta Books : 141-87. 1st published by New York Review of Books, 1995.

Sassone-Corsi, P., 1998, « Molecular clocks. Mastering time by gene regulation », *Nature* 392 : 871-4.

Saunders, J.W.J., 1966, « Death in the embryonic systems », *Science* 154 : 604-12.

Savill, J., & V. Fadok, 2000, « Corpse clearance defines the meaning of cell death », *Nature* 407 : 784-8.

Shearer, G., 1998, « HIV-induced immunopathogenesis », *Immunity* 9 : 587-93.

Sheldrake, A.R., 1974, « The ageing, growth and death of cells », *Nature* 250 : 381-5.

Sigmund, K., 1993, *Games of Life. Explorations in Ecology, Evolution and Behaviour*, Oxford University Press.

Sogin, M.L., 1991, « Early evolution and the origin of eukaryotes », *Current Opinion in Genetics and Development* 1 : 457-63.

Solter, D., 1998, « Embryology : Dolly is a clone – and no longer alone », *Nature* 394 : 315-6.

Song, Z., & H. Steller, 1999, « Death by design : mechanism and control of apoptosis. », *Trends in Cell Biology* 9 : 49-52.

Sonigo, P., & J.J. Kupieck, 2000, *Ni Dieu ni gène*, Éd. du Seuil.

Strohman, R., 1997, « Epigenesis and complexity : the coming Kühnian revolution in biology », *Nature Biotechnology* 15 : 194-200.

Szathmary, E., 1997, « Origins of life : the first two billion years », *Nature* 387 : 662-3.

Teodoro, J.B., & P.E. Branton, 1997, « Regulation of apoptosis by viral gene products », *J. Virol.* 71 : 1739-46.

Thomas, L., 1993, *The Lives of a Cell. Notes of a Biology Watcher*, Penguin Books. 1st published by the Viking Press, 1974.

Thompson, C.B., 1995, « Apoptosis in the pathogenesis and treatment of disease », *Science* 267 : 1456-62.

Tissenbaum, H.A., & L. Guarente, 2001, « Increased dosage of a Sir-2 gene extends lifespan in *Caenorhabditis elegans* », *Nature* 410 : 227-30.

Tomei, L.D., & F.O. Cope (eds.), 1991, *Apoptosis : The Molecular Basis of Cell Death*. Current Communications in Cell and

Molecular Biology. Cold Spring Harbor, N.Y., Cold Spring Harbor Laboratory Press.

Ucker, D.S., 1991, « Death by suicide : one way to go in mammalian cellular development ? », *The New Biologist* 3 : 103-9.

Umansky, S.R., 1982, « The genetic program of cell death : hypothesis and some applications : transformation, carcinogenesis, ageing », *Journal of Theoretical Biology* 97 : 591-602.

Vaux, D.L., 1993, « Towards an understanding of the molecular mechanisms of physiological cell death », *Proc. Natl. Acad. Sci. USA* 90 : 786-9.

Vaux, D.L., G. Haeker, & A. Strasser, 1994, « An evolutionary perspective on apoptosis », *Cell* 76 : 777-9.

Vaux, D.L., & J. Korsmeyer, 1999, « Cell death in development », *Cell* 96 : 245-54.

Verhage, M., A.S. Maia, J.J. Plomp, A.B. Brussaard, J.H. Heeroma, H. Vermer, R.F. Toonen, R.E. Hammer, T.K. van den Berg, M. Missler, H.J. Geuze, & T.C. Südhof, 2000, « Synaptic assembly of the brain in the absence of neurotranmitter secretion. », *Science* 287 : 864-9.

Vousden, K., 2000, « p53 : death star », *Cell* 103 : 691-4.

Wagner, G., 1998, « Complexity matters », *Science* 279 : 1158-9.

Wallace, D., 1999, « Mitochondrial disease in man and mouse », *Science* 283 : 1482-8.

Weinstein, I.B., 2002, « Addiction to oncogenes – the Achilles heal of cancer », *Science* 297 : 63-4.

Williams, G.T., 1991, « Programmed cell death : apoptosis and oncogenesis », *Cell* 65 : 1097-8.

Williams, G.T., 1994, « Programmed cell death : a fundamental protective response to pathogens », *Trends in Microbiology* 12 : 463-64.

Wise, P., K. Krajnak, & M. Kashon, 1996, « Menopause : the aging of multiple pacemakers », *Science* 273 : 67-70.

Wyllie, A.H., & P. Golstein, 2001, « More than one way to go », *Proc. Natl. Acad. Sci. USA* 98 : 11-3.

Yarmolinsky, M.B., 1995, « Programmed cell death in bacterial populations », *Science* 267 : 836-7.

Yuan, J., & B. Yankner, 2000, « Apoptosis in the nervous system », *Nature* 407 : 802-9.

Zamzami, N., & G. Kroemer, 2001, « The mitochondrion in apoptosis : how Pandora's box opens », *Nature Reviews in Molecular Cell Biology* 2 : 67-71.

Zeuner, A., A. Eramo, C. Peschle, & R. De Maria, 1999, « Caspase activation without death. », *Cell Death and Differentiation* 6 : 1075-80.

Zychlinski, A., & P. Sansonetti, 1997, « Apoptosis as a proinflammatory event : what we can learn from bacteria-induced cell death », *Trends in Microbiology* 5 : 201-4.

Remerciements

L'écriture d'un livre est une aventure étrange. Au moment où je l'ai entreprise, je n'avais pas la moindre idée qu'elle s'étendrait au long de neuf années, faite de départs, de pauses et de retours, au cours desquels se métamorphoseraient les versions successives.

C'est une aventure solitaire. Mais elle est riche de la présence des autres, nourrie d'échanges, de spéculations, d'argumentations avec de très nombreux chercheurs venus d'horizons divers, avec les membres de mon laboratoire et avec de nombreux étudiants. Qu'ils trouvent ici l'expression de ma reconnaissance. Je voudrais remercier Pierre Sonigo, Doug Green, Pierre Golstein et Françoise Russo-Marie pour nos discussions sur l'évolution du vivant et l'origine de la mort cellulaire, Henri Atlan pour la finesse et la profondeur de ses analyses et de ses critiques et pour sa confiance dans ce livre encore en devenir, Jean-Marc Lévy-Leblond pour ses conseils, sa lecture attentive et ses encouragements, Nicolas Witkowski pour son enthousiasme et son soutien, Sophie Lhuillier pour sa gentillesse et son aide, Eva Ameisen, Juliette et Georges Hacquard, Eugénie Nakache, Suzanne Ricaud et Yohav Orémiatzki pour s'être plongés avec sérieux et passion dans le manuscrit encore inachevé, et David, pour la merveilleuse limpidité de ses questions et de ses intuitions. Enfin, je voudrais remercier Fabienne. Sans toi, ce livre n'aurait jamais vu le jour.

Table

Une invitation au voyage 9

  Avant le commencement 9
*Microcosmos. – Un aperçu du paysage. –
L'arbre de vie*

  Un mystère au cœur du vivant 13
*Un univers singulier et éphémère. – La sculp-
ture de la complexité. – Les royaumes du suicide cellulaire. – À la recherche des origines
du pouvoir de s'autodétruire. – La sculpture de
notre longévité*

  Terra incognita 21

PREMIÈRE PARTIE

La mort au cœur du vivant

1. La sculpture de l'embryon 27

  Naissance d'un univers 27
*« Croissez et multipliez » : un peuple de dou-
bles. – Les engendrements de la diversité. – Des
lettres, des mots, des phrases et des livres : la
bibliothèque de nos gènes. – Le morcellement
de la bibliothèque originelle. – La bibliothèque
et le lecteur. – La brisure de la symétrie. –
« E pluribus unum » : la construction d'un individu*

Construction et déconstruction d'un univers :
la mort cellulaire et l'embryon 37

À la recherche d'un rôle : la mort comme sculpteur . . 40
Le vide et le plein. – La mort cellulaire et l'éli-
mination des formes intermédiaires. – La mort
cellulaire et la généalogie du vivant. – La mort
cellulaire et la sculpture de l'altérité

Le concept de mort cellulaire programmée 46

2. Le suicide cellulaire.
Un mystère au cœur du vivant 47

De l'ambiguïté de la notion de programme 47

À la recherche de l'exécuteur 48
Les armes du corps. – Un renversement de pers-
pective

Le concept de suicide cellulaire 51

La décision de vivre ou de mourir :
Ulysse, Orphée, et le chant des Sirènes 53

L'apoptose ou la révélation du visage
du suicide cellulaire 56

Révélations et redécouvertes 58

Entre la vie et la mort :
le sourire du Chat du Cheshire 60

Rites funéraires et sépultures 62

Le point de non-retour 64

Les frontières mouvantes entre la vie et la mort 67

De l'ambiguïté de la notion de « suicide » 67

La mort et la sculpture de la complexité 69

3. De la sculpture de la forme à la sculpture de
l'identité. Voyage au cœur de la complexité . . . 70

De la mémoire et de l'identité 70

Le système immunitaire et la reconnaissance
du non-soi 72
> *Anatomie du système immunitaire au combat.*
> *– La fragmentation du système immunitaire. –*
> *Un dialogue cellulaire. – Un assemblage hété-*
> *rogène. – De la « reconnaissance » de ce qui*
> *n'a encore jamais été rencontré*

La mort cellulaire et la sculpture du système
immunitaire 78
> *Le problème de la création de la diversité. –*
> *En arpentant le champ des possibles. – Les*
> *dangers de la diversité. – De la nature unique*
> *du soi. – La mort et la sculpture de la recon-*
> *naissance du soi. – La présentation du corps*
> *au système immunitaire. – Des dissonances sur*
> *la ligne mélodique du soi*

La mort cellulaire et la sculpture du cerveau 87
> *Voyages vers la vie ou la mort. – L'alliance*
> *entre le corps et le cerveau*

La ligne mélodique du soi et l'ouverture sur
le monde 91

La mort cellulaire et la complexité :
de l'interdépendance à l'auto-organisation 93

À la recherche de la règle du jeu 95

4. Être ou ne pas être. La vie, la mort et les gènes . 96

De la difficulté d'isoler une partie d'un tout 96

Un petit ver transparent 97
> *Une surprenante lisibilité. – À la recherche des*
> *gènes*

Les vertiges de la simplicité 101
> *Une nouvelle vision de la vie. – Un activateur*
> *(un intermédiaire) entre l'exécuteur et le pro-*
> *tecteur. – La mort au cœur du vivant. – Le chant*
> *des Sirènes et le chant d'Orphée*

Un retour à la complexité 105
    Le silence d'Orphée. – La différenciation cel-
    lulaire et la mort. – Les rites funéraires

Un nouveau paradigme 108

Du petit ver à l'homme : en parcourant les branches
du vivant 109
    Un protecteur qui voyage à travers le temps. –
    De la nature d'un exécuteur. – La naissance
    d'un concept : les ciseaux de l'exécuteur. – Des
    ciseaux incapables de fonctionner. – À la
    recherche de l'activateur

Conservation et diversification : la richesse
des variations sur un thème 115
    La cohorte des descendants du protecteur. – La
    cohorte des descendants de l'exécuteur. – Les
    descendants de l'activateur

Un théâtre d'ombres : le jeu de la vie et de la mort
en dehors des cellules 119
    À la recherche du lieu de la décision de vivre
    ou de mourir. – À la découverte des mitochon-
    dries

Les contours d'un nouveau paysage 124

Mais pendant ce temps-là... 125

DEUXIÈME PARTIE

De l'embryon à l'adulte :
un royaume sans frontière

5. Une nouvelle vision de la complexité 129

La mort et l'éternel retour 129

Au-delà des apparences : la mort par abandon 131
    Quand l'obscurité rend aveugle. – Déconstruc-
    tions et reconstructions : voir avec ses doigts,
    entendre avec ses yeux. – Du nouveau-né à

l'adulte : le système immunitaire à l'épreuve du soi. – Le réseau de nos nerfs. – Les hormones et le contrôle de la vie et de la mort

Des recettes de sorcières 136

Une nouvelle vision de notre pérennité 138

L'interdépendance ou le contrôle « social » de la vie et de la mort 139

Les expansions et les contractions du corps 142
L'altitude et l'oxygène. – Les combats contre les microbes. – Les horloges de notre corps

La partition et les interprètes 147

De l'autre côté du miroir : la négation de la négation et le « coût » de la vie 150
« L'organisateur » de Spemann. – La bibliothèque et le lecteur : le « coût » de la répression. – De différentes façons de démarrer. – Infléchir le destin

De la complexité à la vulnérabilité 156

6. De la santé aux maladies. Le suicide cellulaire et la mort « avant l'heure » 158

Naissance d'une hypothèse 158
Des champs de ruines. – La mort en face. – Une nouvelle pierre de Rosette. – Le chant des Sirènes et la voile de Thésée

D'une hypothèse à la réalité 162

Les maladies génétiques 163
Une paralysie de l'enfant. – Quand la lumière rend aveugle. – Les tours d'Ulysse et le chant des Sirènes. – De l'homme à la drosophile. – Empêcher la lumière de déclencher le suicide

Les maladies aiguës du suicide cellulaire 170
L'oxygène, le cerveau et la mort. – Le foie, l'alcool, des virus et la mort

Des stratégies thérapeutiques radicalement nouvelles .   174

Une révolution conceptuelle   177

7. Le blocage anormal du suicide cellulaire.
Les cancers ou le voyage vers l'immortalité . .   179

Des dédoublements cellulaires sans fin   180
*Les oncogènes : des « ennemis de l'intérieur ».
– Les suppresseurs de tumeurs. – Les gardiens
de la bibliothèque. – Une maladie de la fécondité cellulaire*

Une nouvelle vision : le suicide cellulaire
et les cancers   184
Une hypothèse. – De l'hypothèse à la réalité

Un univers sens dessus dessous   186
*Des oncoprotéines qui provoquent le suicide
cellulaire. – Le suicide cellulaire comme un
rempart contre les cancers. – Les gardiens de
la bibliothèque : l'intégrité ou la mort. – Le
voyage vers l'immortalité : d'infinies variations
sur un thème*

Du cancer aux métastases : le suicide cellulaire
et le pouvoir d'essaimer   191

Le suicide cellulaire comme arme contre le cancer .   193
*Les combats du corps. – Quand les cellules
cancéreuses retournent contre le corps les
armes du suicide. – Les combats de la médecine*

Les cancers, le suicide cellulaire et les vaisseaux
sanguins   198
*La construction des vaisseaux sanguins. – Le
suicide cellulaire pour déconstruire*

Les espoirs d'une révolution thérapeutique   202

8. Du corps comme une biosphère. Le suicide
cellulaire et les combats contre l'univers
des microbes   204

La « stratégie de la terre brûlée » : un détour
par le royaume des plantes   204

Les contre-attaques des agents infectieux   206
  *Un virus d'insecte. – L'univers des virus
  humains*

Alice et la Reine Rouge   211

De contre-attaques en contre-attaques   213

Le suicide cellulaire et les sanctuaires :
le concept de « privilège immunologique »   215
  *L'œil, le cerveau et l'embryon. – De l'utilisa-
  tion des sanctuaires par les microbes. – De la
  création d'un sanctuaire par les microbes. – Le
  suicide cellulaire et les sanctuaires : les espoirs
  de la médecine. – De la sculpture permanente
  de notre identité*

Changer de perspective   223

TROISIÈME PARTIE

Un voyage à travers quatre milliards d'années, à la recherche de l'origine du suicide cellulaire

9. Le début du voyage   227

Une vue du sommet   227

En parcourant le royaume des espèces animales . . .   230
  *Des vers, des insectes, des souris et des hom-
  mes... – Le paradoxe du petit ver transparent.
  – De la sculpture des corps à la sculpture des
  espèces*

L'autre royaume : à la découverte du suicide cellulaire
dans le monde des plantes   234

10. Le voyage interrompu. Le dogme de l'émergence
simultanée du suicide cellulaire et des corps
multicellulaires 237

Terra incognita 237

Deux raisons pour un même dogme 239
   *La naissance des corps ou la naissance de
   l'« altruisme » cellulaire. – « L'âge d'or » des
   origines ou la promesse d'immortalité*

11. Anatomie d'un dogme. Les pièges de la fascination
pour une fonction 243

De l'ambiguïté de la notion de fonction 245

Le mystère des origines 246
   *Distinguer la lumière de l'ombre, ou à quel
   moment débute une fonction. – Le système
   immunitaire ou comment débute une fonction.
   – L'observateur et la notion de fonction*

12. L'effondrement d'un dogme. Le suicide cellulaire
et les organismes unicellulaires 254

Naissance d'une hypothèse 254

Un organisme unicellulaire d'origine très ancienne :
Trypanosoma cruzi 255

De l'hypothèse à la réalité 259

L'individu, la colonie et le suicide : réflexions sur
la notion d'organisme unicellulaire 260

En parcourant les branches du vivant 263
   *Habiter des corps : le suicide cellulaire et le
   métier de parasite. – Construire des corps : le
   suicide cellulaire et le sommeil des spores. – Le
   suicide cellulaire et la construction des sociétés*

De la notion de « corps » 268

À la recherche des protéines qui participent au contrôle
du suicide cellulaire 269

Révélations et redécouvertes 270
Des réponses prématurées. – Un chaînon manquant

13. De la « mort des autres » à la « mort de soi ».
L'hypothèse du meurtre originel 273

Les bactéries : lutte pour la vie dans le microcosme . 273
*Un renversement de perspective. – De la notion
d'identité. – Des prédateurs et des proies dans
le microcosme*

Quand « je » devient « nous » : l'interdépendance
ou la mort 279
*Les « modules de dépendance ». – Des combats
aux symbioses. – Deux partitions pour un même
interprète ou de l'ambiguïté de la notion de
programme*

La rupture de l'Alliance et la naissance du suicide
cellulaire 283
*Trois scénarios pour une rupture. – Une expé-
rience en pensée : la naissance d'un « programme sans fonction ». – Un chaînon manquant. – De la perception de l'environnement à
la décision de mourir « avant l'heure »*

Le contrôle social de la vie et de la mort des bactéries . 289
*Les expansions et les contractions des colonies.
– Les démocraties bactériennes : le « lan-
gage », le « quorum » et le « vote »*

La brisure de la symétrie : une solution au paradoxe
du suicide dans les organismes unicellulaires 294

Une exception ou l'exemple d'une règle 297

Des organismes unicellulaires aux organismes
multicellulaires : à la recherche de la parenté 299

Des bactéries à l'homme 300
Anatomie de nos cellules : la lumière des étoiles
disparues. – Un retour dans le passé

Des cellules dans d'autres cellules 303

De symbioses en symbioses 305

Un aperçu des combats contemporains 307

De l'évolution du suicide cellulaire 308

À la recherche d'une autre naissance 311

14. De l'autodestruction comme conséquence
inéluctable de l'auto-organisation. L'hypothèse
du « péché originel » 313

Une expérience en pensée sur les premières cellules
vivantes 313

Du « péché originel » à la complexité 316
L'exemple de la dérive des informations conte-
nues dans les gènes. – De l'impossibilité de
faire autrement

Terra incognita : aux confins de la vie et de la mort . 319
Un retour au présent : les mystères de nos
corps. – Le suicide interrompu et la sculpture
du vivant

Deux histoires qui s'entremêlent 325

15. Deux bras pour un même fleuve 327

Les beautés de la complexité 328

Vers un effondrement des modèles réductionnistes . . 330

À la recherche – en nous – de la présence des autres . 334

De la mort cellulaire au vieillissement des corps . . . 336

QUATRIÈME PARTIE

Le vieillissement : réflexions
sur l'autodestruction au cœur du vivant

16. Avant de commencer 341
   Un souvenir d'enfance 341
   Un jardin à l'est d'Éden 342

17. À la découverte du vieillissement de nos corps . 347
   Le début de la traversée 347
   La période des tempêtes 349
   Par-delà les tempêtes 349
   Comme l'érosion d'une falaise battue par la mer... . 351

18. Du corps aux cellules qui le composent.
   Les horloges biologiques du vieillissement
   et de la stérilité 353
   Une brève histoire des théories du vieillissement
   cellulaire 353
      *Le « soma » et le « germen ». – Le mythe de
      l'éternelle jeunesse. – Retour au vieillissement.
      – Des cellules capables de compter ?*
   L'horloge des télomères et le vieillissement cellulaire . 357
   La télomérase et la dilatation du temps 359
   Les protéines de sénescence et la contraction du temps . 361
   La sénescence et le suicide cellulaire 363
   Du vieillissement des cellules au vieillissement
   des corps 364

19. De la longévité « naturelle » maximale des corps . 367

La longévité et le vieillissement des corps à travers les branches du vivant 367

Engendrements et combats 368

Un bref survol de quelques théories du vieillissement . 371

Engendrements et vieillissement des corps 373

Du vieillissement comme un phénomène d'autodestruction « avant l'heure » 374

20. De la potentialité de vieillir « avant l'heure » . . 376

La maladie de Werner ou la vieillesse à vingt ans . . 376

Clotho, la Parque qui tisse le fil de la vie 377

Les frontières de la longévité 380

21. De la potentialité de vieillir « après l'heure ». Un voyage au-delà des frontières de la longévité « naturelle » maximale 382

Vie et mort de la drosophile 382
   Des protéines qui empêchent l'oxygène de tuer. – Mathusalem, la construction de l'embryon et la longévité

Vie et mort de *Caenorhabditis elegans* 384
   Des mutants qui vivent plus longtemps. – L'interruption du développement embryonnaire ou le temps suspendu. – Des adultes qui durent

Vie et mort de la souris 388
   Le suicide cellulaire et la longévité du corps. – Entre Charybde et Scylla ? – Une nouvelle perspective

Des exécuteurs qui raccourcissent la vie et des protecteurs qui la prolongent 391

22. La longévité et l'environnement 395

De la nature « optimale » d'un environnement 395

Environnement « optimal » et longévité maximale . . 395
 *La restriction calorique et la longévité. – Les
 insectes sociaux : l'environnement de l'embryon et la longévité de l'adulte*

Subir ou construire l'environnement : la sculpture
de la longévité 400
 La vie solitaire. – La construction d'une société

L'environnement et l'évolution du vivant :
voyage au cœur de la complexité 404
 *Des « gradualistes » et des « ponctualistes ». –
 De la répression permanente des potentialités
 comme une source de nouveauté. – Un retour
 au vieillissement*

23. À la recherche de l'origine du vieillissement.
 Une plongée dans l'univers des organismes
 unicellulaires 411

Le mythe d'un âge d'or originel 411

L'effondrement d'un mythe : les organismes
unicellulaires et le vieillissement 412
 *Du concept de dédoublement cellulaire au
 concept d'enfantement cellulaire. – L'arbre
 généalogique des cellules de levure – Du vieillissement de la levure au vieillissement de* Caenorhabditis elegans

La brisure de la symétrie : du vieillissement
« avant l'heure » comme une manière de voyager
à travers le temps 415

Des variations sur un thème 417

La règle du jeu 418

24. Du mythe de l'immortalité au rêve
 de la reconstruction 420

Les enfantements cellulaires dans nos corps 420

De la fécondité des cellules-souches

Les mystères de notre cerveau 422
*Le dogme d'un cerveau condamné à vieillir. –
Un renversement de perspective : la sculpture
permanente du cerveau. – Des spores qui dorment dans notre cerveau. – Vieillissement et
maladies : du suicide des neurones au suicide
des cellules-souches*

De la reconstruction permanente de soi
comme modalité de pérennité 427

Du possible au souhaitable : de la biologie à l'éthique . 428
*Du clonage comme fantasme. – La tentation de
l'instrumentalisation de l'Autre. – La plasticité
du vivant : de la reconstruction de Soi dans le
respect de l'Autre*

De la notion de frontières « naturelles » 434

Un prologue pour conclure 437

Quelques contours dans le lointain 437

La répression de la « mort avant l'heure »
et l'ouverture du champ des possibles 439

Une invitation à poursuivre le voyage 442

Bibliographie 447

Remerciements 459

RÉALISATION : I.G.S.-CHARENTE PHOTOGRAVURE À L'ISLE-D'ESPAGNAC
IMPRESSION : NORMANDIE ROTO IMPRESSION S.A.S., 61250 LONRAI (FRANCE)
DÉPÔT LÉGAL : JANVIER 2003. N° 57374-8 (124562)
IMPRIMÉ EN FRANCE